Karl Menninger
Liebe und Haß

Gedanken zur Zivilisation unserer Zeit

Mit einem Vorwort von
Margarete Mitscherlich-Nielsen

Aus dem Amerikanischen
übersetzt von Hilde Weller

Klett-Cotta

Verlagsgemeinschaft Ernst Klett Verlag – J. G. Cotta'sche Buchhandlung
Die Originalausgabe erschien unter dem Titel
»Love against Hate«
im Verlag Harcourt Brace Jovanovich, Inc., New York
Copyright 1942 by Karl Menninger and Jeanetta Lyle Menninger
Copyright renewed 1970 by Karl Menninger and Jeanetta Lyle Menninger
Published by arrangement with Harcourt Brace Jovanovich, Inc.
Über alle Rechte der deutschen Ausgabe verfügt die Ernst Klett Verlage
GmbH u. Co. KG, Stuttgart
Fotomechanische Wiedergabe nur mit Genehmigung des Verlages
Printed in Germany
Umschlag: Heinz Edelmann
Gesetzt aus der 10/12 p Baskerville und gedruckt
bei Hieronymus Mühlberger, Augsburg
Papier: Holzfrei Werkdruck der Papierfabrik Albbruck
Bindung bei Großbuchbinderei Monheim

CIP-Kurztitelaufnahme der Deutschen Bibliothek

Menninger, Karl:
Liebe und Haß : Gedanken zur Zivilisation unserer
Zeit / Karl Menninger. Aus d. Amerikan. übers. von
Hilde Weller. – Stuttgart : Klett-Cotta, 1985. –
Einheitssacht.: Love against hate ⟨dt.⟩
ISBN 3-608-95261-6

Dem Gedächtnis von Sigmund Freud

Inhalt

Inhalt

Vorwort

Karl August Menninger – mittlerweile 92 Jahre alt – hat zahlreiche Bücher geschrieben, von denen zwei der bekanntesten bereits in deutscher Sprache erschienen sind: *Das Leben als Balance* (München 1968) und *Selbstzerstörung. Psychoanalyse des Selbstmords* (Frankfurt 1974). In beiden Büchern, wie auch in dem hier vorliegenden, beschäftigt sich der Autor mit dem Problem der Aggression, die er vorwiegend als regressiven Kontrollverlust einordnet, als Reaktion auf Frustrationen und Traumen der frühen Kindheit, aber auch der Jugend und des Erwachsenenalters.

Karl Menninger und sein Bruder William wurden zu Vorkämpfern für die »geistige Gesundheit« ihres Landes. Sie repräsentieren die dritte Generation einer Arztfamilie. Ihr Großvater wanderte als Arzt aus Deutschland nach den USA aus, ihr Vater, Charles F. Menninger, ließ sich als Arzt in Topeka nieder. Zusammen mit seinem Vater gründete Karl Menninger als erster Psychiater in Topeka 1925 die Menninger-Klinik. Sein erstes Buch, *The Human Mind* (1930), wurde – nicht nur in psychiatrischen Kreisen – zu einem Bestseller. Der finanzielle Erfolg dieses Buches erlaubte dem Autor, sich einen langgehegten Wunsch zu erfüllen und eine psychoanalytische Ausbildung in Chicago zu absolvieren. Der aus Ungarn stammende Franz Alexander, Analytiker am ersten psychoanalytischen Ausbildungsinstitut in Berlin, der 1932 nach USA auswanderte, übernahm seine Lehranalyse. 1939 wurde mit Hilfe Alexanders das »Topeka Institute for Psychoanalysis« gegründet, dessen erster Präsident Karl Menninger war. 1941 wurde aus der Menninger-Klinik die »Menninger Foundation«, die von den Brüdern Karl und William Menninger geleitet wurde.

Als Begründer dieser Ausbildungs- und Forschungsstätte für eine dynamische Psychiatrie machten die Menningers die Provinzstadt Topeka in ganz USA bekannt. Nach dem Zweiten Weltkrieg verbreitete sich der Ruf der »Menninger School of Psychiatry« über die nationalen Grenzen hinaus. Fachleute in der ganzen Welt sahen sie als vorbildlich an. Dazu trugen auch manche deutsche

Emigranten bei, Psychoanalytiker, die in Topeka eine neue Heimat fanden.

Zunehmend wurde die Aufklärung unbewußter psychischer Prozesse in der modernen amerikanischen Psychiatrie als Voraussetzung dafür angesehen, die Motive des Verhaltens eines Individuums im Umgang mit sich selber und mit der sozialen Umwelt umfassender zu begreifen und auf diese Weise falsch gelösten oder krankmachenden Konflikten neue Wege zu weisen und bessere Lösungen zu ermöglichen. Psychoanalyse der unbewußten Prozesse und psychiatrischer Beistand im weitesten Sinne können sicherlich nur als Hilfe zur Selbsthilfe verstanden und ausgeübt werden. Die Psychoanalyse trägt dann dazu bei, die Gefahr eines Anpassungszwanges oder einer Manipulation des seelischen Geschehens durch chemische Substanzen zu bannen.

Der Leser mag sich fragen, warum ein bereits 1942 geschriebenes Buch erst 1985 auf dem deutschen Markt erscheint. Ich möchte versuchen, darauf eine Antwort zu geben und die Aktualität dieses Buches zu begründen. Der Autor beschreibt seine geistige Position folgendermaßen: Für ihn liegt das zentrale Problem des Lebens im Umgang des Menschen mit seinen Aggressionen, wie und ob er in der Lage ist, sie zu kontrollieren, zu dirigieren und zu sublimieren.

1942, als dieses Buch erstmals publiziert wurde, waren Millionen Menschen Aggressionen unvorstellbaren Ausmaßes ausgesetzt. 1941 wurden zur »Endlösung der Judenfrage« die Vernichtungslager eingerichtet, in denen etwa 6 Millionen Juden umgebracht wurden und mindestens 500 000 nicht-jüdische Häftlinge. In den vielen anderen Konzentrationslagern wie Dachau, Buchenwald, Bergen-Belsen wurden neben Juden, Polen, Zigeunern auch »Volksschädlinge« wie Homosexuelle, »Arbeitsscheue«, Geisteskranke gefoltert, mißhandelt und umgebracht. 1944 gab es etwa 20 Konzentrationslager mit 165 angeschlossenen Arbeitslagern. 1942 fand die Schlacht von Stalingrad statt, in der Hunderttausende von deutschen und sowjetischen Soldaten den Tod fanden. »Von 90 000 deutschen Kriegsgefangenen kehrten nach 1945 nur 6000 aus der UdSSR zurück«, so berichtet Meyers enzyklopädisches Lexikon. 1945 fielen die ersten Atombomben auf Hiroshima und Nagasaki. Die Möglichkeit einer totalen menschlichen Selbstvernichtung ist seither nähergerückt. Dennoch stehen wir der Aufgabe des friedlichen Umgangs mit Aggression heute kaum weniger ratlos gegenüber als im Jahre 1942.

Für Karl Menninger ist die geistige Auseinandersetzung mit diesem, die menschliche Zukunft bestimmenden Problem vorrangig. Er beruft sich dabei auf die psychoanalytische Triebtheorie. Mit Freud stimmt er darin überein, daß die beiden menschlichen Triebe, Sexualität und Aggression, sich mischen müssen, wenn sie nicht zur Vernichtung oder Selbstvernichtung des Menschen führen sollen. Karl Menninger ist allerdings, was die Aufhebung der Tendenz zur Selbstdestruktion betrifft, optimistischer als Freud es war. An die Lehre vom »Todestrieb«, der unaufhaltsam zur Selbstdestruktion führt und der nach außen gewendet werden muß, um diese Selbstzerstörungstendenz wenigstens zeitweilig zu unterbrechen, glaubt er offenbar nicht. Er ist überzeugt, daß der Aggressionstrieb sublimiert und kontrolliert werden könne, wenn nur die psychoanalytischen Kenntnisse von Bedeutung und Wirksamkeit der frühen Kindheitserlebnisse für das gesamte Leben allgemein bekannt und berücksichtigt würden.

Wenn – so Menninger – die Erziehung des Kindes mit mehr Einfühlung, mit mehr Kenntnis von den Vorgängen der kindlichen Entwicklungsphasen ausgeübt wird, wenn schmerzliche Enttäuschungen, die ein Kind überwältigen, wenn traumatische Trennungen vermieden werden, dann sind Voraussetzungen geschaffen, die eine Sublimierung von Aggressionen möglich machen. Sexualität dagegen brauche keine Sublimierung. Diese Behauptung Menningers steht im Gegensatz zu den Ansichten Freuds. Für Menninger ist Sexualität ein an sich positiver, bindungsfördernder Trieb. – Wie destruktiv allerdings auch Sexualität sein kann, brauche ich wohl keinem Zeitgenossen zu veranschaulichen. Freud wußte das und hat deswegen nie für ein sogenanntes »freies Ausleben« der Sexualität plädiert, das allzu leicht auf Kosten des Partners geschehen kann. Sexualität, in der destruktive Triebelemente vorherrschen, wird in allen sexuellen Suchtformen sichtbar, zu denen diejenigen Perversionen zählen, die dem Circulus vitiosus der Idealisierung und Verteufelung der eigenen wie der fremden Sexualität verfallen sind.

Wenn auch psychoanalytische Erkenntnisse sich seit 1942 differenziert und verändert haben, neue Aspekte der Aggressionsent-

11

wicklung hinzugefügt werden konnten, bleibt die Aggressionstheorie Menningers auch heute noch in vielem bedenkenswert. Menninger ist beispielsweise den meisten Autoren, die sich seit dem Erscheinen dieses Buches mit der Aggressionsentwicklung beschäftigt haben, darin überlegen, daß er eine wichtige Wurzel für die fehlende Aggressionsmeisterung des Erwachsenen nicht nur in den Frustrationen der frühen Kindheit sucht, sondern erkennt, daß typische Frustrationen und Erniedrigungen allzu vieler Frauen als Ursache für den ungekonnten Umgang mit Aggressionen anzusehen sind. In einem wichtigen, einfallsreichen Kapitel beschäftigt sich Menninger mit der ungelösten Situation zwischen den Geschlechtern, die wesentlich zu dem hohen Aggressionspegel in unserer Gesellschaft beiträgt, denn auf die Frustration der Frauen folgt die Frustration der Kinder, männlichen wie weiblichen Geschlechts, die sich dann wieder an ihren Müttern oder auch den eigenen Kindern rächen müssen.

Trotz manchem, dem Fortschrittsglauben allzu ergebenen Optimismus, was die zukünftige Fähigkeit der Menschen zur Aggressionsbewältigung betrifft, ist Menninger Realist genug, um zu wissen, daß die gegenwärtige menschliche Ordnung eher eine Schöpfung des Hasses als der Liebe ist. Aber er bleibt überzeugt davon, daß die Bewußtmachung der Wahrheit, d. h. die Bewußtmachung der Frustrationen und der Leiden, denen Frauen und damit auch deren Kinder ausgesetzt sind, einen wichtigen Schritt in Richtung auf eine Verbesserung des schicksalsträchtigen Umgangs zwischen den Geschlechtern bedeutet und die konstruktive Umwandlung von Aggressionen erleichtert.

Mag man den Optimismus Karl Menningers teilen oder nicht, mögen manche seiner Ideen und Vorstellungen uns bekannt erscheinen – dieses Buch bietet dem Leser vielfältige Anregungen klinischer wie theoretischer Art, insbesondere was die Entwicklung und den Umgang mit Aggressionen betrifft, mit denen sich zu beschäftigen unbedingt lohnend ist.

Im Januar 1985   *Margarete Mitscherlich-Nielsen*

1 Liebe als Medizin

Die Wissenschaft ist eine Sklavin. Der Krieg befiehlt ihr, Menschen zu töten, und die Medizin, sie zu retten. Sie feuert Gewehre ab und senkt das Fieber. Sie baut Brücken und sprengt sie in die Luft. In der Wissenschaft fand der Mensch eine Sklavin, die seiner Bequemlichkeit und Sicherheit dienlich sein, ihm aber auch beides nehmen kann. Die Sklavin kann ihren Herrn sogar vernichten, und manche halten dies heute für eine unmittelbare Bedrohung. Doch die Sklavin kann ihren Herrn auch retten, wenn er ihr dies befiehlt.

Da die Welt in Flammen steht, ist es an der Zeit, unsere Sklavin zur Ordnung zu rufen. Der Krieg ist eine Krankheit, eine Krankheit der Welt, für die wir kein Allheilmittel kennen. Wir sind uns nicht einmal über die Diagnose einig. Aber niemand wird heutzutage behaupten, daß mit der Welt alles in Ordnung sei. Sie ist voller Haß und Mord, Bitterkeit und Hunger, Verschwendung und Pessimismus, Furcht und Sorge. Und wir befehlen unserer Sklavin, diese Übel zu mehren.

Aber warum? Wir sind alle Menschen. Wir wollen alle dasselbe im Leben, und es ist genug für alle da. Wir besitzen eine Welt voller Ressourcen. Wir sind aus der Unwissenheit und Gesetzlosigkeit der Barbarei emporgestiegen. Wir haben uns eine Sklavin erobert, die für uns alle arbeitet, und so wurden wir zivilisiert. Jedoch – wir haben immer noch Krieg.

Vielleicht ist die Zivilisation daran schuld. Vielleicht ist auch sie eine Krankheit. Ein seltsames, ironisches Paradoxon wäre dies – daß die Magie, die Wilde zu Menschen macht, nun aus Menschen Wilde macht! Könnte es sein, daß unsere Gesellschaftsstruktur, unsere kulturellen Ideale, die uns doch befähigen sollten, in Gemeinschaft und Frieden zu leben, zu einer Bedrohung des einzelnen und der Welt werden?

Was ist los mit der Zivilisation? Ist sie krank? Ist sie von Grund auf mangelhaft? Ist sie ein Moloch, der den Menschen zermalmt? Oder ist sie zu schwach für die menschliche Natur?

Die menschliche Natur! Läuft darauf vielleicht zu guter Letzt alles hinaus – diese Krankheit der Welt? Ist es möglich, daß alle menschlichen Phänomene auf den Menschen zurückgeführt werden können? Die Wissenschaft sagt es, aber sie ist nur eine Sklavin. Der Psychologe als Sprachrohr der Wissenschaft ist wie ein Rufer in der Wüste. »Die Krankheit der Welt ist die Krankheit des Individuums«, sagt er. Keiner hört ihm zu. »Der Weltkrieg von heute ist der Widerschein vielfältiger Miniaturkriege in den Herzen von Individuen«, beharrt er. Er stößt auf Schweigen. »Der Krieg der Völker ist im großen Maßstab ein Krieg menschlicher Triebe, menschlicher Beweggründe«, ruft er. »Was soll das?« fragt jemand.

Die Welt wird von Menschen bevölkert, aber die Menschen in der Welt vergessen dies. Uns vorzustellen, daß andere ebenso wie wir selbst von Frauen geboren werden, von Eltern großgezogen, von Brüdern geneckt, von Schwestern bewundert und behelligt, von Spielkameraden angestiftet und bedroht, von Lehrern ermahnt und getadelt, von Verehrern hofiert, von Ehefrauen getröstet, von Kindern geärgert, von Enkeln umschmeichelt, von Geistlichen mit dem Segen der Kirche und unter den Tränen der Hinterbliebenen begraben werden – dies alles fällt uns schwer. Es kommt uns hart an, nicht zu glauben, daß irgendwelche Übermenschen und Erzfeinde uns gewöhnliche Sterbliche manipulieren und unsere Geschicke lenken. Es ist ja auch viel einfacher, von Schicksal und Bestimmung und dem Walten höherer Mächte zu sprechen, als darüber nachzudenken, wie wir selber unser Schicksal im Augenblick und in Vergangenheit und Zukunft bestimmen.

Wenn nun die Sklavin Wissenschaft recht hätte? Wenn man ihr zuhörte und sie entsprechend ihren Erkenntnissen ans Werk gehen ließe? Wenn sie eingesetzt würde, kein noch tödlicheres Maschinengewehr, keinen noch praktischeren Kühlschrank zu entwickeln, sondern eine friedlichere Weltgemeinschaft zu schaffen?

»Bitte, schreiben Sie noch ein Buch für uns«, sagte ein nachdenklicher Freund, »ein Buch, das uns sagt, was wir tun sollen. Sie haben in *Man Against Himself* berichtet, was die Wissenschaft in bezug auf die angeborene Destruktivität des Menschen herausgefunden hat. Nun müssen Sie uns aber erzählen, was die Wissenschaft hinsichtlich ihrer Beherrschung herausgefunden hat.

14

Schreiben Sie uns doch einmal ein Buch mit dem Titel *Man For Himself*.*«

»Mein Sohn ist in der Armee«, schrieb ein anderer Leser. »Er wird vielleicht nie zurückkommen. Er hat eine kleine Tochter, und ich frage mich, ob sie und ihre Generation anders sein werden. Oder muß dasselbe alte Spiel weitergehen: hassen, rüsten, töten? Gibt es keine Friedenswissenschaft?«

Ja, es gibt eine Friedenswissenschaft, eine Wissenschaft *für* den Menschen, und ebenso gibt es ein Mittel gegen den Krieg. Louis Pasteur hat gesagt, daß heutzutage zwei widersprüchliche Gesetze miteinander zu ringen scheinen: ».. . ein Gesetz von Blut und Tod, das ständig neue Zerstörungsmittel ersinnt . . ., während das andere, ein Gesetz des Friedens, der Arbeit und der Gesundheit immer neue Möglichkeiten entwickelt, den Menschen von den Plagen zu befreien, die ihn bedrängen«. Es war Freud vorbehalten, diese beiden widersprüchlichen Gesetze zur angeborenen Natur der Menschen in Beziehung zu setzen; er erkannte, daß die menschliche Destruktivität nicht von irgendeinem vorübergehenden Fieber, einem zufälligen Ereignis im normalen Verlauf des Lebens ausgeht, sondern Ausdruck eines tiefverwurzelten, hartnäckigen Triebes ist. Und Freud zeigte uns auch, daß der Drang zu leben und zu lieben ebenfalls zur Triebausstattung des Menschen gehört und eine Quelle der Kraft im Kampf gegen selbstzerstörerische Impulse ist. Sterben müssen wir schließlich, aber in der Zwischenzeit können wir leben, wenn wir lieben können.

»Diese Medizin, die Liebe, die alle Leiden heilt«, wurde von Jesus lange vor John Donne und von Gautama Buddha lange vor Jesus verordnet. Freud analysierte, in welcher Weise der Haß mit der Liebe verschmilzt und sie zu überwältigen droht. Niemand erkannte deutlicher als er selbst, daß er eine endgültige Antwort nicht gegeben hatte. Kurz vor seinem Tode schrieb er, daß dieser Gesichtspunkt noch zu neu sei und bisher niemand praktischen Gebrauch davon gemacht habe.[1]

Ebendies habe ich im vorliegenden Buch versucht. Das prakti-

----

* *Man Against Himself* ist 1974 unter dem Titel *Selbstzerstörung. Psychoanalyse des Selbstmords* in der Übersetzung von Hilde Weller im Suhrkamp Verlag, Frankfurt, erschienen.

sche Problem läßt sich folgendermaßen formulieren: Welche Hilfs-quellen stehen uns zu Gebote, um den Lebenstrieb zu begünstigen und dem Todestrieb entgegenzutreten? Wie können wir zur Liebe ermutigen und Haß verringern? Wie können wir ihre fruchtbare Verschmelzung fördern? Ist es möglich, uns unserer Aggressionen wirkungsvoller zu entledigen als dadurch, daß wir uns selbst und andere töten, und wie können wir jene gewaltige Kraft, die den Menschen zum Menschen, den Mann zur Frau zieht, fördern und pflegen – jenes überlegene Heilmittel, welches den Haß stillt, der die Menschen auseinanderzwingt?

Es wäre logisch anzunehmen, daß wir dies tun *können*. Die klini-sche Erfahrung ermutigt den Psychiater, daran zu glauben, denn er sieht es in bestimmten Fällen täglich geschehen. Die Frage ist, wie sich daraus eine allgemeine Nutzanwendung ableiten läßt. Da-mit riskiert man, Mutmaßungen, Unterlassungen, Unvollkom-menheiten und unbewußten persönlichen Vorurteilen zum Opfer zu fallen. Doch ich muß dieses Risiko eingehen und den Leser um Nachsicht bitten.

Eine solche Darstellung erfordert auch das systematische Fort-schreiten von den frühesten Gefühlsäußerungen des Kindes bis zu ihrer endgültigen Ausprägung. Ich hoffe, daß der Leser dieses Programm im Kopf behält, da ihm andernfalls die nächsten Ka-pitel einigermaßen düster erscheinen mögen. Doch solange wir den Grundlagen des Hasses, der sich auf so katastrophale Weise Ausdruck verschafft, nicht mutig zu Leibe rücken, können wir uns mit ihm nicht intelligent auseinandersetzen. Uns selbst ken-nenlernen bedeutet, daß wir uns unserer Destruktivität ebenso bewußt werden wie unserer Konstruktivität. Es ist nicht nötig, vor der Destruktivität die Augen zu schließen, so zu tun, als gä-be es sie nicht, oder zu sagen, daß wir sie sowohl bei uns selbst als auch bei anderen ungern sähen und deshalb vorziehen, sie in frommer Einfalt nicht zur Kenntnis zu nehmen. Die logische Schlußfolgerung aus der Freudschen Lehre lautet, daß Haß Tod bedeutet, daß Liebe stärker ist als Haß und damit stärker als der Tod. Auch Wasser ist stärker als Feuer, und dennoch zer-stört Feuer weiterhin; das Wasser kann nur siegen, wenn nach den Ursachen des Feuers geforscht, wenn sie entdeckt und be-kämpft werden. Die Verfechter des Laisser-faire haben ihre

Chance gehabt, und wohin hat es die Welt gebracht? Ist es nicht logisch anzunehmen, daß Wissenschaftler, besäßen sie die Möglichkeit, es nicht schlechter, sondern vermutlich besser machen würden?*

---

* Quellenangaben finden sich (kapitelweise fortlaufend numeriert) auf den Seiten 305 ff.

2 Die Frustrationen des Kindes

1

Es ist eine alte und noch immer strittige Frage, was das neugeborene Kind mit auf die Welt bringe. Glaubenskriege sind über diese Frage geführt worden, Philosophen haben jahrhundertelang darüber gestritten, wissenschaftliche Dispute dauern noch immer an. Die verschiedenen Theorien darüber können in jene unterteilt werden, die annehmen, daß zur Zeit der Geburt des Kindes alles entschieden ist, sei es durch Vererbung, Schicksal, Vorherbestimmung oder sonst etwas, und jene, die davon ausgehen, daß das Kind eine Art unbeschriebenes Blatt sei, dem seine Umwelt sofort ihren Stempel aufdrückt.

Laien spiegeln ganz allgemein in ihren Einstellungen die wissenschaftlichen, theologischen und philosophischen Theorien, die ihren eigenen Vorurteilen und Ängsten am besten entsprechen, auch wenn sich die bevorzugten Theorien im Grunde widersprechen. Man betrachte zum Beispiel das Auf und Ab in der Vererbungslehre. Die amerikanische Demokratie beruhte im wesentlichen auf der Ablehnung des Prinzips, daß Fähigkeiten und Autorität vererbt würden. Doch kaum hat sich unser Land etabliert, da beginnen wir selbst den Grundsatz zu preisen, daß »es auf das Blut ankommt«, entwickeln wir unsere eigene erbliche Elite und Theorien von der Überlegenheit des Blutes. In der Landwirtschaft, im Gartenbau, in Rennställen, Hundezwingern, Geflügelhöfen – kurz, überall wo biologische Phänomene wissenschaftlich untersucht werden – wird die Lehre vom Einfluß der Vererbung für selbstverständlich gehalten. Wenn es sich aber um Menschen handelt, ist es so und auch wieder nicht. Gewiß, wir bringen Eliten hervor, doch bewußte Inzucht betrachten wir als unmoralisch; wir preisen die Möglichkeiten des Individuums und hören nicht auf den Eugeniker.

Doch können auch Wissenschaftler wesentlichen Fakten gegenüber infolge ihrer Vorurteile und Ängste blind sein. Manche Menschen glauben, daß Wissenschaftler ebenso den Einflüssen volkstümlicher Vorstellungen unterliegen, wie volkstümliche Vorstellungen durch wissenschaftliche Entdeckungen beeinflußt werden. Oder es mag sich um ein Vorurteil handeln, das Wissenschaftler auszeichnet: die Furcht vor Subjektivität. Es gab einmal eine Zeit, in der die Einstellung von Ärzten und Psychologen gegenüber dem Menschen durch Experimente mit Meerschweinchen und Seesternen bestimmt wurde, oder vielleicht sollte ich sagen: durch das, was Wissenschaftler im Laboratorium bei ihren Experimenten mit Meerschweinchen und Seesternen zu erkennen vermochten. Ich füge dies hinzu, weil ich nicht wissen kann, ob nicht sogar ein Seestern irgendwelche Gefühle hat, die sich aber der Beobachtung durch den Menschen im Labor entziehen. Es wurde lange vermutet, daß das neugeborene Baby keine Gefühle habe und über sehr wenige Sinneswahrnehmungen verfüge. Nunmehr besitzen wir recht gute Beweise, daß es sogar vor seiner Geburt sowohl Gefühle als auch Sinneswahrnehmungen kennt. Wissenschaftler im allgemeinen und Mediziner im besonderen ließen sich Zeit damit, ihre ultramaterialistische physikochemische Ansicht über das neugeborene Kind zu ändern, weil der Weg, den sie zurückgelegt hatten, so lang und so mühsam gewesen war. Religion und Theologie kämpften verbissen gegen die biologische Vorstellung vom Menschen, und es dauerte Jahrhunderte, die vom Blut vieler Märtyrer befleckt waren, bevor Wissenschaftler vorurteilslos über die biologische Natur des Menschen nachdenken konnten. Doch indem sie, wie sie glauben, vorurteilslos denken, unterliegen diese Wissenschaftler in Wahrheit einem sehr starken Vorurteil. Sie sind voreingenommen durch die Angst, religiöse Weltanschauung, Mystik, Lehren von der Göttlichkeit des Menschen und der Einfluß von Theorien über die Seele würden ihr objektives Denken über »Tatsachen« wieder überfluten. Einige von ihnen haben solche Angst davor, daß sie weder dem Zeugnis ihrer eigenen Sinne trauen noch die Theorien anderer Wissenschaftler akzeptieren können, denen zufolge die Psychologie, obgleich sie es bis zu einem gewissen Grade mit Unfaßbarem zu tun hat, sich nichtsdestoweniger mit Fakten beschäftigt. Wir könnten sie als die Fakten der Seele bezeichnen, wenn dieses Wort Wissenschaftler nicht regelmäßig in Panik versetzte.

Nicht alle Wissenschaftler sind wie diese; einige haben viel von einem Priester an sich. Für sie besteht menschliches Leiden nicht nur aus gebrochenen Knochen und Geschwüren, sondern auch aus Frustration, Verzweiflung, Angst und Depression. Verärgert über die Weigerung anderer Wissenschaftler, die Bedeutung dieser Realitäten zuzugeben, verneinen einige die erblichen und biologischen Einflüsse auf die menschliche Persönlichkeit vollkommen. An Soziologen und das allgemeine Publikum richten sie frei heraus den Appell: »Die Biologie hat weniger Bedeutung als die Soziologie. Hört nun auf uns.« Daran, daß es mehrere hunderttausend Lehrer und fast die gleiche Anzahl von Sozialarbeitern in diesem Lande gibt, deren Lebenswerk sich auf die Wahrheit einer solchen Theorie stützt, erkennt man, wie groß ihr Einfluß ist. Doch wenn wir zugeben, daß es sich bei dem, was Menschen tun und wie sie empfinden, nicht weniger um Tatsachen handelt als beim Herzschlag oder der chemischen Zusammensetzung der Gallenflüssigkeit, können wir den Trugschlüssen der hartgesottenen Biologen ebenso entgehen wie denen der opportunistischen Anhänger der Milieutheorie.

Wir wollen nun ein neugeborenes Baby mit der Bereitschaft beobachten, alles an ihm als wissenschaftliche Tatsache anzusehen. Uns steht dabei ein sicheres Wissen über die physikalische und chemische Struktur des Neugeborenen zur Verfügung, ebenso einiges (wenngleich weniger bestimmtes) Wissen über seine psychologische Struktur.

Das uns zu Gebote stehende Beweismaterial zeigt, daß das Menschenkind, wie feinsinnig man die Tatsache auch deuten mag, sein Leben gewöhnlich in Wut beginnt. Die sorgfältigen Beobachtungen Margaret Bantons[1] und anderer hinsichtlich des Säuglingsverhaltens in den ersten Minuten und Stunden bestätigen Kants Feststellung, daß der Schrei des neugeborenen Kindes kein Laut der Klage, sondern des Zorns ist.

Man ist leicht geneigt, entschuldigende Erklärungen für die erste Wut des Babys zu finden. Rebecca West gibt beispielsweise zu (und stimmt darin mit Freud überein), daß »der Haß in der menschlichen Erfahrung notwendig der Liebe vorausgeht«. Doch handelt es sich dabei nach ihrer Annahme um einen frühen Irrtum der Seele, der zur festen Gewohnheit wird, bevor die Vernunft ihn zerstreuen kann.

»Nach einem Frieden ohne Ebbe und Flut, den das Kind in seiner pränatalen Existenz genießt, wird es in eine Welt hineingeboren, die beunruhigende körperliche Erfahrungen und erschreckende, unbegreifliche Einschränkungen für es bereithält. Es muß das Gefühl haben, daß es um sich schlagen müsse, um am Leben zu bleiben; es muß Ränke schmieden gegen die Aggressoren. So bahnt sich eine Gewohnheit an, und so wird eine Phantasie erzeugt. Man bildet sich ein, daß es recht sei, Schmerz zuzufügen, was aufgrund der frühen Erfahrung die verwickeltsten, verderblichsten Auswirkungen hat. Wenn man der Umwelt Schmerz zufügt, wird man bestraft; man erleidet größeren Schmerz als den, den man anderen bereitet hat; man wird als Schuldiger behandelt. Das raubt dem Schmerz nicht seine Größe, denn Strafe ist Schmerz, und Strafe wird als gut und geheiligt begrüßt. Ist es nicht eine Art Erlösung für einen, bestraft zu werden?« (Rebecca West, *Living Philosophies*, Reihe II, Simon & Schuster, New York 1939.)*

Wissenschaftler können die Annahme nicht akzeptieren, die Wut des Kindes oder irgendein anderes durchgehend beobachtetes natürliches Phänomen seien »Fehler« von ihm. Es wäre vielmehr ein ziemlich schwerer Fehler, wenn das Kind gewisse Dinge *nicht* has-

---

* Es wäre vielleicht zutreffender zu sagen, daß das erste erlebte Gefühl Angst ist – Angst, die mit dem Geburtsvorgang zusammenhängt. Doch offenbar wird diese Angst, soweit wir das beurteilen können, rasch von Wut überlagert. Manche Leser mögen glauben, ich hätte im ganzen vorliegenden Buch den Haß überbetont, so daß die Angst gar nicht mehr darin vorkomme. Die Angst, werden sie sagen, ist sicherlich ein offenkundigeres, allgemeineres und lähmenderes Gefühl als der Haß. Meine Antwort darauf wäre: Angst und Haß sind so unentwirrbar miteinander verschmolzene und regelmäßig assoziierte Gefühle, daß es schwer ist, sie voneinander zu unterscheiden. Folgendes aber läßt sich sagen: Bewußte, rationale Angst dient einem nützlichen Zweck; sie warnt uns vor wirklichen Gefahren und hat die Menschheit veranlaßt, Verteidigungsmaßnahmen gegen Gefahr, Hunger, Krankheiten und andere äußere Bedrohungen zu ergreifen. Die irrationale Angst, die uns hemmt und lähmt, ist, wie wir sehen werden, keine Furcht vor realer Gefahr, sondern vielmehr Furcht vor uns selbst, vor unseren eigenen Haßgefühlen oder dem Haß, den wir in anderen wecken oder auf sie projizieren. Angst ist oft die einzige äußere Bekundung von Haß.

sen lernte. Tatsache scheint zu sein, daß es nicht hassen *lernt*; es kommt wohl oder übel mit dieser Fähigkeit auf die Welt und lernt sie dann entsprechend seinen Erfahrungen weise oder unweise zu gebrauchen. Bei angemessener Anleitung und dem, was wir normale Erfahrung nennen können, vermag es allmählich immer besser zu unterscheiden zwischen jenen Objekten, die zu Recht gefürchtet, gehaßt und bekämpft werden, und jenen, die bereitwilliger akzeptiert, benutzt und geliebt werden. Solange diese Unterscheidung zutreffend ist, können aggressive oder destruktive Neigungen vorteilhaft zum Ausdruck kommen, indem sie der Selbsterhaltung, d. h. der Unterstützung wachsender konstruktiver Strebungen, nutzbar gemacht werden.

Jedoch in seiner frühen Lebenszeit macht selbst ein in der günstigsten Umgebung aufwachsendes Kind Fehler bei seinen Unterscheidungen. Es hält Freunde für Feinde und umgekehrt. Die Flammen des Feuers sehen hübsch aus, aber es verbrennt sich daran. Die Katze sieht sanft und friedlich aus, doch sie kratzt. Die derbe, laute Person, die sich später als älterer Bruder erweist, ist nicht annähernd so gefährlich, wie sie zuerst erscheint, sondern in Wahrheit ein Beschützer. Die neugeborene Schwester nimmt die Liebesfähigkeit der Mutter nicht so völlig für sich in Anspruch, wie es einem zunächst zu drohen schien. Alle möglichen Mißverständnisse und falsche Einschätzungen dieser Art müssen später durch ständige Realitätsprüfung korrigiert werden, die viele Jahre benötigt, ehe sie auch nur annähernd richtige Ergebnisse zeitigt. In der Zwischenzeit wird Haß mobilisiert und an die falschen Adressen gerichtet, während die Liebe spärlichen Ausdruck findet oder in unergiebigen, nutzlosen Beziehungen vergeudet wird.

Aufgrund ihrer Beobachtungen von Kindern, die während des derzeitigen Krieges in den Hampstead Nurseries in London versorgt wurden, machten Anna Freud und Dorothy T. Burlingham folgende Feststellungen:[2]

»Die in der Erwachsenenwelt so weit verbreitete Vorstellung, daß kleine Kinder sorgfältig vor dem Anblick von Unglücksfällen, Trauer und Tod ferngehalten werden müssen, beruht auf einer Verkennung der kindlichen Natur. Kleinkinder sind mit Aggression und Destruktion auf viel vertrauterem Fuß

als der Erwachsene. Ein- bis Zweijährige, die in der Geh-
schule [Laufställchen] miteinander spielen sollen, ziehen sich
gegenseitig bei den Haaren, attackieren sich mit den Zähnen
und reißen sich das Spielzeug aus den Händen ohne das leiseste
Mitgefühl für ihren Spielgefährten. Sie zerstören ihr Spielzeug,
zerplatzen ihre Bälle, reißen ihren Puppen, Soldaten oder Tieren
Arme und Beine aus, zerbrechen, was zerbrechlich ist, und
zeigen nur dann Bedauern, wenn ihnen das zugrunde gerichtete
Spielzeug selbst beim Weiterspielen fehlt. Je älter und stärker
das Kleinkind wird, desto gefährlicher wird es auch für die
Dinge oder für die noch kleineren und schwächeren Kameraden
in seiner Umwelt. Man spricht oft halb scherzhaft vom
›ständigen Kriegszustand‹ in jeder Kinderstube und versteht
darunter die Freiheit und Bereitschaft der aggressiven und
destruktiven Tendenzen in diesen frühen Jahren, ein Zustand,
der in der Erwachsenheit nur wiederkehrt, wenn Aggression
und Destruktion zu Zwecken der Kriegführung ausdrücklich
mobilisiert werden.

Es ist eine der legitimen Aufgaben jedes Erziehungssystems,
die der menschlichen Natur angeborene Aggression im Laufe
der ersten vier oder fünf Lebensjahre so zu modifizieren, daß
ihre Äußerungen den Forderungen der erwachsenen menschlichen Gemeinschaft entsprechen. Die primitive Lust des Kindes
am Wehtun und an der Zerstörung von Gegenständen soll
normalerweise nicht in ihrer ursprünglichen Form erhalten
bleiben. Sie wird unter dem Einfluß der von den Erziehern
ausgehenden Gebote und Verbote eingeschränkt, unterdrückt
und schließlich verdrängt; d. h. sie verschwindet bis auf gewisse
Reste nicht nur aus dem Benehmen des Kindes, sondern auch
aus seinem Bewußtsein. Unter dem Druck der Gefahr, daß die
jetzt verpönten Regungen aus der Verdrängung wiederkehren
könnten, werden im Bewußtsein des Kindes alle möglichen
Schutzvorrichtungen, die sogenannten Reaktionsbildungen,
entwickelt: Früher grausame Kinder werden in ihrer weiteren
Entwicklung besonders mitleidig, frühere Zerstörer verwandeln
sich in übervorsichtige und zurückhaltende Kinder. Es ist
überdies die Aufgabe jeder einsichtigen und verständigen
Erziehung, die aggressiven Impulse nicht nur niederzuhalten

23

oder in ihr Gegenteil zu verwandeln, sondern sie auch von ihren ursprünglichen rein negativen Zielen abzulenken und auf positive Aufgaben zu richten. Anstatt die Menschen und Dinge der Umwelt zu schädigen und zu beschädigen, lernt das Kind seine Aggression zu »sublimieren«; d. h. es verwendet sie dazu, um den notwendigen Kampf mit den Schwierigkeiten der Außenwelt aufzunehmen, mit Rivalen zu wetteifern und – im Gegensatz zum ursprünglichen Impuls – wertvolle konstruktive Leistungen zustande zu bringen.«*

Demnach spielt das, was man als »Irrtum«, Unwissenheit oder Unerfahrenheit des Kindes bezeichnen könnte, bei der Bildung

---

* Zur Wirkung tatsächlicher Kriegsbedingungen auf Kinder schreiben die Autorinnen:
»Überlegungen dieser Art machen es leichter, auf den Punkt hinzuweisen, an dem die Kriegsatmosphäre, in der wir heute leben, zur Gefahr für die Entwicklung des Kindes wird. Die erwachsene Welt fürchtet zu Unrecht, daß das unschuldige Kind sich mit Angst und Grauen von den Vorgängen in der Außenwelt abwenden und von dem es umgebenden Kriegswahnsinn erschreckt in psychische Erkrankung flüchten werde. Die Gefährdung des Kindes liegt in Wirklichkeit an anderer Stelle. Die aggressiven Triebe, die im kindlichen Leben ihre Rolle spielen, sind dieselben, die sich im Krieg in der Außenwelt manifestieren. Das Kind, das seine Aggression noch ohne inneren Widerspruch auslebt, fühlt sich zu den kriegerischen Ereignissen eher hingezogen als von ihnen abgestoßen. Jeder kann sehen, wie vergnügt und unbeschwert unsere Kriegskinder in den Ruinen zerbombter Häuser spielen, sich mit den Überresten von Hausrat und Mauerziegeln bewerfen. Es stört sie wenig, daß sie ihren Spielplatz der Zerstörung einer Heimstätte, vielleicht der Vernichtung von Menschenleben verdanken. Wie soll es den Erziehern dieser Kinder gelingen, sie unter solchen Umständen mit der in ihrem eigenen Innern arbeitenden Zerstörungslust zu verfeinden? Wie sollen die Drei-, Vier- und Fünfjährigen lernen, ihre eigenen Todeswünsche gegen Eifersuchtsobjekte und störende Rivalen zu beherrschen und zu verurteilen, wenn das Töten in ihrer Umwelt auf der Tagesordnung steht?
Die Bewältigung der infantilen Aggression ist unter allen Umständen eine der schwierigsten Leistungen jeder individuellen Kindheit. Unter Kriegsumständen, wenn Kriegsschrecken und Kriegsgreuel erregend auf die Aggressionslust des Kindes wirken und die Existenz von Aggression und Destruktion in der Erwachsenenwelt ständig und unabweisbar demonstrieren, wird sie zur fast unlösbaren Aufgabe.«

früher Muster von Haß eine Rolle. An dieser Stelle lasse ich den Beitrag, den elterliche Unwissenheit und Unerfahrenheit zu diesen frühen Reaktionsmustern leisten, außer Betracht; wir werden sogleich darauf zurückkommen. Denn wir müssen noch die Auswirkungen gewisser »natürlicher« Katastrophen erwähnen, jene unvorhersehbaren, nicht zu verhindernden Schläge des Schicksals oder der Natur, die über manche Kinder allzu früh hereinbrechen. Gegen sie kann das Kind sich nicht verteidigen, es kann ihnen nur grollen. Seine Mutter stirbt, sein Haus brennt ab, seine Lieblingsschwester kränkelt, es wird operiert, Vater und Mutter trennen sich, das Land wird von Hungersnot oder Krieg heimgesucht. Kein Erwachsener kann angesichts solcher Katastrophen ganz objektiv bleiben, geschweige denn eine unreife, unerfahrene Persönlichkeit, deren Muster von Liebe und Haß noch im Entstehen begriffen sind.

Es überrascht daher nicht, daß niemand mit einem vollkommen logischen, weisen Programm für Liebe und Haß heranwächst. Gelegentlich haßt und liebt jeder bis zu einem gewissen Grade unklug. Vielleicht sollte man richtiger sagen, daß wir mitunter die falschen Personen hassen oder auch die falschen Personen lieben oder, da Liebe und Haß stets miteinander verschmolzen sind, daß unseren Beziehungen zu denen, die wir lieben sollten, zuviel Haß beigemischt ist, und unseren Beziehungen zu denen, die wir im eigenen Interesse hassen sollten, zuviel Liebe.

Diese Verwirrungen beginnen, wie ich bereits sagte, in der Kindheit durch Mißverständnisse, Fehldeutungen und unvermeidliche Interessenkonflikte. Dr. Smith Ely Jelliffe pflegte zu sagen, die erste wichtige Entscheidung des Kindes bestehe darin, ob es »schreien oder schlucken« wolle, wenn es entdeckt, daß es nicht beides zugleich tun kann. Doch existieren im Herzen des Kindes gleichzeitig Gefühle, die es ebenso schwer miteinander in Einklang zu bringen vermag wie Schreien und Schlucken. Wie soll es das Problem lösen, wenn dieselbe Person, die ihm die Flasche bringt, sie wieder wegnimmt? Wie ideal die Mutter auch sein mag, das Kind muß ihr zwangsläufig positive und negative Gefühle entgegenbringen.

Bei der Erörterung des Entstehens dieser Verwirrungen habe ich vielleicht ihre logischen, rationalen Aspekte überbetont. Logik und

Vernunft implizieren eine gewisse Fähigkeit, über die unmittelbare Gegenwart hinauszuschauen, und das kann das Kind natürlich nicht. Seine frühesten Reaktionen sind nicht rational; sie sind völlig emotional und beruhen auf den Gefühlen, die der unmittelbare Reiz und die Art, wie ihnen entsprochen wird, hervorrufen.

Denn ebenso wie gewisse Entbehrungen die feindseligen Empfindungen des Kindes wecken, werden diese durch bestimmte Befriedigungen gemildert. Wenn wir uns Eltern vorstellen können, die geschickt genug wären, jede Befriedigung, die dem Kind genommen wird, durch eine Befriedigung zu ersetzen, die es als annähernd gleichwertig betrachten könnte, ohne daß die Eltern dabei die Erfordernisse der Realität mißachten würden, sollten wir erwarten, daß der Nachkomme dieser Eltern ein idealer Mensch wäre – nicht frei von Aggressionen, aber ohne das Gefühl, um die Abenteuer und Mißgeschicke des Lebens betrogen zu werden, und ohne Haß auf irgend etwas, ausgenommen auf jene Dinge, die um der Verteidigung seiner Ideale und Interessen willen gehaßt und bekämpft werden sollten.

2

Aber Eltern sind nur Menschen. Auch sie waren Kinder, und auch sie hatten Eltern, die Fehler gemacht haben, und auch sie haben Schicksalsschläge erlitten, die auch eine im übrigen ideale Umwelt erschüttern. Folglich kommt es darauf an, daß wir genau zu bestimmen versuchen, welche Einschränkungen zu schwerwiegender Unzufriedenheit in der Kindheit führen.

In den letzten Jahren ist so viel über die Verantwortung der Eltern für die Ausbildung früher guter und schlechter Gewohnheiten des Kindes geredet worden, daß viele Eltern deshalb sehr befangen und manche ein wenig hysterisch geworden sind. Einige Psychiater haben dagegen ihre Stimme erhoben, um den Eltern zu versichern, diese Angst sei schlimmer, als sich über das Problem überhaupt keine Gedanken zu machen. Die Verwirrung bei den Eltern kann daher nicht überraschen; es ist die Frage, ob Angst oder selbstzufriedene Gleichgültigkeit pathologischer und schädlicher ist.

26

Im folgenden will ich (bis zum Ende des Kapitels) nicht versuchen, bestimmte Vorschläge zu machen, wie sich Eltern in bezug auf ihre Kinder verhalten sollten, denn unser Interesse gilt in erster Linie den fundamentalen psychologischen Prinzipien, die der Einstellung von Eltern und ihrer Behandlung der Kinder zugrunde liegen, und vor allem jenen allgemeinen Strömungen, die meines Erachtens Frustrationen zu verstärken pflegen und damit gewisse Haßmuster bestimmen.

Wir wollen mit den psychischen und physischen Wechselwirkungen der frühesten Phase beginnen.

Sobald das Baby geboren ist, übernehmen seine Lungen und Nieren die Verantwortung für die Reinigung seines Blutkreislaufs. Das bedeutet, daß es Sauerstoff einzuatmen, Kohlendioxid auszuatmen, Wasser bzw. eine wäßrige Lösung aus Zucker, Fett und Protein zu trinken und Nebenprodukte in Wasser aufgelöster Gewebsteile auszuscheiden beginnt. Kurz gesagt, das Baby fängt an zu atmen, zu saugen, zu urinieren und zu defäzieren. Größtenteils laufen diese Prozesse automatisch ab, doch Eltern und Pflegerinnen helfen sie regulieren. Das Kind darf stets atmen, wie es will, und eine Zeitlang darf es auch nach Belieben urinieren und defäzieren, doch fast von Anfang an werden hinsichtlich seiner Fütterung gewisse Regeln aufgestellt. Es kann nicht immerzu essen, und seine Angehörigen sind so sehr Sklaven der Zeit und Zeitpläne, daß es einfach und natürlich erscheint, das Kind in gewissen regelmäßigen Abständen zu füttern, die – soweit wir das erkennen können – nur annähernd den Bedürfnissen des Kindes entsprechen. Die Fütterungsabstände werden allmählich verlängert, und nach einigen Monaten wird das Kind veranlaßt, andere Fütterungsmethoden als das Saugen zu akzeptieren, und es werden ihm außer Milch auch andere Nahrungsmittel angeboten.

All dies bedeutet eine sehr große Umstellung, soweit es das Kind betrifft, und wir könnten vermuten, daß der Prozeß mit beträchtlichen psychischen Störungen einhergeht, selbst wenn wir es nicht auf Grund der Beobachtungen von Kinderärzten und psychoanalytischer Explorationen wüßten. Tatsächlich ist in der Vergangenheit der weitreichende Einfluß dieser frühen Erfahrungen sicherlich unterschätzt worden. Einige Wissenschaftler gehen heute so weit, anzunehmen, daß »der Säugling, der großzügig gestillt

27

und verständnisvoll entwöhnt wurde, dem Leben mit einer gütigen, großzügigen und optimistischen Einstellung bzw. Veranlagung entgegentreten wird, während der Säugling, dem eine angemessene Pflege und Bemutterung verweigert und der abrupt entwöhnt wurde, sich vernachlässigt fühlen, argwöhnisch und ängstlich sein und einen Groll mit sich herumtragen wird, der zu aktiver Feindseligkeit und Aggression gerinnen kann«[3].

Doch das Gefühlsleben des Säuglings hängt nicht nur vom Problem der Nahrungsregulierung ab. Früher oder später entscheiden die Eltern, daß auch die Ausscheidungsfunktionen der gesellschaftlichen Kontrolle zu unterwerfen sind. Aus Gründen, die dem Kind unangebracht oder überhaupt nicht vorhanden zu sein scheinen, wird es »gelehrt« (gezwungen), seine Ausscheidungsvorgänge zu regulieren. Und wieder wissen wir empirisch – sowohl durch die Beobachtung von Kindern als auch aus den Erinnerungen von Patienten in der Psychoanalyse –, daß diese Prozesse mit turbulenten emotionalen Reaktionen einhergehen und daß Spuren des Konflikts zwischen dem Kind (als Repräsentanten der Natur) und den Eltern (als Repräsentanten der Gesellschaft) ein Leben lang fortbestehen. Daß diese Reaktionen der Charakterstruktur als Eigensinn, Verschlossenheit, Extravaganz, Exhibitionismus und sonstige Eigenschaften eingeprägt bleiben, ist heute nicht länger bloße Theorie.

Einige Leser werden vielleicht glauben, daß diese Deutung zuviel Gewicht auf das Stillen, die Entwöhnung und die Reinlichkeitserziehung lege und darüber viele spätere Frustrationen vernachlässige. Andere werden zu dem Schluß kommen, daß sie nur eine Minderheit betrifft und sehr wenig über die gegenwärtige weltweite Epidemie des Hasses aussagt. Sicherlich, so meinen diese Leser, sind nicht alle, die nach Krieg schreien oder sich an der Unterdrückung der Schwachen weiden, als Kinder von Eltern anzusehen, welche sich bei der Entwöhnung und der Reinlichkeitserziehung besonders ungeschickt angestellt haben.

Aus der Beobachtung von kleinen Kindern und dem Persönlichkeitsprofil vieler Erwachsener, die mit ihrem Leben nicht zurechtgekommen sind, geht jedoch hervor, daß es gewisse auffällige und unbestreitbare Korrelationen zwischen dem Verhalten des Erwachsenen und den Traumata seiner frühen Kindheit gibt. Es stellt sich ganz einheitlich heraus: Die Unfähigkeit Erwachsener, alltägliche Frustrationen zu ertragen, hängt regelmäßig damit zusammen, daß sie in der Kindheit zu stark, zu rasch oder zu inkonsequent (wie im Fall des »verzogenen« Kindes) frustriert wurden und sich auf diese Weise aggressive Verhaltensmuster überstark entwickelten. Diese Kinder werden (nicht nur von der Brust, sondern auch von nachfolgenden Befriedigungen) in einer Art entwöhnt, daß sie sich beraubt oder betrogen fühlen.

Auch hier, ich wiederhole es, spreche ich von Einstellungen, nicht von Methoden. Es ist möglich, daß ein Kind mit sechs Monaten entwöhnt wird und sich weniger benachteiligt fühlt als ein anderes Kind, das ein Jahr lang gestillt wurde. Viele Kinder werden heutzutage vorzeitig entwöhnt, doch die vorzeitige Beeinträchtigung anderer kindlicher Befriedigungen oder die ungeschickte, unangemessene Bereitstellung von Ersatzbefriedigungen haben dieselbe psychologische Wirkung. Ein Kind entdeckt, daß es Spaß macht, Wasser auf den Boden zu schütten (oder zu urinieren). Die meisten Eltern neigen dann dazu, ihm diese Befriedigung zu untersagen, ohne eine andere anzubieten. Dasselbe trifft auf andere »schlechte Angewohnheiten« zu: Spiele in der Toilette, Daumenlutschen, manuelle Manipulationen an den Genitalien. Eltern sehen diese Dinge oft mit unverhülltem Schrecken und tun alles in ihrer Macht Stehende, dem Kind sein Vergnügen zu nehmen, ohne irgendeinen Versuch zu machen, es durch etwas Annehmbares und gesellschaftlich Anerkanntes zu ersetzen. Wir müssen zugeben, daß die Eltern häufig von Ärzten, vor allem was die Ernährung und zärtliches Verhalten angeht, in ihren Frustrationsmustern bestärkt werden. Sowohl Kinderärzte als auch Psychiater haben sich durch falsche Schlußfolgerungen aus Erkenntnissen der behavioristischen Schule und der Diätetik beeinflussen lassen.

Die Wechselwirkung zwischen der kindlichen Psychologie und Physiologie ist von einem Kinderarzt, Dr. G. F. Weinfeld[4], treffend beschrieben worden:

»Das instinktive Bedürfnis nach Nahrung drückt sich physiologisch durch Hungerkontraktionen aus. Als unmittelbare Folge dieser Kontraktionen stellen sich Schmerzen ein, es kommt zu gesteigerten Spannungszuständen. In seinen eingehenden Untersuchungen des Eßverhaltens hat Gesell gezeigt, daß der chronologische Rhythmus, in dem diese Kontraktionen auftreten, stark variiert. Dieser Rhythmus ist von Kind zu Kind und beim selben Kind zu verschiedenen Zeiten verschieden, doch mit fortschreitendem Wachstum tritt der Hunger zunehmend regelmäßiger auf. Es liegt daher auf der Hand, daß jeder Fütterungsplan, der vorsieht, dem Säugling Nahrung in regelmäßigen Abständen zu verabfolgen, physiologisch ungesund ist. Ein solcher Plan würde den natürlichen Hungerrhythmus nicht in Betracht ziehen, und Nahrung würde demnach angeboten, wenn sie nicht benötigt, und vorenthalten, wenn sie erforderlich wäre.(. . .)

Die emotionalen Aspekte des Hungers hängen auch mit den unregelmäßig auftretenden Hungerkontraktionen zusammen. (. . .) Wenn der Fütterungsplan dem individuellen Rhythmus des Säuglings angepaßt ist, folgt auf seinen Hunger jederzeit Befriedigung. Stellt sich Befriedigung ein, so wird das Sensorium schließlich fähig, einen Mittler zwischen Hunger und Befriedigung zu erkennen: die Mutter. Wenn er die Fütterung als befriedigend und nicht als frustrierend erlebt, beginnt der Säugling der Mutter und seiner Umwelt zu vertrauen. Er kann sich auf die sichere Befriedigung seiner Triebbedürfnisse verlassen, und er hat warten gelernt. Er hat sich erstmals der Realität angepaßt. Mit einem neuen Attribut – dem Vertrauen – ausgestattet, entfalten sich alle seine Sinne, so daß das Sich-Festsaugen an der Brust, das Betasten der Brüste, Geruch und Geschmack der Milch, der Anblick der Mutter und der Klang ihrer Stimme dazu führen, daß alle seine Wahrnehmungsorgane stärker ausgebildet werden, um die Realität zu erkunden.(. . .)

Ganz ohne Zweifel sollte der ideale Fütterungsplan auf den physiologischen und emotionalen Bedürfnissen des Säuglings beruhen. Ein solches Programm würde keine wie immer gearteten festgelegten Fütterungszeiten vorsehen, und die Eltern würden aufgefordert werden, dem Baby Nahrung anzubieten, sobald es hungrig ist. Weil die früheren Vorstellungen von Regelmäßigkeit und Disziplin in unserer Kultur so fest verwurzelt sind, fällt es vielen Eltern schwer, ein Programm zu entwickeln, das von Einfühlung und Befriedigung ausgeht. In den meisten Fällen erfordert es viel Zeit und Geduld, den Eltern die physiologischen und emotionalen Gründe nahezubringen, auf denen dieses Programm beruht.«

Bei jenen Naturvölkern, wo Erwachsene die Kinder in Ruhe lassen und sie nicht einschränken, kann das Kind selbst Ersatzbefriedigungen entdecken, die ihm in der Folge besser erscheinen mögen als die ursprünglichen. Guajavas und Bananen schmecken ihm dann genauso gut und schließlich besser als Muttermilch. Es lernt, bei Regen in die Hütte zu kommen, auf Gras statt auf Disteln zu laufen, gefährlichen Tieren und Insekten aus dem Wege zu gehen, und zwar, weil es angenehmer ist, nicht weil es ihm befohlen wurde. Einschränkungen, die es erlebt, gehen von der Natur aus, nicht von seinen Eltern. Der Groll, den es empfindet, kann gegen jene bösen Naturgewalten gerichtet werden, die zu bekämpfen Pflicht des Menschen ist.

Ganz anders in unserer modernen Gesellschaft: Ersatzbefriedigungen, die man dem Kinde anbietet, werden weitgehend nach dem Geschmack der Erwachsenen ausgewählt. Und die Gesellschaft fordert vom Kinde nicht nur, daß es seine natürlichen, gesunden Impulse unterdrückt und auf einige seiner stärksten Befriedigungen verzichtet, sondern darüber hinaus, daß es keinen Unwillen wegen dieser Frustration äußert. Es muß nicht nur viel von seiner Freiheit opfern, es muß dies auch noch höflich und willig tun. Es darf nicht einmal schreien, treten und kämpfen. »Kinder soll man sehen, nicht hören«, gilt als ein altmodischer Wahlspruch, doch das dahinterliegende Motiv – die Vorstellung, daß Kinder sich nicht vom Fleck rühren und nicht aufbegehren dürfen – halten viele Eltern noch immer für wichtig, wie Briefe bezeugen, die sie an Experten der Kindererziehung richten und in denen sie fragen, wie man das Kind zum Gehorchen bringt, wie man dem Kind seine schlechte Laune »abgewöhnt« usw.

Wie das Kind selbst die vernünftigsten Forderungen der Zivilisation empfindet, könnten Kinderpsychiater und Kinderpsychologen mit Tausenden von Beispielen belegen, doch in der gesamten klinischen Literatur, die ich kenne, ist nichts so beredt wie die Geschichte, die vor einigen Jahren an höchst unerwarteter Stelle, nämlich in den Spalten des *New Yorker* vom 1. Juli 1939, zur Kenntnis der Allgemeinheit gelangte. Ich zitiere unverändert und ohne Kommentar:

»Eine junge Mutter, die wir kennen, hat uns ein Lied, eine Weise oder ein Gedicht, etwas, das ihr vierjähriger Sohn sich ausgedacht hat und allabendlich in der Badewanne singt, zugeschickt. Es geht praktisch endlos weiter wie das Alte Testament, und sie konnte nur einen Teil davon aufschreiben, aber selbst dieses Bruchstück erscheint uns als eine der hübschesten literarischen Bemühungen des Jahres sowie als ein weiterer Beweis dafür, daß Kinder die wirklich reinen Künstler sind, welche vollen, von keiner törichten Zurück-haltung behinderten Zugang zu ihren Gedanken haben. Der Text, so schreibt die Mutter, wird auf eine einzige Note ge-sungen, lediglich beim letzten Wort jeder Zeile wird die Stimme gesenkt. Wir drucken ihn hier ab, weil wir glauben, daß die Vision der Herzenswünsche eines jeden selten so unverblümt zum Ausdruck gebracht wurde:
›Er wird einfach nichts tun,
Er wird einfach in der Mittagssonne sitzen.
Und wenn sie ihn ansprechen, wird er ihnen nicht antworten,
Weil er keine Lust dazu hat.
Er wird sie mit Speeren spicken und in die Mülltonne werfen.
Wenn sie ihm erzählen, er solle sein Mittagbrot essen, wird er sie einfach auslachen,
Und er wird keinen Mittagsschlaf machen, weil er keine Lust dazu hat.
Er wird nicht mit ihnen sprechen, er wird nichts sagen,
Er wird einfach in der Mittagssonne sitzen.
Er wird fortgehen und mit dem Panda spielen.
Er wird mit niemandem sprechen, weil er das nicht nötig hat.
Und wenn sie nach ihm suchen, werden sie ihn nicht finden,
Weil er nicht da sein wird.
Er wird ihre Augen mit Nägeln durchbohren und sie in die Mülltonne werfen
Und den Deckel zumachen.
Er wird nicht an die frische Luft gehen und nicht sein Gemüse essen.

Er wird auch kein Pipi für sie machen, und er wird so dünn
werden wie eine Murmel.
Er wird überhaupt nichts tun.
Er wird einfach in der Mittagssonne sitzen.«<

Die meisten Menschen erinnern sich nicht oder nur sehr verschwommen daran, daß sie solche Gefühle in der Kindheit hatten.
Denn wenn Gefühle geweckt werden, die zu äußern gefährlich ist,
tritt an die Stelle ihrer Unterdrückung allmählich die Verdrängung
– das heißt, das Erleben wird verleugnet und so aus dem Bewußtsein und der bewußten Erinnerung getilgt. Doch eine Verdrängung
ist nur dann erfolgreich, wenn das Kind genügend Reife besitzt,
um sie vorübergehend zu akzeptieren und später andere Ventile zu
finden. Sofern die Erfahrungen nicht zu schlimm sind, vergibt und
»vergißt« das Kind. Zwingt man ihm aber eine Verdrängung vorzeitig oder im Übermaß auf, so wird sie nahezu mit Gewißheit
früher oder später zusammenbrechen und unbewältigte Impulse in
Gestalt von Neurosen, Verhaltensstörungen oder anderen »abnormen« Eigentümlichkeiten freisetzen. Bei der Schilderung der Eß-
und Trinkgewohnheiten ihrer Tochter in der Kindheit erzählte mir
eine Mutter einmal folgendes: »Die besten Kinderärzte von New
York rieten uns, ihr Spinat zu geben. Und so bekam sie Spinat.
Aber mein Mann und das Kindermädchen mußten sie mit einem
Bettlaken, das über ihren Körper gebunden war, festhalten, und
sie schrie und schluchzte, während ich den Spinat löffelweise zwischen die zusammengepreßten Zähne schob.« Diese Mutter war
keine herzlose Frau; sie war gebildet und spielte in einer großen
Stadt gesellschaftlich eine Rolle.

Ich erinnere mich an einen sonst durchaus intelligenten Vater,
der mir stolz berichtete, daß er seinem dreijährigen Kind jedesmal
ins Gesicht schlug, wenn es sagte: »Ich kann diesen Haferbrei nicht
essen.« Da das Kind beinahe ebenso hartnäckig war wie der Vater,
wiederholten sich die Ohrfeigen im Abstand weniger Sekunden bei
jeder Mahlzeit zehn oder fünfzehn Minuten lang. Schließlich aß
das Kind den Haferbrei und erbrach ihn dann!

Wie viele Eltern ihr Kind auf die Toilette gesetzt haben mit der
Anweisung, dort zu bleiben, bis es Stuhlgang hatte; wie viele ihre
sinnlose Angst wegen der Verstopfung des Kindes dadurch bezeigt

haben, daß sie es mit Seifenstücken, Klistieren, Abführmitteln malträtierten, darüber kann man nur Vermutungen anstellen.

Ich erwähne diese extremen Beispiele nur, um dem Leser den Unterschied vor Augen zu führen zwischen der Art und Weise, wie viele Naturkinder aufwachsen, und jener, wie viele unserer sogenannten zivilisierten Kinder aufzuwachsen gezwungen sind. Einen bedeutsamen Hinweis auf diesen Unterschied enthält ein Brief von Dr. Nancy D. Campbell, Ärztliche Direktorin der United Pueblos Agency in Albuquerque, New Mexiko:

»Ein Merkmal der Aufzucht des Indianerkindes hat mich sehr interessiert. Babys und Kleinkinder werden mit großer Freundlichkeit und Nachsicht behandelt. Wenn ein Kind weint, wird es gestillt oder mit allem versorgt, was es zu wünschen scheint, gleichgültig ob dies nach unseren Maßstäben gut oder schlecht ist. Strafen werden nicht angedroht, es sei denn, man würde die Beeinträchtigung durch die Benutzung eines Wiegenbrettes in diesem Sinne deuten.* In der Kindheit tun sie weitgehend, was sie wollen. Ich habe oft erlebt, daß die Eltern sich danach richteten, ob ein Sechsjähriger ins Krankenhaus wollte oder nicht, ganz gleich, wie schwer die Krankheit war. Dennoch wird dasselbe Kind in der Adoleszenz zu einem absolut gesetzestreuen Menschen, der in jeder Hinsicht die Stammesgewohnheiten achtet, an den rituellen Zeremonien und Tänzen teilnimmt und in jeder Angelegenheit von größerer oder geringer Bedeutung die Älteren zu Rate zieht.«

---

* Ähnlich wie man das Baby in Europa in früherer Zeit in ein sogenanntes Steckkissen wickelte, das ihm jede Bewegungsfreiheit nahm, wurde das Indianerbaby in eine Decke gewickelt und auf einem Brett festgebunden. Der Unterschied lag aber darin, daß das Baby im Steckkissen mehr oder weniger sich selbst überlassen blieb, während die Indianerin das Kind in dieser Vorrichtung fast ständig auf dem Rücken trug, so daß es an allem teilhatte, was die Mutter tat. Abbildungen in einschlägigen Werken lassen in der Tat vermuten, daß sich das Kind dabei recht wohl fühlte. Anm. d. Übers.

Erik H. Erikson[5] hat von ähnlichen Beobachtungen bei den Sioux, George Devereux[6] bei den Mohave-Indianern berichtet. Letzterer schreibt:

»Die Mohave schlagen ihre Kinder weder, noch bestrafen sie sie in irgendeiner Weise. Wer so etwas täte, würde als ›verrückt‹ angesehen. Als man einen Mohave fragte, weshalb er nicht auf Schläge reagierte, die ihm ein Knabe verabfolgte, sagte er: ›Weshalb sollte ich ihn schlagen? Ich bin groß, er ist klein. Er kann mich nicht verletzen. Wenn ich so etwas machen würde, wäre ich wie die Weißen, die ihre Kinder schlagen.‹«

In neuerer Zeit hat sich der Einfluß der staatlichen Schulen, in denen die Kinder manchmal geschlagen werden, auch bei den Indianern gezeigt, so daß es gelegentlich zu leichter körperlicher Züchtigung kommt, doch die Indianer führen dies ausschließlich auf den Einfluß der Weißen zurück. Was Jugendkriminalität und Aufruhr unter Kindern angeht, hatten Erikson und Devereux den Eindruck, daß diese sehr viel seltener sind als bei zivilisierten Völkern, so daß man nicht sagen kann, der Verzicht auf die Bestrafung von Kindern würde bei Erwachsenen zur Mißachtung von Autorität führen; wahrscheinlich trifft das Gegenteil zu.

Man könnte einwenden, daß die Zivilisation mehr Einschränkungen erfordert als das Leben auf einer gottverlassenen Insel oder unter den primitiven Daseinsbedingungen der Naturvölker. Wir halten es zum Beispiel für nötig, daß unsere Kinder ihre Ausscheidungsvorgänge entsprechend den Vorurteilen Erwachsener beherrschen lernen. Es hilft ihnen, wenn sie sich den komplizierten gesellschaftlichen Kodex früh aneignen, dem sie ihr ganzes Leben lang entsprechen müssen, wenn sie nicht unangenehm auffallen wollen. In der Tat würden Eltern unfreundlich handeln, wollten sie angesichts ihres eigenen schmerzhaft erworbenen Wissens ihren Kindern diese Schulung vorenthalten.

Doch manche neurotischen Eltern tun ebendies. Sie reagieren gewissermaßen übersteigert auf das Dilemma, in das unsere Kultur das Kind stürzt. Ich denke an jene Eltern, welche die ungeregelten Laisser-faire-Methoden der Naturvölker in der Stadtwohnung des zwanzigsten Jahrhunderts einführen wollen. Sie sind stolz darauf, das Kind innerhalb sehr weit gesteckter Grenzen tun zu lassen, was ihm gefällt, weil sie meinen, daß Zwänge seine Entwicklung behindern könnten. Bekannte von mir erlaubten ihrem sechsjährigen Jungen beispielsweise, nackt im Wohnzimmer zu erscheinen, wenn es ihm Spaß machte. Ein anderes Paar erweckte das Befremden vieler seiner Freunde, weil es sich weigerte, seine Zwillinge davon abzuhalten, das Eigentum anderer mutwillig zu zerstören. Diese privilegierten Kinder entgehen der Strafe nicht, mit der die Zivilisation primitives Verhalten ahndet. Sie lernen bald, daß die Einstellung ihrer Eltern für das Leben in ihrer Gemeinschaft nicht wirklich repräsentativ ist, man sich deshalb nicht auf sie verlassen kann. Doch wie soll man das Kind in eine zivilisierte Welt einführen und es mit ihren komplizierten Zwängen und Sitten vertraut machen, ohne daß seinem Geist und seinen Gefühlen Schaden zugefügt wird?

Die Zivilisation verlangt größere Einschränkungen unmittelbarer Befriedigungen, als dies bei den meisten Naturvölkern der Fall ist, und obgleich sie theoretisch mehr Entschädigungen bereithält, sind diese für das Kind in seinen ersten Lebensjahren sicherlich nicht einsichtig. Man könnte demnach sagen, es sei deshalb so schwierig, Kinder in unserer modernen Welt großzuziehen, weil unmittelbare, greifbare Ziele aufgegeben und durch ferne, abstrakte Ziele ersetzt werden müssen, die das Kind nicht begreifen kann. Das Problem liegt darin, Ersatzbefriedigungen anzubieten, welche die Kluft überbrücken und dem Kind in der Gegenwart legitimes Vergnügen bereiten.

Doch diese Formulierung des Problems ist nicht die ganze Wahrheit. Sie übersieht den wichtigsten Faktor beim Lernen: die unmittelbare Lust, die dem Kind in Form von Liebe zuteil wird, sobald es eine gesellschaftlich mißbilligte Gewohnheit oder Einstellung aufgibt. Das ermutigende Lächeln der Mutter, wenn sich das Baby ihrer Verbote erinnert, der strahlende Stolz seiner Eltern, wenn sie sehen, wie es sich bemüht, einen Löffel statt der Finger zu benutzen – dies sind greifbare Belohnungen, für die das Kind seine naiven Vorstellungen von Bequemlichkeit und egoistischem Wohlbefinden eintauscht. Deshalb sind in der zivilisierten Gesellschaft die Eltern für das Kind wichtiger als bei Naturvölkern. Die ungeheure Aufgabe der Erziehung des Kindes in seinen ersten vier oder fünf Lebensjahren obliegt fast ausschließlich den Eltern – den Menschen, die theoretisch am besten geeignet sind, ihm für die ihm abverlangten Verzichte Liebe und Aufmerksamkeit zuzuwenden. Niemals wieder in seinem ganzen Leben wird das Kind soviel mit solcher Geschwindigkeit lernen wie in diesen ersten Jahren. Von da an wird es, gleichgültig was für eine Leuchte es zu sein scheint, im Vergleich zum triumphierenden Aufblühen in seiner ersten Kindheit ein fader, schwerfälliger Mensch sein.

Doch ohne jene Liebe, durch welche jeder Schritt auf diesem gewaltigen Weg nach oben versüßt wird, weichen die grenzenlose Energie und Neugier des Kindes auf leichtere Pfade aus. Die starke Frustration, die das moderne Kind in der zivilisierten Gesellschaft erleidet, ist nicht ausschließlich auf die rigide Beschneidung seiner natürlichen Vergnügungen und unsozialen Gewohnheiten zurückzuführen; sie resultiert auch daraus, daß man ihm die Sonderzuteilung von Liebe vorenthält, die es für seine Opfer erwarten darf. Das Akzeptieren einer ihm auferlegten Einschränkung kann die Gesellschaft von dem Kind verlangen; sofern dieser Verzicht aber damit einhergeht, daß die Eltern ihm feindselig begegnen, und dadurch verstärkt wird, daß sie sich durch das Kind in ihrer Bequemlichkeit gestört fühlen, ist es kaum ein Wunder, wenn es mit Bitterkeit und Verwirrung reagiert. Angesichts solcher Entmutigungen verzichten manche Kinder ganz darauf, wirklich erwachsen zu werden, und entwickeln sich zu verantwortungslosen Schwächlingen.

Bisher haben wir uns stärker mit den Frustrationen des Säuglings als mit denen des älteren Kindes beschäftigt, wenngleich sie bis zu einem gewissen Grade nicht voneinander zu trennen sind. In den ersten beiden Jahren stehen die Probleme der Ernährung und der Reinlichkeitsgewöhnung im Vordergrund, doch gegen Ende des zweiten Jahres gibt es Hinweise auf das Geschlechtsleben des Kindes, und in unserer Zivilisation bringt das weitere Frustrationen mit sich. Trotz ungeheuer umfangreichen wissenschaftlichen Beweisen des Gegenteils neigen Eltern zu der Annahme, daß das Kind kein Geschlechtsleben und keine sexuellen Gefühle habe. Das Kind lernt bald, daß es sich entsprechend diesem Mythos verhalten muß, jedenfalls nach außen. Eine der am häufigsten von Patienten in der Psychoanalyse enthüllten Erinnerungen sind die tiefe

Enttäuschung und Bitterkeit, die sie empfanden, wenn sie (oft vor dem siebten Lebensjahr) erfuhren, daß ihre Eltern sich jene sexuelle Betätigung erlaubten, die ihnen verboten und als »schlecht« dargestellt worden war. Damit verbunden sind Masturbationserfahrungen, sexuelle Neugier in bezug auf das andere Geschlecht, Angst vor dem möglichen Verlust des Penis beim Jungen und die dementsprechende Vermutung kleiner Mädchen, sie seien in irgendeiner Weise verletzt worden oder minderwertig, und schließlich Eifersuchtsgefühle gegenüber den Eltern in Gestalt des wohlbekannten »Ödipuskomplexes«. Letzterer wird von Laien gern als schuldbeladenes inzestuöses Gefühl des Kindes für den gegengeschlechtlichen Elternteil gedeutet; man sollte ihn aber eher als Feindseligkeit gegenüber dem gleichgeschlechtlichen Elternteil sehen – ein Phänomen, das leichter zu erkennen und auch signifikanter in seinen Folgen ist. Auch wird das Kind den Elternteil als Verführer oder Verführerin betrachten, von dem/der es zu einer Zuneigung ermutigt oder aufgefordert wird, deren vollständige Realisierung tödlich wäre.

Eltern behandeln ihre Kinder oft so, wie sie von ihren Eltern vor vielen Jahren behandelt wurden, und gelangen so zu einer lange aufgeschobenen und unangebrachten Rache für Kränkungen und Leiden, die sie erdulden mußten. Doch merkwürdigerweise erkennen diese Eltern nur selten, welcher Haß in ihrem Verhalten liegt. Sie verteidigen ihre Position mit den achtbarsten Rationalisierungen. »Sie wußten damals, wie man Kinder großzieht.« – »Die Alten waren ganz schön streng mit mir, aber es hat mir überhaupt nicht geschadet.« – »Was für mich gut genug war, ist auch gut genug für mein Kind.« – »Eins kann ich von meinen Eltern sagen: Sie haben mich nicht verwöhnt.« So reden sie, und während sie behaupten, sie lehrten ihr Kind zu gehorchen, sich zu beherrschen, Härten und Kritik zu ertragen, ohne mit der Wimper zu zucken, lehren sie es in Wirklichkeit, daß Macht vor Recht geht. Das Kind begreift schnell genug, daß die Eltern tun, was sie *ihm* verbieten, und daß sie sich diese Heuchelei erlauben können, weil sie größer und stärker sind. Deshalb wird es wahrscheinlich sein Lebensziel sein, erwachsen zu werden, um sich selbst zu erhöhen und jene zu strafen und einzuschränken, die schwächer sind; so wird die Rache der Eltern am Kind eine Generation weitergetragen.

Wir müssen nochmals betonen, daß nicht alle unklugen Restriktionen und Fehler der Eltern bei der Aufzucht ihrer Kinder bewußter oder unbewußter Feindseligkeit zuzuschreiben sind. Einige dieser Fehler sind sicher auf Unwissenheit, andere auf das gläubige Befolgen der Ratschläge falscher Propheten zurückzuführen. Meines Erachtens wird den Kindern der heutigen Generation viel Schaden durch die dogmatischen, voreingenommenen Instruktionen zugefügt, die jungen Müttern von irgendwelchen Modediktatoren – manchmal in sehr ehrbarem Gewand – erteilt werden. Auf die Mode, das Kind mit Schlägen zur Unterwerfung zu zwingen, folgte die Marotte, seine emotionalen Bedürfnisse völlig zu ignorieren. Auf die Marotte, das Kind mit Abführmitteln vollzustopfen, folgten Klistiere und Eßrituale. Die Anbetung der Vitamine trat an die Stelle des Spinatfanatismus. Für diese verschiedenen Vorschriften bürgten manchmal Psychologen oder Ärzte und gelegentlich Psychiater mit ihrer Autorität. Oft waren es Großeltern oder eine Nachbarin, obwohl ich hinzufügen muß, daß ich auch Fälle gesehen habe, in denen Großeltern den normalsten und günstigsten Einfluß ausübten.

Mich beeindruckt stets die Angst von Eltern, sie könnten zu ihren Kindern zu freundlich oder zu liebevoll sein. Zwar befolgen sie vielleicht eine Zeitlang den Rat eines Psychiaters, rücksichtsvoll und geduldig mit einem Kind umzugehen, das unter schwerer innerer Spannung steht, doch oft greifen sie bereitwillig zu strengeren Maßnahmen, sobald das Kind Anzeichen der Besserung zeigt. Ein kleiner Junge, der seinen Eltern und seiner jüngeren Schwester gegenüber eine sehr feindselige Einstellung entwickelt hatte, wurde zu einem Psychiater gebracht, der empfahl, ihn in ein psychiatrisches Internat zu schicken, wo ihm, im Gegensatz zu der Behandlung zu Hause, viel Ermutigung und Anerkennung zuteil wurde. In dieser wohltuenden Atmosphäre, in der er nicht mit der bevorzugten jüngeren Schwester konkurrieren mußte, besserten sich seine Schulleistungen sowie seine sozialen Beziehungen zu Erwachsenen und Kindern sofort. Tatsächlich war er so ungewöhnlich anpassungsfähig, kooperativ und herzlich, daß er bald zum Führer seiner Gruppe wurde. Spontan schrieb er begeisterte Berichte über die Schule an seine Eltern, die zu fürchten begannen, daß es ihm zu gut ginge und er nicht streng genug erzogen würde.

Nach monatelanger Unzufriedenheit mit seinen Fortschritten meldeten sie ihn trotz seiner herzzerreißenden Bitten, in der Schule bleiben zu dürfen, die er liebte, abrupt in einer Militärschule für Knaben an. Sein Vater erklärte, er halte nichts davon, Kinder zu »verzärteln«, und seine Mutter meinte, sie seien zwar dankbar, daß man ihn glücklich gemacht und er sich offenbar wieder für die Arbeit in der Schule zu interessieren begonnen habe, doch wünschten sie vor allem, daß er zu »Verantwortung« erzogen würde.

Doch es gibt noch einen anderen Milderungsgrund für Mütter, die ihren Kindern anscheinend nicht das nötige Maß an Liebe zuteil werden lassen. Man bedenke, daß ein Drittel der Familien in den Vereinigten Staaten mit einem Einkommen von weniger als 780 Dollar im Jahr, zwei Drittel mit Einkommen von weniger als 30 Dollar die Woche leben.* Das bedeutet, daß die durchschnittliche Mutter in den Vorschuljahren des Kindes, die so überaus prägend sind, vor dem sehr großen realen Problem steht, wie sie für ihre Familie genug zu essen herbeischaffen und ihren Haushalt in einigermaßen betriebsfähigem Zustand halten kann. In den meisten Familien können sich die Mütter keine arbeitsparenden Geräte wie Waschmaschinen, Kühlschränke, Zentralheizung leisten, und auch Badezimmer gibt es nicht. Viele von ihnen sind einfach überarbeitet. Sie arbeiten lange und schwer und haben große Sorgen. Eine sehr intelligente Leserin, Frau Marion E. Lewis, stellte es in einer persönlichen Mitteilung so dar:

»Der Tag der jungen Mutter ist lang, und wenn sie – was sicher sehr häufig der Fall ist – außer zwei Vorschulkindern noch ein Baby hat, gibt es allzu viele Spannungen. Man stelle sich vor, wie ihr Tag verläuft! Sie steht um sechs Uhr auf, macht sich und das Baby zurecht, gibt ihm die Brust. Um halb sieben zieht sie sich an. Wenn das Baby schläfrig wirkt, läßt sie es im Schlafzimmer; wenn nicht, nimmt sie es mit und setzt es dort hin, wo es ihr bei der Zubereitung des Frühstücks zuschauen kann. Mittlerweile wachen die anderen Familienmitglieder auf. Sie zieht das Dreijährige an und hilft dem Fünfjährigen vielleicht noch ein bißchen beim Anziehen.

Nach dem Frühstück legt sie das Baby trocken und erinnert das

---

* Diese Zahlen beziehen sich auf das Jahr 1935.

Dreijährige daran, auf die Toilette zu gehen. Sie spült das Geschirr und wischt die Küche auf; sie macht die Betten und säubert das Badezimmer, wobei sie schmutzige Wäsche und herumliegende Gegenstände wegräumt. Wenn das Wetter schön ist, füllt sie um halb neun eine Waschmaschine und hängt die Wäsche später auf. Um halb zehn badet und stillt sie das Baby und behält dabei das Treiben ihrer beiden anderen Kinder im Auge. Zwischen halb elf und halb zwölf wird sie wahrscheinlich staubsaugen und Staub wischen. Sie überzeugt sich, daß sich das Baby wohl fühlt, redet den anderen Kindern zu, sich Gesicht und Hände zu waschen, und ißt mit ihnen um zwölf ein einfaches Mittagessen. Danach spült sie das Geschirr. Um eins legt sie sich mit den Kindern zusammen ein wenig hin. Um zwei steht sie leise auf und stillt das Baby. Wenn das dreijährige Kind aufwacht, geht sie mit ihm auf die Toilette, zieht es an und nimmt es dann ein Weilchen auf den Schoß. Sie versucht auch, sich dem Fünfjährigen ein wenig zu widmen.

Gegen drei Uhr holt sie die Wäsche herein, die sie anschließend eine Stunde lang bügelt oder ausbessert. Sie überzeugt sich, daß sich das Baby wohl fühlt. Zwischen vier und sechs kocht sie das Abendessen. Um sechs stillt sie das Baby. Um halb sieben trägt sie das Abendessen auf, dann spült sie das Geschirr. Um halb acht badet sie eins der älteren Kinder – sie werden abwechselnd gebadet – und bringt beide zu Bett. Es ist acht Uhr, bevor sie sich zu ihrem Mann ins Wohnzimmer setzen kann, und sie hat bereits einen Vierzehnstundentag hinter sich. Aber ihr Tag ist immer noch nicht zu Ende, denn um zehn Uhr muß sie noch einmal das Baby stillen, und es empfiehlt sich, den Dreijährigen zu wecken und ihn kurz auf die Toilette zu setzen. Ich meine natürlich nicht, daß das ein festgelegter Plan ist. Sie wissen, es gibt da Abwandlungen.«

Dies alles läuft darauf hinaus, daß die Zivilisation solche Ansprüche an die Mutter (und das Kind) stellt, daß ihr nicht genügend Zeit bleibt, die Liebe zu ihrem Kind auf eine Weise auszudrücken, die ihm am meisten zugute kommt. Sie ist zu sehr damit beschäftigt, darauf zu achten, daß seine Ausscheidungen in der vorgeschriebenen Weise erfolgen, daß es in der vorgeschriebenen Weise von Schmutz befreit wird und Nahrung zu sich nimmt, die in vorgeschriebener Weise zubereitet wurde. Das Kind muß von sauberen Tellern essen, und während sie das Geschirr spült, kann sie nicht mit ihm schmusen.

Ich weiß, daß diese praktischen Schwierigkeiten bestehen und weder der Leser noch ich sie ohne weiteres beseitigen können. Was auch die Ursachen sein mögen, dem Kind wird jedenfalls oft ein zu geringes Maß an Liebe und ein zu großes Maß an Haß zuteil. Und nicht nur das, sondern im Mangel an Liebe, in der Vernachlässigung, in den Einschränkungen und mitunter sogar in den Versuchen, liebevoll zu sein, ist ein Element des Hasses enthalten, den das Kind spürt und auf den es reagiert.

3

Sobald wir über Feindseligkeit oder Haß von Eltern gegenüber ihren Kindern sprechen, stoßen wir auf energische Abwehr – oft von ebenjenen, die sich am meisten schuldig fühlen müßten. »Also, ich liebe meine Kinder über alles!« ruft die Mutter aus, die sich offensichtlich so verhält, daß die Kinder aller Wahrscheinlichkeit nach Schaden nehmen oder bereits in nicht wiedergutzumachender Weise geschädigt sind. Präsident Neilson vom Smith College wurde aufs übelste beschimpft, weil er die durchaus kluge Bemerkung gemacht hatte, daß vieles, was als Mutterliebe angesehen werde, in Wahrheit Eigenliebe sei. Als ich mich in einer Vorlesung in dem Sinne äußerte, wir sollten »Mutterhaß« ebenso untersuchen wie »Mutterliebe«, wurde diese Äußerung von der gesamten Presse aufgespießt und zum Anlaß für sentimentale Leitartikel über die großen Opfer, die Mütter bringen, und die Gefühllosigkeit moderner wissenschaftlicher Anschauungen genommen. Wir schrecken natürlicherweise davor zurück, unsere eigenen Aggressionen zur Kenntnis zu nehmen, sie einzugestehen. Tun wir es aber, so treten uns unsere Schuldgefühle mit einer solchen Schärfe ins Bewußtsein, daß sie schwere Ängste auslösen. Es ist traurig, die Selbstvorwürfe mancher Eltern (gewöhnlich aus den falschen Gründen) wegen ihrer früheren Behandlung eines Kindes mitanzuhören, das verhaltensgestört oder psychisch erkrankt ist.

Ich möchte in bezug auf das Unrecht, welches Mütter unwissentlich an einem Kind begehen, noch etwas deutlicher werden. Ich meine Dinge wie Inkonsequenz, Drohungen, Beanstandung seiner Aktivitäten, weil sie als störend empfunden werden oder neurotische Angst in ihr wecken, ferner Ablehnung vernünftiger Wünsche, Ignorieren seiner Bemühungen, nett oder interessant zu sein, gebrochene Versprechungen, Herumzanken über banale Angelegenheiten, Belastung des Kindes mit den eigenen Ängsten oder Sorgen, es in Anwesenheit anderer kritisieren, es in Verlegenheit bringen, vernachlässigen, bestechen, belügen, es vor den Folgen seiner Handlungen bewahren, es in negativer Weise mit anderen vergleichen. Das Schlimmste ist vielleicht die Einimpfung einer unehrlichen, heuchlerischen Lebensanschauung.

Ein Kind mit »Vorteilen« zu überschütten, ist oft nur ein Ersatz dafür, daß man ihm Zeit, Anteilnahme, Kameradschaft und Liebe versagt. Materielle Zuwendungen werden häufig gemacht, weil die Eltern Schuldgefühle wegen einer unbewußten Feindseligkeit hegen, und damit erfüllen sie – wie es stets der Fall ist – auf lange Sicht den feindseligen Zweck, der ihr ursprünglicher Anreiz war. Dasselbe gilt für die Mutter, die »nur für ihr Kind lebt«, die unruhig ist, wenn sie es nur für ein paar Minuten allein läßt, die das Haus zu verlassen droht, wenn ihr Mann das Kind anzurühren wagt, die es zur Schule begleitet, ihm bei seinen Aufgaben hilft und ihm keine Freunde gestattet, weil sie es verderben könnten.

Als dramatischer Fall des Ausbruchs eines lange schwelenden, unerkannten Hasses sei folgendes Beispiel aus dem *Star*, Kansas City, vom 30. April 1939 zitiert:

KURZSCHLUSS NACH DREISSIG JAHREN
Minneapolis, 29. April: A.B.C., ein angesehener 47jähriger Angestellter der Federal Reserve Bank, der heute heiraten wollte, wurde in der Nacht unter der Beschuldigung verhaftet, seine behinderte 82jährige Mutter mit einem Stuhl erschlagen zu haben.

Nachdem er sie in der vergangenen Nacht getötet hatte, versuchte er sich das Leben zu nehmen, indem er sich die Pulsadern aufschnitt, das Gas aufdrehte und einen Haufen Lumpen ansteckte, um das Haus niederzubrennen.

›Ich weiß nicht, weshalb ich das getan habe‹, schluchzte C.

43

›Sie war eine wunderbare alte Dame. Irgend etwas ist plötzlich über mich gekommen.‹

Fast dreißig Jahre hatte C. allein für seine verwitwete Mutter gesorgt. Sie lebten zusammen in ihrem Haus. C. wurde von seinen Bekannten als ›Musterbild eines Mannes‹ angesehen. Er rauchte weder noch trank er, und seine unermüdliche Fürsorge für seine kränkliche Mutter war allgemein bekannt.

›Ich begreife es nicht‹, sagte Fräulein B. Sie war seit elf Jahren mit C. verlobt. Erst kürzlich hatte er den Bau ihres ›Traumhauses‹ in South Minneapolis fertiggestellt. Er hatte die Heiratslizenz erworben; sie wurde zusammen mit dem Trauring im Nachttisch seiner Mutter gefunden. Er hatte ihr beides zur Aufbewahrung übergeben.

Ich sprach einmal mit einer Mutter, deren schrecklicher, doch unerkannter Haß auf ihren Sohn ihn in eine unheilbare psychische Krankheit getrieben hatte; seit einem Dutzend Jahren befand er sich in einer Anstalt. Sie berichtete mir stolz, daß sie ihn regelmäßig jeden Monat besuche, obwohl die Anstaltsärzte dagegen seien. »Ich weiß, er freut sich, mich zu sehen«, sagte sie, »und ich glaube, es tut ihm gut. Natürlich redet er nie, aber ich weiß, daß er mich liebt.« Eine solche Tragödie zerreißt einem das Herz. Vielleicht ist es gut für sie, daß sie auch jetzt nicht zu erkennen vermag, welche Rolle sie beim Rückzug ihres Sohnes aus dem Leben gespielt hat. Doch es gibt andere Mütter und Söhne, für die es nicht zu spät ist zu verstehen.

Was ich bisher ausgeführt habe, mag vielen selbstverständlich erscheinen oder so bekannt und wissenschaftlich akzeptiert sein, daß es banal wirkt, wenn ich es hier noch einmal so nachdrücklich feststelle. Doch was ich als nächstes zu sagen habe, ist keine bloße Wiederholung. Gelegentlich wurde darauf hingewiesen, aber es ist keineswegs allgemein anerkannt oder auch nur bekannt.

Wir wissen, daß die meisten Kinder von Frauen großgezogen werden. Die frühesten Frustrationen des Kindes, über die wir gesprochen haben, werden ihm ebenso wie die frühesten Befriedigungen am häufigsten durch eine Frau zuteil. Nicht nur das, auch seine nachfolgende Erziehung in den Entwicklungsjahren und mitunter auch noch in der Adoleszenz liegt in der Hand von Frauen.

Daraus läßt sich vermutlich der Schluß ziehen, daß die Muster emotionalen Verhaltens, des Liebens wie des Hassens, in weit höherem Maße, als sich irgendeiner von uns klarmacht, nicht von »den Eltern«, sondern von der *Mutter* bestimmt werden. Sie hat das Kind geboren, und seine ersten zwischenmenschlichen Erfahrungen macht es mit ihr; sie ist seine erste und wichtigste Quelle von Lust, Liebe und Nahrung. Aber da jede Mutter das Kind aus der tröstlichen Wärme ihres Leibes und ihrer Brust entläßt und es einem vergleichsweise unbehaglichen Zustand in der realen Welt überantwortet, könnte man die Behauptung aufstellen, daß sie auch diejenige ist, die erste Bitterkeit und Rachewünsche in ihm weckt.

Aus diesem Grunde glaube ich, daß eine sorgfältige Untersuchung der besonderen Auswirkungen der Zivilisation auf Frauen und der Art, wie sie ihnen Triebbefriedigungen vorenthält, wichtig ist, um zu verstehen, weshalb wir mit soviel mehr Neigung zum Haß als zur Liebe aufwachsen. Im nächsten Kapitel werde ich einige der Methoden aufzeigen, mit denen Frauen als Erwachsene durch die herrschenden kulturellen Maßstäbe zunehmend frustriert und betrogen werden. Ich glaube, daß sie für den Groll, den sie bewußt und unbewußt empfinden, gute und reichliche Gründe haben. Aber hier handelt es sich um einen Teufelskreis: Die Frauen, welche die Kinder großziehen müssen, sind selbst so benachteiligt und voll Ressentiments, daß sie ihren Kindern dieselben Beschränkungen auferlegen, und die Kinder wachsen heran und begehen denselben Fehler aufs neue. Männer frustrieren Frauen, und Frauen teilen ihre Aggressionen zwischen ihren männlichen Partnern und ihren abhängigen Kindern auf.

Das mag sich für einige so anhören, als wollte ich die Verantwortung für den gegenwärtigen traurigen Zustand der Welt hauptsächlich den Frauen aufbürden – ich wäre nicht der erste, der das täte. In dem Zusammenhang, den wir gerade erörtern, zitiert Havelock Ellis[7] einige Äußerungen von Autoren aller Zeiten, die recht verblüffend wirken, wenn man sie in dieser Weise versammelt sieht: »Gebt mir andere Mütter, und ich werde euch eine andere Welt geben« (Augustinus). »Von zehn Schlägen, die ein Kind erhält, kommen neun von seiner Mutter« (Th. von Hippel). »Mutterliebe wird leicht unheilvoll, wird zur rein animalischen Zunei-

45

gung, die alle Fehler des Kindes übersieht, ihm damit unermeßlichen Schaden zufügt und von Anbeginn den Keim zu Illusionen im späteren Leben legt« (A. Forel). »Viele Frauen möchten den Krieg abschaffen. Doch im Bereich der Erziehung können dieselben Frauen nicht auf jene Gewaltmethoden verzichten, die wütende Leidenschaften und unbillige Rechtsansprüche herausfordern und ein Gegenstück des Krieges darstellen« (Ellen Key). »Armes Kind! Dein Vater geht im Beruf auf, deine Mutter ist heute ärgerlich, morgen hat sie einen Gast, am Tag darauf schlechte Laune« (Pestalozzi). »Die Familie, die Hölle des Kindes, die Wiege aller sozialen Laster!« (Strindberg). Wenn die Bestrafung des Verbrechers gerecht sein soll, müssen wir zuerst fragen: Wie wurde er zum Verbrecher? Was für eine Mutter hatte er?

Solche Gedanken stehen natürlich in vollkommenem Gegensatz zu den üblicherweise angeführten, und obwohl man glauben mag, daß die Tugenden der Mütter mitunter überbetont werden, um Groll zu verbergen, sind die folgenden Äußerungen ebenso wahr: »Mutter ist der Name Gottes auf den Lippen und in den Herzen kleiner Kinder« (Thackeray). »Mütter lieben ihre Kinder mehr als die Väter, denn sie erinnern sich der Schmerzen, unter denen sie sie zur Welt brachten« (Aristoteles). »Gott konnte nicht überall sein, deshalb schuf er Mütter« (Jiddisches Sprichwort). »Ihre Kinder stehen auf und nennen sie gesegnet« (Sprichwort).

Sicherlich sind diese Äußerungen wahr; kaum jemand kann an seine Mutter ohne Gefühle der Dankbarkeit, Zärtlichkeit und Sehnsucht denken. Ich habe die positiven Elemente der Mutter-Kind-Beziehung nicht besonders hervorgehoben, weil sie so mächtig, so allgemein und so wohlbekannt sind, daß sie nicht noch einmal aufgezählt werden müssen. Kein Verlust ist für das Kind so schwer und so irreparabel wie der Verlust der Mutter.

Doch gerade wegen der erhebenden und erschreckenden Macht, die Mütter ausüben, müssen wir ihre Rolle unbedingt neu überdenken. Es ist üblich, ihnen Anerkennung zu zollen, ihre Selbstaufopferung zu preisen und dabei schlicht zu übersehen, daß sie eigenständige menschliche Wesen sind. Frauen haben seit langem erkannt, mit wie großen Nachteilen sie die Neigung der Männer, sie auf Piedestale zu erheben und zu idealisieren, büßen müssen, und einige von ihnen haben gehörig dagegen rebelliert, weil sie Verständnis und Anerkennung ihrer individuellen Bedürfnisse vorzogen. Das Bedürfnis des Kindes, Hilfe, Nahrung, Pflege, Freundlichkeit und Liebe zu empfangen, ohne eine Gegenleistung zu erbringen, veranlaßt es, die Mutter als allmächtig und übermenschlich anzusehen. Dies kann sie bei ihrem Kind hinnehmen, doch nicht in allen Bereichen ihres Lebens.

Der Psychiater, der mit dem ständigen Kampf von Müttern, ihre schwierigen Aufgaben zu erfüllen, und den unseligen Konsequenzen im Falle eines Versagens mitfühlend in Berührung kommt, ist verpflichtet, auf die der Mutter-Kind-Beziehung innewohnenden Gefahren hinzuweisen. Dabei muß er sich, selbst auf die Gefahr hin, daß er mißverstanden und der Frauenfeindschaft beschuldigt wird, sentimentaler Lobsprüche und wohlfeiler Komplimente enthalten.

Keinesfalls will ich die Mütter als »auslösende Ursache« aller gegenwärtigen Weltübel hinstellen. Es ist philosophisch naiv, von persönlichen im Gegensatz zu unpersönlichen Ursachen zu reden, weil natürlich alles mit allem zusammenhängt und in diesem Sinne »Ursache« ist. Deshalb führt es zu nichts, wenn wir mit antiquierter Spitzfindigkeit fragen, wem die Schuld zu geben sei. »Schuld« ist ein juristischer und religiöser Begriff, kein wissenschaftlicher. Die Wissenschaft geht von Verursachung im Sinne der Regelmäßigkeit natürlicher Phänomene aus, und der Wissenschaftler versucht nicht, Schuld zuzuweisen, sondern so genau wie möglich zu beschreiben, was geschieht und in welcher Reihenfolge.

Ich möchte auch nicht den Eindruck erwecken, Väter trügen für die Schädigung von Kindern keine Verantwortung. Daß sich Männer überwiegend von ihrem Beruf in Anspruch nehmen lassen und den Umgang mit ihresgleichen pflegen, ist für Frauen oft eine große Enttäuschung und macht sie unzufrieden. Auf diese Weise und aus vielen anderen Gründen sind Männer sicherlich für so manche unnötige Verbitterung verantwortlich, die in Kindern ausgelöst wird. Darüber werde ich im nächsten Kapitel mehr zu sagen haben. Doch so, wie sich der Durchschnittsmensch die Sache vorstellt, betrifft Männer das Elternproblem weniger, weil sie für das Kind weniger wichtig sind.

Kritische Leser werden mich an zahllose Beispiele vom strengen Vater erinnern: den Vater, der seine Kinder schlägt; den Vater, der sie geringschätzt oder ignoriert; den Vater, der sie verläßt; den Vater, der sie in Ehelosigkeit, harte Arbeit, Märtyrertum oder in die Flucht treibt. Natürlich erregen solche Väter Haß, und in diesen Fällen mag es ungerecht erscheinen, die Mutter zu beschuldigen.

Meine Antwort hierauf wird die Glaubensbereitschaft des Lesers wahrscheinlich überfordern, doch ich muß als empirische Tatsache feststellen: Selbst in Fällen wie den von mir eben erwähnten, in denen der Vater reichlichen Anlaß für den bewußten Haß des Kindes gibt, ist es oft die Mutter, gegen die sich der tiefere Groll richtet. Logisch oder unlogisch, richtig oder falsch, das Kind eines strengen Vaters fühlt vermutlich im Grunde seines Herzens, daß die Mutter es vor dieser Strenge hätte schützen müssen oder daß es wegen ihrer Nachlässigkeit der schlechten Behandlung durch den Vater ausgeliefert war. Natürlich wird der Groll *bewußt* vollkommen auf den »verschoben«, wie wir sagen, der ihn deutlich sichtbar auslöst: den Vater. Seine Strenge macht diese Verschiebung um so leichter; das Kind kann seine Gefühle ihm gegenüber überzeugender begründen. Doch wenn wir durch die vielen Schichten des Hasses dringen, gelangen wir schließlich zu der schmerzlichsten Wunde: »Mutter hat mich im Stich gelassen.«

Ich erinnere mich an eine gewissenhafte Lehrerin, die ein sehr hartes Leben gehabt hatte. Sie gönnte sich niemals irgendein Vergnügen, sondern gab sich völlig ihrer Arbeit hin. Sie war von Eltern großgezogen worden, die als Pioniere ins Land gekommen waren – einer freundlichen, schwer arbeitenden Mutter und einem harten, strengen Vater. »Ich erinnere mich an viele Gelegenheiten«, sagte sie, »wo er mir mit der Faust ins Gesicht schlug und mich zu Boden warf, weil ich beispielsweise das Verbrechen begangen hatte, eine Teetasse fallen zu lassen.« Und doch stellte sich heraus, daß sich diese Frau nicht von ihrem Vater – so sehr sie ihn bewußt haßte – innerlich zutiefst verletzt fühlte, sondern von ihrer Mutter. Ihre rationale Begründung dafür lautete, daß die Mutter sie und ihre Schwestern vor solcher Grausamkeit hätte schützen müssen. Ich spreche von »rationaler Begründung« (Rationalisierung) weil sich darunter infantilere Kränkungen verbargen. Dazu gehörte nicht zuletzt, daß sie das älteste Kind und – selbst noch sehr klein – gezwungen gewesen war, jüngeren Kindern Platz zu machen, auf sie aufzupassen und die Mutter mit ihnen zu teilen.

Ein weiterer, für solch eine Frustration typischer Fall war der des schwächeren Sohnes eines sehr starken dänisch-amerikanischen Vaters, eines Selfmademans. Der Vater war stolz auf seinen älteren Sohn, doch äußerst enttäuscht von dem jüngeren, den er für seine schlechten Schulleistungen schwer bestrafte. Der Junge wurde auf mehrere Internate und Militärschulen geschickt, wo er sich einsam fühlte und oft mißhandelt wurde. Als er bat, nach Hause kommen zu dürfen, lehnte der Vater dies ab, nannte ihn einen »Schwachkopf« und »Schlappschwanz« und hielt ihm seinen älteren Bruder als Muster vor. Trotzdem fühlte sich der Junge in der Schule so elend, daß er schließlich davonlief und sich weigerte zurückzukehren. Zu Hause bezeigte ihm der Vater ständig seine Verachtung und Ablehnung. Die Mutter hingegen war eine ruhige, weichherzige Frau, die Nachsicht mit dem armen Jungen übte und ihn in jeder denkbaren Weise tröstete, obwohl sie ihrem Mann gegenüber loyal blieb. Dennoch war es seltsamerweise nicht der Vater noch der ältere Bruder, denen gegenüber der Junge die bitterste Feindseligkeit hegte. Er glaubte, daß seine Mutter – auf irgendeine geheimnisvolle Art, die er nicht beschreiben konnte – ihm »die Dinge hätte erklären müssen«, ihm hätte helfen müssen, mit dem Vater zurechtzukommen und den Bruch mit ihm zu verhindern.

In beiden Fällen war die Mutter – wie immer – das erste und wichtigste Bindeglied zur Welt. Sie war die erste Widersacherin im Kampf des Kindes, seinen eigenen Weg zu finden. Die scheinbar unvernünftigen und ungerechtfertigten Beschuldigungen besaßen daher insofern eine eigentümliche Gültigkeit, als sie sich auf einen Konflikt bezogen, der für das Kind bedeutungsvoller war als die späteren Kämpfe.

Wenn der frühe Konflikt zwischen Mutter und Kind nicht zu schwer ist und das Kind nicht zu sehr eingeschränkt wird, kann man hoffen, daß es sich in bezug auf Frauen mit zunehmendem Alter neu orientiert, sie nicht länger ausschließlich als Nahrungsspenderinnen sieht oder als Zuchtmeisterinnen, die allem, was ihm Freude macht, einen Riegel vorschieben. Doch die Gelegenheit dazu wird dadurch beträchtlich verringert, daß Pflege und Erziehung des Kindes fast ausschließlich Frauen anvertraut sind, die es oft genug in seiner Vorstellung bestärken, sie seien auf der Welt, um es zu frustrieren. Wird das Kind in frühem Alter einer Ersatzmutter übergeben, so steigert dies oft den Haß, statt die Liebesfähigkeit zu vergrößern.

Die Neigung, Ersatzmütter zu beschäftigen, ist angesichts der weitverbreiteten Veränderung der beruflichen Interessen von Frauen in neuerer Zeit ganz verständlich. Früher konnten es sich nur die sehr Reichen leisten, die normalerweise von der Mutter wahrgenommenen Pflichten vollständig Kindermädchen und Gouvernanten zu übertragen. Doch da Frauen seit der Jahrhundertwende am Wirtschaftsleben teilhaben, hat sich diese Sitte auch auf Familien mit bescheideneren Mitteln ausgedehnt, obwohl der Prozentsatz derer, die Hausangestellte beschäftigen, noch relativ gering ist. Angeblich soll die Mutter durch solche Hilfe nur von den mit der Kinderpflege verbundenen gewöhnlichen Arbeiten entlastet werden, doch in Wirklichkeit wird diesen Dienst- oder Kindermädchen und Gouvernanten oft die gesamte Verantwortung für die Aufzucht des Kindes übertragen. Dazu gehören nicht zuletzt – vom psychologischen Standpunkt aus betrachtet – die Reinlichkeitserziehung und die Eßgewohnheiten, von denen zu Beginn dieses Kapitels die Rede war.

Natürlich ist es vorstellbar und zweifellos häufig richtig, daß diese Angestellten objektiver, stabiler und liebevoller sind als die Mütter selbst. Doch sie haben sicherlich nicht dasselbe Interesse, dem Kind Liebe zu geben oder sich aufs äußerste zu bemühen, ihm das schwierige Übergangsstadium vom unbeherrschten Triebleben zur Aneignung sozialer Maßstäbe bewältigen zu helfen. Zudem scheint der vorherrschende Aspekt bei der Auswahl eines Kindermädchens häufig die Bezahlung zu sein. Da und dort, wo ein kleiner Kindergarten eingerichtet und ausgebildetes Personal eingestellt wurde, hat er gegen fast unüberwindliche Schwierigkeiten zu kämpfen. Diese ergeben sich weitgehend daraus, daß Eltern nicht zahlen wollen, was die wirklich kompetenten Kräfte kosten, denen man die Verantwortung übertragen kann, der sie selbst sich nicht gewachsen fühlen.*

Auf jeden Fall sind aber Ersatzmütter fast immer Frauen, und die notwendigen Einschränkungen und Kontrollen (die das Kind bei noch so unmerklich falscher Anwendung übelnimmt) gehen wiederum von einer Frau aus. Von welcher Seite aus man es auch betrachtet, die frühesten Kämpfe und damit die Muster späterer Feindseligkeiten entstehen aus den Erfahrungen des Kindes mit Frauen und werden deshalb mit größter Leichtigkeit im späteren Leben auf andere Frauen übertragen.**

---

* Zu Beginn meiner psychiatrischen Tätigkeit war ich überrascht, daß Eltern bereitwillig zehnmal soviel für die psychiatrische Behandlung eines 25jährigen Kindes ausgeben als für die weitaus wirkungsvollere Behandlung eines 5jährigen Kindes. Die einzigen finanziell ertragreichen – oder ich sollte vielleicht sagen: solventen – Einrichtungen für die psychische Betreuung von Kindern in den Vereinigten Staaten sind heutzutage nur solche für geistig behinderte Kinder, d. h. Kinder, die aus praktischen Gründen das Elternhaus verlassen müssen. Immer wieder haben Psychiater versucht, Schulen, Kliniken und Pflegeheime für die psychiatrische Behandlung von Kindern zu schaffen, die geheilt werden könnten, d. h. »Problemkinder«, die hauptsächlich durch die Fehler ihrer Eltern leiden. Doch diese Einrichtungen sind regelmäßig gescheitert – nicht weil sie wissenschaftlich versagten, sondern aus finanziellen Gründen.
** Zu verschiedenen Zeiten wurde die These aufgestellt, daß Kinder im allgemeinen besser daran wären, wenn sie nach wissenschaftlichen Prinzipien in den ersten Lebensjahren in Heimen aufgezogen würden und dem Einfluß der Eltern entrückt wären. Bei Waisen und vernachlässigten Kindern ist dies in der Tat manchmal nötig, und die Folgen für die Persönlichkeit des Kindes sind absolut katastrophal. Dr. Lawson G. Lowrey (»Personality Distortion and Earliest Institutional Care«, Vortrag bei der American Orthopsychiatric Association am 23. Februar 1940 in Boston, Mass.) hat eine Anzahl von Kindern in Waisenhäusern untersucht und auch ihre spätere Entwicklung verfolgt. Er kam zu dem Schluß, daß diese Kinder ein auffallend ähnliches Muster der Persönlichkeitsentwicklung aufweisen: Alle neigen zur Isolation und zeigen ein Verhalten, das auf starke Gefühle der Abweisung, verbunden mit gewissen typischen sadistischen oral-aggressiven Mustern, hindeutet. Es ist interessant, daß Kinder, die erst nach dem zweiten Lebensjahr in derartige Heime kommen, diese Verhaltensmuster nicht annähernd im selben Maße entwickeln wie jene, die vor diesem Alter dorthin kommen. Damit wird unsere Annahme bestätigt, daß die allerersten Monate und Jahre im Leben des Kindes die wichtigsten sind.

4

Obwohl ich beabsichtige, die Psychologie der Frauen und die besonderen Frustrationen, denen sie unterworfen sind, eingehender zu untersuchen, möchte ich dieses Kapitel nicht beenden, ohne gewisse naheliegende praktische Schlußfolgerungen konstruktiver Art zu ziehen. Alles, was ich gesagt habe, deutet darauf hin, wie wünschenswert es wäre, das Vorgehen in der frühen Kindheit in der Weise zu verbessern, daß die unnötige Frustration des Kindes verringert wird, die in ihm Muster des Hasses und Verzerrungen seiner grundlegenden Verhaltensweisen erzeugt. Die klinische Erfahrung zeigt uns einige gangbare Wege, wie dies zu erreichen sei, und viele Leser haben danach gefragt.

Jedem Kind sollten sieben Dinge garantiert werden:

1. Der Säugling sollte Gelegenheit zu zahlreichen, zeitlich nicht begrenzten Stillphasen haben – und zwar möglichst an der Mutterbrust –, die nicht künstlich unterbrochen werden.

2. Es sollte nicht versucht werden, die Ausscheidungsfunktionen entsprechend den Maßstäben Erwachsener zu lenken, bevor das Kind sicher allein sitzen kann; bevor es über eine primitive Zeichensprache verfügt, mit deren Hilfe es seine körperlichen Bedürfnisse bekanntgeben kann, und bevor es selbst die Neigung zu lernen erkennen läßt. Sowohl die Ausscheidungen als auch das Nahrungsbedürfnis folgen bei jedem einzelnen Kind einem angeborenen Rhythmus, der beobachtet und respektiert werden muß, da diese Rhythmen für die Entwicklung seines Gefühls der Befriedigung, der Körperbeherrschung und persönlichen Anpassung von grundlegender Bedeutung sind.

3. Es muß eine lange, ununterbrochene Phase konsequenter und kompetenter »psychologischer Bemutterung« durch eine bestimmte Person geben. Dies führt zu einer biologischen und psychologischen Symbiose, von der zwei Organismen mit im wesentlichen verschiedenen Bedürfnissen wechselseitig profitieren: die Mutter, indem sie die Befriedigung erlebt, die Erschaffung ihres Kindes zu vollenden, und das Kind, indem ihm Nahrung und die primären Erfahrungen des Bewußtwerdens von Bedürfnissen und ihrer Befriedigung zuteil werden, welche dazu beitragen, sein sensorisches

Nervensystem einer geregelten funktionalen Tätigkeit zuzuführen.*

4. Vater und Mutter des Kindes sollten in einer harmonischen Beziehung zueinander stehen, um ein überzeugendes Vorbild für die Entwicklung seiner Liebesfähigkeit zu bieten.

5. Das Kind sollte von Tadel, Einschüchterung, Drohungen, Warnungen und Strafen in bezug auf körperliche Manifestationen seiner Sexualität verschont bleiben. Das Beispiel der Eltern und die rasch erfaßte Einstellung der Gesellschaft genügen als Abschreckungsmittel vor unsozialem Verhalten.

6. Es sollte ihm die Würde eines eigenständigen Individuums mit eigenen Bedürfnissen, Rechten und Gefühlen zugebilligt werden, d. h. es sollten ihm, wenn es elterliche Gebote befolgen soll, Gründe und Erklärungen genannt werden, die es verstehen kann.

7. Bei allen Kommunikationen mit dem Kind sind Wahrhaftigkeit, Ehrlichkeit und Aufrichtigkeit von seiten der Eltern absolut unerläßlich.

---

* Diese ersten drei Empfehlungen, die in vollem Einklang mit dem Inhalt des ganzen Kapitels stehen, werden von Margarethe A. Ribble (»Disorganizing Factors of Infant Personality«, *American Journal of Psychiatry*, 98, S. 459–463, November 1941) beschrieben und weiter ausgearbeitet.

3 Die Frustrationen der Frauen

1

Die Hauptverantwortung für die Bildung der kindlichen Persönlichkeit der Mutter zuzusprechen, bedeutet psychologisch, die Frau in den Mittelpunkt des Universums zu stellen. Dies steht nicht im Widerspruch zu biologischen Gegebenheiten; bei vielen niedrigeren Lebensformen gibt es keine Männchen, sondern nur Weibchen. Kürzlich ist demonstriert worden, daß selbst bei Säugetieren das Ei künstlich, ohne mechanische oder chemische Mitwirkung des Männchens, befruchtet werden kann; das Männchen brauchte sozusagen überhaupt nicht zu existieren.

Im Gegensatz dazu fußen unsere Gesellschaftsordnung, unsere Wirtschaftsordnung, unsere religiösen Vorstellungen, unsere Gesetzbücher auf der überlieferten Annahme, der Mann sei die wichtigere Person; die Frau sei auf der Welt, um ihm zu dienen, ihn zu lieben, von ihm beschützt zu werden und ihm bei der Reproduktion seiner selbst zu helfen. In der englischen Sprache wird das Wort »man« synonym für »Mensch« benutzt.

Es ist wichtig, diesen Widerspruch zwischen der psychobiologischen und der geltenden gesellschaftlichen Vorstellung hervorzuheben, weil er für gewisse Schwierigkeiten, das Folgende zu begreifen, verantwortlich ist – Schwierigkeiten, die Psychoanalytiker Widerstände nennen. Der durchschnittlichen Leserin beispielsweise bereitet es vielleicht Freude, sich selber für wichtiger zu halten, als die Welt sie zu betrachten scheint. Das wird ihr gefallen, aber die sich daraus ergebenden logischen Konsequenzen werden ihr nicht gefallen, nämlich daß sie für die Übel der Welt eine größere direkte Mitverantwortung trägt. Die Männer hingegen hören es nur zu gern, wenn den Frauen für alles und jedes die Schuld gegeben wird, doch weist der männliche Narzißmus die Behauptung zurück, daß die Frau biologisch und psychologisch wichtiger sei als der Mann.

Leser wie Leserin müssen daher im Auge behalten, daß die

empirischen Tatsachen so sind, wie wir sie festgestellt haben: Frauen tragen die Kinder aus; Frauen stillen und ernähren die Kinder; Frauen ziehen die Kinder weitgehend auf; Frauen (zumindest in den Vereinigten Staaten) sind die Lehrerinnen der Kinder, und Frauen bestimmen weit stärker als Männer die Persönlichkeitsmuster der Kinder. Ein Teil dieser Kinder sind weibliche Wesen, die zu Frauen heranwachsen und die nächste Müttergeneration bilden; andere sind männliche Wesen und wachsen heran, um diese Frauen zu beherrschen, zu begleiten, sie zu unterstützen, ihnen zu schmeicheln und sie zu frustrieren und dabei zu glauben, daß sie selbst (und oft wird ihnen das von ihren Müttern beigebracht) der Mittelpunkt der Schöpfung seien. Doch wie wir nur zu gut wissen, kommt es zu Reibungen zwischen Männern und Männern sowie Männern und Frauen, und daß es so viele Reibereien gibt, haben wir gewissen Frustrationen zugeschrieben, die dem Kind von der Mutter zugefügt werden. Aber die Mutter frustriert das Kind, weil sie selbst frustriert ist. Wir müssen demnach gründlich prüfen, wie, wo, wann und von wem sie frustriert wird.

Die von Frauen erlebte sichtbarste Frustration hängt vielleicht mit dem gerade erwähnten Punkt zusammen: daß wir in einer Männerwelt zu leben scheinen. Männer sind körperlich stärker als Frauen, und als ein Überbleibsel kindlicher Gefühle der Hilflosigkeit messen sie Körperkräften eine unangebrachte Bedeutung bei. Sicherlich hat die Macht des Geldes längst die der Muskelkraft abgelöst, aber Männer nutzen ihren Vorteil nach wie vor in Politik, Wirtschaft und Gesetzgebung aus, um Frauen unter dem Vorwand, sie zu beschützen, auf Abstand zu halten. Die Gesellschaft ist bis zu einem gewissen Grade immer noch so organisiert, als wären nur Männer Menschen und als würden den Frauen ihre Rechte dank der Großzügigkeit ihrer männlichen Herrscher »zugestanden«. Diese Situation ist für Frauen frustrierend – nicht so sehr wegen dem, was ihnen tatsächlich vorenthalten wird, als vielmehr wegen dem, was sie impliziert.

Doch da Frauen sich selbst als einen Teil der Gesellschaftsordnung sehen, wenn auch als einen untergeordneten, betrachten sie sich als Mitverursacherinnen dieses Zustands, und es fällt ihnen deshalb sehr schwer, ihre Ressentiments zum Ausdruck zu bringen. In der Tat sind Frauen im allgemeinen konservativer als Männer, wenn es um Fragen der Veränderung der Wirtschaftsordnung und die Regeln zivilisierten Lebens geht. Sie neigen dazu, für die Aufrechterhaltung des Status quo einzutreten, obwohl sie viel unter ihm zu leiden haben.

Nichts zeigt dies deutlicher als die Einstellung von Frauen zum Krieg. Der Krieg schädigt die Frauen alles in allem vermutlich noch mehr als die Männer. Dennoch haben Frauen – ausgenommen in Männerphantasien wie in der antiken Komödie *Lysistrata* – selten ihre persönliche, politische oder ökonomische Macht dazu benutzt, dem Krieg Einhalt zu gebieten. Was das betrifft, so werden sie oft an ihre Verantwortung gemahnt; besonders in Friedenszeiten hören wir immer wieder, daß Frauen den Krieg verhindern könnten, wenn sie nur wollten.*

C. E. M. Joad schrieb 1938 in England, wie Virginia Woolf in *Three Guineas*[1] zitiert:

>»Vor dem Krieg, d. h. dem Ersten Weltkrieg, strömte das Geld in die Truhen der W.S.P.U. [Women's Social and Political Union], damit die Frauen das Wahlrecht erlangten, das sie, wie man hoffte, in die Lage versetzen würde, den Krieg zu einer Angelegenheit der Vergangenheit zu machen. (. . .) Ist es denn unberechtigt zu fragen, ob die Frauen von heute nicht bereit sein sollten, um der Sache des Friedens willen ebensoviel Energie und Geld aufzubringen, ebensoviel Verleumdungen und Beschimpfungen in Kauf zu nehmen, wie es ihre Mütter um der Sache der Gleichberechtigung willen getan haben?«

Virginia Woolf reagiert auf diese vorwurfsvolle Frage mit Ironie. An die Frauen gewandt, schreibt sie:

---

* Wenn ich von politischer Macht spreche, will ich ihr dennoch nicht zuviel Bedeutung beimessen. Ich bezweifle, daß sie, so wie die Welt heute organisiert ist, das beste Mittel wäre, welches die Frauen benutzen könnten. Man wird sich erinnern: Im Ersten Weltkrieg trat 1915 ein internationaler Frauenkongreß unter Leitung von Jane Addams zusammen, der mit Hilfe des Einflusses der Frauen den Frieden herbeiführen wollte. Es wurden Vertreterinnen an die in den Konflikt verwickelten Mächte entsandt, um einen Waffenstillstand zu erreichen. Einige weigerten sich, die Frauen zu empfangen, andere wahrten eben noch die Höflichkeit.

»Nach Meinung von Herrn Joad sind Sie nicht nur extrem reich, sondern auch extrem träge und so sehr damit beschäftigt, Erdnüsse zu knabbern und Eiskrem zu schlecken, daß Sie nicht gelernt haben, ihm ein Mittagessen zuzubereiten, bevor er sich selbst zerstört, geschweige denn, diesen schicksalhaften Akt zu verhindern.«

Sie besteht weiter darauf, Frauen seien in Wahrheit arm und wirtschaftlich so von Männern abhängig, daß sie sich selbst dann nicht in der Lage sähen, den selbstzerstörerischen Impulsen der Männer entgegenzutreten, wenn sich diese unmittelbar gegen Frauen richten.

Dies sind jedoch nicht die wahren Gründe. Die Probleme liegen viel tiefer, als aus Virginia Woolfs Erklärungen hervorgeht. Unsere Zivilisation beruht in zu hohem Maße auf dem Prinzip, daß Macht vor Recht gehe, und Frauen als ein Teil dieser Zivilisation glauben an dieses Prinzip und folgen ihm ebenso wie die Männer. Ihre Instinkte und ihr intuitives Wissen sollten sie eines Besseren belehren, und in vielen Fällen tun sie es auch. Aber auch Frauen empfinden Frustration, Enttäuschung und Furcht, ebenso wie Männer, und auch sie haben den Drang zu kämpfen. Doch sie kämpfen auf andere Weise. Bis zu einem gewissen Grade kämpfen sie symbolisch. Lillian Smith und Paula Snelling[2] haben auf weitere Unterschiede bei Frauen hingewiesen:

»Frauen geraten nicht in den ewig-alten Sog der Gruppenloyalität, zu kämpfen, der sie zwingen würde, zusammenzustehen, ob Recht ob Unrecht, und ihre Handlungen zu rationalisieren. Sie haben auch weniger Verlangen danach, mit der Gruppe in sinnlichem Genießen ihrer durchdringenden erotischen Anziehung zu verschmelzen. (...) Und wenn es auch wahr wäre, daß Frauen nicht weniger hassen als Männer, nicht weniger Zerstörungsdrang besitzen als sie, nicht stärker geneigt sind, ihre destruktiven Impulse nach innen zu richten, so würden sie wahrscheinlich doch nicht den Krieg als Lösung wählen, denn sie sind der Symbolik weniger verfallen, also vermutlich nicht damit zufrieden, den Falschen zu töten.«

Die Vorstellung, daß Frauen sich organisieren, um als mäßigende Kraft der barbarischen Zerstörungswut der Männer entgegenzutreten, ist unhaltbar, denn sie verlangt von ihnen den Verrat an ihren tiefsten Loyalitäten und Interessen. Die Frau wird wie in der Vergangenheit fortfahren, sich auf Gedeih und Verderb an ihren Mann zu binden und sein Los zu teilen, selbst wenn es zu ihrem Nachteil ist. Jede Organisation, die darauf abzielte, den Frieden zu fördern, indem sie die Frauen gegen die Männer mobilisiert, würde diesen Zweck verfehlen. Nur wenn sich Männer und Frauen gemeinsam mit Verständnis und Sympathie für dieselben Ziele einsetzen, ihre Aggressivität nach außen gegen eine allgemeine Bedrohung richten, können sinnvolle Ideale verwirklicht werden.

Die Bemerkung der Schriftstellerin Poyser (in ihrem Buch *Adam Bede*) über die Fehlbarkeit der Frauen – »Gott schuf sie als Ebenbild des Mannes« – läßt sich auch auf die Aggressivität anwenden, die bei Frauen ebenso zunimmt wie bei Männern, so daß eine Neutralisierung von Feindseligkeit durch ein Geschlecht allein unmöglich wird. Das in *Lysistrata* beschriebene Mittel, durch welches ein Krieg beendet und die kämpfenden Männer zur Vernunft gebracht wurden – als nämlich die Frauen plötzlich das der körperlichen Liebe innewohnende Machtpotential erkannten –, ist in der Praxis niemals verwendet worden. Die Frauen waren zu sehr damit beschäftigt, ihren Soldaten zuzujubeln, als diese in den Krieg marschierten, sie zur standhaften Verteidigung von Heim und Kindern anzuspornen, ihre Wunden zu versorgen, Nahrungsmittel anzubauen, Kleidung auszubessern, Munition herzustellen und ihre Männer bei dem zu unterstützen, was beide Geschlechter als die Erhaltung der gemeinsamen Sicherheit betrachten: dem Versuch, sich dem reißenden Strom von Haß entgegenzustemmen, der sie wie die übrige Welt zu verschlingen droht.[3]

Psychologisch betrachtet, hat *Lysistrata** jedoch eine tiefe Wahr-

---

* Mit Blick auf das Lysistrata-Motiv seien hier einige ethnologische Anmerkungen zitiert, die Dr. Weston LaBarre dem Autor gegenüber machte. Bei den Prärie-Indianern gründete sich das Ansehen der Männer, wie allgemein bekannt, auf kriegerische Unternehmungen und kriegerische Tapferkeit. Doch bei einigen Stämmen waren es die Frauen, die bei der Entscheidung, ob ein Kriegszug unternommen werden sollte oder nicht, das letzte Wort hatten. So konnte etwa eine Frau ihrem erwachsenen Sohn verbieten, in den Krieg zu ziehen, oft durch die rührende symbolische Geste, daß sie ihre Brust entblößte und ihn damit an seine Abhängigkeit

heit postuliert, eine Wahrheit, die im Vergleich zur Weißglut moderner Erfindungen allerdings nur ein schwaches Licht verbreitet, das wahrscheinlich in den Wirren der sogenannten Zivilisation unbemerkt bleibt, wenn es nicht sogar ganz erlischt. Im Grunde verkörpert die Frau tatsächlich stärker als der Mann die erotische Kraft, die gegen die Selbstzerstörung aufgeboten wird. Zwar teilt sie seine feindseligen Gefühle und Illusionen, doch selbst im Kriege ist es ihre Aufgabe, zu heilen und zu bewahren. Der recht verstandene Liebestrieb hat nicht einzig mit dem Drang nach körperlichem Kontakt zu tun, sondern mit den Trieben, die auf das gesellschaftliche und biologische Leben gerichtet sind, dem elementaren Ziel der Erhaltung des Menschengeschlechts. Eine bessere Bezeichnung dafür lautet schlicht »Liebe«.

Alle Entbehrungen und Unterdrückungen, die ihnen von Männern zugefügt werden, einschließlich des Krieges, würden die Frauen wahrscheinlich ohne Murren hinnehmen, wenn sie nicht in dem hier angedeuteten elementareren Sinn frustriert würden. Frauen werden nicht so sehr durch die Ausübung von Tyrannei in der einen oder anderen Form frustriert, sondern durch die Verweigerung von Liebe. Materiell äußert sich Liebe als Schutz und Unterstützung, psychologisch-physiologisch als Zärtlichkeit und Liebkosungen. Sitten, Konventionen und Gesetze haben der Frau hinsichtlich materieller Liebesbezeigungen seit langem ein relati-

---

von ihr in der Kindheit erinnerte. Bei einigen irokesisch sprechenden Stämmen konnte eine alte Frau im Rat durch ihr Veto einen beabsichtigten Angriffskrieg verhindern.

Andererseits waren es die Frauen, die von einem erfolgreich geführten Krieg – zumindest was das Zeremoniell anging – profitierten. Bei den Kiowa, vor allem in den Präriegebieten des Südens, befestigten Schwestern, Mütter und Töchter der Krieger (niemals die Krieger selbst) die blutigen Skalpe der Feinde auf Weidenreifen und umtanzten sie mit einem eigentümlich durchdringenden Heulen.

Hier gewährte die Kultur den Frauen zweifellos ein Mittel, den Männern zu Ansehen zu verhelfen oder nicht, falls ihnen der Preis zu hoch erschien. (Die Polygamie war in den Prärien allgemein üblich; im Kriege getötete Männer hinterließen zahlreiche Frauen.) Sie bot ihnen aber auch die Möglichkeit, ihre feindseligen Gefühle ebenfalls zum Ausdruck zu bringen – passiv durch das, was effektiv auf die *Erlaubnis* hinauslief, Krieg zu führen; aktiv im triumphierenden Skalptanz usw.

ves Maß an Sicherheit gewährt; sie garantieren ihr hingegen nicht, daß die psychologischen Liebesbezeigungen fortbestehen, obwohl diese für sie ebenso notwendig sind wie die materiellen Aspekte. Manche lehnen die legale Institution der Ehe ab, weil sie, wie sie behaupten, dazu führt, das Materielle auf Kosten des Psychologischen zu sichern.

Wir halten die Liebe eines Mannes zu einer Frau und ihre Liebe zu ihm für den stärksten Ausdruck des Lebenstriebs. Theoretisch sollten Lieben und Geliebtwerden Frustration, Haß, Zerstörung und Sich-zerstören-lassen unmöglich machen. Doch bei allem Verlangen nach gegenseitiger Zuneigung sind sehr viele Menschen in ihrer Ehe unglücklich. Trennung und Scheidung gibt es allzu häufig – wenngleich unter einem anderen Gesichtspunkt vielleicht nicht häufig genug. Ständig scheint ein heimlicher Krieg zwischen den Geschlechtern zu toben; statt eine bessere persönliche Integration und die gegenseitige Hilfsbereitschaft zu bewirken, scheint die Ehe die wechselseitige Aggressivität zu stimulieren. Statt einander zu größerer Kreativität anzuspornen, leisten Männer und Frauen einander Beistand bei ihrer Selbstzerstörung. Beim eifrigen Bemühen, eine Gattin zu gewinnen, oder im Hochgefühl, einen Ehemann gefunden zu haben, wird das Kriegsbeil der Geschlechter begraben – jedoch nur für den Augenblick. Die Heirat stellt einen vorübergehenden Sieg dar, aber sie bedeutet für die Parteien auch eine beiderseitige Verpflichtung, und diese beginnt die erotischen Reserven schwer zu belasten. Wenn sie nicht aufgefüllt werden, erschöpfen sie sich, und im Laufe der Zeit erwacht in der ehelichen Gemeinschaft die alte aggressive Feindseligkeit gegenüber dem anderen Geschlecht, die durch die gesteigerten Emotionen in Schach gehalten wurde, zu neuem Leben.

Im Licht der modernen psychoanalytischen Theorie sind Leben und Lieben nahezu synonym. Man kann sagen, daß es sich beim Essen und beim Küssen lediglich um verschieden ausgerichtete Ausdrucksformen ein und desselben Triebs handelt. Und was die Ehe angeht, so müssen wir erkennen, daß ökonomische, juristische und religiöse Faktoren sich sämtlich das vitale Bedürfnis von Männern und Frauen nach beiderseitigen Liebesbezeigungen zunutze gemacht haben. Die Ehe ist ein Kompromiß, der mit Hilfe von Gesetzen, Religion und wirtschaftlicher Notwendigkeit eine verläßliche Gelegenheit bietet, sich dem Liebesleben hinzugeben. Eine solche Grundlage der Ehe ist im wesentlichen wichtig genug, um ungeheure Opfer zu rechtfertigen, das Pech ist nur, daß im konventionellen Denken dem Geschlechtsleben an sich nur wenig Achtung gezollt wird. Es wird noch immer von vielen, wenn nicht von den meisten Menschen als eine Art notwendiges Übel betrachtet, das nur unter bestimmten, sorgfältig überwachten Bedingungen *zulässig* ist.

Denn Männer und Frauen, durch ihre Kindheitserlebnisse konditioniert, sind in der heutigen Zivilisation schlecht darauf vorbereitet, in den vollen Genuß der Liebesmöglichkeiten zu kommen, welche die Ehe bietet. Infolge der Haßmuster, die den Kindern, wie im vorigen Kapitel beschrieben, vermittelt werden, pflegen Männer jenen Grad der Männlichkeit und Frauen jenen Grad der Weiblichkeit zu verfehlen, der in einer beständigen ehelichen Verbindung eine nie versiegende Quelle geistiger Hilfsbereitschaft entdecken kann. Klinisch gesehen sind zu viele Frauen frigid, zu viele Männer impotent. Für viele Paare ist es einfacher, jeden Versuch zu einer Vereinigung aufzugeben, die dem einen oder beiden Partnern sowenig Befriedigung bietet. Für andere geht es mit promiskuösen Episoden weiter, mit dem, was Freud einmal die leeren, oberflächlichen Liebeleien des amerikanischen gesellschaftlichen Lebens genannt hat, die deutlich anzeigen, wie zutiefst unbefriedigt diese Menschen sind und wie unfähig, aus dieser Unbefriedigtheit herauszukommen. Ich behaupte nicht, daß die Ehe in Europa befriedigender ist – oder war –, oder daß ich eine bessere Alternative vorzuschlagen habe. Ich kann nur sagen, daß, so unzufrieden viele mit der Ehe als Institution sind, jeder Vorschlag zu ihrer Verbesserung Wutausbrüche bei denen auslöst, die am unzufriedensten sind: bei den Frauen.

Wenn ich sage, daß Frauen über sexuelle Unbefriedigtheit klagen, meine ich nicht, daß die meisten das mit diesen Worten ausdrücken. In der Tat sind sich nur sehr wenige Frauen solcher negativen Gefühle den Männern gegenüber überhaupt bewußt, geschweige denn, daß sie sie aussprechen. Ihre Beschwerden nehmen eher die Gestalt von Symptomen an, bei denen der Zusammenhang mit ihrer alltäglichen Unzufriedenheit bemerkbar ist. Das Neurotische der Unbefriedigtheit von Frauen liegt in dem

Umstand, daß sie die körperliche Liebe ihrer Männer, die sie wünschen und brauchen, nicht immer hinnehmen oder ihr entgegenkommen können, das Normale und Objektive darin, daß sie wirklich nicht nur in bezug auf ihr unmittelbares Geschlechtsleben frustriert sind, sondern auch in bezug auf den elementaren Zweck des Liebestriebs: das Austragen und Aufziehen von Kindern.

Nach einer weitverbreiteten Phantasievorstellung sind es die Männer, die nach sexueller Befriedigung streben und sie selbstsüchtig bei passiv-nachgiebigen, mehr oder weniger zu Opfern gemachten Frauen suchen. Dieser Mythos vom Mann als sexuellem Ungeheuer und der Frau als frigider Madonna ist ein bösartiges, heuchlerisches Überbleibsel paulinischer und viktorianischer Moral, die keinerlei reale Grundlage hat. Daß er trotzdem fortbesteht, zeigt sich in der weiten Verbreitung von sexueller Frustration bei Frauen. Zahlreiche wissenschaftliche Untersuchungen[4] lassen klar erkennen, daß die meisten amerikanischen Frauen sexuell frustriert sind. Den meisten amerikanischen Ehefrauen bleibt die volle sexuelle Befriedigung versagt – eine Tatsache, die früher von all diesen Frauen als unvermeidlich hingenommen wurde. Heutzutage jedoch sind sich viele von ihnen zumindest teilweise ihrer sexuellen Bedürfnisse und Enttäuschungen bewußt; in bezug auf die Möglichkeit, die Dinge zu verbessern, herrscht allerdings eine pessimistische Einstellung vor.*

Manche Frauen geben ihrer eigenen Physiologie die Schuld, was absurd ist, denn physiologisch (nicht psychologisch) ist die sexuelle Kapazität der Frau unbegrenzt. Einige sehen die Ursache in der begrenzten physiologischen Leistungsfähigkeit ihrer Männer. Diese ist aber, wenngleich begrenzt, nur selten in dem Maße schuld wie die Psychologie der Ehemänner. Manche Frauen akzeptieren sexuelle Frustration einfach als unerklärliche Tatsache, derretwegen niemand getadelt werden könne.

Während ich dies niederschreibe, habe ich das Gefühl, daß es

---

* Die Frage, ob im sexuellen Bereich Männer die Frauen stärker frustrieren oder Frauen die Männer, erinnert an eine Sage von Zeus und Hera: Teiresias, von ihnen befragt, ob bei der körperlichen Liebe der Mann oder die Frau den größeren Genuß empfände, hatte erklärt, die Frau empfinde neunmal mehr Lust als der Mann, worauf Hera in Zorn geriet und Teiresias blendete.

vielen Lesern übertrieben erscheinen mag. Doch sexuelle Frustration ist von soviel Geheimnistuerei umgeben und bleibt vermutlich durch sekundäre Empfindungen so sehr im dunkeln, daß sie in weit größerem Umfang vorhanden sein kann – und, wie ich glaube, vorhanden ist –, als sich ein Laie dies vorzustellen vermag. Mit sekundären Empfindungen meine ich das Schamgefühl oder das Gefühl der Loyalität gegenüber dem Partner oder die vom Taktgefühl bestimmte Hemmung, das heißt alles, was Eheleute davon abhält, diese Angelegenheit mit anderen zu besprechen. Man könnte annehmen, Ärzte bekämen so viel darüber zu hören, daß es sich hier um ein wohlbekanntes medizinisches Problem handle. In Wirklichkeit erwähnen sowohl Ehemänner als auch Ehefrauen das Problem selbst ihrem Arzt gegenüber so gut wie nie, und Ärzte versäumen im allgemeinen, danach zu forschen. Die meisten Ärzte erkennen seine Bedeutung wohl überhaupt nicht – trotz aller Arbeiten von Havelock Ellis, Ellen Key, Sigmund Freud und vielen anderen. Die Sexualität ist noch immer ein Tabu an den medizinischen Fakultäten amerikanischer Universitäten. Andererseits sehen Psychiater derart dramatische Beispiele in ihrer täglichen Praxis, daß sie daran nicht vorbeigehen können. Für sie ist es ein wichtiges Thema, und deshalb sind selbst jene Psychiater, die nicht Freuds technische Methoden benutzen, für seine klinischen Demonstrationen ebenso dankbar wie die Psychoanalytiker.

Ich denke an eine gebildete, feinsinnige Frau, die das College absolviert hatte, in der Gesellschaft eine führende Rolle spielte, Mutter von drei Kindern, Ehefrau eines sehr männlichen, erfolgreichen Mannes. Sie war seit fünfzehn Jahren verheiratet, ohne jemals bewußt sexuelle Lust empfunden zu haben und ohne jemals – laut ihrer Aussage – vermutet zu haben, daß dies nicht normal sei. Ihr Mann wiederum hatte sie niemals für frigid gehalten. Ich sollte hinzufügen, daß ihr Körper den Protest gegen diese Unterjochung durch ein Dutzend verschiedener Symptome herausschrie, für deren medizinische und chirurgische Beseitigung der Gatte Tausende von Dollars bezahlt hatte – natürlich vergebens.

Ich denke ferner an eine Frau, die sich ihrer sexuellen Wünsche genügend bewußt war, sich aber damit zufriedengeben mußte, nur einmal im Jahr Geschlechtsverkehr zu haben. Ihrem Mann genügte das offenbar, und sie hegte lediglich die vage Vermutung, dies wäre doch wohl etwas weniger als üblich. Ich erwähne diese Beispiele, um zu zeigen, daß der Anerkennung sexueller Bedürfnisse und sexueller Frustration als solcher noch immer ein Tabu im Wege steht.

Doch die sexuelle Frustration der Frau ist nicht darauf beschränkt, daß ihr eine ausreichende körperliche Befriedigung vorenthalten wird, denn ihre sexuellen Bedürfnisse sind nicht nur auf die Liebesbezeigungen ihres Ehemanns und die Freude am Geschlechtsverkehr gerichtet, sondern auch auf das Erleben von Schwangerschaft und Geburt. Es ist kein Geheimnis, daß viele Paare heute davor zurückschrecken, Kinder zu bekommen. Während das Gebären einst die wichtigste Aufgabe der Frau und Beweis ihres Wertes war, wird es nun mitunter als Zeichen von Resignation, Sorglosigkeit oder mangelndem Ehrgeiz betrachtet.

Viele lasten diese Veränderung in erster Linie unserem wirtschaftspolitischen System an, doch im Grunde muß sie, zumindest zum Teil, der Einstellung des Individuums zugeschrieben werden. Die Instinkte werden sich zu guter Letzt immer über das Ökonomische erheben. Wenn sie es tun, wie im Falle armer Familien, welche von der Sozialhilfe leben und immer mehr Kinder bekommen, die sie nicht ernähren können, nennen wir es Schlamperei, kriminellen Leichtsinn. Aber gerade der Umstand, daß diese Menschen nicht genug zu essen und auch sonst nichts haben, was ihnen ein Gefühl der Sicherheit geben könnte, steigert ihr Bedürfnis nach der von der Fortpflanzung gewährten psychologischen Unterstützung. Es ist natürlich bequem, dies moralistisch zu verurteilen, wie es oft geschieht, aber es ist nicht sehr klug, und es erlaubt uns, die psychologische Notwendigkeit der Fortpflanzung außer acht zu lassen. So verfallen wir abermals in den Irrtum, die Wichtigkeit des Liebeslebens, einschließlich des Gebärens, zu bagatellisieren.

Viele intelligente Menschen *glauben*, durch andere Befriedigungen Ersatz schaffen zu können. Daß dies ein Irrtum ist, zeigen die neurotischen Auswirkungen, die wir so häufig beobachten. Es gibt viele Frauen, die es sich durchaus leisten könnten, Kinder zu haben, aber dem Zeitgeist folgend meinen, sie hätten es ohne diese Verantwortung bequemer. Andere Frauen wünschen sich bewußt Kinder – so meinen sie –, stellen aber fest, daß sie unfruchtbar sind. Und schließlich ist nichts in unserer Zivilisation schändlicher und tragischer als die Tatsache, daß Millionen von Frauen kinderlos bleiben, einfach weil sie – gegen ihren Willen – unverheiratet sind.

Durch das Austragen und Aufziehen von Kindern erwirbt die Frau ein inneres Gefühl der Sicherheit und gewinnt so die Fähigkeit, nicht nur ihren eigenen aggressiven Impulsen entgegenzuwirken, sondern auch den gelegentlichen Ausbrüchen von Aggression und Selbstvernichtungswillen ihres Mannes. Deshalb führt es zu tiefgreifenden Ressentiments, wenn die Frau in diesem Punkt beeinträchtigt wird, sei es durch die ökonomische Realität, durch mangelnde – gesellschaftlich gebilligte – Gelegenheit oder durch widerstreitende Wünsche aufgrund von Erlebnissen in der frühen Kindheit. Anders ausgedrückt, sie wird ihres primären Schutzes vor den eigenen aggressiven Impulsen beraubt.

2

Beschäftigen wir uns nun mit einem weiteren Aspekt der Frustration von Frauen. Wie wir wissen, schreiben Frauen in ihren Phantasien und Ängsten den Männern häufig die Rolle mächtiger, brutaler Unterdrücker, Tyrannen und Angreifer zu. Die Wirklichkeit zeigt auch, daß es sadistische Ehemänner gibt und wahrscheinlich nicht wenige despotische Ehegatten, welche die Ideale des patriarchalischen Systems in sich verkörpern. Doch folgende Tatsache deutet darauf hin, daß der despotische Vater selten geworden ist: Ein Theaterstück*, welches das Familienoberhaupt als einen Mann erscheinen läßt, der ständig von den anderen Familienmitgliedern herausgefordert und überlistet wird, erlebte 1940 am Broadway mit über sechstausend Aufführungen den größten Erfolg. Ob es einem gefällt oder nicht, die Vorherrschaft des Mannes ist zweifellos im Schwinden.

Wenn ich versuchen sollte, die von Frauen gegen ihre Männer und von Kindern gegen ihre Väter vorgebrachte Anklage, wie ich

---

* *Life With Father*, (dt. *Unser Herr Vater*) nicht in der ursprünglichen Fassung von Clarence Day, sondern in der Bühnenbearbeitung durch Howard Lindsay und Russel Crouse.

sie in meiner Praxis kennengelernt habe, in einem einzigen Wort zusammenzufassen, so bestände das größte Vergehen der Männer gegenüber ihren Frauen und Kindern nicht in Strenge oder Geiz noch in Tyrannei oder Ungerechtigkeit und Überspanntheit, sondern in *Passivität*. Dazu rechne ich übermäßige Abhängigkeit, Interesselosigkeit, Hilflosigkeit, Unterwürfigkeit, Gleichgültigkeit, Nachlässigkeit und (in extremen Fällen) das Verlassen der Familie. Viele Frauen erzählen etwa folgendes: »Mein Mann ist gut, freundlich, treu, aber er betrachtet mich einfach als etwas Selbstverständliches. Er ist an meiner Person nicht wirklich interessiert – ich bin nur ein Teil seiner Umgebung. Für mich hat es den Anschein, als konkurrierte ich erfolglos mit seinen Geschäftsinteressen, seinen Liebhabereien und sogar mit den Kindern, obwohl er sich wenig genug um sie kümmert. Ich glaube nicht, daß er mich betrügt, wenngleich auch das möglich wäre. Manchmal wünschte ich fast, er würde sich in verdächtiger Weise für Frauen als Frauen interessieren. Dann hätte ich wenigstens das Gefühl, im Rennen zu liegen, und könnte gegen die Situation mit den mir zur Verfügung stehenden Mitteln ankämpfen. Aber wenn ein Mann seine Zeitung, seinen Golfclub, sein Pokerspiel, seine politischen Versammlungen und alles andere jeder wahren Befriedigung vorzieht, die ich ihm als Frau bereiten könnte, dann habe ich das Gefühl, nichts anderes zu sein als eine Kombination von Haushälterin und Kindermädchen. Wahrscheinlich hat er nicht ganz unrecht, wenn er sagt, ich machte mich nicht genügend attraktiv oder interessant – aber wozu?«

Die Tochter eines solchen Mannes sagt etwa: »Ach, Papi liebt uns schon, aber er interessiert sich nicht sehr für uns. Er hat geschäftliche Sorgen, und er raucht lieber oder liest seine Zeitschriften, als daß er mit uns über irgendwelche Dinge redet. Natürlich wenden wir uns dann an Mutter, wenn wir Rat und Zuspruch brauchen. Sie nimmt *wirklich* Anteil.«

Diese Männer empfinden sich nicht als minderwertig oder unmännlich. Sie sind zu sehr damit beschäftigt, sehr männlich im Sinne dessen zu sein, was eine Gesellschaft darunter versteht, die Erfolg in jeder Beziehung hochschätzt, mit Ausnahme einer reifen Sexualität. Doch von der Frau wird dies definitiv als Aggression empfunden. Zwei Elemente sind darin enthalten: erstens die allgemeine Passivität, welche den Eindruck erweckt, der Mann trete männliche Vorrechte an die Frau ab, von denen sie wünschte, er würde sie behalten – er stützt sich dann auf sie, als wäre sie seine Mutter und nicht seine Frau; zweitens der Abzug seines erotischen Interesses von ihr, das er auf seine männlichen Gefährten im Club, im Geschäft, auf dem Kameradschaftstreffen, beim Viererspiel auf dem Golfplatz überträgt. Diese beiden Elemente, die nicht unbedingt miteinander verbunden sind, führen bei Frauen zu schweren Frustrationen, und sie entstehen durch Störungen in der psychosexuellen Entwicklung des Mannes.

Wir haben davon gesprochen, daß Mütter die aufkeimende Sexualität ihrer Söhne unterdrücken.* Wir könnten darüber hinausgehen und den Leser daran erinnern, daß die Gesellschaft selbst ein sehr strenges Tabu über jedes bewußte sexuelle Interesse des Knaben an seiner eigenen Mutter verhängt. Dieses Interesse ist normal und allgemein üblich, und jeder kleine Junge liebt seine Mutter heimlich auf verbotene Weise. Doch er verzichtet auf seine geheimen Hoffnungen oder verschiebt sie für eine Zeitlang, indem er der Mutter, die ein gefährliches Liebesobjekt zu sein scheint, seine bewußte und unbewußte Zuneigung entzieht und sie dem Vater zuwendet.

Diese Hinwendung zum Vater als ein Stadium in der emotionalen Entwicklung des Kindes wird von der gegenwärtigen Zivilisation wie auch bei den meisten primitiven Kulturen hoch geschätzt, und zwar aus vielerlei Gründen. Erstens scheint sie nicht sexueller Art zu sein; Eltern glauben nicht gern, daß die Liebe des Kindes zu ihnen irgend etwas Erotisches enthalte, vor allem die Zuneigung

---

* Trotzdem erscheint die Mutter in den Phantasien des Kindes oft in der Rolle der Verführerin, gelegentlich mit einiger Berechtigung. Die Furcht vor der Mutter als Verführerin ist ein geringfügigeres, aber wichtiges Thema der Individual- und Sozialpsychologie. Bernice Engle glaubt aufgrund ihrer Untersuchungen, daß der Amazonen-Mythos eine Abwehr gegen diese Furcht darstelle: Die Frau als Kriegerin ist weniger furchterregend als die Frau als Verführerin. Man beobachtet diese Tendenz auch bei vielen neurotischen Männern, welche die Sexualität in ihrer Vorstellung von Mutterschaft verleugnen. Dies hängt mit den vielen von Brunswick[5] erörterten unvermeidlichen Enttäuschungen des Kindes durch die Mutter zusammen.

des Sohnes zu seinem Vater. Zweitens gefällt sie ihnen, weil das Kind erwachsen zu werden scheint, wenn es nicht länger solch ein »Muttersöhnchen« ist. Drittens schmeichelt sie dem Vater, sofern er überhaupt an seinen Kindern interessiert ist, und entschädigt ihn für das Gefühl jedes Vaters, daß Frau und Sohn einen Liebesbund geschlossen haben, aus dem er bis zu einem gewissen Grade ausgeschlossen ist. Elternberater ermutigen Väter, sich diese Neigung des Kindes nutzbar zu machen. »Seien Sie der Kamerad Ihres Sohnes«, sagen sie mit Nachdruck. An solchen Ermahnungen ist nichts auszusetzen, und dennoch wissen alle Eltern: Früher oder später wird das Kind, wenn es normal ist, ebenso wie es auf einen Teil seines Interesses an der Mutter zugunsten des Vaters verzichtet hat, dieses Interesse am Vater zugunsten anderer Jungen und wiederum zugunsten anderer Mädchen aufgeben.

Genau in diesem letzten Punkt liegt das Hauptproblem: Der amerikanische Junge wendet sein Interesse allzuoft nicht stark und dauerhaft Mädchen zu*, sondern bleibt unbewußt – und manchmal auch ganz bewußt – passiv an seinen Vater oder seine Mutter gebunden. Statt sich mit dem Vater zu identifizieren, identifiziert sich ein solcher Sohn mit seiner Mutter. Er tut dies, um dem zu entfliehen, was ihm als die allzu große Gefahr einer männlichen Identifizierung erscheint. Es ist, als sagte er zu sich selbst: »Ich habe Angst vor der Macht meines Vaters, also will ich mit ihm in Frieden leben, indem ich mich ihm passiv, freundschaftlich unterordne. Ich werde ihm gegenüber dieselbe Rolle spielen wie meine Mutter. Ich will wie eine Frau – und eine bessere Frau als sie – werden, denn es ist ungefährlicher, mit ihr um seine Liebe zu konkurrieren, als gegen ihn und alle anderen Hindernisse zu kämpfen, die meinem Mannwerden im Wege stehen. Ich will sie bei ihrem eigenen Spiel schlagen.« Ein solcher Junge wird dann zum Mann der Männer – passiv, freundlich, bei anderen Männern beliebt und oft in seinen Beziehungen zu Frauen innerlich gehemmt.

Man kann daraus ersehen, wie der Mechanismus der Identifi-

---

* Auffälliges, fieberhaftes Verabreden mit einem oder mehreren Mädchen ist kein Beweis für eine sich normal entwickelnde Heterosexualität. Ich erwähne dies, weil ich Mütter voll Stolz habe davon reden hören, dieses Symptom sei ein Beweis für die Männlichkeit ihrer Söhne.

zierung viel unbewußte Feindseligkeit hinter angeblicher Liebe und Bewunderung verbirgt. Es ist wahr, daß wir die, die wir lieben, nachahmen und ihnen gleichen wollen, und das kann als Kompliment aufgefaßt werden; doch ist eine solche Identifizierung immer zum Teil auch durch den Wunsch bestimmt, an die Stelle jener Person zu treten, mit der wir uns identifizieren. Bei so manchem Politiker beginnt es damit, daß er seinen Vorgesetzten verehrt, bewundert, ihm dient, und es endet damit, daß er ihn entthront und seine Autorität und Macht an sich reißt. Man sagt, Nachahmung sei die aufrichtigste Schmeichelei, doch sie bleibt Schmeichelei; neben der offensichtlichen Liebe enthält sie eine Drohung, die auf unbewußtem Haß beruht.

Es gibt eine noch unvollkommenere Entwicklung der Männlichkeit, und sie wird als klassischer Auswuchs eines ungelösten Ödipuskomplexes angesehen. Nahezu jeder Mann dieses Typs, der zum Psychiater kommt, verkündet, er habe eine »Mutterbindung« oder einen »Mutterkomplex«. Ebenso wie die Allgemeinheit versteht er darunter eine unbewußte sexuelle Zuneigung zu seiner Mutter, die so stark ist, daß alle anderen weiblichen Wesen ihn nicht zufriedenstellen können und einen zweitrangigen Ersatz darstellen. Ein solcher Mann – ebenso wie die Allgemeinheit – erkennt nicht, daß seine Zuneigung zur Mutter nicht vergleichbar ist dem reifen sexuellen Interesse des Mannes für eine Frau, daß sie vielmehr auf einer infantilen Anhänglichkeit beruht, bei der es sich teilweise um *Abhängigkeit*, teilweise um *Feindseligkeit* und nur zu einem sehr geringen Teil um *»Liebe«* handelt. Sie stellt ein noch unreiferes Entwicklungsstadium dar als die oben beschriebene »Vaterbindung«. Solche Männer empfinden keine sexuelle Anziehung – im eigentlichen Sinne des Wortes – gegenüber ihren Müttern noch gegenüber anderen Frauen; wenn sie sich überhaupt mit Frauen abgeben, dann mit solchen, die viel älter oder viel jünger sind als sie, und sie behandeln die einen als beschützende Mütter, die anderen als unwichtige, kindische Amüsierobjekte. Der Leser wird daraus schließen, daß es von diesem Verhaltensmuster nur ein Schritt zur Bejahung offener Homosexualität ist, die wir später erörtern werden.

Es ist wichtig zu betonen, daß Fixierungen jeder Art stärker von

Haß und Furcht als von Liebe bestimmt sind und sich lediglich als Liebe maskieren. Man könnte sagen, daß Menschen mit einer »Mutterbindung« ihre Mütter mehr fürchten als ihre Väter. Sie fürchten, die Mutter zu verlassen, entweder um nicht in eine passive, unterwürfige Beziehung zum Vater zu geraten, die sie zum Rivalen der Mutter machen würde, oder um kein aktives männliches Interesse für erreichbare Frauen entwickeln zu müssen. Die Mutter ist, weil unerreichbar, ein sicheres Liebesobjekt. Unter dem Vorwand der Anhänglichkeit an sie kann ein solcher Junge seine Feindseligkeit ihr gegenüber verbergen, braucht keine Angst vor ihr zu haben und vermeidet, seine Männlichkeit auf normale Weise ausdrücken zu müssen. D. H. Lawrence hat dies in seinem Roman *Sons and Lovers* (dt. *Söhne und Liebhaber*) in klassischer Form beschrieben. Es weist in der Tat auf eine stärkere Pathologie hin, in dieser Weise passiv an der Mutter zu hängen, als sich passiv dem Vater zu unterwerfen, weil es sich dabei um eine stärker infantile, parasitäre Beziehung mit einem größeren Anteil von Feindseligkeit und einem geringeren Maß an echter Objektliebe handelt. Doch stellt beides im Grunde eine Ablehnung des männlichen Charakters und seiner Ziele dar.

Beim Versuch, die Verantwortung für solche Hindernisse in der Entwicklung festzustellen, habe ich gesagt, daß verschiedene traumatische Ereignisse eintreten, die die natürlichen Einflüsse, welche der Entwicklung der Männlichkeit entgegenstehen, steigern. Mit natürlichen Einflüssen meine ich, daß die Männerwelt weitere Rivalen nicht schätzt und der Junge sich seine Anerkennung als Mann erkämpfen muß. Er muß bestimmte unbewußte Einstellungen der Erwachsenen überwinden, die sich dem Heranreifen jüngerer Rivalen widersetzen. Bei Naturvölkern findet dieser Widerstand symbolischen Ausdruck in schmerzhaften Initiationszeremonien, die als Pubertätsriten bekannt sind; der Jugendliche muß eine ritualistische Prüfung bestehen, bevor er als Mann in Stammesangelegenheiten mitreden darf. In unserer Zivilisation ist diese Feuerprobe nicht so im einzelnen festgelegt oder anerkannt; sie erstreckt sich über den ganzen Zeitraum der Adoleszenz (oder beginnt gar noch früher) und wird allgemein als Zeit des »jugendlichen Aufbegehrens« bezeichnet, womit die

Beteiligung der Erwachsenen an diesem Kampf wenig Beachtung findet.

Hinzu kommen unvermeidliche neurotische Ängste des Kindes, die auf falschen Deutungen und Annahmen beruhen; jeder Schritt in seiner Entwicklung hängt von der Bewältigung von Ängsten ab – Angst, daß es bestraft, kastriert, abgelehnt oder getötet wird. Diese Ängste können, wie ich ausgeführt habe, durch neurotische Einstellungen der Eltern oder durch besonders traumatische Ereignisse gesteigert werden. Das Endresultat ist die Verhinderung der psychosexuellen Entwicklung. Normalerweise werden diese Hemmungen natürlich überwunden, aber allzuoft werden sie nicht oder nur ungenügend bewältigt, und das führt zu einer relativen sexuellen Unreife. Immer wenn die Entwicklung der Männlichkeit durch eine konsequente weibliche Identifizierung behindert wird, geht diese Behinderung mit einer negativen Einstellung zum Weiblichkeitsanteil im Mann selbst sowie zur Weiblichkeit anderer einher. Ein solcher Mann empfindet sich nicht nur als Rivale von Frauen und als berechtigt, sie auf vielerlei subtile Weise zu bekämpfen, sondern er projiziert auch bis zu einem gewissen Grade seine eigene Weiblichkeit auf sie und haßt an ihnen jene Züge, die er in Wirklichkeit selbst besitzt – Züge, die bei Frauen normal sind und die er, wäre er objektiv, mit Toleranz und Freude akzeptieren könnte.

Daher kommt es, daß Männer, die ihrer maskulinen Verantwortung nicht gerecht werden, indem sie versäumen, die Führungsrolle zu übernehmen, wie die normale Frau das von ihnen erwartet, sich vor Frauen zu fürchten scheinen. In Wahrheit haben sie Angst vor sich selbst. Sie haben Angst vor der Feindseligkeit, die wegen ihres neurotischen Festhaltens an weiblichen Zügen in ihnen ausgelöst wird, eine Feindseligkeit, die sie nicht erkennen, aber hassen und nicht ablegen können. Daraus ergibt sich, daß sie die Frauen, die sie zu lieben versuchen (und oft zu lieben vorgeben), ständig verunsichern, enttäuschen und verletzen.

Allgemeine Frauenfeindlichkeit ist nichts Ungewöhnliches, aber selten in der Geschichte ist sie in dem Maße zum nationalen Programm erhoben worden wie in Deutschland. Vom deutschen »Führer« ist bekannt, daß er an Frauen nicht interessiert ist und einem Männlichkeitskult huldigt, der homosexuelle Befriedigungen glorifiziert* und den Frauen die Funktion von Sklavinnen zuweist. Wie Hitler seine eigene Weiblichkeit zur Schau stellt und zugleich haßt, ist offensichtlich und paßt genau zu seiner Behandlung deutscher Frauen (*und* deutscher Männer).

Ein anderes bekanntes Verhaltensmuster ist der Don-Juanismus, bei dem das Verführen, Enttäuschen und Verlassen von Frauen keinen Zweifel an den feindseligen Gefühlen ihnen gegenüber läßt. Die Promiskuität, ob bei Männern oder bei Frauen, ist ein Symptom der essentiellen Unfähigkeit, irgendwo zu einer tiefen Befriedigung zu gelangen. Solche Menschen lieben ihre Sexualobjekte nicht; sie versuchen vielmehr, sie zu besiegen oder zu zerstören. Was oft mit erhobenem Zeigefinger als Egoismus, Gemeinheit oder Treulosigkeit bezeichnet wird, läßt sich vom psychologischen Standpunkt aus auf diese Weise nicht erklären. Es ist eher ein relativer »Mangel an Männlichkeit«. Männer dieser Art versuchen ständig, sich selbst und mitunter auch anderen zu beweisen, wie männlich sie sind, während ihnen ihre innere Stimme das Gegenteil sagt. Das erklärt auch, weshalb sie so oft gegenüber anderen Männern mit ihren Eroberungen prahlen. Selbst wenn sie das nicht tun, müssen sie sich selber ständig versichern, daß nur ein Supermann so potent, so lässig, so unwiderstehlich sein kann. Früher oder später bricht diese Einbildung zusammen, und sie werden Alkoholiker oder erkranken an einem Leiden, das ihre Impotenz aus Gründen erklärt, die sie das Gesicht wahren lassen.

Das bringt uns zum Problem der sexuellen Impotenz, die in der einen oder anderen Form weitaus häufiger ist als Promiskuität (viele promiskuöse Männer leiden unter verschiedenen Arten von Impotenz). Die sexuelle Impotenz stellt gewissermaßen lokalisiert dar, wie Angst und Ressentiment Frauen gegenüber durch selbsttätige Vorgänge im Körper zum Ausdruck gebracht werden, für welche das bewußte Ich jede Verantwortung ablehnen kann. Es

---

* Um Mißverständnissen vorzubeugen, sollte gesagt werden, daß hier natürlich nicht »homosexuelle Befriedigungen« im allgemeinüblichen Sinn gemeint sind, sondern solche, die sich aus der Gemeinschaft oder Kameradschaft mit Angehörigen des eigenen Geschlechts ergeben, etwa männliche Solidarität. Homosexualität als solche war im Dritten Reich absolut verpönt. Unter den in Konzentrationslagern Umgekommenen waren sehr viele Homosexuelle. Anm. d. Übers.

scheint, als würde die Bedeutung dieses Themas von jedermann anerkannt, außer von Ärzten. Auf der Bühne, in Romanen und in privaten Gesprächen wird es erörtert, aber die medizinischen Lehrbücher haben es bisher der wissenschaftlichen Betrachtung nicht für wert erachtet.*

Bis zu einem gewissen Grade gilt dies auch für die Homosexualität. Obwohl offene Homosexualität (wie in manchen Staaten auch der Selbstmord) als Verbrechen angesehen wird, zweifelt sicherlich niemand daran, daß es sich auch um eine Krankheit handelt. Dennoch – vor mir steht ein klassisches Lehrbuch mit dem Titel *The Principles and Practice of Medicine*, das viele Jahre lang fast als eine Bibel für Ärzte galt. Auf über 1200 Seiten ist kein einziges Wort über die Homosexualität zu finden. Ein ebenso umfangreiches, ebenso klassisches Werk steht gleich daneben: *Diseases of the Nervous System*. Darin ist ein Abschnitt, eine Viertelseite lang, der Homosexualität gewidmet und etwas später eine Seite der Behandlung sämtlicher Perversionen. Dies steht in seltsamem Gegensatz zu der Häufigkeit, mit der Ärzte dem Problem begegnen.

Innerhalb gewisser, ziemlich verschwommener Grenzen wird die Zuneigung zwischen Personen desselben Geschlechts in unserer Gesellschaft hoch geschätzt, und das mit Recht, denn sie ist psychologisch normal. Wenn dieses Interesse überstark, wenn es ausschließlich wird, wenn es Erwachsene zwingt, physischen Kontakt herzustellen und physische Lust mit einem gleichgeschlechtlichen Partner zu genießen, ist es sicherlich anormal. Aufgrund unserer vorherigen Erörterungen wird der Leser den richtigen Schluß ziehen, daß es eine extremere Ablehnung des eigenen Geschlechts und eine vollständigere Identifizierung mit dem anderen Geschlecht bedeutet als die zuvor erwähnten Formen unvollständiger (männlicher) Entwicklung. Die weibliche Identifizierung homosexueller Männer manifestiert sich mitunter durch sekundäre Züge, wie weibische Körperhaltung, Gesten, Sprache und äußere Erscheinung. Dies ist oft irreführend; viele der homosexuellen Männer weisen solche Züge nicht auf, während sie auch bei Menschen

---

* Eine eingehendere Erörterung der Psychologie der Impotenz findet sich in meinem Buch *Man Against Himself* (dt. *Selbstzerstörung. Psychoanalyse des Selbstmords*, S. 369–384).

zu beobachten sind, die weder offen homosexuell noch homosexuell veranlagt sind. Andererseits können aufkeimende unbewußte homosexuelle Regungen große Angst, sogar Panik auslösen, und dies führt zu gewissen »Abwehrreaktionen«, zu denen die heftige Verurteilung der Homosexualität ebenso gehört wie ein ultramaskulines Erscheinungsbild und Verhalten, prahlerische Heterosexualität usw.

Homosexuelles Verhalten sollte sicherlich von homosexuellen Neigungen unterschieden werden, wie bewußte homosexuelle Neigungen von unbewußten. Kein normaler Mensch ist von letzteren völlig frei. Doch der Mann mit bewußten oder unbewußten homosexuellen Neigungen, welche die heterosexuellen übersteigen, ist gewiß einer, der Frauen frustriert. Er wird seinen essentiellen Mangel an Interesse für sie verraten, indem er Furcht, Verachtung, Eifersucht, Argwohn erkennen läßt, in den Alkohol flüchtet oder eine gönnerhafte Beschützerhaltung an den Tag legt. Diese Verhaltensweisen brauchen nicht auszuschließen, daß er die Gesellschaft einer Frau sucht und sogar eine Ehe eingeht, wohl aber schließen sie die Befriedigung der emotionalen Bedürfnisse einer Frau aus.*

Hinsichtlich der psychologischen Grundkonstellation unterscheiden sich Frauenfeindlichkeit, Don-Juanismus, sexuelle Impotenz und Homosexualität nicht allzusehr; das ihnen allen gemeinsame Muster habe ich oben beschrieben. Die verschiedenen Bilder ergeben sich aus den Unterschieden des Grades und der Art von Traumata in der Kindheit und aus den Belastungen, die dadurch erzeugt wurden. Allen liegt als wesentlicher Umstand eine selbstzerstörerische Ablehnung der Männlichkeit zugrunde.

---

* Die Homosexualität bei Frauen, auf die wir in einem späteren Kapitel kurz eingehen werden, stellt einen entsprechenden Verzicht auf das eigene Geschlecht zugunsten einer Pseudo-Identifizierung mit dem anderen Geschlecht dar.

3

Ich möchte nun aus der klinischen Praxis einige bezeichnende Beispiele für diese Ablehnung der Männlichkeit bei Männern anführen, die in ihrer Erscheinung und nach ihrer eigenen Meinung normal waren; auch ihre Freunde betrachteten sie sämtlich als normal. Sicherlich waren sie weder homosexuell noch bewußt frauenfeindlich, impotent oder »feminin«. Alle waren erfolgreich, alle verheiratet (obwohl ich gern einen typischen Junggesellen einbezogen hätte). Ihre Namen habe ich natürlich verändert, um ihre Anonymität zu wahren. Da diese Männer aber so sehr Tausenden – wenn nicht Millionen – anderer Männer ähneln, wäre ich nicht überrascht, wenn mir viele Ehefrauen mitteilten, sie seien überzeugt, daß ich ihre Männer beschrieben habe. Denn schließlich ist es die Wirkung auf ihre Frauen, mit der ich mich in diesem Kapitel am eingehendsten beschäftige. Hier haben wir, so könnte ich sagen, jene Art Ehemänner vor uns, die ihre Frauen ein Leben lang frustrieren.

Jeffrey Mason gehörte einer der »ersten Familien« an. Sein Vater und seine Mutter erbten große Vermögen. Der Vater starb ziemlich jung, und von Jeffrey als dem einzigen Sohn der Familie wurde erwartet, daß er das Familienunternehmen, eine große Versicherungsagentur, weiterführte. Natürlich wurde die meiste Arbeit bereits von kompetenten Fachleuten geleistet, doch Jeffreys Vater und später eine Zeitlang sein Onkel waren in der allgemeinen Geschäftsleitung und bei der Anlage überschüssiger Mittel sehr aktiv gewesen.

Jeffrey besuchte eine private Vorbereitungsschule im Osten der Vereinigten Staaten, absolvierte die Yale-Universität, danach die *School of Business Administration* der Harvard-Universität und galt als überaus geeignet, die Arbeit seines Vaters und seines Onkels fortzusetzen. Während seiner ganzen Studienzeit hatte man angenommen, daß er nach dem Abschluß der Ausbildung die Position des Assistenten seines Onkels übernehmen würde, der ihm jede erdenkliche praktische Hilfe zuteil werden lassen wollte, bevor er aus dem Geschäftsleben ausschied.

Zur allgemeinen Überraschung entschied Jeffrey jedoch plötzlich, daß das Geschäft ihn überforderte. Er glaubte nicht, daß er sich »um Versicherungen sorgen« wollte. Es machte ihn sowieso »nervös«, in einem Büro eingesperrt zu sein. Er hielt sich auch nicht für einen guten Verkäufer, der Vertreter ausbilden und überwachen oder den Geschäftsbereich beherrschen könnte. Durch den Einfluß seines Onkels und anderer Freunde erhielt er eine Stellung bei einer Bank seiner Heimatstadt. Jedoch nach einigen Jahren, in denen er sich nicht besonders ausgezeichnet hatte, verkündete er, daß das Bankgeschäft keine Zukunft habe und man viel Geld mit der Produktion von Flugzeugen verdienen könne. Natürlich verstand er nichts von der Produktion und herzlich wenig von Flugzeugen, obwohl er selbst eins besaß. Er überredete seine Mutter, einen erheblichen Geldbetrag in eine Gesellschaft zu investieren, die er organisierte, und in den nächsten Jahren zeigte er großen Enthusiasmus für den Aufbau eines Werkes und den Absatz seines Produkts. Unglücklicherweise hatten zu dieser Zeit hundert andere Leute dieselbe Inspiration, und überall im Lande wurden Fabriken errichtet, von denen viele Bankrott machten, wie auch die von Jeffrey Mason.

Er sprach seiner Mutter sein Bedauern darüber aus, ihr Geld vergeudet zu haben, und überzeugte sie, daß er seine (und ihre) Verluste durch eine neue Unternehmung ausgleichen könnte, auf die ihn ein Bekannter aufmerksam gemacht hatte. Dieser Bekannte erwies sich als ein Betrüger, und weil Jeffrey ihm vertraut hatte und ihm zugetan war, hatte er seiner Mutter noch einmal eine Viertelmillion Dollar entlockt und vergeudet.

Zu dieser Zeit war das Versicherungsunternehmen, das der Familie gehörte, infolge der Wirtschaftskrise der dreißiger Jahre ernstlich in Gefahr, und Jeffreys Onkel bestand darauf, sich zurückzuziehen und die Verantwortung für das Geschäft Jeffrey zu übertragen, dessen Widerwille nur von den bösen Vorahnungen der übrigen Direktoren der Versicherung übertroffen wurde. Eine andere Lösung war jedoch nicht vorstellbar, und so wurde Jeffrey Generaldirektor der Gesellschaft. Er bestand darauf, daß sie nur vor dem Bankrott gerettet werden könnte, indem mehr Kapital investiert würde, um den Inhabern der Policen Dividenden zu zahlen, so daß ihnen die Finanzlage der Gesellschaft verborgen bliebe. Doch die Geschäfte verschlechterten sich weiterhin, und nach einem Jahr wurde die Firma für zahlungsunfähig erklärt.

Nach dieser düsteren Darstellung des wirtschaftlichen Ruins wollen wir nun einen Blick auf einen anderen Aspekt des Lebens von Jeffrey Mason werfen. Im College war er überaus beliebt, weil er gut aussah, weil seine Familie in der Gesellschaft eine Rolle spielte, und weil er reich war. Was den Heiratsmarkt anging, hatte er beste Chancen, und entsprechend den Sitten seiner Klasse bemühten sich zahlreiche Mütter energisch, mit ihm einen guten »Fang« zu machen. Seine Freunde glaubten, daß er deshalb Frauen gegenüber äußerst zurückhaltend war – natürlich eine sehr oberflächliche Interpretation. Tatsache ist jedoch, daß er in bezug auf Frauen eher der Gesuchte als der Suchende war. Er beteiligte sich an verschiedenen gesellschaftlichen Aktivitäten in seiner Stadt, wurde zum Vorsitzenden des Sozialausschusses des Country Clubs gewählt und versuchte, Polo spielen zu lernen, vergeudete aber viel Zeit damit, sich geflissentlich entsprechend den vorgegebenen Mustern zu amüsieren. Bei all dem war er der Begleiter vieler attraktiver junger Frauen seiner eigenen Schicht, ging aber mit keiner von ihnen öfter als zwei- oder dreimal aus. Keine schien ihn besonders zu interessieren, obwohl gemunkelt wurde, daß er mit einigen von ihnen intim gewesen sei.

Eine dieser Frauen war die Schwester eines Freundes, und zur allgemeinen Überraschung wurden er und dieses Mädchen eines Morgens nach einer reichlich alkoholischen Party, die die ganze Nacht gedauert hatte, von einem Friedensrichter getraut. Nachdem sich Verblüffung und Enttäuschung bei den Verwandten beider Seiten gelegt hatten, gründete das Paar einen recht pompösen Haushalt, und für kurze Zeit war ihr Haus der Mittelpunkt einer Anzahl von Gesellschaften, die dieselben aufgeregten, zügellosen angeblichen Freunde anzogen, mit denen sich Jeffrey jahrelang abgegeben hatte.

Ich muß ein paar Worte über die Merkmale dieser Gesellschaftsschicht sagen. Zwar gibt es ähnliche Gruppen auch in anderen Städten, doch was diese kennzeichnete, ist typisch für die psychosexuelle Unreife, an der wir interessiert sind. Es handelte sich um etwa fünfzig Leute; viele von ihnen waren Ehepaare. Die meisten hatten Kinder, doch da deren Versorgung ausschließlich Dienstboten übertragen war, konnte sich die »Clique« jeden Abend irgendwo treffen. Dies begann häufig am Nachmittag damit, daß die

Frauen Bridge und die Männer Golf oder Polo spielten. Um fünf Uhr fingen sie mit Cocktails an, und gegen acht waren viele von ihnen schon leicht betrunken. Sie aßen dann irgendwo zu Abend. Danach gingen sie tanzen, spielten Poker oder zogen von einem Haus zum andern. Doch die äußere Form dieser gesellschaftlichen Aktivitäten ist weniger wichtig als die persönlichen Beziehungen zwischen den Angehörigen der Gruppe. Stets war man sich einer sexuell aufgeheizten Atmosphäre bewußt. Keine Ehefrau saß bei ihrem eigenen Mann, tanzte oder fuhr im Auto mit ihm. Gelegentlich zog sich eins dieser gemischten Paare für ein paar Stunden in das Haus des einen oder anderen zurück und gesellte sich später wieder zu den übrigen, wobei es dann nicht an Neckereien und Anzüglichkeiten über das fehlte, was wahrscheinlich geschehen war. Dieser augenzwinkernd tolerierte Ehebruch wurde nicht von allen gutgeheißen; viele Mitglieder der Gruppe, die glaubten, deren Ansehen damit retten zu können, verurteilten ihn. Das geschah nicht oft, aber wenn, dann wurde es nicht ernstgenommen. Oft kam es zwischen den Eheleuten zu heftigen Eifersuchtsszenen und Streitereien, die in Rührseligkeit endeten, wenn die Gesellschaft den üblichen Grad der Trunkenheit erreicht hatte. Die Unterhaltung drehte sich gewöhnlich darum, wie Jim in der vorigen Nacht überhaupt nach Hause gekommen war, was Gwen gesagt hatte, als Bob Grover mitbrachte, und was sie getan hatten, nachdem Helen »nicht mehr bei sich« war. Wenn nicht alle mit Poker und Bridge beschäftigt waren, zogen sich einige in ihre Autos zu »Knutschpartys« zurück oder es kam gar zu halböffentlichen Darbietungen einschlägiger Szenen.

Nun kennt jeder solche eintönigen, unreifen Verhaltensweisen aus eigener Anschauung oder aus Filmen. Sie werden als typisch für die Ausschweifungen der reichen Nichtstuer angesehen, obwohl dasselbe in etwas anderer Form auch bei Leuten vorkommt, die sehr wenig Geld haben, schlechter essen, billigeren Alkohol trinken, in billigere Tanzlokale gehen oder Poker mit kleineren Einsätzen spielen. Ich beschreibe dies nicht, um zu verurteilen, sondern um ein Beispiel sexueller Fehlanpassung zu geben, das sich auf unser Thema bezieht.

Wenn man Gelegenheit hat, Individuen, die eine solche Gruppe bilden, psychologisch zu studieren, werden einem alle früheren

Vermutungen bestätigt: daß diese Menschen, wenn sie verheiratet sind, nicht allein zu Hause bleiben können; daß, wenn sie sich treffen, die Männer sich im Handumdrehen zu den Männern, die Frauen zu den Frauen gesellen, um sich am besten zu amüsieren; daß dieser Zustand nur mit Hilfe von Alkohol wirksam beendet werden kann; daß es unter dem Einfluß des Alkohols zu leidenschaftlichen, ungeschickten heterosexuellen Annäherungen wie bei Jugendlichen kommt, die gelegentlich zu flagrantem, aggressivem Treubruch führen; daß durch starke Eifersucht heftiger Streit ausgelöst wird, und daß Pflichten der Frauen gegenüber ihren Kindern und die Verantwortung der Männer in ihrem Berufsleben vergessen zu sein scheinen. Daraus ergibt sich, daß man weder die beteiligten Männer noch die Frauen als sexuell reif oder gar als sexuell normal bezeichnen kann. Niemand von ihnen erkennt das; sie halten sich für überaus feinsinnige, sexuell besonders aktive Menschen, die in einer im übrigen langweiligen, blöden Welt eine Quelle der Lust entdeckt haben.

Man kann die Mentalität der Mitglieder einer solchen Gruppe teilweise verstehen, wenn man sich auf die Mentalität eines einzelnen konzentriert. Jeffrey Mason beteiligte sich an allen Aktivitäten, die hier beschrieben wurden. Nachdem er verschiedene Abenteuer gehabt hatte, gerieten er und seine Frau in Streit, der noch heftiger wurde, nachdem sie einige Abenteuer gehabt hatte. Schließlich wurde er so eifersüchtig, daß er, wenn sie auch nur mit einem anderen Mann tanzte, vor sich hinbrütete und sich sinnlos betrank oder aber einen Streit vom Zaun brach oder in den Wagen sprang und nach Hause fuhr. Die anderen nahmen dies hin, weil es die allgemeine Erregung steigerte, aber er und seine Frau litten sehr darunter. Manchmal wollte er sich weigern, zu einer dieser Abendgesellschaften zu gehen, woraufhin ihn seine Frau beschuldigte, er wolle ihr keinen Spaß gönnen, sei pathologisch eifersüchtig, und mit Scheidung drohte. Gewöhnlich endete es damit, daß sie zu der Gesellschaft gingen, aber wenn sie heimkamen, hatten sie Munition für neuen Streit gesammelt. Er behauptete, die Trinkgelage zu hassen, weil sie ihn in seinen geschäftlichen Verpflichtungen beeinträchtigten, und er beschuldigte seine Frau nicht nur, daß sie ihn betrügen wolle, sondern auch, daß sie wünsche, er möge bei seiner Arbeit Schiffbruch erleiden. Und dennoch war er überzeugt, daß er unruhig und gelangweilt sein würde, wenn sie zu Hause blieben. Die einzigen angenehmen Abende schienen jene zu sein, an denen sie mit einigen Frauen Bridge spielte und er mit einigen Männern pokerte. Er hätte lieber in seinem Club gespielt, aber dann hätte er nicht gewußt, wo seine Frau war, und wäre von Argwohn gepeinigt worden. Sein Wunsch, sie in seiner Nähe zu wissen, entsprang keineswegs irgendeinem Gefühl von Verantwortung für sie oder weil er glaubte, er könnte sie so vollkommen befriedigen, daß er nicht eifersüchtig zu sein brauchte. In Wirklichkeit war er lieber mit Männern zusammen als mit ihr oder irgendeiner anderen Frau, und wenn er gelegentlich mit Frauen flirtete, so hauptsächlich, um sich seiner Potenz zu versichern und seine Frau zu ärgern. Doch selbst zu diesen beiläufigen Affären konnte er sich nur mit Hilfe großer Whiskymengen aufschwingen.

Wie man sich denken kann, machten diese homosexuellen Vorlieben und dieser Zwang, seine Männlichkeit zu demonstrieren, das Geschlechtsleben mit seiner Frau sehr unbefriedigend. Wochenlang hatten sie keinen sexuellen Kontakt miteinander. Manchmal bedrängte sie ihn tatsächlich, ihr physisch einige Aufmerksamkeit zu schenken, und er entsprach dem dann pflichtgemäß, aber unwillig. Zu anderen Zeiten empfand er plötzlich ein starkes sexuelles Bedürfnis und näherte sich ihr mit einer Heftigkeit, auf die sie kaum zu reagieren vermochte. Selbst bei diesen Gelegenheiten stand sein physisches Leistungsvermögen nicht immer mit seinen psychischen Neigungen in Einklang, worauf er sie beschuldigte, nicht attraktiv genug zu sein oder es an Verständnis für sein Versagen fehlen zu lassen. Man kann sich vorstellen, wie frustriert und verärgert sie war.

Jeffreys Mutter war eine überaus strenge, mißgünstige Frau gewesen. Sie behandelte ihre beiden Töchter vollkommen anders als Jeffrey, den einzigen Sohn. Es wäre falsch zu sagen, daß sie sie bevorzugte, denn in vieler Hinsicht schien sie ihn zu bevorzugen, doch wollte sie offenbar aus allen ihren drei Kindern vollkommene Damen machen. Ständig wurden Jeffrey die Schwestern in bezug auf Benehmen, Manieren, Schulleistungen und äußere Erscheinung als Vorbilder hingestellt. Er wuchs mit dem Gefühl heran, daß er, um die Anerkennung seiner Mutter zu gewinnen (durch die häufige Abwesenheit des Vaters beherrschte sie praktisch die

Häuslichkeit), so wie sie oder wie seine anerkannten Schwestern sein müsse. Um das zu erreichen, mußte er seine auf Männlichkeit gerichteten Impulse unterdrücken. Daß er, um zu leben und geliebt zu werden, den wichtigsten Teil seiner Persönlichkeit – seine Männlichkeit – aufopfern mußte, fügte seinem Ich eine furchtbare Wunde zu – eine Wunde, die tiefen Groll in ihm hervorrief. Mit dem Älterwerden wurde er für seine anfängliche Demütigung bis zu einem gewissen Grade dadurch entschädigt, daß er als Mann umschmeichelt und begehrt wurde. Dies veranlaßte ihn, sich nach außen hin männlich zu geben, allerdings ohne inneres Vertrauen in seine Fähigkeit, diese Rolle durchzuhalten oder sich mit ihrer Hilfe Liebe zu sichern und zu bewahren.

Er hätte als Kind vielleicht *vorgeben* können, feminin zu sein, hätte sich so verhalten können, als akzeptierte er das Programm der Mutter, während er es infolge seiner eigenen stärkeren inneren Strebungen ablehnte. Daß er dies nicht vermocht hatte, zeigt, wie tief die Wunde wirklich war, wie früh seine Hoffnung zerstört wurde, eine gewisse Unabhängigkeit von Frauen zu erlangen, die ihm ermöglicht hätte, ihnen gegenüber zartfühlend und rücksichtsvoll zu sein. Sein ganzes Leben hindurch erschienen ihm Frauen stets als mächtige Geschöpfe, die ihm sexuellen Genuß nur bereiten konnten, wenn er sich von ihnen abhängig machte und dadurch seine Selbstachtung verletzte, oder wenn er sie in der herausfordernden Art kleiner Jungen verspottete und ignorierte.

So gesehen war es vollkommen verständlich, daß er weder die Aufgabe des im Berufsleben stehenden Mannes noch zu Hause die des Ehemannes bewältigen konnte. Er war unfähig, ein Ehemann, unfähig, ein Vater zu sein, unfähig, sich in der Gesellschaft anders als ein Adoleszent zu verhalten. Denn er war auch noch mit vierzig Jahren ein Adoleszent. Seine stärkste, von Angst und Haß unbeeinträchtigte erotische Befriedigung fand er im Umgang mit Männern unter Begleitumständen, die ihm nicht bewußt werden ließen, daß sein Interesse an ihnen ein sexuelles Element enthielt. Hätte ihm jemand gesagt, er sei latent homosexuell, hasse Frauen und sei kein echter Mann, er hätte ihn angeschrien und wäre wahrscheinlich mit den Fäusten auf ihn losgegangen. Dennoch kann niemand sein Verhalten insgesamt betrachten, ohne zu erkennen, daß dies der Fall war, und zweifelsohne bekam seine Frau dies in vollem Umfang zu fühlen.

Das zweite Beispiel, an das ich denke, stellt in vieler Hinsicht das genaue Gegenteil des oben beschriebenen dar. Morgan Lafour war alles andere als ein Playboy. Tatsächlich könnte man fast sagen, daß er in seinem Leben keinen Augenblick gespielt hat. Er trank keinen Tropfen Alkohol und rauchte nicht. Er rühmte sich, sein ganzes Interesse gehöre seiner Arbeit.

Er hatte als armer Junge begonnen, sich emporgearbeitet und es schließlich bis zum Leiter eines großen Unternehmens gebracht. Er war in jedem Sinne des Wortes ein Selfmademan. Wegen seiner außerordentlichen Leistungsfähigkeit genoß er bei seinen Geschäftspartnern großes Ansehen.

Alle Welt kannte Herrn Lafour; er war in fast jeder Organisation, jedem Komitee, jedem Stiftungsausschuß; er saß im Verwaltungsrat zahlloser Krankenhäuser, sozialer Hilfswerke, Schulen usw. Er war Mitglied des Rotary Clubs, Freimaurer, gehörte drei Country Clubs und zwei Town Clubs sowie sechzehn Fachorganisationen an. Darin sind noch nicht die kirchlichen und Wohltätigkeitsorganisationen enthalten, in denen er verschiedene Funktionen innehatte. Menschen kamen zu ihm, um in allen erdenklichen Situationen seinen Rat zu erbitten. Im allgemeinen empfing er sie und half ihnen, wenn er konnte, vernachlässigte darüber aber nicht sein eigenes Unternehmen; vielmehr nutzte er seine gesellschaftlichen und karitativen Verbindungen sehr vorteilhaft. Sein Büro war ein Muster von Effizienz. Er verfügte über die neuesten Büromaschinen, die ausgefeilteste Technik der Unternehmensführung. Geschäftsleute aus anderen Städten wurden immer wieder von ihren Freunden zu ihm geführt, um seine Büroeinrichtung und seine Management-Methoden in ihrer Außergewöhnlichkeit kennenzulernen.

Frau Lafour besaß eine eher bescheidene Bildung, dafür aber überdurchschnittlichen weiblichen Charme. Doch dieser ganze Charme ließ ihren Mann völlig kalt. Zu Beginn ihrer Ehe eröffnete er ihr, daß er keine Kinder wolle und an den üblichen Befriedigungen des Ehelebens nicht besonders interessiert sei. Seine Frau verstand dies so, daß er sich nichts aus gesellschaftlichen Zusammenkünften mache und sie nicht von ihm erwarten solle, er würde sie

zu abendlichen Gesellschaften und ähnlichen Einladungen begleiten. Zu ihrer Überraschung und ihrem Kummer erfuhr sie aber
schon bald, daß er gemeint hatte, er sei an ihr als Frau nicht
interessiert, empfinde ihr wie auch jeder anderen Frau gegenüber
keinerlei sexuelle Neigungen. Seine Emotionen waren völlig von
seinem Geschäft absorbiert, und er fand es seltsam, daß seine Frau
darüber enttäuscht war. Er war ihr absolut treu, gab ihr viel Geld,
erwies ihr jederzeit Achtung, hielt sich aber tagsüber ständig in
seinem Büro auf und nachts in seinem Zimmer. Seine Frau sah ihn
beim Frühstück, gelegentlich beim Mittagessen und manchmal am
Sonntag. Es störte ihn sehr, wenn sie wegfahren mußte, denn er
mochte es nicht, sie beim Heimkommen nicht vorzufinden; er wollte das Gefühl haben, daß sie diese Abteilung seines Unternehmens
ebenso verwaltete wie seine verschiedenen Angestellten die anderen Abteilungen. Tatsächlich könnte man sagen, daß er seine Frau
wie eine hochangesehene Angestellte behandelte.

Ich werde auf Herrn Lafour noch zurückkommen, doch an dieser Stelle ist damit genug über seinen Typus ausgesagt, der in
weniger extremer Form vielen Lesern sicherlich nicht unbekannt
ist. Unbekannt mag ihnen hingegen der völlige Verzicht auf ein
Geschlechtsleben sein, der vielen solcher Menschen gemeinsam ist,
und zwar sehr viel häufiger, als die meisten vermuten. Es gibt jene
Legende vom hartgesottenen Geschäftsmann, dem seine Frau
nicht genügend Zuneigung entgegenbringt und der seine Mannes-
kraft empfänglicheren Liebesobjekten zuwendet; in jedem Hafen
hat er angeblich ein Mädchen, eine Geliebte in jeder Vorstadt,
einen Liebling in jedem Nachtklub. Solche Geschäftsleute gibt es
natürlich, doch ist dies eine so typische Potenzphantasie, daß ich es
für relativ selten halte. Ich kenne mehrere Männer, denen dies
nachgesagt wird. Einer von ihnen nahm seine sogenannte Geliebte
nach Europa mit, schenkte ihr einen Nerzmantel, ein Auto und
eine Menge Schmuck, schlief aber niemals mit ihr und machte
auch keinerlei sexuelle Annäherungsversuche. Ich kenne einen anderen Mann, der mehrere Jahre lang jeden Abend mit einer Frau
zum Essen ging, ihr um zehn Uhr gute Nacht sagte und zu seiner
Frau nach Hause fuhr (bis sie ihn verließ); weder mit seiner Ehefrau noch mit der Frau, die ihm regelmäßig beim Abendessen
Gesellschaft leistete, hatte er jemals sexuelle Beziehungen.

In bezug auf das Phänomen Lafour mögen einige bezweifeln, daß es sich hier wirklich um eine Ablehnung der Männlichkeit handelte. Vielleicht, so könnte unterstellt werden, war Frau Lafour nicht der Typ Frau, der ihn reizte, oder er ließ einfach seine gesamte Energie in seine Arbeit einfließen. Er hatte offenbar nichts Unmännliches, ja, er war nahezu ein Supermann.

Entgegen diesem Anschein hatte Lafour durchaus etwas Unmännliches, sogar extrem Unmännliches an sich, wenngleich nicht an der Oberfläche. Seine ungeheure Hinwendung zur Arbeit, seine Entschlossenheit, aus allen Kämpfen siegreich hervorzugehen, verbunden mit dem Zwang, sich jedermann durch außerordentliche Wohltätigkeit und ähnliches zum Freunde zu machen – all das war ein Ersatz für echte Männlichkeit. Lafours Aktivitäten waren sehr stark am Vorbild seiner Mutter ausgerichtet, die das eintönige, harte Leben einer Mutter von fünf Kindern auf einer Farm in Süd-Dakota geführt hatte. In ihrem Dasein hatte es vom frühen Morgen bis spät in die Nacht nichts als Arbeit gegeben, verbunden mit ständigen Ängsten vor Armut, Dürre, Hunger, weiteren Schwangerschaften, einem arbeitsunfähigen Mann und der fälligen Hypothek. Mit dieser Mutter identifizierte sich Morgan Lafour viel stärker als mit dem Vater, der weitaus weniger energisch, fürsorglich und intelligent war als sie. Seine Identifizierung mit ihr war so ausgeprägt, daß sie ihn zwang, der Männlichkeit zu entsagen, die durch die biologische Aktivität seines Vaters repräsentiert wurde. Sein einziges Ziel im Leben war es, Erfolg zu haben und Schwierigkeiten zu besiegen, um dem angstgepeinigten Geist der Mutter in seinem Innern Ruhe zu verschaffen.

Dr. Blake ähnelte Lafour in gewisser Weise. Ich kannte ihn sehr gut. Er hatte eine riesige Arztpraxis und dachte an nichts anderes. Alles wurde ihr geopfert, einschließlich seiner Familie. Zeitweise besaß er sehr viel Geld, doch da er sich nicht damit befassen konnte, es vernünftig anzulegen, verlor er das meiste davon.

Er war tatsächlich ein sehr guter Arzt, obwohl er sich keine Zeit nahm, zu lesen, zu studieren, sich fortzubilden oder wenigstens medizinische Kongresse zu besuchen. Er widmete sich einfach seinen Patienten und benahm sich im Grunde mehr wie eine alte Großmutter und weniger wie ein Arzt. Von jedem Fall machte er viel Aufhebens. Mit jedem Patienten beschäftigte er sich endlos lange, lief mit tiefbesorgter Miene auf und ab, forschte bestimmten Einzelheiten nach, wie etwa der Temperatur des Trinkwassers oder der Beschaffenheit des Stuhlgangs, als handelte es sich um Angelegenheiten von höchster Bedeutung. Er schalt die Angehörigen aus und den Patienten und warnte jedermann vor zahllosen Gefahren und Möglichkeiten. Er überhäufte seine Sprechstundenhilfe mit einer Unmenge sehr merkwürdiger Anordnungen, von denen die meisten keine wissenschaftliche Grundlage hatten. Was seine Anordnungen, Diagnosen, Ansichten und die besitzergreifende Beziehung zu seinen Patienten anging, so war er äußerst empfindlich. Er hielt es für nahezu unvorstellbar, daß irgendeiner seiner Patienten erwägen könnte, einen anderen Arzt aufzusuchen; er behandelte alle, als wären sie seine Kinder. Doch die Rolle, die er spielte, war keine Vaterrolle, sie war entschieden und offensichtlich eine feminine, mütterliche Rolle. Und in seinem häuslichen Leben war er kaum in der Lage, die Pflichten eines Vaters und Gatten wahrzunehmen.

4

Es ist eine grundsätzliche Erkenntnis der Psychiatrie, daß eine vielfältige sexuelle Betätigung auf das Gegenteil dessen verweist, was die Allgemeinheit annimmt. Die Aufteilung des sexuellen Interesses in mehrere Ziele vermindert die sexuelle Befriedigung insgesamt, und Männer, welche von ihrem Bedürfnis nach Liebe zu Risiken und Anstrengungen getrieben werden, die nötig sind, um entsprechende Beziehungen zu mehr als einer Frau aufrechtzuerhalten, zeigen eher einen Mangel als einen Überfluß an Männlichkeit.* Deshalb führe ich hier als weiteres Beispiel teilweise verleugneter Männlichkeit das Phänomen des Mannes mit zwei (oder mehr) Frauen an.

In einem solchen Fall – wir wollen ihn Ogden Smith nennen – ergab die psychoanalytische Untersuchung, daß der Mann eine sehr schwache, neurotische Mutter und einen starken, aggressiven

---

* Ich sollte hier hinzufügen »in unserer Kultur«, da dies wahrscheinlich nicht auf Gemeinschaften zutrifft, in denen die Polygamie eine gesellschaftlich akzeptierte Praxis ist.

Vater gehabt hatte, vor dem er als Kind fast ständig in Angst lebte. Die Einschüchterung durch den Vater veranlaßte ihn, sich auch noch dann an die Mutter als Beschützerin zu klammern, als er längst auf eigenen Füßen hätte stehen müssen, doch lag diesem Anklammern an die Mutter die Angst vor dem Vater zugrunde. Mit andern Worten, seine Angst trieb ihn, etwas zu tun, das seine Furcht nur vermehrte. Angst und Schuldgefühle, weil er die Mutter für sich beanspruchte und ihre ständige Sorge und Aufmerksamkeit verlangte, führten dazu, daß er den Vater zu versöhnen suchte. Er betrachtete sich als Rivale des Vaters um die Liebe der Mutter, fürchtete aber, vor seinem Vater in diesem Licht zu erscheinen. Dennoch konnte er es nicht ertragen, auf die Fürsorge der Mutter zu verzichten, von der er völlig abhängig war. Er löste das Problem vorübergehend, indem er seine natürliche aggressive männliche Entwicklung aufopferte und ein gehorsames, abhängiges Kind blieb. Dies war gleichbedeutend mit der Ablehnung jeglicher sexuellen Entwicklung, weil sie die Rivalität mit dem Vater verstärkt hätte. Sexualität erschien ihm als eine gefährliche Versuchung, denn sie würde das Mißvergnügen seines Vaters hervorrufen. Es war, als ob er sich sagte: »Ich bekomme alles von meiner Mutter: ihre Liebe, ihre Kameradschaft, ihre Freundlichkeit und Fürsorge – alles, außer der sexuellen Vereinigung mit ihr; die gehört meinem Vater und ist absolut tabu.«

Der Jugendliche bewältigt normalerweise die Angst, welche durch die mit der Pubertät verbundenen Veränderungen ausgelöst wird, zunächst durch Masturbation und später durch versuchsweise heterosexuelle Beziehungen romantischer Art. Mit dem Reiferwerden verzichtet er auf beide Möglichkeiten und wird fähig, ein beständiges, stabiles, konstruktives und realistisches Interesse an einer Frau seiner Generation zu entwickeln, was bedeutet, daß er reif für die Ehe ist.

Doch wenn seine Kindheitserfahrungen so beschaffen waren, daß ihm hinsichtlich aller Bekundungen seiner Männlichkeit allzu große Angst und Schuldgefühle aufgebürdet wurden, kann er dem zunehmenden Druck, den die körperlichen Veränderungen in der Adoleszenz mit sich bringen, nicht standhalten. Er wird wahrscheinlich von seinen ersten jugendlichen Versuchen, seine sexuellen Probleme zu lösen, in eine unwiderrufliche legale heterosexuelle Beziehung auf Lebenszeit stürzen, durch welche ihm, wie er annimmt, seine Schuld vergeben, seinen sexuellen Bedürfnissen eine gewisse Erfüllung und ihm der unbestrittene Besitz einer Frau zuteil wird, die an die Stelle seiner Mutter tritt. Dies mildert seine Angst und gibt ihm vorübergehend Frieden, doch die Beziehung weckt bald das Bedürfnis nach erneuter sexueller Befriedigung auf einer männlicheren Ebene, die nicht durch die Schuld und den Narzißmus einer Flucht in die Ehe belastet ist.

Ich möchte dies deutlich machen, indem ich zum Fall von Ogden Smith zurückkehre. In der höheren Schule interessierte er sich für ein Mädchen, das später seine Frau wurde. Während seiner ersten Studienjahre bedrückte ihn fast ständig das Masturbationsproblem. Trotz der Ermutigung und des Beispiels einiger Kameraden betrachtete er sich selbst als schuldbeladenen Sünder, sobald er dem Drang nicht widerstehen konnte. Er besuchte religiöse Versammlungen, auf denen die Gefahren von Rednern unterstrichen wurden, die rieten, Gottes Hilfe zu erflehen, um diese lasterhafte, demoralisierende Gewohnheit zu überwinden. Er gelangte in den Besitz sogenannter »Sex-Bücher«, und während in einigen von ihnen gesagt wurde, daß diese Gewohnheit nicht zu »dauerndem« Schaden führe, war er eher geneigt, denen zu glauben, die behaupteten, sie ruiniere Körper und Seele. Seine unbewußten selbstzerstörerischen Impulse fanden Befriedigung in der Vorstellung, daß ihm die gerechte Strafe für seine Sünde zuteil würde. Auf dem Höhepunkt seiner Angst um sich selbst war er an Mädchen nicht interessiert, doch allmählich schienen sie eine Lösung anzubieten, auf die er reagierte, indem er eine starke Zuneigung zu einer Klassenkameradin faßte. Dies verringerte seine Angst, führte aber zu einem neuen Problem: Sein Verlangen nach sexuellen Beziehungen zu dem Mädchen steigerte sich, und entsprechend den gesellschaftlichen Konventionen bedeutete das Heirat. Als die Spannung nach einer zwei- oder dreijährigen Verlobungszeit unerträglich geworden war, verließ er deshalb die Schule und heiratete sie.

Die Ehe minderte seine sexuelle Spannung, nicht aber seine sexuellen Hemmungen. Durch die Ehe mit einer Frau, die für ihn eine Mutterfigur war, fühlte er sich erneut verpflichtet, seine Männlichkeit herabzusetzen, um ihr zu gefallen und seine sexuellen Wünsche und seine Liebe zu ihr auseinanderzuhalten. Dies führte zu unvollständiger Befriedigung und zu Unzufriedenheit bei beiden. Viele Männer beschuldigen ihre Frauen grundlos der Frigidität: Die Frau möchte gern reagieren, aber sie darf es nicht; es wird ihr keine Zeit gelassen; ihre Bemühungen werden nicht anerkannt – manchmal sogar strikt zurückgewiesen. Aber ein Junge kann sich ja von seiner Mutter nicht vorstellen, daß sie seine sexuellen Aktivitäten billigt oder gar dabei kooperiert, und ein Mann, der eine Frau heiratet, welche die Mutter repräsentiert, befindet sich in ebendiesem Dilemma. Allerdings geschieht es auch, daß – wie im nachstehend beschriebenen Fall – ein gehemmter Mann eine ebenso gehemmte Frau heiratet, die gegenüber der Sexualität ihres Mannes und ihrer Kinder eine ablehnende Haltung einnimmt und nichts tut, um den Stolz ihres Mannes auf seine Männlichkeit wiederherzustellen.

Dieser Mann wünschte Frauen zu gefallen, indem er ihnen Geschenke machte, ihnen Freundlichkeit und Aufmerksamkeit erwies, statt ihnen eine reifere Form der Liebe zuzuwenden, und zwar hauptsächlich deshalb, weil er *glaubte*, keiner Frau genügend Liebe geben zu können, um sie zu halten. Dies wiederum deshalb, weil seine Mutter seine kindliche Zuneigung nur unter der Bedingung akzeptiert hatte, daß er sein wahres Selbst verleugnete und ein liebenswürdiges, aber gehemmtes Kind blieb. Sie war in ihrer Beziehung die aktive Partnerin, und er hatte liebenswert, anpassungsfähig und passiv zu sein.

Dennoch empfand er das dringende Bedürfnis, Liebe in einer aktiveren, männlicheren Weise zu geben und zu empfangen, als dies in seiner Ehe möglich war. Nachdem er in seiner Ehe das Beziehungsmuster reproduziert hatte, das einst seiner Mutter genehm war, empfand er wieder wie früher Unzufriedenheit und Aufbegehren und suchte nach einem Ausweg für seine maskulinen Strebungen. Seine Liebesfähigkeit war zwar gehemmt, doch war sie nicht völlig blockiert, so daß er nicht krank wurde, wie es bei Psychotikern der Fall ist. Er wendete auch nicht seine ganze Liebe sich selbst zu wie der hypochondrische Kranke, der sich ausschließlich mit den Organen des eigenen Körpers befaßt. Dieser Mann war insofern gesünder, als er Befriedigung bei anderen Frauen suchte und bei ihnen ein wenn auch unvollkommenes und mit Schuldgefühlen verbundenes Ventil für seine erotischen Bedürfnisse fand. Wir stehen hier vor dem Paradox eines Mannes, der in der einen Beziehung seinem Gewissen gehorcht, doch seine Männlichkeit opfert, und in einer anderen Beziehung sich seiner reifen Männlichkeit auf Kosten seines Gewissens versichert. Dieser Konflikt zwischen zwei Impulsen – die er beide für notwendig und mit Blick auf die Gesellschaft im wesentlichen für gut hielt – war für ihn so verwirrend und unlösbar, daß er psychoanalytische Hilfe suchte, um die beiden Seiten seines Charakters zu vereinigen, die einander nicht feindlich gegenüberstehen sollten, es aber taten.

Wie ich zu Beginn sagte, ist dies ein außerordentlich häufiges Phänomen im amerikanischen Leben. Es hat viele Aspekte, die wir erörtern könnten, etwa die Mentalität der beteiligten Frauen, die bereit sind, sich mit Halbheiten zufriedenzugeben oder ihre Männer sogar dazu ermutigen. Es ist wichtig, nicht nur das Dilemma und das Leiden des Mannes zu erkennen, den diese typisch neurotische Lösung gefangenhält, sondern auch die Feindseligkeit, welche sich darin ausdrückt. Die Liebe des Mannes zu beiden Frauen ist unvollkommen und – wie zu erwarten – von offener Aggressivität beiden gegenüber begleitet. Diese Aggressivität ist nicht beiläufig oder zufällig, sondern ein elementarer Bestandteil des gesamten Musters seiner Beziehung zu Frauen. Im Fall von Ogden Smith ergab sich dies aus der frühen Beziehung zu seiner übermäßig beschützenden Mutter. Der Haß, den er nicht auszudrücken wagte, führte zu einer unbewußten Angst vor Frauen im allgemeinen, und zwar nicht nur wegen dem, was sie ihm antun könnten, sondern auch vor dem, was er ihnen antun könnte. Insbesondere diese Angst vor seiner eigenen Feindseligkeit band ihn so stark an seine Mutter und veranlaßte ihn später zu außergewöhnlichen Anstrengungen, um sich gegen die Möglichkeit zu versichern, von den Frauen, die er liebte, fürchtete und haßte, verlassen zu werden.

Der Mann mit zwei – oder gelegentlich drei oder vier – Liebesobjekten wird zum Teil durch diese Angst vor Verlust motiviert. Da er mehrere Frauen hat, kann er sich stets ein bißchen sicherer fühlen und sich außerdem seiner Feindseligkeit ihnen gegenüber ungestrafter überlassen – er kann sich jederzeit mit der einen gegen die andere verbünden. Manche Männer spielen gewohnheitsmäßig eine Frau gegen die andere aus. Sie wünschen keine Scheidung –

nicht so sehr, weil sie an die Ehefrau gefühlsmäßig gebunden, sondern weil sie von ihr abhängig sind; weil sie das Gefühl haben, durch sie vor den Konsequenzen bewahrt zu werden, die sich ergeben würden, wenn sie sich völlig in die Hand *einer* Frau gäben.

Man beobachtet dies nicht nur bei ehelichen, sondern auch bei vielen geschäftlichen Beziehungen. Ein Patient von mir ist einer der beiden Sekretäre des Verwaltungsdirektors einer großen Organisation. Dessen Angestellte wissen genau, daß er stets mit einem von beiden nicht einverstanden ist. Doch wenn er auf den einen wütend ist, bemüht er sich, dem anderen gegenüber sehr freundlich zu sein und bei ihm über die Mängel und Fehler des ersten zu sprechen. Aber eine Woche später kann es dann genau umgekehrt sein.

Der Schulinspektor einer großen Stadt versuchte jahrelang, eine Sozialarbeiterin zu finden, die gewisse Schulprobleme untersuchen sollte, und schließlich gelang es ihm. Doch er verzichtete darauf, die Büroangestellte zu versetzen, die bis dahin einen Teil der Arbeit verrichtet hatte, welche die neueingestellte Sozialarbeiterin übernehmen sollte. Als Folge dieser Überschneidung lagen sie ständig in Fehde miteinander, weil die eine ihre Position für bedroht hielt, während die andere das Gefühl hatte, in ihrer Arbeit beeinträchtigt zu sein. Der Inspektor bezog jedoch niemals klar Stellung. Er hörte sich die Beschwerden der einen an und erzählte ihr, wie schwer er es mit der anderen habe, und tat das gleiche bei der anderen, aber niemals erklärte er genau, was jede von ihnen zu tun habe. Auf diese Weise schützte er sich vor der vermeintlichen Katastrophe, die eintreten müßte, wenn die eine oder die andere beschlösse, ihn zu verlassen. Man wird an jene Geschichte von dem Rabbi erinnert, der sich anhörte, welche Position die eine Partei seiner gespaltenen Gemeinde vertrat, und ihr sagte: »Sie haben vollkommen recht«, sich danach die andere Partei anhörte und ihr genau dasselbe sagte. Als ihn seine Frau tadelte, weil er zu beiden Parteien gesagt hatte, sie hätten »vollkommen recht«, lauschte er zerknirscht ihren Ermahnungen und sagte dann: »Meine Liebe, du hast vollkommen recht.«

Solche Männer sind weder so rückgratlos noch so doppelzüngig, wie es den Anschein hat. Es ist vielmehr ihre unbewußte Angst, die sie zwingt, zwei Gegnerinnen zu beschwichtigen und gleichzeitig zu bekämpfen. So können sie gegen die eine Frau gewisse Feindseligkeiten loslassen und sich der anderen zuwenden, um getröstet zu werden, oder sie drehen die Formel einfach um. Eine solche innere Inanspruchnahme durch Angst, Aggression, Abwehr und Wiedergutmachung deutet auf eine unvollständige psychosexuelle Entwicklung. In der volkstümlichen Einschätzung handelt es sich um Sünde, Unnatur, Gerissenheit, Geilheit, Skrupellosigkeit, Unmoral, Falschheit oder Ehebruch; im Sinne unseres Themas handelt es sich um mangelnde oder teilweise abgelehnte Männlichkeit und demzufolge um eine Form der Selbstzerstörung.*

Selbstzerstörung ist stets aggressiv; man kann sich nicht selbst verletzen, ohne andere zu verletzen. Der Verzicht auf die Männlichkeit, zu dem die verschiedenen Kräfte, die wir beschrieben haben, Männer veranlassen, ist eine indirekte Kränkung der Frauen. Er ist eine Frustration, und Frustration erzeugt neue Aggression. Die frustrierte Frau wird zur aggressiven Mutter, und die nächste Generation zahlt die Zeche. Es ist kein Wunder, daß manche Frauen sagen: »Man hat nichts davon, eine Frau zu sein, nur Nachteile. Ich wünschte, ich wäre ein Mann!« So sehr sie auch darunter leidet, sie erkennt nicht, daß ein Teil ihrer Unzufriedenheit von dem entsprechenden, doch weniger bewußten Neid des Mannes herrührt. Männer wagen nicht zu sagen: »Wäre ich doch eine Frau! Wenn mir die Gefahren und Verpflichtungen der Männlichkeit doch erspart blieben!« Aber unwillkürlich agieren sie die-

---

* Wenn es den Anschein hat, als hätte ich hier mehr über die Psychologie des frustrierenden Mannes als über die der frustrierten Frau gesprochen, möchte ich dies rechtfertigen, indem ich die Anmerkungen von Havelock Ellis zu diesem Punkt unterstreiche: »Es war stets üblich, über die Psychologie der Frauen zu diskutieren. Über die Psychologie der Männer wurde meist hinweggegangen, entweder weil sie zu einfach oder weil sie zu kompliziert sei. Doch das Problem der Ehe ist heutzutage weitaus weniger das Problem der Ehefrau als das des Ehemannes. Die Frauen haben ihre persönlichen und gesellschaftlichen Aktivitäten langsam nach Grundsätzen ausgedehnt, die nunmehr allgemein akzeptiert werden. Was hingegen die Aktivitäten der Männer angeht, so haben diese darauf nicht in auffallend veränderter Weise reagiert. Daraus resultiert eine mangelhafte Anpassung von Männern und Frauen, die sich auf alle möglichen Arten subtiler und gröber bemerkbar macht und am stärksten empfunden und manchmal akut wird, wenn es sich um Eheleute handelt.«[6]

ses Gefühl aus. In dieser Hinsicht sind Frauen – weil sie sich seltener selbst etwas vormachen – realistischer.

Zwei sehr kluge Frauen[7] machten die folgenden praktischen Vorschläge, wie die Frau ihre Lage selber ändern kann:

»Sie muß lernen, als zivilisierte, humane, aufgeklärte Weltbürgerin zu leben und engen Provinzialismus des Denkens und Fühlens zurückweisen; sie muß sich erinnern, daß sie sich viel zu viele Jahrhunderte hindurch von ihrer Liebe hinter die Linien des Feindes und in seine Arme hat tragen lassen, um nun die historischen und willkürlichen Schranken von Rasse, Nation oder Klasse als unüberwindlich betrachten zu können, auf einem Globus, der durch Radio, Flugzeug und wechselseitige Bedürfnisse schon so zusammengeschrumpft ist, daß alle künstlichen Grenzen in den menschlichen Beziehungen anachronistisch und selbstmörderisch sind. In ihrer Häuslichkeit muß sie das Wissen nutzen, das die Psychoanalyse ihr bietet, um ihre eigenen Frustrationen und die ihrer Familie auszugleichen, Verständnis für menschliche Bedürfnisse zu erwerben und Möglichkeiten ihrer Erfüllung zu entdecken; um Ventile zu finden, die destruktive Triebe in kreative Richtungen lenken, und so den Haß als Dünger zu benutzen, um fruchtbare Felder für lebende Kinder zu schaffen, statt Friedhöfe für tote Söhne. Sie sollte sich wieder auf die alten Mittel des Weibes besinnen, die subtile Stärke ihres Geschlechts – Geburtsrechte, die sie für das Linsengericht einer trügerischen ›Gleichheit‹ in der Welt des Mannes hergegeben hat. Nicht daß sie sich aus seiner Welt zurückziehen sollte – vielmehr muß sie dort an die Stelle von Konkurrenztricks jene alte Weisheit und Vielseitigkeit setzen, die sie, wenn sie damit umzugehen versteht und sie gewissenhaft nutzt, befähigen würden, die komplexe moderne Rolle der Mutter-Gefährtin-Geliebten virtuos zu spielen.«

4 Die Herabsetzung der Weiblichkeit

1

Wir haben gesehen, auf welche Weise die Frau von der Zivilisation im allgemeinen und von den Männern im besonderen frustriert wird. In diesem Kapitel wollen wir untersuchen, wie sie sich selbst frustriert. Von Männern unterdrückt und frustriert, identifiziert sich die Frau mit dem Aggressor und setzt ihre Weiblichkeit herab.

In meinem Buch *Selbstzerstörung* bin ich auf Freuds Äußerung eingegangen, daß jeder von uns in sich trägt, was Poe »the imp of the perverse« genannt hat – die Neigung, genau das Gegenteil dessen zu tun, was unseren Interessen am besten dienen würde. Ich habe darauf hingewiesen, daß sich die Menschen selbst daran hindern, die Ziele, die sie sich gesteckt haben, zu erreichen, daß sie sich selbst bekämpfen, ruinieren und gar töten – trotz allem, was wir über den Selbsterhaltungstrieb wissen und von ihm glauben. Ich habe diese Neigung zur Selbstzerstörung nicht auf Männer beschränkt, aber ich habe auch nicht näher ausgeführt, auf welche eigentümliche Weise sie von Frauen in Szene gesetzt oder veranschaulicht wird. Die Methoden unterscheiden sich nicht prinzipiell, sondern lediglich in bezug auf die Form. Die den Frauen eigentümliche Form selbstzerstörerischen Handelns ist die Ablehnung der Weiblichkeit an sich.

Mit »Weiblichkeit« bezeichnen wir gewisse Eigenschaften, die für Frauen charakteristisch sind. Die elementare Grundlage dieser Eigenschaften soll später erörtert werden; für den Augenblick genügt die Annahme, daß jeder weiß, was gemeint ist: Eigenschaften, die Frauen haben und Männer nicht. Das Tabu gegenüber dem Besitz weiblicher Eigenschaften bei Männern ist so stark, daß sie gewohnheitsmäßig auf viele Freuden und Pflichten verzichten, die sie sich im eigenen Interesse bewahren könnten. Die Ablehnung des Weiblichen, das sie in sich tragen, durch die Männer wird als normale Einstellung betrachtet.

Es ist weit schwieriger für einen Mann, sich mit Frauen zu

identifizieren, als für eine Frau, sich mit Männern zu identifizieren – nicht allein, weil Frauen anpassungsfähiger sind, sondern weil Männlichkeit (irrigerweise) in der gegenwärtigen Zivilisation mehr Ansehen genießt und weil alle Männer von Kindheit an einen eigentümlichen Horror davor haben, auf den anatomischen Status von Frauen »reduziert« zu werden.

Dieselben Einflüsse wirken sich in abgemilderter Form auf Frauen aus. Auch sie, so paradox es scheinen mag, neigen dazu, die Weiblichkeit abzulehnen. Nach ihrer Auffassung ebenso wie nach der Auffassung der Männer fällt Weiblichkeit unter ein gewisses Tabu. Doch offensichtlich ist die Ablehnung ihrer Weiblichkeit seitens der Frau selbstzerstörerisch, und in dem Maße, in dem sie sie vollzieht, frustriert sie sich selbst.

Natürlich meine ich hier nicht irgendeine intellektuelle Entscheidung der Frau, daß sie keine Haushälterin sein mag, nicht heiraten, keine Kinder haben will, daß sie eine berufliche Karriere anstrebt usw. Ich meine tiefere emotionale Neigungen und Einstellungen, von denen die Frau im allgemeinen überhaupt nichts weiß. »Ich würde niemals etwas so Unweibliches tun«, sagte eine Frau in bezug auf die Handlungsweise einer ihrer Freundinnen. Doch dieselbe Frau verlangte von ihrem Mann die Scheidung, weil er darauf bestand, daß sie ein Kind haben sollten.

Man betrachte diese Ablehnung der Weiblichkeit in der Gestalt, die sie bei einem kleinen Mädchen in jenem Lebensabschnitt annimmt, in welchem sich diese Einstellungen herauskristallisieren. Ein kleines Mädchen, von der Liebe der Mutter enttäuscht, könnte sich sagen: »Ich möchte groß werden, aber ich will keine Frau werden – ich will ein Mann werden wie mein Vater«, und es würde sich mit dem stärker bewunderten Elternteil zu identifizieren beginnen. Ein anderes Mädchen, der Mutter ebenfalls feindlich gesinnt, aber nicht bereit, auf weibliche Privilegien zu verzichten, könnte sagen: »Ich möchte eine Frau sein, doch nicht so wie meine Mutter. Ich werde ein schönes Leben haben und nicht die Sklavin eines Mannes sein.« So könnte es vorzeitig beschließen, auf die Freuden von Ehe und Mutterschaft zu verzichten oder zumindest seine Unabhängigkeit vom Mann inner- oder außerhalb der Ehe zu wahren. Ein drittes Kind könnte sich etwa folgendermaßen mit seinem Schicksal abfinden: »Ich bin ein Mädchen und muß eine

Frau werden. Jeder zieht Buben vor. Die dürfen alles. Ich kann nur auf Plackerei, Langeweile und Leiden gefaßt sein. Und an allem ist Mutter schuld, weil sie mich in eine so ungerechte Welt hineingeboren hat.« Wieder ein anderes Mädchen könnte seine unbewußten Regungen so formulieren:»Ich bin ein kleines Mädchen, und das möchte ich bleiben. Ich will nicht groß werden und die Pflichten von Frauen übernehmen. Frauen haben ein schweres Leben. Wenn sie Kinder bekommen, leiden sie und sterben sogar. Ich möchte lieber ein Kind bleiben und verhätschelt und beschützt werden.«

Schauen wir uns nun dieselben kleinen Mädchen zwanzig oder dreißig Jahre später an:

Frau Jones war eine beliebte und außerordentlich tüchtige junge Abteilungsleiterin in einem Warenhaus, als sie ihren späteren Mann kennenlernte. Viele Männer hatten sie verehrt, doch sie verliebte sich in einen jungen Rechtsanwalt wegen seines guten Aussehens und seiner zärtlichen, romantischen Ergebenheit, die ihre Geschäftsfreunde ihr nicht entgegenbrachten. Sie waren acht Jahre lang verlobt. In dieser Zeit kam Frau Jones, von all der Aufregung und Konkurrenz in einem expandierenden Warenhaus absorbiert, nie zum Heiraten. Schließlich wurde ihr jedoch auf Grund der Bemerkung einer Freundin bewußt, daß die Geduld ihres Verlobten zur Neige ging und er sich anderen Frauen zuwandte, um sich bestätigt zu fühlen. Das mobilisierte ihre ganze Kampfbereitschaft, und sie bot alle Kraft und Energie, die sie bisher für ihren Beruf eingesetzt hatte, auf, um ihren Geliebten zurückzuerobern. Sie heirateten, und sie machte mit ihren beruflichen Ambitionen reinen Tisch, entschlossen, nunmehr »für alle Zeit glücklich und in Freuden zu leben«. Obwohl sie die Hausarbeit haßte, organisierte sie sie mit Schwung. Doch bald stellte sich Enttäuschung ein. Ihr Eheleben bereitete ihr keinerlei Freude, und obwohl sie ihren Mann zu lieben behauptete, fühlte sie bald insgeheim, daß er ein Schwächling, ein romantischer, unpraktischer Idealist war. Er wollte Kinder haben, aber sie weigerte sich. Sie verabscheute, was sie die kümmerlichen, kleinlichen Interessen von Frauen nannte, und langweilte sich bei gesellschaftlichen Veranstaltungen zu Tode. Um der Hausarbeit zu entrinnen, begann sie Golf zu spielen und erwarb darin bald eine solche Meisterschaft, daß sie an Turnieren in anderen Städten teilnehmen konnte. Als dies an Reiz für sie verlor, ging sie in die Politik, wo sie mit ihrer gewohnten Tüchtigkeit und ihren Führungsqualitäten bald landesweite Aufmerksamkeit erregte. Wenige der Tausenden von Menschen, mit denen sie zusammentraf, wußten, daß sie einen Mann hatte, und sie selbst vergaß es mitunter, wie sie bekannte, obwohl sie stets mit seiner loyalen Unterstützung und Sympathie rechnete.

Eine weniger offenkundige Form der Ablehnung ihrer Weiblichkeit zeigte eine andere Frau, die ich Frau Jackson nennen will. Im Gegensatz zu Frau Jones war sie sehr häuslich, und ihre Haushaltführung war vorbildlich. Auf ihre Kinder, die sie innig liebte, äußerst gewissenhaft bedacht, versagte sie sich um ihretwillen viele Vergnügungen. In der Tat hatte sie nicht allzuviel Freude, denn sie erfüllte ihre Pflichten schweren Herzens und mit Überdruß. Sie vermochte ihrer Familie das Gefühl zu vermitteln, daß sie ihr Leben für sie opferte: Kochen, Flicken und Saubermachen – all das geschah, um deren gedankenlose, unersättliche Ansprüche zu befriedigen. Sie pflegte Einladungen zu gesellschaftlichen oder Gemeindeveranstaltungen, die irgendeinen Einsatz von ihr forderten, abzulehnen, indem sie wehmütig sagte: »Ich würde gern etwas so Vernünftiges und Interessantes tun. Wenn ich nur die Zeit hätte! Aber ich fürchte, ich bin eben nur eine Hausfrau.« Darüber ärgerten sich natürlich einige andere Frauen, die ihre eigene Hausfraulichkeit in Zweifel gezogen glaubten. Dennoch genoß Frau Jackson wegen ihrer Bescheidenheit und geduldigen Hingabe großen Respekt.

Diese freundliche Verzichthaltung beeindruckte den Psychiater, den Frau Jackson eines Tages aufsuchte – nicht um ihretwillen, denn dieser Frauentyp tut niemals etwas für sich selbst, sondern wegen ihrer Tochter Mary. Mary war ein temperamentvolles, ehrgeiziges Mädchen voll Widerspruchsgeist, das seiner Mutter verkündet hatte, es wolle nicht heiraten, sich nicht der Demütigung aussetzen, eine gute Ehefrau zu sein. Frau Jackson war über diese »Anormalität« beunruhigt und fragte ihren Pfarrer um Rat, der sie zu mir schickte.

Frau Jackson war fest überzeugt, daß die Ehe die Laufbahn sei, die jede junge Frau einschlagen sollte, daß sie zu diesem Zweck als

Mädchen ihre Tugend und Würde bewahren müsse, um den besten Ehemann zu bekommen, der zeitlebens für sie sorgen und sie ernähren würde. Vor sexueller Freiheit müsse man sich unbedingt hüten, weil sie den Heiratswert einer Frau herabsetze. Frau Jackson war nicht kleinlich; Trinken und Rauchen in mäßigem Umfang duldete sie, wenn ihre Tochter dadurch in der Konkurrenz mit anderen Mädchen den Ruf erwarb, eine gute Gesellschafterin zu sein, doch alles Unkonventionelle, das die Chancen für eine gute Partie verringerte, war verpönt. »Männer mögen sich zu solchen Frauen hingezogen fühlen, aber sie heiraten sie nicht«, pflegte sie zu sagen.

Es lag aber auf der Hand, daß Frau Jackson ihr eigenes Leben traurig und enttäuschend fand, obgleich sie doch so emsig jene Laufbahn eingeschlagen hatte, die eine Frau nach ihrer Ansicht am meisten adelte. Als ich sie auf diese Diskrepanz hinwies, traten ihr Tränen in die Augen, und sie bekannte, daß ihr wirklich ein unglückliches, undankbares Geschick zuteil geworden war. Sie fühlte sich von ihrem Mann und ihren Kindern vernachlässigt und nicht anerkannt. Alle zeigten auf verschiedene Weise eine sonderbare Abneigung gegen das Heim, das zu schaffen sie als ihre Lebensaufgabe angesehen hatte. Den schwersten Schlag versetzte ihr die Tochter mit ihrer Bemerkung, daß sie sich fürchte, in den Schulferien heimzukommen, weil das Haus so trostlos sei.

Nach der Unterhaltung mit ihrer Mutter war das Gespräch mit Mary wie eine frische Brise nach einer Flaute. »Natürlich möchte ich mich verlieben und heiraten«, sagte sie ganz ernsthaft, »aber nicht um der Sicherheit willen, nicht nur, um zeitlebens meine Rechnungen bezahlt zu bekommen. Die Frauen, die immer beteuern, wie gern sie einem Mann ein gemütliches Heim bereiten möchten, suchen doch oft nur einen sicheren Hafen für sich selbst. Deshalb gefallen mir die Tunichtgute von Männern, glaube ich – weil ich kein Schmarotzer sein will. Mutter bemitleidet sich, weil sie glaubt, wir Kinder seien nicht dankbar, daß sie uns geboren hat. Sie glaubt, sie hat ihr Leben geopfert, um eine gute Frau zu sein, und *ich* glaube, das ist Heuchelei. Wenn ich jemals ein Kind habe, werde ich dem Mann dankbar sein, der das möglich macht, und ich werde versuchen, die Mutterschaft nicht als Alibi zu benutzen.«

Wenn man verstehen will, weshalb Frau Jackson sich vom Leben so betrogen fühlte, obwohl sie doch eine ungewöhnlich gute Gelegenheit gehabt hatte, ihre elementaren weiblichen Bedürfnisse zu erfüllen, muß man hinter dem, was sich bei ihr als weibliche Neigungen und weibliche Sorgen tarnt, ihre Grundvorstellung von Weiblichkeit zu entdecken suchen. Sie läuft darauf hinaus, daß Frauen das verwundete Geschlecht sind. Da sie mit einem schweren Handikap auf die Welt kommen und keine andere Wahl haben, als ihr Geschick zu akzeptieren, bleibt ihnen nichts anderes übrig, als aus ihrer Hilflosigkeit Kapital zu schlagen. Wie der Mann in dem biblischen Gleichnis, der sein einziges Pfund vergrub, weil er meinte, daß *nichts* von ihm erwartet werden dürfte, nutzen solche Frauen die Vorrechte ihres Geschlechts aus, weigern sich aber, die ihnen zukommende Verantwortung zu übernehmen. Da einem im Leben nichts geschenkt wird, leidet eine Frau, die vor dem gefeit sein will, was sie für eine Männerwelt hält, tatsächlich unter übermäßigem Haß und einem Mangel an Liebe. Dies wiederum verstärkt ihren ursprünglichen Eindruck, daß das Leben den Frauen gegenüber feindselig und ungerecht ist. So klammert sie sich um so fester an die Vorrechte der Weiblichkeit, während sie von deren tatsächlicher Bedeutung nichts wissen will.

Frau Brown verkörperte wiederum einen anderen Typ. Sie war weder eine Amazone wie Frau Jackson noch eine Märtyrerin wie Frau Jones. Sie erklärte jedermann, daß sie es »liebe«, eine Frau, eine Gattin und Mutter zu sein; daß sie es »liebe«, den Haushalt zu führen und Kinder zu haben – oder vielmehr, daß sie es *lieben würde*, wenn ihr Nebenhöhlenleiden und ihr Asthma es nicht verhinderten. Wegen dieser Beschwerden hatte sie alle Ärzte in ihrer Heimatstadt und Spezialisten in größeren Städten konsultiert. Sie berichtete, daß sie nichts für sie tun konnten, ihr aber empfohlen hatten, jeden Sommer zu verreisen. Das schien ihr zu helfen, »wenn es auch eine Menge Geld kostete«. Sie tat es auch nicht gern, weil sie ihr Haus, ihren Mann und ihre Kinder so sehr liebte und es »einfach haßte«, von ihnen getrennt zu sein.

Der Leser soll nicht glauben, daß ich mich über Frau Brown lustig mache. Sie war sich der Bedeutung dieser Leiden völlig unbewußt, wie übrigens die meisten ihrer Ärzte auch. Sie war darin bestärkt worden, daß es sich um einen Schicksalsschlag handelte und nur dieser ihrem Glück im Wege stand. Es ist sehr schwer, Menschen wie Frau Brown zu der Erkenntnis zu bewegen, daß Krankheit der Preis für ihren unbewußten Groll auf eben jene Dinge ist, die sie zu lieben behaupten. Für Ärzte ist es viel leichter, den Theorien, die eine solche Patientin entwickelt, zuzustimmen, ihr Tabletten zu verordnen, eine Operation durchzuführen oder eine Reise zu empfehlen, statt zu versuchen, sie mit der Wahrheit vertraut zu machen. Höchstwahrscheinlich würde dieser Versuch sie so in Wut versetzen, daß sie schnurstracks einen anderen Arzt aufsucht und sich bei ihm über die Dummheit und Herzlosigkeit des Kollegen beklagt. Währenddessen wird die Weiblichkeit dieser Frauen ihrer Hypochondrie geopfert.

Der Leser sollte auch nicht annehmen, daß die Schlußfolgerungen über Frau Jones, Frau Jackson und Frau Brown lediglich auf den knappen Indizienbeweisen beruhten, die ich hier aufgeführt habe. Ich habe viele Stunden mit ihnen verbracht, bevor ich sicher sein konnte – nicht so sehr hinsichtlich der Tatsache, daß sie ihre Frauenrolle ablehnten, sondern hinsichtlich der besonderen Gründe dafür und der Entstehung dieser Aversion im einzelnen. Und obwohl keine der drei Frauen in der Sprechstunde verkündete, daß sie ihre Frauenrolle verabscheue, Männer beneide oder ein Mann zu sein wünsche, waren diese Gefühle bei allen vorhanden und ausgeprägter als die offener zutage liegende Ablehnung eines reiferen Erwachsenenverhaltens.

Zuweilen ist die Ablehnung der Weiblichkeit ganz bewußt und wird offen bekannt. Manche Frauen erklären ebenso freimütig wie manche kleinen Mädchen, daß sie Männliches bevorzugen; sie betrachten andere Frauen mit Verachtung und verabscheuen ihr eigenes Frausein. Oft sprechen, kleiden und benehmen sie sich so männlich wie möglich. Andere wiederum sind in ihrer äußeren Erscheinung und ihrem Verhalten sehr weiblich und hassen ihr Geschlecht nur insgeheim oder gar unbewußt. Ich erinnere mich an eine ziemlich prominente Frau, deren Ablehnung der Weiblichkeit deshalb besonders auffiel, weil sie so hübsch, so graziös, so offensichtlich fraulich wirkte. Hier ihre Geschichte:

Ihre Mutter war eine sehr schöne Frau gewesen. Sie hatte sich auch sehr geschickt den hohen Anforderungen einer exklusiven Gesellschaftsschicht angepaßt, und in dieser Atmosphäre wuchs die Patientin auf. Der Vater hingegen war eine Art Enfant terrible, dabei aber so liebenswert und gebildet, daß seine Taktlosigkeiten und Bilderstürmereien von seiner Frau und seinem gesellschaftlichen Umfeld übersehen wurden. Doch der Gegensatz zwischen der konformistischen Mutter und dem nichtkonformistischen Vater war sehr auffallend. Während ihrer ganzen Kindheit war die Tochter äußerst befangen, beharrte darauf, häßlich zu sein, während sie in Wirklichkeit genauso schön war wie ihre Mutter, wenn nicht schöner. Die Mutter erzählte mir, daß sie oft über die Art und Weise in Verlegenheit geriet, wie Bekannte und Fremde auf die Schönheit des Töchterchens lautstark reagierten. Wie sollen wir den Wunsch des kleinen Mädchens deuten, seine Schönheit zu verleugnen, wie die Tatsache, daß es offenbar nicht daran glaubte? Man könnte vermuten, daß sie sich als vermeintliche Rivalin der eigenen Mutter vielleicht schuldig fühlte oder ihrer Mutter gegenüber Gefühle hegte wie viele junge Söhne gegenüber außergewöhnlich erfolgreichen Vätern: »Die Ungleichheit ist zu groß. Damit kann ich niemals konkurrieren.« Ich glaube indessen, daß sie die Schönheit hauptsächlich deshalb verleugnete, weil sie ein weibliches Merkmal ist.

Bis zu ihrem achtzehnten Lebensjahr folgte das Mädchen getreulich den Fußstapfen seiner Mutter – in jeder Beziehung ein braves, ordentliches Kind und eine entsprechende Debütantin. Dann explodierte sie plötzlich. Sie mißachtete die Methoden und Wünsche ihrer Mutter und eignete sich die Ansichten und Manieren ihres Vaters an. Sie wurde rebellisch, liederlich und taktlos, und bald geriet sie in allerlei Schwierigkeiten. Sie unternahm gelegentliche Sauftouren wie ein Mann; sexuell war sie in einer beiläufigen Weise promiskuös wie manche Männer; sie trug am liebsten Männerkleidung. Körperlich war sie sehr mutig; ich könnte eine große Zahl erstaunlicher Unternehmungen voll Kraft und Wagemut aufzählen, die sie vollbrachte. Sie heiratete, zeigte aber keinerlei Interesse an ihren Kindern und sehr wenig an ihrem Mann. Sexuell war sie vollkommen frigid.

Weshalb verleugnete dieses Mädchen plötzlich seine Weiblichkeit, die Identifizierung mit der Mutter, die ihr bis dahin so gut gelungen war? Ich habe bereits erwähnt, daß sie sich früh als Rivalin der Mutter empfand, die ihr so überlegen schien. Wenn sich ein kleines Mädchen von der Mutter als Rivalin weit übertroffen fühlt, liegt die Lösung nahe, daß es sich dem Vater als Identifizierungsideal zuwendet. Die Mutter dieses Mädchens fühlte sich ihrem Mann überlegen und zeigte das. Es war daher für die Tochter, deren Versuche, mit der Mutter zu wetteifern, scheiterten, sehr leicht, zur Nachahmerin des Vaters zu werden.

Doch es gibt noch einen anderen Grund. Ein Mädchen kapituliert nicht so leicht und so plötzlich, wenn nicht eine weitere Provokation hinzukommt. Dieses Mädchen hatte einen vier Jahre jüngeren Bruder. In der frühen Kindheit hatte sich der Vater wenig für ihn interessiert, da die Tochter sein ausgesprochener Liebling war. Doch als der Sohn die Adoleszenz erreichte und sich in einer Richtung entfaltete, in die viele Ambitionen des Vaters gingen, übertrug er plötzlich sein Hauptinteresse von der Tochter auf den Sohn. Es war, als würde der Tochter plötzlich zu verstehen gegeben, daß all ihre Bemühungen, eine charmante Frau wie ihre Mutter zu sein, nicht ausreichten, ihr die Zuneigung des Vaters zu erhalten. Ihre plötzliche Flucht aus der Weiblichkeit war zum Teil unmittelbar auf dieses Gefühl des Verlassenwerdens zurückzuführen. Es war, als wollte sie sagen: »Es hat doch keinen Zweck zu versuchen, eine Frau zu sein – du hast nichts davon. Ich sollte lieber die Rolle eines Mannes spielen.«

Diese bewußte Ablehnung der Weiblichkeit und das bewußte Streben nach Männlichkeit kann sich in der Kleidung, den Einstellungen, dem Verhalten und der Sprache ausdrücken. Merkwürdig ist allerdings, daß solche Regungen, wenn sie psychologisch verdrängt, wenn sie weder in Worten und Taten zum Ausdruck kommen noch erkannt und bekämpft werden können, Einfluß auf die physischen und physiologischen Vorgänge gewinnen und Veränderungen herbeiführen, die man sehen und auf andere Weise wahrnehmen kann. Das vegetative Nervensystem reguliert die Tätigkeit der Drüsen und der glatten Muskulatur und reagiert ständig körperlich auf unsere Stimmungen, Wünsche, Ängste und Haßgefühle. Herz- und Atembeschwerden, Schweißausbrüche und andere wohlbekannte, somatisch zum Ausdruck kommende Empfindungen gehen mit weitgestreuten Kreislauf- und endokrinen Veränderungen einher. Dies sind zunächst sogenannte funktionelle Reaktionen, doch im Lauf der Zeit kann nahezu jede Struktur durch Anpassung modifiziert werden.

Dies bedeutet, daß die Frau bis zu einem gewissen Grade durch ihren Körper und körperliche Vorgänge ausdrücken kann, was sie nicht auszusprechen oder durch ihr Verhalten zu sagen vermag – sogar, daß sie ihre Weiblichkeit ablegen und ein Mann werden möchte. Daß dies zutrifft, läßt sich theoretisch und empirisch nachweisen. Die Theorie habe ich in meinem Buch *Selbstzerstörung* ausführlich dargelegt und will sie deshalb hier nicht wiederholen. Doch soll ein klinischer Beweis angeführt werden. Betrachten wir den extremen Fall jener Frauen, die als offene Homosexuelle in Erscheinung treten. Diese Frauen zeigen selten ein auffallend männliches Verhalten oder männliche Einstellungen, doch ergibt die körperliche Untersuchung in der Mehrzahl der Fälle festes Muskel- und Fettgewebe, starken Haarwuchs im Gesicht, auf Brust, Rücken und Beinen, eine kleine Gebärmutter, ein verengtes Becken, unterentwickelte Brüste, tiefe Stimme und entweder unter- oder überentwickelte äußere Genitalien.[1]

2

Lassen wir nun jene Frauen beiseite, deren Ablehnung ihrer Weiblichkeit in Gestalt offener Homosexualität zutage tritt, und wenden wir uns wieder einigen »normalen« Frauen zu – Frauen, die zumindest in ihrem Verhalten normal sind. Wer kennt nicht die reizlose Ekkigkeit, die gewissen »alten Jungfern« eigen ist – die dünne, flachbrüstige, schmalhüftige neurotische Frau? Die Wissenschaft hat sich kaum bemüht, diese maskuline Körperbildung, das Fehlen weiblicher Rundungen und körperlicher Schönheit zu dem in tiefen Schichten wurzelnden Neid auf den Mann in Beziehung zu setzen, über den wir gesprochen haben, doch die volkstümliche Literatur und Meinung sind da weniger verschwiegen.* Manche würden prompt erklären, diese Frauen seien nicht verheiratet, weil sie nicht attraktiv sind. Man könnte aber ebensogut sagen, sie seien nicht attraktiv, weil sie unverheiratet sind. Jedermann weiß doch, wie sehr Ehe und Schwangerschaft das Aussehen vieler Frauen verbessern können.

---

* Vgl. Gregory Nicolai, »Psychoanalysis and Beauty«, *You*, Dezember 1941–Januar 1942, S. 13 ff.

Gefühlsregungen spiegeln sich in Gesten, Einstellungen, im Gang, im Sinnen und Trachten, und sicherlich wird dadurch bis zu einem gewissen Grade die Entwicklung der Muskulatur und der Fettablagerungen bestimmt. Jeder Psychiater hat in seiner Praxis an vielen Beispielen gesehen, wie das Leben von Patientinnen durch das Bemühen gekennzeichnet war, allen jenen Dingen soweit wie möglich aus dem Wege zu gehen, die für die Frauen in der Familie charakteristisch waren, und soweit wie möglich alle Merkmale der männlichen Familienmitglieder nachzuahmen. Ich habe wiederholt bei Patientinnen »männliche« Beine, Schenkel und Hüften gesehen, die erkennen ließen, daß sie seit ihrer Kindheit bewußt oder unbewußt den Gang des Vaters, die Sportlichkeit des Bruders usw. imitiert hatten.

Was die Spiegelung des Wunsches, der Weiblichkeit zugunsten der Männlichkeit zu entsagen, im Gesicht angeht, so ist wohlbekannt, daß neurotische Frauen häufiger harte, gespannte Gesichter mit einem verdrossenen, bitteren, schmerzlichen Ausdruck haben. Wir können nicht sagen, solche Frauen versuchten auf diese Weise, mehr wie Männer auszusehen, aber es ist bedeutungsvoll, daß es bei einigen von ihnen tatsächlich zu einer Veränderung des Gesichtsausdrucks kommt, nachdem sie eine psychoanalytische Behandlung durchgemacht haben, in deren Verlauf sie ihre männlichen Ambitionen aufgaben. Dies wurde zu meiner Befriedigung in mehreren Fällen durch objektive Urteile bestätigt. Ich entsinne mich insbesondere einer unverheirateten Frau von fünfunddreißig Jahren, die während ihrer Analyse fast zwei Jahre von zu Hause fortblieb. Die Veränderung ihres Gesichtsausdrucks war so auffallend, daß sich meine Büroangestellten nicht genug darüber wundern konnten – und auf deren Urteil kann ich mich in solchen Dingen verlassen. Als diese Frau nach Hause zurückkehrte, wurde sie von vielen langjährigen Freunden nicht erkannt. In einem anderen Fall veränderte sich der Gesichtsausdruck eines Mädchens, das ganz unattraktiv gewesen war, im Laufe der Analyse so sehr, daß ein Porträtmaler sie zu seinem bevorzugten Modell machte. Als weiteren Beweis führe ich an, daß sie auf Männer anziehend zu wirken begann und innerhalb eines Jahres verheiratet war.

Ich weiß nicht, weshalb sich Psychoanalytiker entschuldigen sollten, wenn sie es als wissenschaftliche Tatsache bezeichnen, daß manche Patientinnen durch die Behandlung hübscher werden. Schönheitschirurgen und Dermatologen haben solche Hemmungen sicher nicht. Natürlich sollten wir nicht verkennen, inwieweit das Resultat durch äußerliche Maßnahmen, durch ein großes Interesse, weiblich auszusehen, durch eine geschicktere Anwendung von Kosmetika beeinflußt wird. Dennoch wird niemand bestreiten, daß die Gesichtsmuskeln Gefühle ausdrücken, also auch Spannung und Verlangen, und die Annahme hat nichts Unlogisches, daß eine Frau, wenn sie unbewußt wie ein Mann aussehen will, dies bis zu einem gewissen Grade auf Kosten ihrer weiblichen Schönheit tut.

Dr. John Rickman[2], London, schildert folgendes Erlebnis:

»Eine tief deprimierte Patientin kam zur Analyse. Sie war schwarz gekleidet und trug um den Hals einen langen scharlachroten Seidenschal; ihr Gesicht verdeckte ein großer schwarzer Hut. Sie trug schwarze Glacéhandschuhe, aber ihre Finger, die sie ständig mit eckigen Bewegungen verschränkte, schienen für diese Handschuhe zu klein, so daß das dünne Leder dabei zerknitterte und sich vorschob, als wäre es die lockere, schuppige Außenhaut einer Vogelklaue. Ihr Gesicht zeigte eine fahle Leichenfarbe. Sie verzog den Mund in einer Weise, daß er fast deformiert wirkte; er war gewöhnlich eingezogen, öffnete sich aber und schloß sich langsam, wenn sie mit der Spitze ihrer schwarzen Glacéklaue die Unterlippe herunterzog. Sie runzelte die Stirn und starrte mit gespannter Aufmerksamkeit ins Nichts. Während der ganzen Zeit stieß sie leise Seufzer aus und murmelte: ›Oh, oh, oh!‹ Im Verlauf einer der Sitzungen wurde eine alltägliche Deutung gegeben; urplötzlich verwandelte sie sich in einen neuen Menschen. Die eckigen Bewegungen ihrer Finger wichen einem sanften Streicheln ihres Körpers; die Klaue verwandelte sich in eine weiche, liebkosende Hand, die verkrampften Schultern entspannten sich, die Stirn glättete sich, die Augen glänzten, die eingefallenen Wangen füllten sich, ihr ganzer Ausdruck war strahlend. Der Gedanke ging mir durch den Kopf: ›Mein Gott, sie ist ja schön!‹

Bei näherer Betrachtung stellte sich heraus: Wenn man sie in ihrem Ruhezustand sah (ich spreche nicht vom Ausdruck bei der Melancholie), ja, auch dann, wenn sie lächelte, was sehr

charmant war, konnte man sie vielleicht doch nur mit Über-
treibung schön nennen. Zunächst glaubte ich, daß ich durch
das Mitverfolgen ihrer raschen Wiederbelebung, wobei möglicherweise meine Anspannung nachließ, in meiner Beur-
teilung übers Ziel hinausgeschossen war. Doch dem kann
eine andere, weniger psychomechanische Erklärung hinzugefügt werden. Für einen Augenblick hatten meine Worte –
so betrachtete ich damals die Episode, oder so spielte meine
unbewußte Phantasie – diesen lebenden Leichnam zum Leben
erweckt. Es war ein Wunder, und die Bezeichnung ›schön‹
wurde verwendet, weil uns das Leben so erscheint, wenn wir den
Tod erwarten – das denken wir, wenn wir Zeichen des Triumphs
über den Tod wahrnehmen.«

Weibliche Schönheit und weibliche Beliebtheit sind eng miteinander verwandt. Viele Jahre hindurch hat mich das Problem des
einsamen Mädchens beschäftigt, das bewußt männliche Gesellschaft, einen Liebhaber oder einen Ehemann wünscht, Männer
aber nicht anzuziehen scheint. Die Psychologie dieser Frauen wird
ihnen täglich von Redakteuren erklärt, die in Zeitungen Ratschläge erteilen, sowie in Zeitschriften, die sich der Kultivierung der
Persönlichkeit und des weiblichen Charmes widmen. Auch Psychiater und Psychoanalytiker haben das Problem untersucht. Ich
beabsichtige nicht, eine endgültige Antwort zu geben, doch möchte
ich eine Deutung anbieten, die mit den im vorliegenden Buch vor-
getragenen Ideen in Einklang steht.
Ich habe bemerkt, daß die unbeliebten Mädchen oft entweder
auffallend hübsch oder das genaue Gegenteil davon sind. Sie können Männern gegenüber sehr forsch auftreten oder übermäßig
schüchtern sein, doch das Ergebnis ist dasselbe: Männer meiden
sie. Die psychoanalytische Exploration einiger dieser Frauen – sowohl der sehr häßlichen als auch der sehr schönen – ergibt regelmäßig, daß sie sich selbst nicht für liebenswert halten und sich
darin durch ihre Erfahrung bestätigt sehen.
Wenn man die Gründe für die Überzeugung, nicht liebenswert
zu sein, näher betrachtet, stellt man fest, daß sie häufig auf folgenden drei Punkten beruht: Erstens nehmen diese Frauen ihrer Weiblichkeit gegenüber unbewußt immer eine geringschätzige Haltung

ein.* Auf Grund von Vergleichen zwischen der eigenen Person und ihren Brüdern oder anderen männlichen Wesen in der Kindheit halten sie sich für verwundet. Ihre Geschlechtsorgane betrachten sie mit Verachtung und einem Gefühl der Herabsetzung: Für sie ist die Vagina nur eine Öffnung, die – wie das Rektum – der Ausscheidung dient. Dieses Gefühl ist mit der Vorstellung verbunden, daß sie im Genitalbereich verletzt worden sind, daß ihr Geschlechtsorgan ursprünglich so beschaffen war wie das ihrer Brüder und daß es ihnen vermutlich genommen wurde, um sie für ihre kindliche Sexualität zu bestrafen.

Zweitens ist die Folge des Gefühls, »kastriert«** worden zu sein, nicht nur Selbstentwertung, sondern auch Neid und Raublust gegenüber allem Männlichen. Aus diesem Grunde werden solche Frauen (in der psychoanalytischen Literatur) *kastrierend* genannt, doch ist mit dieser Charakterisierung keine besondere Aktivität gemeint, sondern eine Einstellung. Diese Einstellung trägt zur Entwicklung von Angst vor Männern bei. Andererseits bestärkt sie diese Frauen in dem Gefühl, nicht liebenswert zu sein. Denn sicherlich denkt so ein Mädchen in vager, unausgesprochener Weise: Wenn ein Mann wüßte, welche grollenden, räuberischen Gefühle ich ihm gegenüber hege, würde er sich mir nicht nähern. Doch gerade weil sie so fühlt, hat sie oft ein starkes Bedürfnis, dies zu widerlegen oder durch äußere Umstände widerlegen zu lassen. Sie wird sich Männern deshalb in einer Weise nähern, der diese eine unbewußte Warnung entnehmen: überschwenglich, übermäßig schüchtern, übereifrig, besitzergreifend, drohend, anspruchsvoll usw.

Der dritte Grund, weshalb sich diese Frauen nicht liebenswert

---

* Die allgemeine Neigung, die Weiblichkeit geringzuschätzen, ist bei Männern und Frauen gleichermaßen verbreitet und hängt mit der Enttäuschung über die ursprünglichen Vorstellungen des Kindes von der Allmacht der Mutter zusammen. Sie hat aber andere Wurzeln. Eine Analyse dieser wenig erforschten Kindheitsphase wurde von Ruth Mack Brunswick in Zusammenarbeit mit Sigmund Freud vorgenommen (siehe Anmerkung 5 im 3. Kapitel).
** Ein technischer Terminus, den Psychiater eingeführt haben, um das Gefühl der genitalen Verletzung und Minderwertigkeit zu beschreiben, und der *nicht* mit der chirurgischen Bedeutung gleichzusetzen ist.

finden, hat nichts mit den infantileren genitalen Gefühlen zu tun, sondern mit dem Konflikt mit der Mutter in bezug auf den Vater – der alten ödipalen Dreiecksbeziehung. Die merkwürdige Lösung, zu der diese Frauen gelangen, besteht in der Annahme, daß die Rivalität mit Männern und die teilweise Übernahme der männlichen Rolle weniger gefährlich seien als die Rivalität mit Frauen. Deshalb fallen Frauen mit starken, dynamischen Müttern häufig in diese Kategorie.

Die Quintessenz von allem, was ich hier ausgeführt habe, ist: Diese Frauen sind so fest davon überzeugt, nicht liebenswert zu sein, daß sie sich vollkommen damit abfinden. Man könnte fast sagen: Sie versuchen zu beweisen, daß es so ist. Es erübrigt sich zu betonen, daß sie das am häufigsten durch ihr Verhalten zum Ausdruck bringen. Diesem Aspekt gelten dann auch die Beschwörungen der Lebensberater in den Frauenzeitschriften. Ich glaube aber, daß diese unbewußte Einstellung, die beim Mädchen bereits frühzeitig beginnt, sich auch in seinem Körperbau ausdrückt. Ein psychologischer Test, den David Rapaport kürzlich eingeführt und nach seinem Erfinder Szondi Test[3] genannt hat, gründet Schlußfolgerungen über die Persönlichkeit des Probanden auf dessen Auswahl aus einem Satz von Fotografien einiger sehr grausamer Charaktere, einiger Homosexueller, einiger Depressiver usw. Der Durchschnittsmensch wird mit Vorliebe Bilder auswählen, deren Originale – obwohl er das nicht weiß – Eigenschaften aufweisen, die den seinen ganz unähnlich sind. Mit anderen Worten, er wird vermeiden, Bilder auszuwählen, auf denen Neigungen zum Ausdruck kommen, die an ihm selbst deutlich wahrzunehmen sind. Menschen, die zur Depression neigen, im Augenblick aber frei davon sind, vermeiden beispielsweise konsequent, Bilder von Depressiven in dem standardisierten Set auszuwählen, ohne daß sie das geringste über die dargestellte Person wissen.

Dieser Test, der komplizierter ist, als es nach dieser Beschreibung scheint, hat sich als außerordentlich nützlich für die Aufdeckung latenter Persönlichkeitsmerkmale bei der psychiatrischen Diagnose erwiesen, und seine theoretische Bedeutung für die gegenwärtige Diskussion liegt auf der Hand. Er scheint zu beweisen, daß Geheimnisse nicht nur unabsichtlich im flüchtigen Mienenspiel zutage treten, sondern auch von anderen in bleibenden physiognomischen Merkmalen unbewußt wahrgenommen werden können. Es ist demnach nicht nur möglich, sondern sogar wahrscheinlich, daß Frauen, die sich für nicht liebenswert halten, diese Tatsache in irgendeiner bleibenden oder quasi bleibenden Weise anzeigen und so dazu beitragen, daß ihre Phantasie zur objektiven Wirklichkeit wird. (Ich will hier nicht näher darauf eingehen, daß sich dies möglicherweise auch im Körperbau zeigt, obwohl die Neigung dieser Frauen, nichts dagegen zu tun, daß sie dick werden, sicherlich ein Beispiel dafür ist.)

Das könnte dazu beitragen, Häßlichkeit bis zu einem gewissen Grade zu erklären, erhellt aber nicht die Psychologie der besonders attraktiven Frauen, die unter denselben unbewußten Empfindungen leiden wie die häßlichen. Ich glaube, daß die Erklärung hier etwas anders, wenngleich ähnlich lautet. Wie ich bereits sagte, sehnt sich das unattraktive Mädchen danach, von Männern beachtet zu werden, wird aber von ihnen völlig übersehen. Sie wird dies wahrscheinlich dem Umstand zuschreiben, daß sie nicht hübsch sei. »Die Männer scharen sich um ein hübsches Mädchen wie Rüden um eine läufige Hündin«, bemerkte eines Tages eine meiner Patientinnen mit bitterem Neid. Diese Äußerung öffnete mir plötzlich die Augen dafür, welche Bedeutung die besondere Entfaltung von Schönheit bei manchen Mädchen hat, die nach psychiatrischer Erkenntnis sexuell frigid sind. Es ist fast so, als könnten sie durch ihre Schönheit dasselbe erreichen, was niedere Tiere durch gewisse Gerüche bewirken: Sie benutzen Schönheit als Lockmittel. Ein Lockmittel wird aber nur gebraucht, wenn Gefahren überwunden werden müssen, und die Notwendigkeit, ein so starkes Lockmittel wie außerordentliche Schönheit zu verwenden, deutet offenbar darauf hin, daß zwischen einer solchen Frau und einer besonders häßlichen nur ein sehr geringer Unterschied besteht; im Innern sind beide gleich. Beide sind, und zwar aus denselben Gründen, fest davon überzeugt, nicht liebenswert zu sein. Doch das Mädchen, das wir häßlich nennen, hat sich damit abgefunden und seine Häßlichkeit ausgenutzt, wenn es sie nicht tatsächlich geschaffen hat; das schöne Mädchen hat sich noch nicht völlig damit abgefunden, nicht liebenswert zu sein, sondern fühlt sich zu einer besonderen Anstrengung bewogen, um seine Überzeugung widerlegt zu bekommen – einer Anstrengung, die auch gewisse unbewußte Modifizierungen des Aussehens seines Gesichts und Körpers einschließt. Daß es sich eher um ein Lockmittel als um echte Attraktivität handelt, wird durch die bereits erwähnte Tatsache bestätigt, daß diese Frauen sehr oft frigid sind und auf vielerlei Art eine tiefe Feindseligkeit gegenüber einem bestimmten Mann unter den vielen bekunden, die anzulocken ihnen Vergnügen bereitet.

Wir sollten logischerweise erwarten, daß die signifikantesten Funktions- oder Strukturveränderungen, die mit der Ablehnung der Weiblichkeit zusammenhängen, die Fortpflanzungsorgane betreffen. Frigidität und Vaginismus stellen physiologische Ablehnungen der weiblichen Rolle beim Geschlechtsverkehr dar und können nicht über einen längeren Zeitraum aufrechterhalten werden, ohne daß entsprechende strukturelle Veränderungen eintreten, wie etwa (zumindest) eine Verkümmerung ungenutzter Gewebe und Drüsen. Die Unfruchtbarkeit läßt sich in gewisser Weise mit der Frigidität vergleichen: Sie repräsentiert das Versagen normalen biologischen Funktionierens. Daß sie bei Kulturvölkern sehr viel häufiger auftritt als bei Naturvölkern und sehr viel häufiger bei Menschen als bei Tieren, hätte längst zu der Annahme führen können, daß das unserer Zivilisation eigene Denken einen Prozeß beeinflußt, von dem im allgemeinen vermutet wird, er sei psychologischer Kontrolle entzogen. Ob unfruchtbare Frauen eher frigid sind als fruchtbare, ist schwer zu beweisen, da die tatsächliche Häufigkeit der Unfruchtbarkeit unbekannt ist. Nach meiner klinischen Erfahrung habe ich jedoch den Eindruck, daß Unfruchtbarkeit oft mit Frigidität verbunden ist. Ich erinnere mich an eine Patientin, die nahezu jede in diesem Kapitel aufgestellte These bestätigte: Sie war vollkommen frigid, litt an Dysmenorrhoe, war unfruchtbar, verabscheute ihre sämtlichen weiblichen Aktivitäten und Verpflichtungen und ließ sich erst die eine, dann die andere Brust unter dem Vorwand amputieren, daß sie Brustkrebs bekommen könnte.

Daß das Gefühlsleben zum Phänomen der unfreiwilligen Kinderlosigkeit (Unfruchtbarkeit) in Beziehung steht, wird durch Berichte über mehrere Fälle demonstriert, wo es durch die Neugestaltung des Seelenlebens einer Frau (zum Beispiel durch eine Psychoanalyse) zehn, fünfzehn und zwanzig Jahre nach der Heirat zur Schwangerschaft kam. Ich selbst kenne zwei derartige Fälle. Außerdem folgt eine Schwangerschaft häufig auf die Adoption eines Kindes.[4] Wie man es auch erklären mag – und wir gestehen unsere weitgehende Unwissenheit hinsichtlich dieses Themas offen ein –, vieles weist zur Zeit darauf hin, daß Unfruchtbarkeit nicht als ein hoffnungsloser oder nur von besonderen physischen und chemischen Einflüssen abhängiger Zustand angesehen werden muß. Die Tatsache, daß viele unfruchtbare Frauen bewußt sehr gern ein Kind haben möchten und über ihre Verfassung sehr enttäuscht sind, steht nicht im Widerspruch zu der These, daß zumindest einige von ihnen *unbewußt* das Gegenteil wünschen. Wir sollten hinzufügen, daß dieser Wunsch neben der Ablehnung der Weiblichkeit, von der ich gesprochen habe, auch andere Ursachen haben kann. Wahrscheinlich beruht er häufiger auf einer schrecklichen, unerkannten Furcht. Viele Frauen haben bewußt Angst vor einer Schwangerschaft, doch führt das nicht unbedingt zur Unfruchtbarkeit.

Worauf es auch beruhen mag, eine unbewußte Aversion gegen das Schwangerwerden, die nicht ausreicht, eine Unfruchtbarkeit herbeizuführen, kann sich darin zeigen, daß Schwangerschaft und Entbindung schwierig und schmerzhaft verlaufen. Aus meiner klinischen Erfahrung kann ich sagen, daß bei manchen Frauen der Grad des Mißbefindens sowohl in der Schwangerschaft als auch bei der Entbindung in direktem Verhältnis zu dem Ressentiment steht, das sie empfinden, weil sie diesen Teil ihrer Frauenrolle durchleben müssen. Das exzessive Schwangerschaftserbrechen (Hyperemesis) wird von vielen Geburtshelfern als physiologischer Ausdruck des Protests und der Ablehnung angesehen. Ich glaube, daß sich derselbe Protest vor und während der Entbindung durch übergroße Schmerzen äußern kann.

Sicherlich hängen viele der Schmerzen, die von der nichtschwangeren Gebärmutter angeblich ausgehen, definitiv mit unbewußten psychologischen Konflikten zusammen – oft mit genau denselben Konflikten, die ich hier erörtert habe. Allein die Tatsache, daß die Menstruation von so vielen Frauen als »Fluch« oder eine Art Krankheit empfunden wird, deutet darauf hin, wie sehr sie diese Manifestation ihrer Weiblichkeit mit Groll erfüllt. Schmerz ist nur eine andere Äußerung des Protestes – eine Äußerung, die einer tieferen Verdrängung entstammt und daher in einer engeren

Verbindung mit dem vegetativen Nervensystem steht, durch dieses mit den an der Menstruation beteiligten Muskeln und Drüsen und durch diese wiederum mit den Nerven, welche die gestörte physiologische Aktivität als Schmerz registrieren. Jede Frau weiß, daß das, was man ihre Gemütsverfassung nennen könnte, nicht nur die Art und den Verlauf der Menstruation, sondern sogar den Zeitpunkt ihres Eintretens bestimmt. Ich habe viele Fälle gesehen, wo sich dieser Zeitpunkt um volle zwei Wochen verschob, offenbar um ein unbewußtes (niemals ein bewußtes) Ziel zu erreichen.

All das ist vielen Laien und Ärzten wohlbekannt. Aber es gibt andere, die ihre Augen vor dem verschließen, was so offensichtlich ist. Sie wollen glauben, daß Schmerzen bei dem, was als schmerzloser physiologischer Prozeß ablaufen sollte, auf irgendeine strukturelle oder chemische Störung, eine Art unerklärlichen inneren Unfall, zurückzuführen sei.

Aber warum? Aus welchem Grunde beharrt man auf Vorstellungen von Frauenleiden, auf einem Mythos wie dem der schwimmenden Gebärmutter, auf der Theorie, daß alle Nervenkrankheiten durch Störungen oder Verlagerungen im Unterleib hervorgerufen werden? Ich glaube, wir müssen diese volkstümlichen Theorien als Hinweis betrachten, daß Ärzte und Laien unbewußt erkennen, daß mit den Genitalien vieler Frauen etwas nicht in Ordnung *ist* – funktional und strukturell nicht in Ordnung. Es ist eine »Unordnung« im Triebbereich, die von der Patientin auf anatomische und funktionale Prozesse zurückgeführt wird, die dann *wirklich* entgleisen. Die Bereitschaft, mit der sich manche Patientinnen einer schmerzhaften lokalen Behandlung unterziehen, ist ein bezeichnender Hinweis, daß sie unter dem Gefühl dieser »Unordnung« in den Geschlechtsorganen leiden.

Ob nun die unbewußte Herabsetzung der Weiblichkeit die geringfügigen Modifizierungen des Körperbaus und der Körperfunktionen in dem Maße beeinflußt, wie ich vermute, sie kommt jedenfalls in den Handlungen und Einstellungen im Leben der Menschen zum Ausdruck, ist zweifellos weit verbreitet und von tiefer Bedeutung für die moderne Zivilisation. Ich habe bereits einige Beispiele dafür genannt, möchte aber betonen, daß nicht jede Flucht vor der Weiblichkeit zu auffälliger Fehlanpassung führt. Es ist eine Frage des Grades und der Art. Die völlige Ablehnung der biologischen Rolle (wenn so etwas überhaupt möglich ist) würde ohne Zweifel mit psychischer Anormalität einhergehen, aber eine so vollständige Verleugnung des eigenen Wesens ist sehr selten. Eine Ablehnung, die im Verhalten zum Ausdruck kommt, ist oft vergleichsweise oberflächlich, d.h. sie bewegt sich auf einer bewußten Ebene und wird weitgehend durch das ausgelöst, was man oft die »Männerwelt« nennt. Einige Frauen (George Sand, Rosa Bonheur, Amy Lowell) haben vom Standpunkt ihres Geschlechts aus Erhebliches erreicht, indem sie sich gewisse männliche Vorrechte und Merkmale aneigneten. Es ist oft gesagt worden, daß die Kombination gewisser »männlicher« Eigenschaften, etwa sportliche Geschicklichkeit, Kameradschaftlichkeit, Großzügigkeit und körperlicher Mut, mit bestimmten sogenannten »weiblichen« Eigenschaften, etwa Zärtlichkeit, Einfühlungsvermögen und Treue, die ideale Frau hervorbringen könnte, eine Frau, die besser geeignet wäre, Gefährtin des Mannes zu sein. Andererseits haben einige unserer Beispiele gezeigt, daß der Frauenrolle und insbesondere der Möglichkeit, einen Mann zu schätzen und seine Liebe zu erwidern, mit großer Feindseligkeit, die hinter äußerst charmanten weiblichen Verhaltensweisen verborgen wird, begegnet werden kann.

Viele Frauen, die in ihrem Beruf aufgehen, führen ein erfolgreiches, sinnvolles Leben und weisen die Vermutung, sie würden damit auf ihre Erfüllung als Frau verzichten, entschieden zurück. Sie behaupten zu Recht, daß sie, wenn auch ohne Mann und Kinder, durchaus ein Frauenleben geführt haben, obgleich unter Aufopferung persönlicher Befriedigungen. Eine gewisse Auflehnung gegen weibliche Passivität und körperliche Handikaps, gegen soziale Benachteiligung, männliche Eifersucht und Herrschaftsansprüche gehört zur Entwicklung eines gesunden Mädchens und hat zu so positiven Ergebnissen geführt wie bequemerer Kleidung, größerer gesellschaftlicher Freiheit, Frauenwahlrecht, besseren Arbeitsbedingungen für Frauen usw. Frauen haben dazu aufgerufen, gegen Übel wie den Sklavenhandel, den Krieg, die Unmenschlichkeit des Menschen gegenüber dem Menschen zu kämpfen, wie das Wirken von Dorothea Dix, Florence Nightingale, Clara Barton, Emmeline Pankhurst und Jane Addams beweist. Und dieser Kampf kann nicht als pathologisch oder unweiblich abqualifiziert werden, obwohl seine Anführerinnen zweifellos von manchen Leuten so gesehen wurden, solange er andauerte.

3

Wir haben einige der unseligeren und unfruchtbareren Formen der Ablehnung der Weiblichkeit erörtert: Formen, die zu Unglücklichsein, Krankheit, Häßlichkeit, sexueller Fehlanpassung, Einsamkeit und einem allgemeinen Rückzug vom Leben führen. Durch diese Formen frustrieren Frauen sich selbst oder reagieren in selbstzerstörerischer Weise auf das, was sie für eine Ungerechtigkeit der Natur halten. Wir kommen nun endlich zu jenem Verhalten, durch das sich Frauen selbst am stärksten frustrieren: zu ihrer Aggressivität gegenüber den Männern. Denn keine Frau ist sich selbst genug – ungeachtet ihrer Phantasien und Vorbehalte gegenüber der Männlichkeit. Obgleich sie, wie wir gesagt haben, der Mittelpunkt des Universums ist, braucht sie den Mann. Mit ihren Racheakten gegen die Männer schadet sie sich letztlich selbst.

Welcher Art sind diese Aggressionen? Es ist eine alte Theorie, daß die Frauen die Macht besitzen, Männer zu ruinieren. Und in den Geschichten und Legenden, die diese Vorstellung unsterblich gemacht haben, geschah das in der Weise, daß der Mann den Folgen seiner Neigung zur Selbstzerstörung überlassen wurde. Die Frau erlaubt ihm oder ermutigt ihn sogar dazu, sich selbst zu vernichten. Eva überredete Adam, etwas zu tun, wovon er wußte, daß es sie das Paradies kosten würde. Dalilah entlockte Samson das Geheimnis, das seinen Untergang bedeutete. Die Stadt New York ließ 1922 im City Hall Park eine von Frederick W. MacMonnies geschaffene Plastik aufstellen, welche die Bezeichnung »Bürgertugend« trug und einen Mann darstellte, der sich siegreich über eine Anhäufung besiegter Versuchungen in Gestalt von Frauen erhob. »Es ist furchtbar zu behaupten«, schrieb eine prominente Frau, »daß der Mann die Tugend und die Frau das Laster symbolisiert.« Herr MacMonnies erwiderte: »Es wird doch nun einmal weitgehend akzeptiert, daß die Frau die stärkste Versuchung darstellt. Wäre es möglich, daß die Frauen wütend sind, weil irgendein Mann endlich die Kraft gefunden hat, der Versuchung zu widerstehen?«

Im Gegensatz dazu findet sich in der Legende, der Geschichte und im volkstümlichen Denken die Vorstellung, daß Frauen Männer *retten* können. Lysistratas Verhalten war dem der schönen Helena genau entgegengesetzt: Sie und ihre Frauen opponierten gegen das selbstzerstörerische Verhalten ihrer Männer. Florence Nightingale kämpfte gegen eine unglaubliche Opposition seitens der britischen Regierung und der britischen Armee an, als sie britische Soldaten vor einem sinnlosen Tod zu bewahren versuchte. Die ungezählten Millionen von Frauen, die ihren Männern stillschweigend mit ihrer Liebe, ihrem Trost und ihrer Fürsorge zur Seite stehen, bleiben anonym, doch nicht unbesungen. In Wagners Oper *Der fliegende Holländer* geht es darum, daß ein Mann eine Frau nicht um ihrer selbst willen liebt, sondern um seine Seele zu retten; im *Tannhäuser* siegt die gute Frau im Kampf um die Seele eines Mannes über die böse.

Diese altehrwürdigen, widersprüchlichen Vorstellungen implizieren, daß Frauen wählen können, ob sie den Männern erlauben wollen oder nicht, Opfer ihres eigenen Selbstzerstörungsverlangens zu werden. Dem liegt die Annahme zugrunde, daß Männer handeln können, während Frauen passiv bleiben, doch behält die Frau die Macht zu wählen. Sie kann wählen, ob sie den Selbstzerstörungsdrang des Mannes begünstigt oder seine geistige Entwicklung. Ferner wird ohne weiteres vorausgesetzt, daß Männer eher bereit sind als Frauen, ihren selbstzerstörerischen Trieben freien Lauf zu lassen.

Von jenen, die sich veranlaßt sehen, die psychologischen Unterschiede zwischen Männern und Frauen zu verkleinern, oder die darauf bestehen, daß es trotz anatomischer und biologischer Unterschiede psychologische Unterschiede nicht gebe, werden diese Sagen als Beispiel für die wohlbekannte Neigung bezeichnet, jemand anders für die eigenen Schwierigkeiten verantwortlich zu machen. Wenn man aber andererseits annimmt, daß die biologischen Unterschiede zwischen den Geschlechtern auch mit grundlegenden Unterschieden der seelischen Struktur zusammenhängen, ist man berechtigt, diese psychologischen Unterschiede zu untersuchen und Beweise für die Annahme zu berücksichtigen, daß Frauen die selbstzerstörerischen Neigungen der Männer verringern oder verstärken können. Denn wenn Frauen diese Fähigkeit haben, muß ihre Weigerung, sie konstruktiv einzusetzen, sicherlich als Aggression betrachtet werden, die auch für sie selbstzerstörerisch ist.

Es ist außerordentlich schwierig, mit Bestimmtheit zu erklären, welche psychologischen Eigenschaften der Frauen sich durchgehend von denen der Männer unterscheiden. Vom anatomischen Gesichtspunkt aus haben sie dieselben Knochen, dasselbe Blut, dieselbe Galle; vom psychologischen Standpunkt aus haben sie dieselben Triebe, dieselbe Intelligenz, dieselben Hemmungen. Selbst das, was wir als Männlichkeit und Weiblichkeit bezeichnen, ist trotz der volkstümlichen Meinung, es handle sich um ganz bestimmte Eigenschaften, nicht sehr genau zu definieren. Wir wissen, daß jeder Mann etwas Weibliches, jede Frau etwas Männliches in sich trägt. Es ist hier nicht der Ort, einen Überblick über die ausführlichen technischen Erörterungen des Gegenstands in der psychologischen und psychiatrischen Literatur zu geben, aber ein wenig Experimentieren wird diese Tatsache rasch bestätigen. Wir wollen uns einige Dinge vorstellen, von denen man sagen könnte, sie seien typisch weiblich, zum Beispiel die Vorliebe für schöne Kleidung, die Neigung zum Klatsch, Zuneigung zu Kindern, Freude am Kochen, und wir werden sofort erkennen, daß sie auch für viele durchaus männliche Männer typisch sind.

Sicherlich herrscht die Meinung vor, Frauen seien von Natur aus konservativer und mehr an Problemen der Liebe als an Streit und Kampf interessiert. Die rasche Schlußfolgerung daraus würde lauten, daß Männer den Zerstörungstrieb versinnbildlichen und Frauen den konstruktiven oder kreativen Trieb. »Frauen begannen mit der Arbeit in der Welt«, schreibt G. A. Studdert-Kennedy[5], »und seitdem haben sie die meiste Arbeit geleistet. Vater ging auf Raub aus, Mutter war schöpferisch. Vater lebte davon, daß er Leben vernichtete, Mutter verhalf zum Leben. Ackerbau, Hausbau, Bootsbau, Töpferei, Körbeflechten, Lederarbeiten, alle primitiven Künste und Handwerke wurden von Frauen begonnen und jahrhundertelang ausgeübt. (...) Frauen waren die Schöpfer. Männer waren die Schlächter. Dies ergab sich aus einem tiefgreifenden Unterschied zwischen der männlichen und der weiblichen Natur, der wahren Wurzel ihrer sämtlichen Unterschiede.«

Dieses Bild des starken, kriegerischen Mannes, der die liebende, kreative Frau beschützt, hat etwas Anziehendes und enthält zweifellos viel Wahres. Aber es weist viele Mängel auf, nicht zuletzt im sorglosen Umgang mit dem Begriff der Destruktivität. Ein wildes Tier zu töten, das die Hütte bedroht, Unkraut zu beseitigen, das den Garten veröden läßt, Weizen oder Kaffeebohnen zu mahlen, so daß sie als Nahrung dienen können – das alles sind destruktive Handlungen, aber destruktiv im Dienste der Schöpfung. Andererseits ist die Zubereitung eines ungenießbaren Mahles oder die Herstellung einer Bombe ein schöpferischer Akt, schöpferisch jedoch im Dienste der Zerstörung. Das ist die Wahrheit, unabhängig davon, ob die Handlung von einem Mann oder einer Frau vollbracht wird. Das wahre Kriterium für die Konstruktivität oder Destruktivität einer Handlung ist auf lange Sicht die Wirkung, die sie auf das Individuum selbst ausübt, und wenn wir Studdert-Kennedys Theorie so formulieren, daß sie besagt, Männer seien selbstzerstörerisch und Frauen selbsterhaltend – das impliziert diese Theorie –, wird sie sofort als Spitzfindigkeit entlarvt.

Dennoch glauben wir, daß es tatsächlich einen gewissen Unterschied im Verhalten der Geschlechter gibt. Wir brauchen Frauen nicht zu idealisieren und als Verkörperung der Liebe zu betrachten, um zu erkennen, daß sie biologisch enger mit der Schöpfung, dem Bewahren, dem Erhalten der Gattung verbunden sind als Männer.* Diese biologischen Tendenzen spiegeln sich im Verhalten sozialer Gruppen: Männer kämpfen, während Frauen Pullover

---

* Lillian E. Smith und Paula Snelling[6] schreiben: »Es gibt aber Gründe für die Annahme, daß die Frau die Affinität des Mannes zum Tode nicht in vollem Umfang teilt. (...) Es ist wahrscheinlich (...) wahr, daß von den Polaritäten des Universums Männlichkeit und Tod, Weiblichkeit und Leben zusammengehören. Es ist ein einfaches Rechenexempel, von qualitativen Unterschieden einmal abgesehen, daß das Geschlecht, welches neun Monate braucht, um ein Menschenkind zur Welt zu bringen, weniger Zeit zur Verfügung hat, sich – wäre es entsprechend gesinnt – dem Dienst des Todes zu weihen, als das Geschlecht, das zur Zeugung neun Minuten benötigt. Fügen wir dem die dreißig Jahre hinzu, in denen die Frau im allgemeinen an die Wiege und die häusliche Tretmühle gefesselt ist, dann sieht man – welche Impulse sie auch bewegen mögen –, daß sie

stricken; Männer töten Tiere zum Vergnügen, und Frauen fördern humanitäre Einrichtungen; Männer strömen zu Boxkämpfen, Frauen zu Konzerten.

Doch es ist schwer zu beweisen, ob diese Aktivitäten gewählt werden, weil sich darin die besonderen Interessen des jeweiligen Geschlechts ausdrücken, oder ob sie von Tradition, Gebräuchen und Aberglauben bestimmt werden. Dies wird deutlich, wenn man sich nahezu jedes Beispiel näher ansieht. Das Herstellen und Tragen von Kleidern war einstmals das Vorrecht von Männern, und in manchen Ländern ist es dies immer noch. Ein Mann, der kochen oder frisieren kann, wird vom gewöhnlichen Bürger in einer Stadt des Mittleren Westens der Vereinigten Staaten ganz anders beurteilt als von der Leitung und der Kundschaft eines New Yorker Hotels. Viele Frauen gehen ebenso beutegierig auf die Jagd oder begeistern sich für Boxkämpfe wie Männer. Natürlich kann man immer sagen, es handle sich dabei um Ausnahmen, aber es gibt deren so viele, daß wir von Gruppenaktivitäten nicht mit Sicherheit eine Regel ableiten können – trotz der ernsthaften Bemühungen der Soziologen. Wir müssen auf Hypothesen zurückgreifen, die auf der genauen Untersuchung des Individuums beruhen.

Das elementare, unausweichliche Unterscheidungsmerkmal besteht darin, daß eine Frau Kinder zur Welt bringen kann und ein Mann nicht. Doch um das zu tun, muß die Frau die Kooperation eines Mannes gewinnen. Auf diese Formel laufen alle psychologischen Unterscheidungen der Geschlechter hinaus. Alles andere ist sekundär. Daraus ergibt sich, daß Männer relativ selbstgenügsamer sind als Frauen (obwohl häufig das Gegenteil behauptet wird).* Logischerweise müssen die Frauen mehr hinter den Männern her sein als umgekehrt. Dies wird durch ein Arrangement der Natur verschleiert, wonach Männer sehr aktiv und vom Drang nach Befriedigung eines körperlichen Bedürfnisses getrieben erscheinen. Doch für die Frau ist es mehr als ein körperliches Bedürf-

---

sich nicht zu jenem tüchtigen Leibeigenen des Todes machen konnte, zu dem der Mann geworden ist.«
* Frauen sind in der Regel praktischer und weniger sentimental als Männer, was mitunter die Illusion hervorrufen kann, sie seien selbstgenügsamer.

nis: Es ist ein psychologisches, biologisches Bedürfnis, ohne das sie ihre primäre, charakteristische Funktion nicht erfüllen kann. Frauen beneiden den Mann nur dann nicht um seine körperliche Ausstattung und Stärke, wenn auch sie etwas besitzen und keine »Habenichtse« mehr sind.

Dies bestimmt die psychologischen Unterscheidungsmerkmale der Frau: eine relativ größere Empfänglichkeit und Anpassungsfähigkeit.[7] Das Mädchen wartet darauf, daß sein Verehrer eine Verabredung vorschlägt, einer Erwartung Ausdruck gibt, die Richtung des Handelns bestimmt.

Die Mutter muß sich mit der gebotenen Sympathie und Anerkennung die stolzen oder besorgten Berichte über die kleinen Vorkommnisse des Tages anhören. Die Ehefrau muß sich bemühen, jeder Situation, in der die Familie aufgrund der Neigungen ihres Mannes und der wirtschaftlichen Möglichkeiten zu leben gezwungen ist, etwas abzugewinnen. Sie muß ihren Mann ermutigen, sein Ich stützen, seine Enttäuschungen mildern, sei es auch nur durch verständnisvolles Zuhören. Ob verheiratet oder unverheiratet, eine Frau muß, viel härter als ein Mann, kämpfen, um das Beste aus jeder Situation zu machen. Sie muß all die äußeren Anpassungsleistungen erbringen wie nur irgendein Mann und hat obendrein innere, körperliche Vorgänge zu erdulden, die eine ungeheure psychische Elastizität verlangen. Menstruation, Schwangerschaft, Geburt und Stillen sind physische Erfahrungen, für die es im Leben des Mannes nichts Vergleichbares gibt, über die die Frau nur eine sehr geringfügige bewußte Willenskontrolle hat, denen sie aber ihr ganzes Leben ebenso anpassen muß wie den Plänen des geliebten Mannes.

Der psychologischen Wirkung dieser Anpassungsfähigkeit auf Männer oder, sagen wir, einen einzelnen Mann, kann man mit einer kurzen Beschreibung nur sehr schwer gerecht werden. Der dynamische Wesensgehalt des männlichen Geistes, der vielleicht hauptsächlich auf biologischen Funktionen basiert, ist als Impuls, einzudringen, etwas oder jemandem seinen Stempel aufzudrücken, beschrieben worden. Dies führt zu Zusammenstößen zwischen Männern und zur glücklichen Vereinigung der empfänglichen Frau mit dem vorwärtsdrängenden Mann. Das Gefühl der Leistung, das der angemessenen Aufnahme seiner Ideen, seiner Liebe, seiner konstruktiven Bemühungen, seiner Genialität entspringt, ist eine unerläßliche Vorbedingung für das seelische, körperliche und geistige Leben des Mannes. Es beruhigt ihn, aber es tut noch mehr: Es gibt ihm Gelegenheit, Liebe zu schenken, die willkommen ist, befähigt ihn zu immer mehr Liebe und folglich zu immer weniger Haß- und Schuldgefühlen.

Thomas Mann hat darauf hingewiesen, daß Wagner dieses Verlangen der Männer nach der erlösenden oder, wie wir sagen sollten, rekonstruktiven Hingabe einer Frau erkannt hat. Er zitiert folgende Verse aus dem *Fliegenden Holländer:*

»Die düstre Glut, die hier ich fühle brennen,
sollt' ich Unseliger sie Liebe nennen?
Ach nein! Die Sehnsucht ist es nach dem Heil:
würd' es durch solchen Engel mir zuteil!«

Thomas Mann sagt ferner: »Das sind sangbare Verse, aber nie war etwas so kompliziert Gedachtes, seelisch so Verschlungenes vordem gesungen oder für den Gesang bestimmt worden. Der Verdammte liebt dieses Mädchen auf den ersten Blick, aber er sagt sich, daß seine Liebe eigentlich nicht ihr gilt, sondern dem Heil, der Erlösung. Sie nun aber wieder steht ihm als die Verkörperung der Heilsmöglichkeit gegenüber, so daß er zwischen der Sehnsucht nach geistlicher Rettung und der Sehnsucht nach ihr nicht zu unterscheiden vermag und nicht unterscheiden will. Denn seine Hoffnung hat ihre Gestalt angenommen, und er kann nicht mehr wollen, daß sie eine andere habe, das heißt, er liebt in der Erlösung dies Mädchen.«[8]

Allerdings trifft es zu, daß die Frau, indem sie die Persönlichkeit ihres Mannes oder Geliebten auf diese Weise mit Hilfe ihrer Empfänglichkeit schützt und aufbaut, auch ihre eigene Persönlichkeit aufbaut. In gewissem Sinne ist das Gefühl, daß der Mann sie braucht und sie ihm tatsächlich helfen kann, zu leben und dem Tod zu entgehen, für eine Frau sehr schmeichelhaft. Aber auch sie benötigt Hilfe, um zu leben und dem Tod zu entgehen; sie müssen sich gegenseitig beistehen. Es ist Teil der Funktion der Ehe, daß sich die Partner gegenseitig jene Unterstützung und Ermutigung gewähren, die notwendig sind, um die Verletzungen und Frustrationen im täglichen Leben beider erträglich zu machen. Ob die Frau in dieser Hinsicht mehr Kraft hat oder Verantwortung trägt als der Mann, ist fraglich. Wahrscheinlich ist sie dazu in höherem Maße fähig. Doch die Erwartung des Mannes, daß die Frau die Ausbeutung ihrer größeren Verantwortungsbereitschaft hinnehmen werde, ist selbst schon eine Frustration für die Frau; sie zeugt nicht von einer reifen Liebesbeziehung, wo Anpassung automatisch und wechselseitig erfolgt und die Zuneigung größtenteils auf konstruktiven statt auf rekonstruktiven Funktionen beruht.

In einer normalen Beziehung ist die Energie beider Partner auf das gerichtet, was sie zusammen in Gegenwart und Zukunft tun können, und nicht darauf, wie die Schäden zu beheben sind, die beide in der Vergangenheit erlitten haben. Außer auf diesem etwas negativen Bedürfnis – dem Bedürfnis nach Bestätigung, nach Schutz vor dem Selbstzerstörungstrieb – muß die Ehe auf einer *positiven* instinktiven Anziehung beruhen.

Wenn das Gleichgewicht zwischen den beiden Elementen des Liebesbündnisses gestört ist, wenn die Fähigkeit des einen Partners, Liebe zu schenken, mangelhaft ist, wird der andere benachteiligt und wehrt sich unbewußt dagegen. In solchen Fällen sagen wir, daß der eine die Last eines übermäßig abhängigen Partners zu tragen habe.

Das führt zu der Frage, wieviel von dieser Abhängigkeit der Partner ertragen kann. In vielen Fällen wird die Frau – entweder weil sie ungebührlich belastet wird und die übermäßige Abhängigkeit ihres Mannes sie ärgert, oder auch weil sie selbst nicht einmal den normalen Erwartungen entsprechen kann – ihre Bemühungen, ihren Mann emotional zu stützen, aggressiv einstellen. Sie läßt ihn dann »fallen«; sie läßt zu, daß er sich zerstört.

Jeder kennt Frauen, welche die Selbstzerstörungsneigung ihrer Männer fördern oder zumindest dulden. Dennoch bleibt immer ein gewisser Zweifel bestehen, weil wir – mit den Einzelheiten nicht vertraut – uns fragen, ob das Verhalten des Mannes die Einstellung der Frau hervorgerufen oder die Einstellung der Frau das Verhalten des Mannes verursacht hat. Tatsächlich handelt es sich immer um wechselseitige Vorgänge: Beides trifft zu. Doch kommen dem Psychiater oft klinische Beispiele vor Augen, wo die Nachlässigkeit der Frau klar zu erkennen ist, sogar von ihr selbst. Ich erinnere mich an einen hochgestellten Beamten, der sich in sehr große Schwierigkeiten zu verwickeln begann, von denen nur seine

Frau wußte. Sie mißbilligte dies und bat ihn, davon abzulassen, doch ohne Erfolg. Als sie schließlich erkannte, daß sein Verhalten pathologisch war, konsultierte sie heimlich einen Psychiater, der sie darauf hinwies, daß ihr Mann Symptome einer schweren Geisteskrankheit zeige und sie sofort zu seinem Schutz dafür sorgen müsse, daß er zur Behandlung in ein Sanatorium eingewiesen würde. Das vermochte sie nicht über sich zu bringen. Später konnte sie sich diese Unterlassung nicht verzeihen, noch konnte sie erklären, weshalb sie sich so verhalten hatte, außer daß sie so wütend auf ihn war, daß er alles, was sie hätte unternehmen können, als Rache und nicht als Prophylaxe gedeutet hätte. Doch ihr Versagen zerstörte ihr eigenes Leben ebenso wie das seine. Er kam ins Gefängnis; die Familie brach auseinander. Oder betrachten wir beispielsweise das nur allzu alltägliche Bild einer Familie, wo der Vater ein Trinker ist. Die Frau eines Trinkers ist im allgemeinen zu bedauern. Sie muß Vernachlässigung, Beleidigung, Entbehrung und Demütigung ertragen und gleichzeitig versuchen, die Kinder, die Nachbarn, ihre eigenen Angehörigen und manchmal die ihres Mannes vor der Tatsache und den Konsequenzen seiner Sucht zu bewahren. Aber obwohl diese Frauen behaupten, am Ende ihrer Weisheit zu sein, nicht zu wissen, was sie tun sollen, daß sie alles versucht hätten usw., sage ich nochmals, daß manche von ihnen ihren Männern nicht nur erlauben zu trinken, sondern sie tatsächlich dazu ermutigen.

Weshalb klingt dies so provozierend? Kommt es daher, daß solche Frauen einer vollkommenen Selbsttäuschung unterliegen? Oder daher, daß unser Mitleid über unser kritisches Urteil siegt? Diese Frauen müssen einem einfach leid tun – ich habe zu viele von ihnen gesehen, als daß nicht vor meinem geistigen Auge das Elend und die Schrecknisse erstünden, die sie durchmachen. Doch immer wieder hat mir meine berufliche Erfahrung gezeigt, daß eine Frau dem Trinken ein Ende setzen oder ihren Mann hätte zwingen können, die Angst, welche seiner Sucht zugrunde lag, behandeln zu lassen, wäre sie zu einem entschlossenen Schritt bereit gewesen, hätte sich also geweigert, es hinzunehmen.

Frauen drängen oft, allen guten Ratschlägen zum Trotz, zu einem Zeitpunkt auf Entlassung ihrer Männer aus der Anstalt, wenn dies wegen der bestehenden Selbstmordgefahr unklug ist. Einer meiner Kollegen wurde gegen seinen eigenen Wunsch und gegen unseren Rat von seiner zweifellos wohlmeinenden Frau aus der Anstalt geholt – und brachte sich um, wie wir es vorausgesagt hatten. Wie ich in meinem Buch *Selbstzerstörung* gesagt habe, wurde ich dadurch, daß so viele Angehörige merkwürdigerweise nicht glauben wollen, sie könnten durch ihr Verhalten einen Selbstmord erst möglich machen, veranlaßt, mich des ganzen Problems mit besonderem Interesse anzunehmen. Ich schloß aus meiner Untersuchung, daß Menschen die Erkenntnis nicht zu ertragen vermögen, wie nahe dieses Verhalten einem Totschlag kommt.

Gelegentlich werde ich von einem Elternteil oder einer Witwe konsultiert, die einen Menschen durch Selbstmord verloren haben. Sie leiden nicht nur unter dem Gefühl des Verlusts, sondern auch unter aufflammenden Gewissensbissen und dem bohrenden Verdacht, in irgendeiner Weise mitverantwortlich zu sein. Solch eine Frau sagte mir einmal: »Es ist jetzt über ein Jahr her, und ich kann immer noch nicht schlafen oder essen oder arbeiten. Wir haben so wunderbare Jahre miteinander verbracht! Sie waren die glücklichsten meines Lebens, und ich bin sicher, auch seines Lebens. Warum sollte er sie auf diese Weise beenden? Habe ich irgend etwas getan, oder war es etwas, das ich nicht getan habe? Er neigte immer ein wenig zur Schwermut, und er war so leicht zu entmutigen. Ich mußte ihn oft antreiben, ihm jeden Tag Mut zusprechen und versichern, daß ich wüßte, er würde Erfolg haben. Ich fürchte, ich war das ein bißchen leid und ließ in meinen Bemühungen nach. Manchmal habe ich mir gewünscht, *er* würde *mich* ein bißchen ermutigen – aber das war egoistisch von mir. Ich hab ihn einfach im Stich gelassen. Deshalb mache ich mir jetzt Vorwürfe. Mir ist, als wäre ich für seinen Tod verantwortlich . . .«

Es besteht kein Zweifel am tiefen Leid einer solchen Frau. Selbst wenn sie darüber beruhigt werden möchte, alles getan zu haben, was man von ihr erwarten konnte, gesteht sie noch ein, daß sie das Gefühl hat, nicht alles getan zu haben, was sie hätte tun können. Sie brütet ständig vor sich hin, und indem sie ihre Kinder, ihre Arbeit und ihre sonstigen Pflichten vernachlässigt, wiederholt sie die Fehler, deren sie sich selbst bezichtigt. Diese indirekte Aggressivität ist ganz typisch für Depressionen.

Man kann an den soeben zitierten Selbstanklagen dieser Frau

erkennen, wie Versagen schließlich zu einer Beziehung führt, in der die emotionale Unterstützung hauptsächlich vom Partner kommt. Ein Mann, der so stark von selbstzerstörerischen Impulsen, die von Schwierigkeiten in der Kindheit herrühren, angetrieben wird, daß er selbstmordgefährdet ist, wird sich zwangsläufig einer Frau zuwenden, welche den Drang verspürt, jemanden zu retten. Sie zieht ihn an, weil sie eine Retterin ist; er zieht sie an, weil sie jemanden braucht, den sie retten kann. Wenn ihre Bemühungen nach einer Phase des Erfolgs fehlschlagen – was sehr wahrscheinlich ist –, wird sie von einem Gefühl der Niederlage überwältigt.

Wir sollten hier innehalten, um generell zu erklären, weshalb diese Rettungsfunktion manchen Frauen so wichtig erscheint. Das kleine Mädchen überwindet sein Minderwertigkeitsgefühl gegenüber dem Bruder, wenn es an sich selbst eine Fähigkeit entdeckt, in der es ihn oft genug übertrifft: Es kann liebenswert sein. Doch diese Gabe, liebenswert zu sein, erfährt vielleicht keine ausreichende Bestätigung durch das Verhalten seines Vaters oder anderer männlicher Objekte. Das Mädchen mißtraut dann nicht nur seiner eigenen Attraktivität, sondern beginnt auch an der Stärke des männlichen Eroberungsdrangs zu zweifeln und fällt auf das zurück, was Freud als anaklitische Form der Liebe bezeichnet hat, das heißt, eine Liebe, die auf Abhängigkeit beruht. Daß das Mädchen vornehmlich jenen Männertyp anzieht, der Bestätigung und Zärtlichkeit braucht, läßt vermuten, daß sie das Gefühl hat, als Frau nicht um ihrer selbst willen geliebt werden zu können, sondern als außergewöhnliche Gaben Stärke und Sicherheit bieten muß. Sie verspricht ihm eine Zuflucht, einen Hafen, zieht ihn damit an sich und beweist ihre außergewöhnliche Fähigkeit, Liebe zu schenken. Da ihr Ich in der Kindheit so verletzt wurde, daß sie sich selber mehr als gemeinhin üblich beweisen muß, liebenswert und hilfreich zu sein, wird sie sich von einem Mann angesprochen fühlen, dessen Ich in der Kindheit so verletzt wurde, daß sein Bedürfnis, Liebe zu empfangen, weit stärker sein wird als sein Bedürfnis, Liebe zu geben.

Verliert diese Frau nun trotz aller Bemühungen die Schlacht um die Rettung eines solchen Mannes, dann empfindet sie sowohl Kummer (Verlust) als auch Depression (Schuldgefühl) – Schuldgefühl, weil sie, wie alle Menschen, Wut verspürt, wenn sie verletzt worden ist. Die oben zitierte Frau wurde eines einseitigen Arrangements überdrüssig, bei dem sie allen Mut und Trost zu spenden hatte; sie empfand Groll darüber, daß sie stets stark sein und jede Ungeduld unterdrücken mußte. Wenn eine Frau, die von dem Drang getrieben ist, jemand zu retten, um ihre Liebenswürdigkeit zu beweisen, einer solchen Situation überdrüssig wird, kann sie nicht offen um ihrer selbst willen rebellieren noch ihren Groll eingestehen, auch nicht sich selber. Wohl aber könnte sie ihre Gefühle rationalisieren, indem sie glaubt, es wäre vielleicht menschenfreundlicher, einen Mann die Folgen seiner selbstzerstörerischen Neigungen selbst tragen zu lassen, wobei sie natürlich nicht erwartet, er könnte tatsächlich bis zum Selbstmord gehen. Sie kann sich einreden, daß er, wenn er die Folgen seines Selbsthasses und seiner Depression selbst tragen muß, statt sie sich von einer besorgten Ehefrau aus dem Wege räumen zu lassen, genug Schmerz empfinden würde, um eigene Anstrengungen zur Beseitigung der Ursache seiner Nöte zu machen. Bis an die Grenze ihrer Geduld getrieben, zieht sie ihre Unterstützung zurück wie eine Mutter, die, durch das ärgerliche Herumzappeln ihres Kindes gereizt, es losläßt, auch auf die Gefahr hin, daß es sich verletzen könnte, indem sie hofft, es werde sein Verhalten schon kontrollieren.

Dieses extreme Beispiel dafür, wie eine Frau die Selbstzerstörung des Mannes, den sie liebt, zunächst aufhält und dann beschleunigt, erinnert an Sagen wie die von Circe und der Lorelei, wo eine Frau zunächst einen Mann verführt und ihn dann durch die Abhängigkeit von ihr sich selbst zerstören läßt. Daß alle diese Mythen ein Körnchen psychologischer Wahrheit enthalten, ist wohlbekannt. Daraus ergibt sich: Wenn eine Frau über eine ausgeprägte Empfänglichkeit und Anpassungsfähigkeit verfügt, besitzt sie damit zugleich die Macht, diese sowohl positiv als auch negativ einzusetzen, und sie vermag, soweit es sich wirklich um eine ausgesprochen weibliche Eigenschaft handelt, in eigentümlicher Weise die Neigung des Mannes zur Selbstzerstörung zu beeinflussen. Ich meine nicht, daß sie Männer tatsächlich retten oder vernichten könne, wie einstmals die Sirenen, sondern daß sie ihren Einfluß als Frau konstruktiv oder destruktiv geltend machen kann.

4

Mangelt es dem einen der beiden Partner an der Fähigkeit, Liebe zu schenken, dann wird er, so sagten wir, *alle* auf ihn gerichteten emotionalen Forderungen und Erwartungen als lästig empfinden. Das ist äußerst wichtig, weil die Unfähigkeit, selbst die normalen Forderungen einer Beziehung ohne Groll zu ertragen, für viele Enttäuschungen und Ernüchterungen in der Ehe verantwortlich zu machen ist – sie ist im Grunde eine Unfähigkeit zu lieben. Es gibt zahlreiche Möglichkeiten, auf die Forderungen der Liebe abweisend zu reagieren. Viele Männer und Frauen lassen ihren aggressiven Gefühlen freien Lauf, andere hingegen benutzen die Methode des passiven Rückzugs, die ich als für Frauen charakteristischer – oder jedenfalls als für sie gefährlicher – beschrieben habe.

Dies beobachtet man bei einer bestimmten, im täglichen Leben sehr häufigen Form des Märtyrertums. Man denkt an jene Hausfrauen, die sich abrackern müssen, sich in einer kleinlichen, trübseligen Existenz mit einem schlecht verborgenen Groll gegen das Leben dahinschleppen, mitunter tapfer das tränennasse Antlitz zur mitfühlenden Welt emporheben, häufiger aber sehnsüchtig den Blick auf die fernen Purpurhügel der Illusion richten. Diesen Frauen ist kaum bewußt, daß eins der Hauptmotive einer solchen Einstellung ihr Wunsch ist, jemandem in ihrer Nähe Schmerz zu bereiten. Hinter diesem »Sieh nur, wie ich leiden muß!« steckt, nur leicht verschleiert, »Sieh nur, wie *du* mir weh tust!« oder »Sieh nur, wie ich deinetwegen leide!« Dieselbe Märtyrerpose ist bei neurotischer ebenso wie bei physischer Invalidität oft so auffallend, daß einige Ärzte und viele Verwandte den Verdacht nicht loswerden, daß es sich um ein wichtiges Motiv für die Krankheit handelt. Ich will mich über diesen Punkt nicht weiter verbreiten, da ich ihn in meinem Buch *Selbstzerstörung* im einzelnen erläutert und mit Beispielen belegt habe.

Ebenso bekannt ist, daß viele Frauen auf Vernachlässigung durch ihren Mann mit einer Trägheit reagieren, die im wesentlichen nichts anderes ist als eine aggressive Passivität, welche die Selbstbestrafung in sich trägt. Manche von ihnen haben das Gefühl, stillschweigende Hinnahme sei der einzige Ausweg, der ihnen in solchen Situationen offensteht. Resignation, »der Mut der

Schwachen«, sei notwendig, sagen sie, und zwar wegen ihrer Unsicherheit in bezug auf ihre Männer.

Nichts veranschaulicht den dem passiven Märtyrertum zugrunde liegenden Haß besser als diese Unsicherheit und Angst, die viele Frauen in der entscheidenden Beziehung ihres Lebens hegen. Denn er entstammt einem geheimen Schuldgefühl, das die Selbstentwertung zur wahren Selbstverurteilung macht. Solchen Frauen fehlt es tatsächlich an Liebesfähigkeit – nicht nur ihren Männern gegenüber, sondern gegenüber allen anderen Menschen, außer sich selbst. Gerade die Taktiken, die sie anwenden, um ihre Position zu »sichern«, erhöhen aber in Wahrheit ihre Unsicherheit, denn wie jede unerkannte, unbewußte Aggressivität ist übergroße Nachsicht selbstzerstörerisch. Diese Frauen führen das, was sie am meisten fürchten, durch übertriebene Ängstlichkeit herbei, die nicht so sehr auf der Furcht vor wirklichen Konsequenzen als auf Furcht vor ihrer eigenen Feindseligkeit beruht, die im Verborgenen schwelt, doch als schweres Unrecht empfunden wird. Manchmal tritt die unterschwellige Aggressivität unmittelbarer zutage, aber abgelenkt auf andere Frauen. Doch immer wird die Situation so arrangiert, daß das Opfer leiden und sich demütigenden Umständen unterwerfen kann.

Der Widerwille vieler Frauen, mit ganzem Herzen an irgendeiner Gemeinschaftsaufgabe mitzuarbeiten, obwohl sie viel Freizeit haben, ist ein weiteres Beispiel selbstzerstörerischer Passivität. Die Frauen, die sich am bittersten beklagen, daß ihre Männer so oft nicht bei ihnen, sondern in ihren Clubs oder aus geschäftlichen Gründen abwesend sind, dieselben, die das größte Bedürfnis nach der Gesellschaft anderer Frauen und nach sozialen Kontakten haben, durch die sie bis zu einem gewissen Grade für ihre Einsamkeit entschädigt würden – gerade sie werden sich aller Wahrscheinlichkeit nach am wenigsten an solchen Gemeinschaftsaufgaben beteiligen. Gewöhnlich lehnen sie dies aus keinem besonderen Grund ab, und dennoch beklagen sie sich oft, daß sie keine Gelegenheit hätten, Menschen kennenzulernen, und nur wenige Freunde haben. Das ist ein typisches Beispiel passiver Aggressivität, bei dem der aggressive Charakter der Passivität ignoriert wird, während man die daraus resultierende Enttäuschung behandelt, als wäre sie ein Unglück, das ihnen das Schicksal oder eine ungnädige Vorsehung auferlegt hat. Solche Frauen erkennen nicht, daß diese Form der Selbstbestrafung mit dem starken Schuldgefühl zusammenhängt, das sie wegen ihres Neides auf andere, Männer wie Frauen, hegen, die mehr Initiative und umfassendere Interessen haben als sie.

Andere Frauen machen sich selbst zu Märtyrerinnen, indem sie zwanghaft sogenannten Vergnügungen nachgehen, die ihnen keine Freude machen: endlose Bridge-Partien oder langweilige Teekränzchen, wo niemand etwas Interessantes sagt oder etwas Konstruktives tut, fade Einladungen, aus Pflichtgefühl gegeben oder besucht – ein Verhalten, welches sie damit begründen, daß sie »ihren Mann vorwärtsbringen« oder »ihre gesellschaftliche Position wahren« wollen. Unterdessen übertragen sie die Versorgung ihrer Kinder, die ihnen die größte Freude bereiten sollte, gegen Bezahlung irgendwelchen Fremden.

Man könnte diese Liste endlos fortsetzen, doch die angeführten Beispiele veranschaulichen, wie passive Methoden von vielen Frauen aggressiv und gleichzeitig in selbstbestrafender Weise benutzt werden. In der Tat hätte dieses ganze Kapitel den Titel »Passive Aggression« oder vielmehr »Unbewußte passive Aggression« tragen können. Ich benutze diese Bezeichnung, um auf den Gegensatz zur bewußten Anwendung dieser Technik, etwa beim Sitzstreik in Gandhis Programm, bei Völkern, die von den Deutschen besiegt wurden, usw. hinzuweisen. Bewußte passive Aggression wird von Frauen selten geübt, die unbewußte ist für Frauen charakteristisch – nicht für alle Frauen oder zumindest nicht für alle Frauen die ganze Zeit, doch verhalten sich viele Frauen zeitweise so. Vielleicht sollte hier nochmals betont werden, daß »aggressiv« nicht das Gegenteil von »passiv« ist. In seiner ursprünglichen Bedeutung bezeichnet »aggressiv sein« den Wunsch, jemanden oder etwas zu verletzen. Alle Kriege, zum Beispiel, sind aggressiv, gleichgültig ob sie dem Angriff oder der Verteidigung dienen.

Dies sind einige der Möglichkeiten, wie Frauen ihre eigenen Frustrationen vermehren – Frustrationen, die schon von Natur aus, kulturell bedingt und infolge der Unterdrückung durch Männer groß genug sind. Daß diese Frustrationen zu kompensatorischen Bestrebungen führen – zur erfolgreichen Übernahme von männlichen Positionen, zur Führung eines Männerlebens in der

Politik, im Sport, im Geschäftsleben und sogar in der Außenpolitik –, kann als die günstigste und am wenigsten schädliche Reaktion bezeichnet werden. Schwerer zu verkraften für den Mann sind jene unzähligen Angriffe auf seine Männlichkeit, welche die frustrierte Frau im alltäglichen Leben führt, und zwar in Gestalt von Vernachlässigung, Tadel, Mißtrauen, Kritik, Lächerlichmachen, Anprangern seiner Lieblingsbeschäftigungen und Gewohnheiten, Enttäuschen seiner größeren oder geringeren Hoffnungen usw. Eine solche Liste muß notwendigerweise nicht nur unvollständig sein, sondern sie bezieht sich gleichermaßen auf Männer. Aggression ist nicht das Monopol des *einen* Geschlechts. Zweck der Aggression ist es, zu verletzen, unglücklich zu machen, zu zerstören, und eine Frau, die unbewußt Feindseligkeit gegenüber ihrem Mann empfindet, wird alle ihr zu Gebote stehenden Mittel gegen ihn einsetzen. Er wird auf diese Aggressionen reagieren; sie werden ihm seine eigenen, halbwegs kontrollierten Haßgefühle noch deutlicher ins Bewußtsein heben, und er wird sein infantiles Feindseligkeitsmuster in einer Weise modifizieren, daß er die Attacken seiner Frau am bequemsten abwehren und sich dagegen verteidigen kann. Da er durch Gesetz, Konvention oder seine eigene Passivität an sie gebunden ist, wird er die Ehe vielleicht aufrechterhalten, Befriedigung seiner frustrierten Liebe aber anderswo finden. Wenn das nicht geschieht, wird ihn sein Selbstzerstörungsdrang überwältigen: Er wird eine Neurose oder eine Psychose entwickeln oder körperlich krank werden. In diesem Fall wird seine Frau ihre Einstellung zu ihm wahrscheinlich ändern. Ihre Schuldgefühle werden ebenso stimuliert werden wie ihre mütterlichen Gefühle, was wiederum bewirken wird, daß er das Kranksein ausnutzt.

Dasselbe kann der Frau geschehen, doch da sie in unserer Gesellschaft weniger beweglich ist, ist es auch weniger wahrscheinlich, daß sie sich für ihre frustrierte Liebe außerhalb der Familie entschädigen kann. Sie wird versuchen, diesem Mangel abzuhelfen, indem sie die Zuneigung ihrer Kinder übermäßig stimuliert und ihnen eine Form von Liebe zuwendet, die älteren Liebesobjekten vorbehalten bleiben sollte. Sie wird dies auf eine Weise tun, welche die unterschwellige Feindseligkeit verbirgt. Mit ihrer besitzergreifenden Liebe belastet sie die Kinder.

Der Erwachsene kann in verschiedener Weise auf die Aggressionen der Frau reagieren, aber das kleine Kind hat keine solche Wahl. Es kann sich nur unterwerfen, seine Angst und Bitterkeit unterdrücken. Nach zwanzig Jahren brechen sie dann zehnmal stärker hervor. Was es einstmals nicht zu tun wagte, wagt es später hundertfach. Wer kann die Bitterkeit, die Gehässigkeit und sadistische Grausamkeit eines Adolf Hitler richtig einschätzen, ohne sich zu fragen, was seine Mutter ihm angetan hat und was er nun Millionen anderer hilfloser Wesen heimzahlt? Wir müssen uns immer wieder daran erinnern, daß die Männer, von denen Frauen frustriert werden, die erwachsenen Söhne von Müttern sind, die für das Persönlichkeitsbild dieser Söhne in erster Linie verantwortlich sind.

Jede Mutter wünscht, ihr Sohn möge ein »richtiger Junge« sein und zu einem »großen Mann« heranwachsen. Wenn man aber eine Mutter fragt, was sie damit meint, stellt man fest, wie verschwommen und schwankend ihre Vorstellungen sind. Sie freut sich beispielsweise, daß ihr Sohn Sport treibt, doch wenn er sich dabei beträchtlicher Gefahr aussetzt, wird sie wahrscheinlich beunruhigt sein und sich über seine Verwegenheit beklagen. Er soll selbstsicher sein; wenn er ihr aber zu trotzen beginnt, wird sie ihn wahrscheinlich bedrohen und bestrafen. Er soll zu kleinen Mädchen ritterlich und von ihrer Attraktivität beeindruckt sein; wenn er aber seine natürliche Neugier in bezug auf ihre Anatomie befriedigen möchte, ist sie wahrscheinlich entsetzt und hat das Gefühl, mit einem perversen Nachkommen geschlagen zu sein.

Mit andern Worten, die durchschnittliche Mutter, an den strengen Regeln und Einschränkungen der Gesellschaftsordnung geschult, verbietet ihrem kleinen Sohn ständig, sich in eben jener Richtung zu entwickeln, in die ihn sein männlicher Instinkt treibt – eine Entwicklung, die sie im Prinzip bejaht.

Manche Leser werden sagen: »Das Maß, in dem Instinkte in der Gesellschaft ausgedrückt werden können, ist begrenzt, und das Kind muß über diese Grenzen belehrt werden.« Das ist durchaus richtig. Aber angesichts des Drucks der unbewußten Feindseligkeit der Mutter, ihres unbewußten Grolls gegen die Männlichkeit, ihrer eigenen unbewußten sexuellen Verdrängungen und mitunter noch weiterer Ursachen sind die Ideale der Gesellschaft oft nur ein Vorwand, um die Beschränkungen zu rechtfertigen, die sie dem Kind auferlegt. Die Ideale der Gesellschaft sind ihr wichtiger als eine ideale Persönlichkeitsentwicklung ihres Kindes. Ein Kind durch ängstliche Besorgtheit über jede Kleinigkeit in seinem Leben einengen, es jeder Gelegenheit berauben, sich natürlich auszudrücken und die Welt für sich selber zu entdecken, seine frühen Versuche, seine aufkeimende Sexualität zu erforschen und zu lenken, scharf tadeln – all das ist verheerender als Schläge oder Flüche. Eine Mutter aus meinem Bekanntenkreis bestrafte ihren Sohn grausam, weil er ihrer Anweisung, nicht im Stehen zu urinieren, nicht gehorchte, als er zur Schule kam und herausfand, daß die anderen kleinen Buben standen. Eine andere Mutter ließ ihren Sohn üben, die Ohren an den Kopf zu drücken und die Nasenflügel zusammenzudrücken, damit er nicht »wie ein pummeliger Nigger« (wie sie sich ausdrückte) aussah. Wieder eine andere Mutter legte ihrem siebenjährigen Sohn eine Windel an und gab ihn dem Gelächter seiner Freunde preis, um ihm das Bettnässen abzugewöhnen – das natürlich ein Protest gegen ihre Herrschsucht war. Solche und ähnliche Methoden und Einstellungen rauben dem Kind jenes Gefühl der Männlichkeit, das es braucht, um vertrauensvoll lieben und konstruktiv leben zu können. Und gegen diese Beraubung und Unterdrückung seiner Männlichkeit sowie gegen alle anderen Bekundungen von Haß seitens seiner Mutter empfindet der heranwachsende Junge einen tiefen Groll. Von einer Frau eingeschränkt, kontrolliert und verletzt worden zu sein, weckt in ihm ein ewig währendes Mißtrauen gegenüber dieser Frau und allen anderen Frauen.

Gewiß, diese Beeinträchtigung seiner natürlichen Gelüste wird wahrscheinlich bis zu einem gewissen Grad von jedem Kind, sei es männlich oder weiblich, empfunden. Doch wenn die Erfordernisse der Realitätsanpassung dem Kind mit einer aggressiven Methode aufgezwungen werden, die unbewußte, wenn nicht gar bewußte Feindseligkeit verrät, erzeugt dies einen besonders tiefen Groll. Das geschieht vor allem dann, wenn die unbewußte Feindseligkeit der Mutter ihrem Neid auf die Männlichkeit des Sohnes und dem Wunsch, sie ihm zu nehmen, entspringt. Da sie sich dessen im allgemeinen nicht bewußt ist, wird sie dies wahrscheinlich durch kleinliche und indirekte, aber nichtsdestoweniger wirksame Methoden erreichen, etwa indem sie ihn übermäßig behütet, ihn von anderen Jungen fernhält, die sie roh oder gefährlich findet, indem sie auf ausgezeichneten Manieren besteht oder ihn auf andere Art verweichlicht.

Daß diese Methoden tatsächlich die Männlichkeit des Jungen beeinträchtigen, weiß jeder Psychiater aus seiner klinischen Erfahrung. Sie sind in der Kindheit Männern gegenüber angewandt worden, die uns viele Jahre später wegen Beschädigungen ihrer Männlichkeit konsultieren. Diese Beschädigungen können in Gestalt eines unbefriedigenden Geschlechtslebens, aber häufiger als Versuche in Erscheinung treten, ein unbefriedigendes Geschlechtsleben zu kompensieren, etwa als Alkoholismus, Hypochondrie, neurotische Leiden, alle Arten ehelicher Konflikte und sogar als echte Psychosen. Man kann, wenn man will, von Extremfällen sprechen, doch diese Extreme verweisen meines Erachtens auf einen zunehmenden, äußerst bedenklichen Trend.

Wenn ein Junge mit solchen unterschwelligen Ressentiments eingeschüchtert heranwächst, so führt dies zu einer verringerten Liebesfähigkeit; dies wiederum beeinträchtigt die Frau, die er zu lieben versucht, und diese Beeinträchtigung steigert ihre Ressentiments. Sie wird sie zwangsläufig in ihrer Einstellung zu ihm erkennen lassen und damit bewirken, daß er seine emotionalen Bedürfnisse durch berufliche Aktivitäten, in Clubs, Sportvereinen, wissenschaftlichen Vereinigungen, in Wettbüros, Bars, beim Kartenspiel usw. befriedigt. Die brüderliche Kameraderie von Männern beweist nicht so sehr, daß die Liebe nunmehr stärker im Vordergrund steht als in den kriegerischen Zeiten von einst, sondern daß die Liebe aus ihren natürlicheren Kanälen vertrieben wird. So sehr diese Männer einander auch fürchten und hassen mögen, sie fühlen sich untereinander immer noch sicherer als Frauen gegenüber. Ob man nun meint, dies beruhe darauf, daß in solcher Gesellschaft weniger von ihnen erwartet wird, daß sie darauf aus sind, der Herrschsucht und Kontrolle ihrer Frauen zu entgehen, oder daß sie sich zueinander hingezogen fühlen – es läuft alles auf dasselbe hinaus.

Die Gefahr einer solchen Lösung liegt darin, daß die zerstörerischen Triebe der Männer durch diese wechselseitige Abhängigkeit nicht genügend neutralisiert werden und der Haß früher oder später im Kampf gegen jemand ausbricht, und Kämpfe verwandeln sich in Kriege. Dies wird durch den Lauf der Ereignisse in faschistischen Ländern bewiesen, wo die Männergemeinschaft gepriesen wird und Kriege unausweichlich werden.[9] Wir befinden uns in einer scheinbar hoffnungslosen Sackgasse: Die gesellschaftliche und die wirtschaftliche Struktur haben zur Folge, daß die Frauen nicht zur Befriedigung ihrer Weiblichkeit gelangen und sie zu Gegnern ihrer (männlichen) Kinder machen; die Kinder spiegeln dies in ihren späteren Gemeinschaften mit anderen Erwachsenen und der nächsten Generation wider; Männer wenden sich von Frauen ab und suchen die Gesellschaft anderer Männer, wodurch die Frauen weiter beeinträchtigt werden; Männer und Frauen vereinigen sich nur, um gegen andere Männer und Frauen Krieg zu führen. Was kann man tun?

Am Ende der beiden vorangegangenen Kapitel habe ich einige praktische Vorschläge gemacht, doch am Ende dieses Kapitels verzichte ich darauf, weil ich die Aufmerksamkeit des Lesers lieber auf das allgemeinere Problem lenken möchte. Ich habe den Teufelskreis zu umreißen versucht, der in unserer Zivilisation besteht – einen Teufelskreis, der zustande kommt, weil wir unsere Kindheit vergessen –, das heißt, wir glauben sie zu vergessen, aber der Körper erinnert sich. Verdrängung schafft eine Trennwand zwischen Erfahrung und Intelligenz, so daß wir blind handeln und erst verstehen, wenn es zu spät ist. Doch wir befinden uns nur dann in einer Sackgasse, wenn dieser Teufelskreis nicht durchbrochen werden kann. Weil ich aber glaube, daß dies möglich ist, widme ich den Rest des Buches, also die folgenden sechs Kapitel, »praktischen Vorschlägen« zur Verwirklichung der Möglichkeiten, den Teufelskreis zu durchbrechen.

5 Den Teufelskreis durchbrechen

Wenn ein Mann hinfällt und sich das Bein bricht, schimpfen wir nicht auf das Gesetz der Schwerkraft, obwohl wir erkennen, daß die Schwerkraft den Fall »verursacht« hat. Sind wir praktisch und menschlich eingestellt und denken an das Naheliegende, dann werden wir das Bein des armen Burschen schienen, und wir wissen nun, daß er es nach einer gewissen Zeit des Leidens und der Arbeitsunfähigkeit wieder benutzen kann.

Sind wir aber nicht nur praktisch, sondern vorausschauend und klug, so werden wir mehr tun wollen als nur dies. Wir werden genauer erfahren wollen, weshalb diesen Mann an diesem Ort und zu dieser Zeit die Schwerkraft überwältigte. Wir hören dann vielleicht, daß er in letzter Zeit mehrmals gestürzt ist oder daß andere an dieser Stelle gestürzt sind. Wir werden seine Schuhe, seine Gewohnheiten und seine nervliche Verfassung untersuchen wollen wie auch den Fußboden oder Gehweg und die Beleuchtung. Vielleicht werden wir sogar ein Schild anbringen, das zur Vorsicht mahnt.

Den größten Teil meines Berufslebens habe ich damit zugebracht, Schienen anzulegen. Manche Verletzte erholen sich wieder; das Bein heilt, und sie gehen nachher vorsichtiger. Doch diese Rolle – darauf zu warten, daß das nächste Opfer stolpert, hinfällt und um Hilfe ruft, bevor wir herbeieilen und unsere Dienste verrichten – ist für den Arzt nicht ganz befriedigend. Deshalb haben wir uns in zunehmendem Maße der vorbeugenden Medizin zugewandt und Programme der staatlichen Gesundheitsvorsorge entwickelt. Wenn wir aus unserer Erfahrung mit einzelnen Menschen Prinzipien abzuleiten vermögen, die dem Allgemeinwohl dienstbar gemacht werden können, müssen wir sie mitteilen und auf ihre Anwendung drängen. Den Kopf zu schütteln und die Menschen darauf aufmerksam zu machen, daß ein Beinbruch kein Vergnügen ist, genügt nicht. Auszurufen: »Passen Sie auf!«, genügt so wenig wie mit einem Paar Schienen anzurücken.

Bei einem Beinbruch handelt es sich nicht nur um einen Augenblick der Zerstreutheit, einen unbedachten Fehltritt, zu dessen Vorbeugung eine Warnung ausreicht. Unfälle passieren nicht einfach; sie werden verursacht, und der Zufall spielt bei dieser Verursachung nur eine geringe Rolle. Zu diesem Schluß sind die Techniker der *Public Safety Division of the National Safety Council* (Abteilung für Öffentliche Sicherheit beim Nationalen Sicherheitsrat) gelangt. Diesen Schluß zieht auch der Psychiater aus seiner klinischen Erfahrung, und dasselbe gilt für die meisten menschlichen Übel, einschließlich jener, denen wir nun unsere Aufmerksamkeit widmen. Menschen »schlittern« niemals einfach ins Unglück: Depression, Verfolgungsideen, Angst, Alkoholismus, Perversion, chronische Krankheit – alles Formen von Selbstzerstörung. Sie *marschieren* ins Unglück, als sei es unabwendbar vorherbestimmt. Und der Psychiater gleicht Kassandra – er weiß, was kommt, und sagt es voraus. Er weiß sogar noch mehr – er weiß, *warum* es kommt und wie es wahrscheinlich verhindert werden könnte. Es ist seine Pflicht, das zu verkünden.

In den vier vorangegangenen Kapiteln habe ich den Teufelskreis umrissen, in den der Mensch, die Zeit, die Zivilisation hoffnungslos verstrickt erscheinen. Die entscheidende Frage lautet: Wie kann dieser Teufelskreis durchbrochen werden? Läßt sich durch den Einsatz von Intelligenz, die Anwendung wissenschaftlicher Erkenntnisse diese sich selbst verewigende Wechselwirkung der Ressentiments unterbrechen? Was kann der denkende Mensch tun, um der Neigung zur emotionalen Fehlentwicklung entgegenzuwirken, die ihn und seine Kinder nicht weniger an den Rand des Abgrunds bringt als seine Eltern und Großeltern, so daß die Welt heute von flammendem Haß erfüllt ist?

Sollen wir in Pessimismus versinken und von einer unerfüllbaren Aufgabe sprechen? Das tun jene, die an Schicksal, Nemesis, Gottes Wille, erbliche oder ökonomische Vorherbestimmung glauben. Einige derer, die der letztgenannten Theorie anhängen, verweisen auf die starren gesellschaftlichen Muster und erinnern an die Macht des ökonomischen Drucks. Männer und Frauen, so sagen sie, sind an eine künstliche Struktur gefesselt, die ihnen von einer herrschenden Klasse aufgezwungen wird, der die meisten von uns hilflos ausgeliefert sind. Es wäre müßig, all diese Menschen als Ultrapessimisten abzutun, denn das sind sie nicht. Einige von ihnen sind Ultraoptimisten: Sie haben eine todsichere Lösung parat. Ändert die Gesellschaftsordnung, sagen sie, schafft das üble Wirtschaftssystem ab, in dem wir leben, und alle Nöte werden verschwinden! Männer und Frauen werden frei sein; ihre Frustrationen werden verschwinden; ihre Liebe wird ihren Kindern zufließen, und ihre Kinder werden, wie sie selbst, in einer glücklicheren Welt leben, die keinen Haß kennt.

Ich wünschte, so optimistisch und idealistisch sein zu können wie die Marxisten und jene, welche, mit einem weniger revolutionären Programm, glauben, man könne die Gesellschaftsordnung angreifen oder behandeln, als wäre sie eine biologische Einheit, und sie in etwas Besseres verwandeln, indem man die Diät ändert. Sowohl die Systemveränderer als auch die weniger radikalen, aber nicht weniger beredten begeisterten Anhänger der Theorie der »sozialen Orientierung« sind relativ frei von dem Aberglauben, daß Verhalten einzig und allein erblich bedingt sei. Doch beide verfallen einem ähnlichen Irrtum, wenn sie das Hauptgewicht auf die gegenwärtigen Zustände legen und Triebbedürfnisse sowie die Einflüsse auf die kindliche Persönlichkeit vernachlässigen.

Es ist nutzlos, über dieses Thema auf dem Gebiet des Gegners zu debattieren, weil die Diskussion sich bald auf die bloße Darstellung widerstreitender Meinungen reduziert. Er kann beispielsweise sagen, es sei witzlos, über Triebe und Frustrationen, Liebe und Haß, Sublimierung und Befriedigung zu diskutieren, wenn die wirtschaftliche Lage so beschaffen ist, daß Menschen hungern; ein Mann könne nicht daran denken, seine Frau zu lieben, wenn er vorm Verhungern steht. Ich gebe zu, daß dies bei Massenarbeitslosigkeit zutrifft, aber nicht im Einzelfall. Daß ein Mann keine Arbeit hat, beweist nicht, daß das Wirtschaftssystem schlecht ist; es ist zumindest gleichermaßen möglich, daß es etwas mit seiner eigenen Unfähigkeit zu tun hat – wir wollen sogar so weit gehen zu sagen: mit seiner Neigung zur Selbstzerstörung. Diese Behauptung wird meine schärferen Gegner in Empörung versetzen. Sie sehen in ihr einen Beweis für die totale Blindheit gegenüber dem Elend von Millionen und stellen mich sofort auf eine Stufe mit jenen gefühllosen Ausbeutern der Arbeiterklasse, die sie als die Erzgauner der Zivilisation betrachten. Das sei typisch, meinen sie: »Freud hatte kein soziales Bewußtsein; die Psychoanalyse ist ein bürgerlicher

Luxus und dient der Beruhigung des schlechten Gewissens der weniger unempfindlichen Ausbeuter; Ärzte im allgemeinen sind egoistische Dummköpfe, die nicht erkennen, daß es müßig ist, sich anzustrengen, um die Wunden von Hunderten in einer Schlacht zu heilen, in der Millionen hingemetzelt werden.«

Aber keine Wirtschaftsordnung ist jemals entstanden oder könnte jemals entstehen, welche nicht der Einbildungskraft, den Bedürfnissen und Trieben der Menschen entspringt, die sie beherrscht. Daß die gegenwärtige Ordnung eher eine Schöpfung des Hasses als der Liebe ist, gebe ich offen zu. Sie wurde von Menschen errichtet, welche die Macht des Hasses nicht in vollem Umfang verstanden oder sie nicht zu kontrollieren wußten. Doch die Kultivierung der Liebe im Herzen des Individuums und in seinen Beziehungen zu denen, die ihm nahestehen, kann letztlich das Wirtschaftssystem verändern, in dem es und sie und andere leben.

»Die Männer der Wissenschaft stehen daher vor dem Problem, eine Methode zu entwerfen, die freundschaftliche Gefühle in der Masse der Menschheit weckt«, sagte Bertrand Russell. »Ermahnungen haben sich nicht als sehr wirksam erwiesen. (...) Ich habe eine Welt zu schaffen, in der die meisten freundschaftliche Gefühle andern gegenüber hegen könnten, aber ich glaube, daß noch Ströme von Blut fließen müssen, bevor die Inhaber der Macht eine solche Welt zulassen, und ich zweifle, ob Ströme von Blut geeignet sind, die zarte Pflanze menschlicher Freundlichkeit zu wässern.«[1]

Auf den ersten Blick könnte man glauben, jeder stimme *theoretisch* zu, daß ein solches Programm wünschenswert wäre. Doch in den letzten Jahren ist die politische Richtung von drei großen Staaten vom entgegengesetzten Prinzip bestimmt worden – dem Standpunkt Nietzsches, daß mehr Haß und weniger Liebe eine bessere Welt hervorbringen werde. Wir in Amerika, wie die Menschen in China, Großbritannien und Rußland, glauben an das, was wir Demokratie nennen, und dies bedeutet in Wirklichkeit nur, daß wir Menschen nicht herumstoßen, Haß nicht preisen wollen und daß wir lieben und geliebt werden wollen. »Morsch«, »verweichlicht«, »heuchlerisch«, »degeneriert« nennen es die Faschisten. Aber wir glauben daran. Wir leben danach. Wir kämpfen dafür. Wir sterben dafür.

Desto angebrachter ist es demnach, die Frage zu stellen: Wie

können wir – psychologisch gesehen – Demokratie erreichen? Wie
können wir bessere menschliche Beziehungen schaffen? Mit welchen Methoden können wir Liebe kultivieren und unsere entsprechenden Fähigkeiten steigern? Mit welchen Methoden können wir
unseren Haß nutzbar machen bzw. verringern?

»Die Stimme des Intellekts ist leise«, sagte Freud, »aber sie ruht
nicht, ehe sie sich Gehör verschafft hat.« Das Wissen um die Wahrheit kann keine plötzlichen, revolutionären Veränderungen herbeiführen, doch es kann uns helfen, freier, wenn schon nicht frei zu
werden. Soweit wir die Wahrheit erkennen können, ist es so, daß
Männer und Frauen um ihrer eigenen unbewußten Absichten willen nicht nur einander, sondern auch ihre Kinder frustrieren.
Wenn das, wie wir glauben, nicht unbedingt nötig ist, muß es nur
klar erkannt werden, um die Frustration wenigstens teilweise zu
verhindern.

In den früheren Kapiteln wurde impliziert, daß sich die Frustrationen der Kinder an Häufigkeit und Intensität verringern ließen
und ihre emotionale Sicherheit gestärkt würde, so daß es in ihrem
späteren Leben seltener zu Ausbrüchen von Aggressivität käme,
wenn wir ihnen eine beständigere Atmosphäre der Zuneigung
schaffen könnten. Von elementarer Bedeutung ist demnach das
Grundprinzip, daß die Fähigkeit zu Liebe und Haß in der Kindheit das Ergebnis der Einstellungen und des Verhaltens der Eltern
ist. Solange Menschen annehmen, die Haßgefühle von heute hin-
gen von Ereignissen ab, welche sich erst gestern abgespielt haben,
statt von Ereignissen, die viele Jahre zurückliegen, sind sie hoffnungslos in einen psychologischen Fehlschluß verstrickt. Außerdem erleidet das Kind die meisten Verletzungen, ohne daß sich die
Eltern bewußt sind, daß sie sie ihm zufügen, und auch das Kind
verdrängt sie ins Unbewußte, so daß es sie ebenfalls »vergißt«.
Dies schafft eine *Terra incognita*. Es ist ein Grundprinzip der modernen Psychologie, daß das Bewußtmachen von etwas bis dahin Unbewußtem, sei es durch Erziehung oder durch eine Psychoanalyse,
insofern therapeutisch wirkt, als der Bereich des Ichs erweitert
wird oder, um es philosophischer auszudrücken, die Grenzen des
Gebiets, in dem der freie Wille herrschen kann, weiter gesteckt
werden.

Ich hoffe, daß diese Erklärung die scheinbare Düsternis der

früheren Kapitel des vorliegenden Buches entschuldigt und beweist, daß sie nicht so nihilistisch sind, wie sie scheinen mochten, sondern genau das Gegenteil. Uns unserer Aggressivität bewußt zu werden, ist nicht nur der erste, sondern auch der wichtigste Schritt, um sie abzubauen und uns zu befähigen, daß wir sie durch Liebe ersetzen. Dies wiederum erlaubt uns, die Entwicklung stärkerer Liebesreaktionen und Liebesmuster bei denen zu fördern, die von uns am meisten beeinflußt werden, vor allem bei unseren Kindern.

Wie können wir die aggressiven Impulse verringern oder nutzbar machen, die das Leben des *Erwachsenen* beherrschen? Die meisten von uns haben die Kindheit hinter sich gelassen und bekämpfen nun einerseits die permanent feindseligen Strukturen im Geflecht der Zivilisation und andererseits jene permanent feindseligen Strukturen in der eigenen Persönlichkeit, die unseren nur unvollständig beherrschten Haß verursachen. Was können *wir* gegen unsere Aggressionen tun?

Ich war einmal eingeladen worden, einer Gruppe von Bewährungshelfern einen Vortrag zu halten. Als ich dasaß und mein Publikum anschaute, bevor ich aufgefordert wurde zu sprechen, malte ich mir im Geist einige Bilder ihrer Tagesarbeit aus – wie sie im Staat New York herumfuhren und auf Bewährung entlassene Gefangene aufsuchten. Ich verglich dieses berufliche Interesse für die Bewährung mit den unausgesprochenen, nirgends registrierten Konflikten, die, wie ich wußte, im Herzen dieser Bewährungshelfer selbst bestehen mußten, den Kämpfen mit Neid und Unsicherheit, den Hoffnungen auf Erfolg, den Hoffnungen auf Beförderung. Ich fragte mich: »Wer ist eigentlich nicht ›auf Bewährung‹? Und gegenüber welchen Versuchungen müssen wir uns bewähren? Sind wir nicht *alle* auf Bewährung, wenn es darum geht, unsere Aggressionen nicht den Sieg über unsere Bemühungen, sie zu beherrschen, davontragen zu lassen?« Der ehemalige Gefangene auf Bewährung ist nur eine Ausnahme, der in auffallender Weise einmal, zweimal oder öfter versagt hat und bei seinem Versagen ertappt, dann vor Gericht gestellt, bestraft und entlassen wurde und nun in seinen guten Vorsätzen bestärkt werden muß. Seine Aggressionen können wieder entwischen und unsere ebenfalls.

Wenn es uns gelingt, uns zu beherrschen – wenn es *irgend jemand* gelingt, jene Kräfte des Hasses zu beherrschen, die lebenslange

Frustrationen in ihm geweckt haben –, wie geschieht das? Wie schafft das jemand? Wie schaffen wir das überhaupt?

Zur Beantwortung dieser Fragen müssen wir noch einmal die Geschichte des Aggressionstriebs rekapitulieren:

Kaum ist ein Kind geboren, muß die Selbstversenkung, die den Fötus kennzeichnet, zu verschwinden beginnen. Es reagiert auf die Irritationen durch die Außenwelt, begegnet ihnen zunächst mit Feindseligkeit, dann mit Toleranz, schließlich mit Zuneigung. Man zieht sich von Irritationen zurück oder besiegt sie. Das Kind kann diese Objekte zu einem Teil seiner selbst machen, und wenn es das tut, entspringt dieses konstruktive Ergebnis einer Modifizierung der ursprünglich feindseligen Impulse durch die Infusion erotischer Impulse. Es bleibt natürlich viel nicht verausgabte selbstzerstörerische Energie übrig, doch durch die natürliche Ordnung der Dinge wird immer mehr Aggressionskapazität des heranwachsenden Kindes nach außen gelenkt. In einem bestimmten Stadium seiner Entwicklung übersteigt sie bei weitem die Kapazität seiner erotischen Energien, die jene neutralisieren sollen. Daher beobachten wir in der Kindheit und Adoleszenz Manifestationen unverhüllter Kriminalität, Roheit und Destruktivität. Doch danach übernehmen bei normalem Verlauf der Entwicklung die konstruktiven Energien die Herrschaft. Philantropische Regungen werden wach und alle Charakterzüge abgelegt, welche die früheren Jahre zu beherrschen schienen; die aggressive Energie wird auf Objekte gelenkt, deren Zerstörung im Interesse der Selbsterhaltung liegt. Der kleine Gesetzesbrecher wird zum Kriminalbeamten. Die eifersüchtige Schwester wird zur beschützenden Kinderpflegerin. Der Junge, der seinem kleinen Bruder den Kopf abhacken wollte, wird Chirurg. Eins der Kinder der Southard School, das wegen des Zwangs, die Garage seines Vaters niederzubrennen, zur Behandlung geschickt worden war, wurde Leiter des Brandverhütungsprogramms. Die grundlegende psychologische Motivation bei der Wahl aller Berufe entsteht an diesem Punkt der Reaktionsbildung. In die Reaktionsbildung fließt nach und nach unmittelbarer motivierte Konstruktivität ein: Motivation nicht so sehr durch das Ungeschehenmachen von Übel, sondern durch Gutes-Tun. Das Übel selbst und nicht so sehr Menschen, die als Feinde empfunden werden, wird zum Ziel der

Destruktivität, und das Individuum steht nun an der Schwelle zur vollkommenen Reife.

Im Endstadium – wenn es mit Erfolg erreicht wurde – gibt es keine Neigung zur Selbstzerstörung. Nach innen gerichtete Aggressivität verschwindet vollkommen, und äußere Aggressivität richtet sich nur gegen drohende oder bestehende Gefahren. Das reife Liebesobjekt – sofern es um seiner selbst willen und nicht als Symbol irgendeines widerstrebend aufgegebenen früheren Objekts gewählt wird – empfängt die ungeschmälerte Zuneigung, den Schutz und das Vertrauen des einstmaligen Kindes, jetzt des reifen Erwachsenen.

Das ist die schematisierte Naturgeschichte des Sieges des Lebenstriebes (Liebe) über den Todestrieb (Haß). Alle aggressive Energie – jene kleine Menge ausgenommen, die der Mensch zur Selbstverteidigung gegen wirkliche Gefahren benötigt – wird in nützliche Kanäle gelenkt und in den Dienst von Leben und Lieben gestellt. Aggression, d. h. destruktive Energie, wird so wirkungsvoll denaturiert und durch eine Verschiebung von Objekt und Modalität konstruktiv. Dieser Vorgang ist das, was ich unter *Sublimierung* verstehe.

Freud führte den Terminus ein, definierte ihn aber nie sehr genau, so daß verschiedene Vorstellungen in bezug auf seine Bedeutung existieren. In den Anfangszeiten der Psychoanalyse – bevor die destruktiven Kräfte erkannt waren – wurde er in lockerer und verschiedenartiger Weise benutzt, was sich noch immer in volkstümlichen Anwendungen spiegelt. Schließlich begann die Idee vorzuherrschen, daß es eine *Erhöhung* bedeute, wenn man an die Stelle einer sexuellen Handlung eine nicht-sexuelle Handlung setze, vorausgesetzt, sie wäre gesellschaftlich akzeptabel. Doch diese Idee fußte auf der alten und falschen Moral, wonach alles Sexuelle niedrig und gemein war und es daher moralisch überlegen, »sublimer« war, wenn es durch etwas Nicht-Sexuelles ersetzt wurde.

Wie ist es aber möglich, die Sexualität zu »sublimieren«, wenn sie das Höchste und Schönste ist, das wir kennen? Was wir sublimieren *können*, das sind unsere aggressiven Neigungen, und dies kann erreicht werden, indem ihnen Sexualität beigemischt wird.[2] Wenn zum Beispiel eine Frau, die ihren Geliebten verloren hat, zum Trost einen Pflegeberuf ergreift, so sublimiert sie, doch nicht ihre sexuellen Energien, wie man früher glaubte; ihre sexuellen Energien befähigen sie, ihre Enttäuschung, ihren Groll, ihre zerstörerischen Regungen zu sublimieren. Diese Regungen sind es, die der »Erhöhung« bedürfen. Sublimierung ist stets ein Kompromiß; es ist besser, zu lieben als zu sublimieren, aber es ist besser, zu sublimieren als zu hassen.

Müßten Aggressionen nicht nutzbar gemacht werden, dann wären Sublimierungen überflüssig. Wir würden aus reiner Liebe die Felder bestellen oder die Kranken pflegen, und ebendies glauben viele Menschen zu tun. Aber der Haß ist, ebenso wie die Armen, immer bei uns, und er absorbiert einen Teil unserer Liebesration. Bei manchen Individuen fordert er so viel, daß ihnen eine persönliche Liebesbeziehung unmöglich ist. Viele, die Clara Barton* um ihres ruhmreichen Lebens willen verehrten, deuten ihre Liebe zur Menschheit als Ersatz für die Liebe zu einem Mann, der gestorben war. Sie vergessen, daß sie diesen Mann wiederholt zurückwies, weil sie sich den Anforderungen einer Liebesbeziehung nicht gewachsen fühlte. (Abraham Lincolns Liebesgeschichte zeigt eine gewisse Ähnlichkeit.)

Das normale Individuum kann demnach als ein Mensch beschrieben werden, der seine Liebe in vollem und befriedigendem Maße bestimmten direkten Objekten zuwenden kann – in erster Linie der Ehefrau/dem Ehemann und den Kindern, einigen ihm nahestehenden Freunden, der Gesellschaft als größerer Gruppe (nicht unbestimmt, sondern spezifisch durch praktische humanitäre Aktivitäten) und schließlich solchen nicht-menschlichen Liebesobjekten, die zur Verfügung stehen und ihm etwas bedeuten. Zugleich hat er seine Aggressionen in einer Weise investiert (sublimiert), daß sie diese Liebesbeziehungen schützen, unterstützen und ihre vollere Verwirklichung fördern. Praktisch kann man sagen, daß das Liebesleben problemlos verlaufen wird, wenn die Aggressionen sinnvoll investiert, durch eine ausreichende Beimischung erotischer Elemente kontrolliert, gut »sublimiert« worden sind.

Hier können wir von den empirischen Beobachtungen der Psy-

---

* Clara Barton (1821–1912) war die Gründerin des Amerikanischen Roten Kreuzes. Anm. der Übers.

choanalytiker viel lernen. Wie ich in meinem Buch *Selbstzerstörung* berichtet habe, lassen sich die dynamischen Vorgänge in der psychoanalytischen Therapie als Herstellung einer Situation beschreiben, in der den Aggressionen, welche die Sublimierung verfehlt haben, eine neue Richtung gegeben wird. Waren sie vorher auf das Individuum selbst in Form der Selbstzerstörung oder auf Elemente in der Umwelt fehlgeleitet worden, die solche Angriffe nicht verdienten, dürfen sie nun zeitweilig gegenüber einer Person (dem Analytiker) zum Ausdruck gebracht werden, die objektiv genug ist, um wegen solcher Äußerungen nicht Vergeltung zu üben oder sie gar zu unterbinden. Der Analytiker hilft dem Patienten vielmehr, die Unangemessenheit seiner Haßinvestitionen zu erkennen, und er appelliert an seine Intelligenz, Wege zu finden, wie er wirksamer und beherrschter mit seiner Liebe und seinem Haß umgehen kann. Die Patienten fassen zunächst den Mut, ihren ganzen Zorn, ihre Bitterkeit, ihre Ressentiments und ihren blinden Haß dem Analytiker aufzubürden, und gelangen dann allmählich zu der Erkenntnis, wie sie diese Energie in logischere, sinnvollere Kanäle lenken können. Dank dem klügeren Einsatz dieses Hasses können auch die zuvor gehemmten Liebesimpulse unmittelbar zum Ausdruck gebracht werden und mithelfen, die aggressive Energie zu besänftigen, zu verändern und fruchtbar zu machen.

Dieses grundlegende psychoanalytische Prinzip wird in der modernen Psychiatrie neben der Psychoanalyse als Behandlungsmethode ständig angewendet. Wie dies technisch gegenüber dem Patienten gehandhabt wird*, braucht uns hier nicht zu interessieren, doch *daß* es geschieht, ist wichtig zu wissen, da es die Gültigkeit des Prinzips bestätigt, daß es möglich ist, das Triebgeschehen neu zu gestalten, vorausgesetzt, das Individuum hat genügend Gelegenheit dazu und verfügt über ein genügendes Maß an Einsicht.

---

* Mein Bruder William C. Menninger hat sich jahrelang der Untersuchung dieses Problems gewidmet und einige dieser Techniken in zahlreichen wissenschaftlichen Artikeln klassifiziert.[3] In der psychiatrischen Praxis wird hauptsächlich Wert darauf gelegt, Aktivitäten zu initiieren, die den Patienten befähigen, seine Aggressionen in gesellschaftlich akzeptierter Form abzubauen. Diese Methode ist bei Menschen vorzuziehen, welche die tiefenpsychologische Erkenntnis ihrer Destruktivität nicht akzeptieren können.

Indem wir der endgültigen Verteilung aggressiver Neigungen bzw. des Zerstörungstriebs nachgehen, sollten wir jenes eigentümlich menschliche Phänomen erwähnen: das Gewissen. Nach der psychoanalytischen Theorie ist das Gewissen ein verinnerlichter Zensor, der auf die Entscheidungen des Ichs in ähnlicher Weise Einfluß ausübt wie Eltern und Lehrer in der Kindheit. Ein Teil von ihm scheint bewußt zu sein und hält bestimmte Ideale aufrecht. Urteilt man aber nach den Folgen, so steht fest, daß ein größerer Teil unbewußt ist und strafend, schachernd, häufig grausam und unehrlich vorgeht. Hier ist nicht der Ort für eine ausgedehnte Erörterung von Über-Ich und Ich-Ideal – weiteren technischen Termini für das unbewußte bzw. das bewußte Gewissen. Es ist jedoch wichtig, auf die Tatsache hinzuweisen, daß die Macht, die dieser andersartige Teil des Ichs ausübt, vom Aggressionstrieb bereitgestellt wird.[4] Wie ich in meinem Buch *Selbstzerstörung* erklärt habe, ist es so, als hätten sich bestimmte Kriminelle in einer Gemeinde gebessert und wären Polizisten geworden. Aus diesem Grunde sind Menschen mit ausgeprägtem Gewissen (z. B. Cotton Mather*) so oft grausam, streng und zerstörerisch. Oft sind sie sogar mit sich selbst strenger als mit anderen, wenngleich dies für die Welt weniger wichtig zu sein scheint. Sicher werden eines Tages die angeblichen Tugenden des vom Gewissen geleiteten Handelns sorgfältiger untersucht werden, und die Überlegenheit der Intelligenz über das blinde (und korrumpierbare) Gewissen wird allgemeinere Anerkennung erlangen. Zur Zeit hieße das jedoch noch zuviel erwarten – zumal wenn man bedenkt, wie Religionslehren durch die Ausnutzung (falscher) Schuldgefühle, eingeimpft von einem herangezüchteten Gewissen, blühten und gediehen.

Wir können demnach über das Schicksal der aggressiven Energie des theoretischen »normalen« Menschen, der sie durch Liebe angemessen neutralisiert hat, folgendes sagen: Ein Teil dieser Energie ist völlig verdrängt worden; ein Teil drückt sich unmittelbar in Selbstverteidigung oder dem Beschützen anderer aus; ein Teil wird sublimiert, ein weiterer als »Gewissen« verinnerlicht. Beim weniger normalen Individuum müssen wir jenen Teil in Be-

---

* Amerikanischer Geistlicher und Schriftsteller (1663–1728); verfocht in den »Salemer Hexenprozessen« den Hexenglauben. Anm. d. Übers.

tracht ziehen, der sich in Form von Grausamkeit, Diebstahl, Mord, aufreizendem Verhalten unmittelbar gegen andere richtet, sowie jenen, der als Depression, Neurose oder Selbstmord auf das Selbst zurückfällt.

In den folgenden Kapiteln wollen wir untersuchen, auf welche Weise die aggressiven Neigungen sinnvoller eingesetzt oder, wie wir nun sagen wollen, sublimiert werden können. Diese »norma-len« zweckdienlichen Methoden sind, wie wir bald erkennen wer-den, sehr alt und wohlbekannt. Sie heißen einfach Arbeit und Spiel. Wir müssen aber auch Möglichkeiten finden, wie Liebe bes-ser investiert werden kann, denn nur in dem Maße, wie wir lieben, leben wir, und nur die Liebe vermag die Neigung zur Rückkehr in das unorganische Schweigen zu bekämpfen, aus dem wir zeitweilig aufgetaucht sind. Als Helfer der Liebe stehen uns Glaube und Hoffnung zur Verfügung. Die Mittel zum Durchbrechen des Teu-felskreises sind also Arbeit und Spiel, Glaube, Hoffnung und Liebe.

6 Arbeit

1

Unter allen Methoden, durch die aggressive Energien der Menschheit in eine nützliche Richtung gelenkt werden können, steht die Arbeit an erster Stelle. Sie mag nicht die älteste sein und ist gewiß nicht die angenehmste. Aber sie besitzt einen realistischen Charakter, der sie als die praktischste und offensichtlichste aller Sublimierungen erscheinen läßt. Nahezu jeder würde es als selbstverständlich akzeptieren, daß wir arbeiten müssen, um zu leben; nicht jeder glaubt, daß wir spielen müssen, um zu leben, oder daß wir etwas haben müssen, an das wir glauben oder das wir lieben.

Es ist ferner naheliegend und klar, daß zwischen Arbeit und Zerstörungstrieb Verbindungen bestehen. Man kann leicht erkennen, daß jede Arbeit einen Kampf gegen etwas darstellt, einen Angriff auf die Umwelt. Der Bauer pflügt den Boden; er bearbeitet ihn mit der Egge, reißt ihn auf, zerreibt ihn; er reißt das Unkraut aus, zerschneidet oder verbrennt es; er vergiftet Insekten und kämpft gegen Dürre und Überschwemmung. Gewiß, all das geschieht, um etwas zu erschaffen, und deshalb nennen wir es Arbeit und nicht Raserei. Die Destruktivität ist sozusagen spezialisiert oder wird selektiv eingesetzt, und es wird ein »Produkt« geschaffen. Doch selbst dieses Produkt muß durch mehr Arbeit aus seiner produzierenden Matrix gerissen oder geschnitten werden, mit Hilfe von Arbeitskraft zur Lagerung oder zum Verbrauch an andere Orte befördert und durch weitere destruktive Energie zur Verwendung als Nahrung oder Kleidung vorbereitet werden. Es wird geschnitten, zerstampft, gedörrt, zerrissen, verbrannt, gekocht, geflochten, gekämmt, zum Trocknen der Luft und Sonne ausgesetzt. Um Getreidespeicher zu bauen, muß man Bäume fällen oder Felsen sprengen und die Bruchstücke zu einer neuen, künstlichen Struktur zusammenfügen. Das Schmieden von Werkzeugen oder Waffen, die Herstellung von Kleidung, selbst die Fabrikation und das Aufbewahren von Geld, dem Wertsymbol, erfordern die Anwendung aggressiver Energie.

Man könnte die Schilderung fortsetzen, indem man sich in jene Bereiche begibt, wo es um die Beherrschung von Meer und Luft geht, um das Zwingen von Erde, Ton oder Metall in Formen, um die Schaffung von Energie durch die Verbrennung von Kohle, um das Schlachten von Tieren zur Gewinnung von Nahrung und Kleidung. Bei jedem Beispiel ist es dasselbe: Destruktive Energie wird einem konstruktiven Ziel nutzbar gemacht, indem man zwischen Erwünschtem und Unerwünschtem unterscheidet, das erste fördert und das andere beseitigt, unterdrückt oder verändert.

Der Leser mag sich durch die ausgewählten Beispiele ein wenig genarrt fühlen; er denkt dabei vielleicht eher an die Arbeit des Anstreichers, der Schneiderin, des Anwalts oder des Bankiers, die doch so offensichtlich destruktiv nicht erscheint. Zugegeben, über diesen Punkt kann man streiten. Einige meiner Kollegen[1] glauben, daß wir in der Arbeit ein weiteres Element erkennen müssen, das man am besten als den Drang nach Meisterung – Kontrolle, Neugestaltung, Organisation, Leitung usw. – beschreibt. Sie meinen, es handle sich bei diesem Drang um das triebhafte Streben nach der Benutzung von Geistes- und Körperkräften, das nicht durch Liebe oder Haß motiviert ist. Mir scheint jedoch dieser Drang, etwas zu meistern – sei es ein mechanisches Problem, eine komplizierte Buchungsaufgabe oder ein widerspenstiges Pferd –, *seinem Wesen nach* von dem aggressiven, destruktiven Impuls, der bewußt und zweckentsprechend eingesetzt wird, ununterscheidbar. Insoweit etwas gemeistert wird, wird irgendeine Art von Widerstand gebrochen oder überwunden. Natürlich unterscheidet sich die Destruktivität des Walfängers von der des Holzfällers, die des Holzfällers von der des Bergarbeiters, die des Bergarbeiters von der des Chirurgen – doch sie alle arbeiten *gegen* etwas im Bemühen, eine Situation zu meistern oder mit einem Material fertigzuwerden und am Ende etwas zu produzieren. Was die Arbeit von mutwilliger Destruktivität unterscheidet, ist die Modifizierung der destruktiven Energie in einer Weise, daß es gelingt, etwas zu erschaffen.

Man könnte ferner einwenden, nicht immer sei es Liebe, welche die aggressiven Energien in einer Weise modifiziert, daß sie nützlich und fruchtbar werden. Hunger, das Bedürfnis nach Schutz vor

146

den Naturkräften, die Furcht vor anrückenden Feinden – sie scheinen die beschriebenen Tätigkeiten unmittelbarer zu bestimmen. Man erinnert uns daran, daß der Mensch essen muß, um zu leben, und daß er arbeiten muß, um essen zu können. Doch dieser Einwand verliert den umfassenderen Begriff von Liebe aus den Augen, um den es in dieser Diskussion geht, so wie der andere Einwand die Aggression zu eng sieht. Das ist der alte Stolperstein der psychoanalytischen Theorie von vor zwanzig Jahren – ein Stolperstein, der viele Jahre hindurch sogar Freuds Denken verwirrte. Denn es hat keinen Sinn, die Funktion der Liebe, die unser eigenes Wohlbefinden fördert, von der Liebe zu trennen, die anderen dient. Die Liebe ist der Widerschein des Lebenstriebs, und die Liebe zu uns selbst ist aus dem gleichen Stoff wie die Liebe zu anderen; sie ist die Liebe zum Leben. Was der Mensch tut, um zu überleben, wird von derselben Liebe diktiert wie der Zwang zur Erhaltung der Art. Unmittelbarer emotionaler Anreiz mögen Furcht, Wut, Neugier, Begierde oder das Verlangen nach Wärme, Frieden und Zärtlichkeit sein, doch der Trieb ist derselbe.

Wir wollen uns also bei diesen Einwänden nicht länger aufhalten. Der wesentliche Punkt besteht darin, daß – im Gegensatz zur sinnlosen Zerstörung – die aggressiven Impulse in der Arbeit durch den Einfluß des kreativen (erotischen) Triebs gestaltet und in eine konstruktive Richtung gelenkt werden.

Die erste Arbeit des Urmenschen war das Töten. Er jagte und tötete Menschen und Tiere. Mit dieser Arbeit eng verbunden war die Anbetung, die aus Opfern und dem Bemühen bestand, die Götter zu besänftigen und *ihren* Aggressionen vorzubeugen. Mit der Entwicklung gesellschaftlicher Organisation fanden gewisse wichtige Veränderungen statt. Zwischen den Individuen mußten aus rein egoistischen Gründen Vereinbarungen getroffen werden, um unterschiedsloser Zerstörung gewisse Einschränkungen aufzuerlegen. Nach Freud war es der Vater der Urhorde, der die Herrschaft des völligen Individualismus beendete und durch seine Verbote die destruktiven Energien konstruktiven Zielen zuführte. Diese Ziele mochten in erster Linie aus *seiner*, des Herrschers Sicht als konstruktiv angesehen werden; sie wurden durch seine Macht und für seine Zwecke durchgesetzt. Gewiß, sie trugen auch zum persönlichen Vorteil der einzelnen Mitglieder der Gruppe bei, da sie ihnen ermöglichten, destruktive Energien gegen Feinde zu konzentrieren. Doch Disziplin, Gehorsam, der Aufschub persönlichen Gewinns zugunsten des Allgemeinwohls und die Beschränkung der Zerstörung auf bestimmte, genau bezeichnete Objekte wurden wahrscheinlich durch Gewalt erreicht, und obwohl sie dem Einzelnen persönliche Vorteile brachten, wurden sie nur widerwillig akzeptiert. Dieser Widerwille gegen die Macht der Autorität ist immer noch daran zu erkennen, daß Arbeit als notwendiges Übel betrachtet wird. Arbeit war insoweit kein Vergnügen mehr, wie sie nicht länger auf persönlicher Initiative beruhte. Arbeit als Plackerei – diese Vorstellung, die jeder bis zu einem gewissen Grade hegt und manche in sehr hohem Maße – hängt mit jenem Widerwillen gegen Autorität zusammen. Im Laufe der Zeit und der Entwicklung der Gesellschaft wurde diese Autorität introjiziert und die Arbeit – vorher ein freies Verströmen aggressiver Energien – mit einer Art sentimentalem Opfernimbus umgeben. Sie sollte Adel verleihen und wurde als Selbstzweck betrachtet. Aber es war immer noch »Arbeit«.

Abneigung gegen Arbeit beruht nicht nur auf dem Ressentiment wegen ihrer Notwendigkeit. Wenn wir uns fragen, was die Arbeit zur Plackerei macht, würden einige vielleicht sagen: ihre Monotonie; andere könnten meinen, daß sie mit Schmerzen oder körperlicher Anstrengung verbunden sei; daß es unmöglich sei, greifbare Resultate zu erkennen; daß sie ohne Überzeugung oder Sinn vor sich gehe; daß sie das Gefühl vermittle, von einem seelenlosen Management ausgebeutet zu werden, oder ein Gefühl der Isolierung und des Mangels an gleichgesinnter Kameradschaft. Alle diese Faktoren sind wahrscheinlich vorhanden.[2] Es wäre interessant zu untersuchen, wie es dazu kam, daß manche Menschen ständig etwas tun müssen, das hauptsächlich Plackerei zu sein scheint, während andere in der Lage sind, angenehme und sogar Freude bereitende Arbeit zu leisten, wenn man das überhaupt Arbeit nennen kann. Manche Anthropologen erklären dies damit, daß es sich ursprünglich um das Problem körperlicher Kraft handelte: Männer bevorzugten die Jagd, und sie waren stärker als Frauen. So überließen sie den Frauen (und den Sklaven) das Kochen, das Feueranmachen und andere Dinge, die sie (die Männer) nicht gern taten. »Arbeit ermüdet die Frau nur, aber den Mann richtet sie zugrunde«, lautet ein altes afrikanisches Sprichwort. Andere erklären die Spezialisierung als Folge einer Art angeborener Vorlieben, wie im Kapitel über die Weiblichkeit dargestellt. Marxisten erklären sie natürlich auf der Grundlage des ökonomischen Determinismus und mit der Macht des angesammelten Kapitals (oder, vor der kapitalistischen Gesellschaftsordnung, mit irgendeiner anderen Form organisierter Macht). Psychologen erklärten sie in der Vergangenheit auf der Grundlage der intellektuellen Leistungsfähigkeit. Diese Theorie war sehr schmeichelhaft, und solange sie galt, machten dumme, aber finanziell erfolgreiche Menschen das meiste daraus. Wahrscheinlich sind alle diese Faktoren in die qualitativen Differenzierungen spezialisierter Arbeit eingegangen. Thorstein Veblen[3] und viele andere haben dieses Problem in den letzten Jahren analysiert und sind zu verschiedenen Schlußfolgerungen gelangt.

Gerade die Vielzahl von Theorien, die das Beschwerliche der Arbeit erklären, läßt vermuten, daß keine von ihnen ausreichend ist. Wir können deshalb wagen, eine weitere Deutung hinzuzufügen, nämlich eine, die mit unseren psychologischen Theorien in Einklang steht: Vielleicht läßt sich »Plackerei« als jene Form oder jener Aspekt der Arbeit definieren, bei der oder dem die Befriedigung des aggressiven Elements nicht mit genügender Erotisierung verbunden ist, durch die der Arbeit ein gewisses Maß an bewußter Befriedigung zuteil werden könnte. Die Befriedigung durch die Arbeit kann mit ihrem Produkt zusammenhängen, zum Beispiel mit dem Vergnügen, das ein Töpfer empfindet, wenn er eine schöne Vase geschaffen, ein Schriftsteller, wenn er ein gutes Buch geschrieben hat. Sie kann auch mit der Anerkennung zusammenhängen, die ein Vorgesetzter ihr zollt, oder dem Gefühl, daß die Arbeit ihm zuliebe geleistet wurde. Das Vergnügen kann auch vornehmlich vom Gefühl der Zusammenarbeit, der Kameradschaft, des Korpsgeistes, der Brüderlichkeit herrühren. Schließlich kann es einer gewissen Erotisierung der bei der Verrichtung der Arbeit tatsächlich angewendeten Methode entstammen.* Ich erinnere

---

* Bernfeld und Hendrick legen großes Gewicht auf diesen letzten Punkt, den sie als Ursache der Befriedigung bei handwerklicher und fachlicher Tüchtigkeit, künstlerischer Tätigkeit usw. ansehen.

mich an eine Putzfrau, der ihr alltägliches Fußbodenschrubben große Freude machte. Sie war nicht nur stolz auf ihre gründliche Reinigungsarbeit oder auf die Komplimente, die ihr die Leute wegen ihrer Gewissenhaftigkeit machten: Sie *liebte* es tatsächlich, mit der Seifenlauge herumzuplanschen, und sie stürzte sich mit einer Art von vehementem Vergnügen auf die schmutzigen Fußböden. Was aber könnte für den Durchschnittsmenschen eine größere Plackerei sein als das Schrubben von Fußböden? Doch alles das sind Möglichkeiten und Wege, wie der erotische Trieb tatsächlich die destruktiven Elemente in der Sublimierung von Arbeit neutralisieren kann. »Nehmen Sie zum Beispiel die Beschäftigung der Hausfrau: Das Putzen gibt sicherlich Zeugnis von ihrem Wunsch, die Dinge für andere und sich selbst angenehm zu machen, und ist als solches eine Bekundung der Liebe zu anderen Menschen und den Dingen, die sie betreut. Doch gleichzeitig bringt sie auch ihre Aggression zum Ausdruck, indem sie den Feind, den Schmutz, beseitigt, der in ihrem Unbewußten das ›Böse‹ repräsentiert. Der ursprüngliche Haß und die Aggression, welche frühesten Quellen entstammen, können bei Frauen durchbrechen, die der Familie das Leben zur Qual machen, indem sie ständig ›saubermachen‹ – hier kehrt sich der Haß tatsächlich gegen die Menschen, die sie liebt und für die sie sorgt.«[4] Mit anderen Worten: Die Sublimierung bricht zusammen.

Obwohl diese Grundwahrheiten nahezu selbstverständlich zu sein scheinen, entdeckt man mit Verwunderung, welche divergierenden Meinungen über das Thema Arbeit herrschen. In einer Zeit, in der Milliarden Dollar ausgegeben werden, um Wirtschaftlichkeit und Produktionssteigerung zu fördern, einer Zeit, in der die Arbeit geradezu unsere Daseinsberechtigung ausmachen soll, ist es fast unglaublich, wie hartnäckig die Grundvoraussetzungen der Arbeit übersehen werden. Die psychologische Vorbedingung erfolgreicher Arbeit wird selbst von jenen nur undeutlich wahrgenommen und schlecht gehandhabt, für die sie ein Problem von überragender Bedeutung darstellt. Man beachte die dummen und kostspieligen Mißgriffe der Industrie in bezug auf die Arbeitskräfte. Indem sie sich gegen die Unternehmer in Organisationen zusammenschließen, werden die Arbeiter zu einer engverbundenen Bruderschaft und gewinnen einen furchtbaren Feind, auf den sie all ihre Aggressionen projizieren können. Die Männer an der Macht sehen darin eine Bedrohung und versuchen, ihre Position durch Kampf zu sichern, sind dann aber wegen der Verluste durch Produktionsrückgang zum Nachgeben gezwungen. Je hartnäckiger der Widerstand, desto heftiger der Kampf, bis viel von der Energie, die andernfalls in eine gesteigerte Warenproduktion eingeflossen wäre, in persönlichen Fehden vergeudet wurde. Es stimmt wahrscheinlich, daß ein Teil dieser Vergeudung unvermeidlich ist, denn der Aggressionstrieb scheint durch vollkommen unpersönliche Ziele niemals befriedigt zu werden. Daß er sich aber auf andere Zwecke richten läßt, zeigt sich daran, wie Arbeitskämpfe in Kriegszeiten unpopulär werden, wenn Arbeitgeber und Arbeitnehmer sich gegen einen gemeinsamen Feind vereinigen. Das ist in England und Rußland geschehen, und verspätet beobachten wir diese Entwicklung nun auch in den Vereinigten Staaten. Das Gefühl der Brüderlichkeit unter Arbeitern wird verstärkt, und ihre Feindseligkeit richtet sich gegen die Feinde der Nation.

Die Psychologie der Persönlichkeit ist im gesamten industriellen Bereich so diskreditiert und das Motiv des Profits als so mächtig und alles beherrschend angesehen worden, daß Befriedigung durch Arbeit nur noch nach Löhnen und Stunden eingeschätzt wurde, und zwar nicht nur von den Unternehmern, sondern auch von den Beschäftigten selbst. Vom psychologischen Standpunkt aus könnte es allerdings den Anschein haben, als wären die sich wiederholenden Industrie- und Wirtschaftskrisen bis zu einem gewissen Grad das Resultat tiefer Unzufriedenheit und Enttäuschung über die Arbeit auf seiten sowohl der Unternehmer als auch der Beschäftigten. Wo die Psychologie im industriellen Bereich angewendet wurde, benutzte man sie allzuoft als bevormundendes aggressives Hilfsmittel, um gewisse offensichtliche Mißstände zu verewigen oder notdürftig zu flicken. Nur Lippendienste erweisen wir der Vorstellung, Produktions- und Gewinnsteigerung ließen sich durch konstruktive Reorganisation der Arbeiterschaft und durch Umlenkung von Aggressionen erreichen, und beide Seiten blicken hoffnungsvoll auf die Regierung, die Abhilfe und Unterstützung bieten soll.

Im Rahmen einer außerordentlich wichtigen Untersuchung einer kleinen Gruppe von Arbeitern der Western Electric Company, durchgeführt von einigen Psychologen[5], wurde fünf Jahre lang die Produktivität täglich überprüft und allen möglichen Bedingungen gegenübergestellt, welche die Beschäftigten beeinflußten – ihre Gesundheit, ihre Arbeitsbedingungen, ihre häuslichen Verhältnisse, ihre Einstellungen und ihre allgemeine Moral. Von den vielen Ergebnissen ist für unser Thema der folgende Sachverhalt am bedeutungsvollsten: Welche Veränderungen in den Arbeitsbedingungen, den Managementmethoden, den Arbeitszeiten usw. auch immer vorgenommen wurden, Effizienz und Produktion steigerten sich unmittelbar und merklich, solange deutlich war, daß die Veränderung zugunsten der Arbeiter erfolgen sollte.

Volkswirtschaftler bestreiten nicht, daß Störungen in der Industrie auf fundamentalen menschlichen Konflikten beruhen. Der dynamische Charakter dieser Konflikte ist ein legitimer Untersuchungsgegenstand für Psychiater, doch diese haben sich weitgehend auf die Untersuchung von Individuen und deren neurotischer Einstellung zur Arbeit beschränkt. Die Unfähigkeit, zu spielen, führt manche Menschen zum Psychiater, die Unfähigkeit, zu arbeiten, eine noch größere Anzahl. Die oben aufgestellten allgemeinen Grundsätze werden durch folgende Fallbeispiele überzeugender wirken.

2

Im Fall von Alan McLore war es ganz klar, welche Funktion die Arbeit bei der Bewältigung der Aggression hatte. Er entstammte einer von Armut gezeichneten schottischen Familie. Er verließ sie aber, weil nicht genug Nahrung für alle Kinder da war, mit vierzehn Jahren und ging in die Vereinigten Staaten. Durch Ausdauer und harte Arbeit erwarb er den Grad eines *Bachelor of Science* und stieg nach und nach zum technischen Berater eines großen Autoreifenherstellers auf. Hier wurde er von der Direktion wie von den Arbeitern hoch geschätzt; erstere erkannte seine Fähigkeiten, letztere schätzten seine Ehrlichkeit und Freundlichkeit. Er war ein unermüdlicher Arbeiter, erschien sehr früh am Morgen in seinem Labor und arbeitete oft bis spät in die Nacht, obwohl dies weder in seinem Arbeitsvertrag vorgesehen war noch von seinen Vorgesetzten erwartet wurde. Als ich ihn zum erstenmal sah, bekleidete er diese Position seit zwanzig Jahren.

Der angebliche Grund, weshalb er psychiatrischen Rat suchte, war seine Depression. Er war überzeugt, daß es weder in seinem Privatleben noch in seinem Beruf irgend etwas gab, woraus sie sich erklären ließ. Er war glücklich verheiratet, liebte seine Kinder und genoß vollständige wirtschaftliche Sicherheit. Er liebte seine Arbeit und war, wie ich erwähnte, erfolgreich und anerkannt. Trotz alledem erwachte er jeden Morgen mit dem Gefühl tiefer Müdigkeit. Er ging widerwillig zur Arbeit, zweifelte an seiner Fähigkeit, die vor ihm liegenden Probleme zu lösen – ein Zweifel, der keineswegs durch frühere Erfahrungen gestützt wurde. Er fühlte sich nicht in der Lage, soviel Arbeit zu leisten, wie er sollte. Gewiß, wenn der Tag voranschritt, legte sich seine Müdigkeit eher, als daß sie anstieg, doch er fühlte sich ständig verpflichtet, sich zur Arbeit zu zwingen, und er bemerkte allerlei Störungen bei dem, was reibungslos und nahezu automatisch hätte vor sich gehen sollen. Er glaubte zum Beispiel seine Laborausrüstung nicht zufriedenstellend vorbereiten zu können und ließ dies von seinen Assistenten ausführen; er konnte keine Briefe diktieren und setzte sie handschriftlich auf, dann zerriß er sie unzufrieden. Er konnte seine Fachzeitschriften nicht lesen und ertappte sich dabei, daß er sich zunehmend dem zuwandte, was er früher als seichte und kitschige Literatur betrachtet hatte. Er wurde von der Frucht ergriffen, Geld (sein Gehalt) unter falschen Voraussetzungen zu erhalten – daß er es nicht verdiente. Dann stellten sich körperliche Symptome ein; er konsultierte der Reihe nach verschiedene Ärzte, die seine Depression und die Arbeitsprobleme auf irgendeine körperliche Ursache zurückzuführen versuchten. Er wurde auf Magengeschwüre, hohen Blutdruck, Drüsenstörungen, Allergien, Prostatavergrößerung und vieles andere behandelt – keine dieser Behandlungen nützte ihm etwas.

Jedem Psychiater wird dieses Bild vertraut sein. Aus solcher Sachlage heraus gehen Patienten ständig zu Ärzten, wenden sich der Religion zu, suchen Glaubensheiler auf oder werden drogensüchtig. Denn ein solcher Patient ist niemals über das deprimiert, worüber er deprimiert zu sein *glaubt*, noch leidet er an der Krankheit, die er zu haben glaubt. Er weiß nicht, weshalb er deprimiert ist; er weiß nur, daß er sich schlecht fühlt und nicht arbeiten kann. Manchmal glaubt er deprimiert zu sein, weil er nicht arbeiten kann, und erfährt schließlich vom Psychiater, daß er nicht arbeiten kann, weil er deprimiert ist.

Die ganze Erklärung des Problems liegt darin: Diese Menschen leiden unter ungeheuer starken aggressiven Impulsen, die sie mit Hilfe langgeübter Selbstdisziplin und gewissenhafter Erfüllung aller Anforderungen der Notwendigkeit, durch völliges Aufgehen in ihrer Arbeit zu meistern gelernt haben. Fast immer können sie nicht spielen; sie betrachten Entspannung als etwas Triviales, sogar Schlechtes; sie arbeiten mehr, als aus wirtschaftlichen Gründen nötig wäre, und akzeptieren für ihre Arbeit eine geringere Entlohnung, als sie wert ist. Ihr Liebesleben ist kärglich und unbefriedigend, und sie genießen es nicht. Andererseits treiben sie sich selbst in die Überarbeitung und glauben, sie zu genießen. Und in der Tat genießen sie sie mehr, als dies bei der Angst der Fall sein würde, unter der sie zu leiden hätten, wenn sie ihre Aggressionen nicht auf solche Weise äußern könnten. Diese Form von Arbeit ist jedoch keine echte Sublimierung. Oder vielleicht sollten wir sagen, sie ist nicht in vollem Umfang Sublimierung – sie ist zum Teil Zwang. Mit Zwang meine ich, daß es sich nicht mehr um eine automatische, angemessene Umleitung der aggressiven Energie in nützliche Kanäle handelt; es ist der zum Teil neurotisch bestimmte Versuch, sich dieses Mittels übermäßig zu bedienen und es so überzubewerten. Das Problem ist nur, daß es niemals ganz genügt; nicht zum Ausdruck gebrachte Aggressionen häufen sich allmählich an und werden durch den mit der Überarbeitung verbundenen Groll verschärft, bis sie ins Bewußtsein einzubrechen drohen. Derartige Menschen sind im typischen Fall außerstande, die Aggression unmittelbar zu äußern, und so lenken sie die überschüssige aggressive Energie auf sich selbst zurück. Dieser Zustand macht sich bemerkbar durch Leiden (Depression, körperliche Krankheiten), In-den-Hintergrund-Treten, Selbstverleugnung und in besonders bösartiger Weise dadurch, daß die bisherige Methode der Aggressionsverhüllung, die Sublimierung durch Arbeit, nun nicht mehr funktionieren will.

Solche Zusammenbrüche eines bis dahin wirksamen Musters treten wahrscheinlich nicht nur wegen angehäufter unterdrückter

Aggression ein, sondern auch wegen einiger unbemerkter emotionaler Störungen, für die solche Menschen besonders anfällig sind. Herr McLore war zwar von seinen Vorgesetzten, seinen Kollegen und seinen Untergebenen immer sehr bewundert worden, doch da er stets so eifrig mit seiner Arbeit beschäftigt war, hatte er unter ihnen keine wirklichen Freunde. Tatsächlich schien er von seiner Arbeit so in Anspruch genommen, daß er nicht in dem Maße von der Direktion ins Vertrauen gezogen wurde, wie es hätte der Fall sein sollen oder wie er es wünschte, doch wäre er der letzte gewesen, der sich über diese Vernachlässigung beklagt hätte. Er hatte sich sogar seinen Groll nur in ganz geringem Maße bewußt werden lassen. Dies und auch die Tatsache, daß er nicht darüber sprechen konnte, war sehr schade, da angesichts der nachfolgenden Entwicklung kein Zweifel besteht, daß ihm sogar mehr gegeben worden wäre, als er gehofft hätte.

Was die Dinge auf den Höhepunkt trieb, war eine Änderung der Firmenpolitik, welche die Forschungsvorhaben Alan McLores in eine andere Richtung lenkte. Verstandesmäßig begrüßte er diese Änderung, aber er fühlte sich übergangen, weil man ihn erst informierte, nachdem die Entscheidung gefallen war. Er glaubte, es sei nicht genügend Rücksicht darauf genommen worden, ob er die neue Lage würde meistern können. Er sah darin einen Hinweis, daß er nicht ausreichend gewürdigt wurde, und er fand dies dadurch bestätigt, daß sein Gehalt zehn Jahre lang nicht erhöht worden war, obwohl die Firma große Gewinne gemacht hatte. Er hatte auch niemals ein Wort darüber verloren; doch wie er später erfuhr (nachdem er soweit gebracht worden war, daß er mit dem zuständigen Direktor offen über seine Gefühle sprechen konnte), war ihm sein Schweigen zum Verhängnis geworden, denn die Direktion hatte bezeichnenderweise angenommen, daß er zufrieden wäre und keine Gehaltserhöhung erwartete. In der Tat hatte er ebendies mehrmals geäußert, und er galt als so ehrlich, daß niemand vermutete, er sei in diesem Punkt unehrlich gegenüber sich selbst.

Man sieht, wie falsch es wäre, von einem solchen Mann zu sagen, er sei arbeitsunfähig gewesen, weil er depressiv war oder depressiv, weil er arbeitsunfähig war, und wie falsch es überdies wäre zu meinen, alles wäre durch eine Gehaltserhöhung in Ordnung zu bringen gewesen. Er war absolut unfähig, eine Erhöhung zu akzeptieren – sie hätte ihn nur noch stärker fühlen lassen, daß er nicht verdiente, was man ihm zahlte. Der Kern des Problems bestand darin, daß dieser Mann die Sublimierungsfunktion der Arbeit überschätzte. Das Gefühl, nicht gewürdigt und entsprechend belohnt zu werden, begann natürlich in seiner Kindheit, einer für ihn sehr harten und bitteren Zeit. Einige Jahre lang wurden diese Ressentiments durch eine erfolgreiche Sublimierungsmethode in Schach gehalten und blieben unerkannt; schließlich wurden sie aber zu stark und drohten den Schutzwall niederzureißen. Zu diesem Zeitpunkt wurden Depression, Selbstentwertung und körperliche Leiden als Notwehrmaßnahmen eingesetzt – und das betrachten wir als Krankheit.

Wenn ich von Zeit zu Zeit im *New Yorker* die Personenbeschreibung irgendeines erfolgreichen Mannes lese, der durch harte Arbeit von bescheidenen Anfängen zu großem Reichtum, Macht und Einfluß gelangt ist, denke ich an die vielen Fälle aus meiner Praxis, die anders endeten. Nachdem sie einen ähnlichen Erfolg errungen hatten, versuchten sich diese Menschen ins Privatleben zurückzuziehen und das Nichtstun zu genießen. Statt dessen brachen sie körperlich oder seelisch zusammen und starben oft vorzeitig. Nichts zeigt besser als dieses Phänomen, wie notwendig die Arbeit – ganz unabhängig von wirtschaftlichen Gründen – aus psychologischen Gründen ist.

Ich erinnere mich beispielsweise an den Fall von Sam Snow. Wenn ich wahrheitsgetreu über ihn berichtete, würde er von vielen Lesern erkannt werden, und indem ich seine Identität verschleiere, muß ich seine tatsächlichen Fähigkeiten etwas schmälern. Doch als ich ihn zum erstenmal sah, lag er in einer luxuriösen Hotelsuite von Kissen umgeben auf eine Chaiselongue gebettet. Sein Gesicht war von Schmerzen verzerrt – Schmerzen, welche in vielen ärztlichen Konsultationen nicht mit einem organischen Leiden in Verbindung gebracht werden konnten. Krankenpflegerinnen und Hausangestellte, die nur auf seinen Wink warteten, huschten umher. Verwandte – einige von ihnen besorgt, einige gelangweilt, einige offen feindselig – bewohnten die angrenzenden Räume oder standen telefonisch oder durch Boten mit ihm in Verbindung.

Ich hatte von Sam Snow, seinen außerordentlichen Fähigkeiten im Geschäfts- und Finanzleben, seinem Scharfsinn, seiner Klugheit und seinem Reichtum gehört und war kaum darauf vorbereitet, ein so jammervolles Exemplar eines Mannes zu sehen. Als ich das Zimmer betrat, streckte er müde die Hand aus, begrüßte mich aber mit einer beinahe kindlichen Erwartung. Er begann mir sofort die unglaublichen Qualen zu beschreiben, die er durchlitt. Er legte die Hände auf verschiedene Körperteile. In vagen, aber sehr emphatischen Ausdrücken versuchte er eine Vorstellung von den Schmerzen zu vermitteln, die er empfand. Er versicherte mir, daß niemand wisse, was er durchgemacht habe, daß sein Puls rase, sein Herz fast zerspringe, seine Gedärme »zugesperrt« seien; der Schmerz durchbohre seine Brust wie ein Messer; seine Glieder zitterten, als habe man mit Keulen auf sie eingeschlagen; er stehe vor einem seelischen Zusammenbruch, weil niemand ihm glauben wolle, daß er wirklich litt. Scharen von Ärzten hätten ihn untersucht, aber keiner hatte ihm helfen können. Eine berühmte Klinik hatte seinen Fall studiert und ihn (wie er ständig wiederholte) für den einzigen seiner Art erklärt. Ein namhafter New Yorker Spezialist hatte Herrn Snow den kränksten Mann genannt, den er je gesehen habe.

Ich erfuhr, daß er trotz der ständigen Beschäftigung mit seinem »Nervenzusammenbruch«, den »unerträglichen Schmerzen« und seinem bevorstehenden Tod gut aß, regelmäßig dicke Zigarren rauchte, pünktlich um acht Uhr auf der Toilette war, um Stuhlgang zu haben, und daß er unmittelbar darauf um ein Abführmittel und dann um andere Medikamente bat. Wenn man ihm diese nicht brachte, wurde er sehr gereizt und ließ seine schlechte Laune an allen aus, die um ihn waren; er behauptete, sie versuchten nicht, ihm zu helfen; sie wünschten nicht, daß er gesund würde; sie glaubten nicht, daß er krank sei. Mit viel Mühe konnte man ihn überreden, einen kurzen Spaziergang zu machen, wobei er aber die meiste Zeit lautstark darauf bestand, in sein Appartement zurückzukehren.

Ich könnte diesem Bild, bei dem sich komische und tragische Elemente miteinander verbanden, noch viele weitere Einzelheiten hinzufügen. Beim Laien erwecken solche Fälle den Eindruck von Simulation und Betrug. Aber dieser Mann war kein Schwindler – er war tatsächlich einer der kränksten Menschen, die ich je gesehen habe, obwohl sein Leiden nicht organischer Art war.

Sam Snow war zweiundsechzig Jahre alt, als ich ihn kennenlernte. Er hatte mehr (sagen wir einmal:) landwirtschaftliche Geräte hergestellt als irgend jemand anders in der Welt. Neben Fabriken in vielen zivilisierten Ländern besaß er Kohlengruben, Holzlager, unberührte Waldgebiete, und ich weiß nicht, was sonst noch. Ich vermute, daß er nur eine allgemeine Vorstellung vom genauen Umfang seiner Besitztümer hatte; tatsächlich interessierte er sich überhaupt nicht für sie.

Als Junge war er gezwungen gewesen, die höhere Schule zu verlassen, um arbeiten zu gehen, und er fand eine Stelle für neun Dollar die Woche auf einem Lieferwagen. Schon nach kurzer Zeit machte man ihn zum Gehilfen in der Versandabteilung, dann zum Vorarbeiter in einer anderen Abteilung des Werkes, usw. usw. Er arbeitete sehr, sehr hart. Er beteiligte sich an keinerlei sportlichen Aktivitäten, und er hatte keine Liebhabereien; nicht einmal ein gesellschaftliches Leben schuf er sich. Er heiratete fast im Eiltempo, als er etwa siebenundzwanzig Jahre alt war; wenige Jahre später ließ sich seine Frau von ihm scheiden. Nach seiner Heirat arbeitete er noch eifriger; er war so zurückgezogen und schweigsam, daß seine Kollegen ihn »Sam der Schweiger« zu nennen begannen, ein Spitzname, den er zeitlebens behielt.

Von diesem Zeitpunkt an vollzog sich sein Aufstieg im Geschäftsleben ebenso wie der vieler anderer Industriemagnaten. Jeder neuen Entwicklung oder Aufgabe widmete er sich mit ungeheurer Energie und Intensität. Wegen seiner Bildungslücken, die er stark empfand, beschloß er, Latein und Griechisch zu lernen; schließlich konnte er beide Sprachen lesen. Während der Errichtung von Zweigbetrieben in Frankreich studierte er intensiv Französisch, so daß er in sechs Monaten französische Zeitungen und Bücher, wie er behauptete, ebenso leicht lesen konnte wie das Englische. Er lernte auch Deutsch und Italienisch. Weil die Herstellung eines bestimmten chemischen Produkts für sein Unternehmen wichtig war und er niemals Chemie studiert hatte, entschied er, daß er davon etwas verstehen müsse, und stürzte sich so nachdrücklich in dieses Vorhaben, daß er ein recht tüchtiger Chemiker im Bereich der Forschung wurde und ein Patent für einen chemischen Prozeß erwarb, den er entdeckt hatte. Er war immer sehr stolz auf seine Körperkraft, obwohl er über keinen besonders hervorragenden Körperbau verfügte. Er lehnte es ab, mit dem Auto zu fahren, sei es zur Arbeit oder auch um seine Besitzungen zu kontrollieren, und ging oft an einem Tag dreißig Meilen zu Fuß. Er wußte nicht, was Müdigkeit war. Mit dreiundfünfzig Jahren begann er Golf zu spielen, und dank seinem typischen Einsatz und seiner Ausdauer wurde er ein so geschickter Spieler, daß er zweimal die achtzehn Löcher mit siebzig Schlägen schaffte.

Viele weitere erstaunliche Leistungen könnten angeführt werden, aber ich möchte lediglich vermitteln, daß dieser Mann sogar sein Spiel in Plackerei verwandelte. Er mußte alles zu Arbeit machen, und zwar zu harter Arbeit. Es war seine Leidenschaft, Dinge zu meistern. Was zum Beispiel das Golfspiel anging, so berichtete man mir, daß er einundzwanzig Tage lang hintereinander zehn Stunden täglich den Gebrauch des Mashies übte, ohne einen anderen Schläger zu berühren und ohne den ausgedehnten Rasen seines Anwesens zu verlassen. Er kaufte fünfhundert Golfbälle, blieb auf einem Fleck stehen und arbeitete geduldig vor sich hin, bis er den Schlag vervollkommnet hatte.

Sein Neffe erzählte mir, daß er sich erinnerte, wie verschreckt er war, wenn er als kleiner Junge seinen Onkel besuchte, der zwar großzügig und an ihm wirklich interessiert war, aber sofort anfing, ihn mit Fragen über Geschichte, Mathematik, Chemie oder was ihn sonst im Augenblick zufällig beschäftigte, zu bombardieren. Dann trieb er den Jungen an, sich der einen oder anderen Sportart zu befleißigen, die auf dem Anwesen möglich war, und wenn er sich gegen solche kraftvollen Spiele wehrte, wandte sich der Onkel angewidert ab und nannte ihn einen Schlappschwanz.

Dieser Mann hatte mit achtundfünfzig Jahren versucht, sich aus dem aktiven Berufsleben zurückzuziehen. Er übergab die Leitung seiner meisten Unternehmen verschiedenen seiner älteren Angestellten und machte sich daran, einige Pläne in die Tat umzusetzen, die er seit langem für sein Alter gemacht hatte, aber nichts davon gelang. Das Golfspiel begann ihn zu langweilen. Sein Landgut war bereits vollkommen ausgestaltet und gepflegt, so daß an ihm nichts mehr zu tun blieb Er konnte niemand seines Alters finden, der dem Bergsteigen, wie er es genoß, gewachsen war, und er wanderte nicht gern allein. Er war so sehr mit seiner Arbeit beschäftigt gewesen, daß er nur wenige persönliche Freunde hatte, und er wußte auch nicht, wie man mit Gästen umging, zumal er Trinken und Glücksspiele ablehnte. Er war sein Leben lang geschäftlich umhergereist und fühlte sich ruhelos und unbehaglich, wenn er nicht zu Hause war. Die freie Zeit lastete schwer auf ihm.

Dann fing er an, krank zu werden – zunächst nicht ernstlich, doch mit geringfügigen Symptomen, die ihn beschäftigten und ihn von Arzt zu Arzt und vom Krankenhaus in den Kurort führten, um »in Form gebracht zu werden«, damit er sein Programm der Muße und des Privatlebens aufnehmen konnte, auf das er sich all die Jahre hindurch gefreut hatte. Doch statt gesund zu werden, ging es ihm zunehmend schlechter. Er hatte an jedem Arzt und an jeder vorgeschlagenen Therapie etwas auszusetzen. Er wurde immer reizbarer, düsterer und war von der Idee besessen, daß sein Herz im Begriff war stillzustehen oder daß sein Körper von unheilvollen Leiden heimgesucht würde. Überzeugt, daß seine Kinder ihm kein Mitgefühl entgegenbrachten, wohnte er im Hotel, wenn er sich nicht im Sanatorium befand, schrieb ihnen traurige, vorwurfsvolle Briefe, die zum Inhalt hatten, daß er ein sehr kranker Mann sei, fast an der Schwelle des Todes, und daß sich seine Familie offenbar überhaupt nicht um ihn sorge und wahrscheinlich sogar hoffe, er würde sterben, so daß sie ihn loswäre und sein ganzes Geld bekäme. Wenn ihn Verwandte besuchten und ihm Mut zusprachen oder ihn drängten, spazierenzugehen, beschuldigte er sie, für seine Gebrechen blind zu sein; blieben sie weg, beschuldigte er sie, ihn zu vernachlässigen. All die ungeheuren Energien, die ein gigantisches Handelsimperium geschaffen hatten, waren nun in einen trübsinnigen Bürgerkrieg verwickelt, ohne daß ein Frieden in Sicht war.

Es tut mir leid, nicht berichten zu können, daß Sam Snows aggressive Energien durch psychiatrische Methoden neuen, befriedigenden Sublimierungen zugeleitet werden konnten – kurz gesagt, daß er gesund wurde. Ein Mann, der gegen so ungeheure Aggressionen angekämpft und sie nur mit Hilfe enormer Bemühungen um Sublimierung und Beherrschung seiner selbst und anderer gebändigt hatte, war schließlich an einem Punkt angelangt, wo er nicht länger in dieser Form weitermachen konnte und immer mehr in Gefahr geriet, überwältigt zu werden. Sich dem zu stellen, war für ihn zu schmerzlich und gefährlich. So zog er es vor, weiterhin davonzulaufen.

3

Der Durchschnittsmensch mag annehmen, daß bei Patienten, die wegen relativ geringfügiger Leiden zur Behandlung in ein Sanatorium gehen, das große Problem darin bestünde, sie zu beschäftigen, ihnen ihre Mußestunden ausfüllen zu helfen. Es wird deshalb wahrscheinlich viele überraschen, wenn ich sage, daß das große Problem in jedem gutgeführten Sanatorium darin besteht, die Patienten dazu zu bewegen, daß sie *irgend etwas* tun! Die Einrichtung mag zehnmal soviel Beschäftigungsmöglichkeiten bieten, als sich der durchschnittliche Patient auch nur auszudenken vermöchte, doch trotz aller Bemühungen des ärztlichen Leiters, der Ärzte, des Pflegepersonals und der Therapeuten, trotz aller Pläne, Verordnungen und Anreize – einigen Patienten gelingt es mit unheimlicher Geschicklichkeit, jeder Gelegenheit zur Unterhaltung und Erholung, zu sportlicher oder handwerklicher Betätigung und all den anderen so sorgfältig für sie geplanten Beschäftigungen aus dem Wege zu gehen. Im Augenblick denke ich an ein recht charakteristisches Beispiel – den Sohn des Präsidenten eines großen Konzerns. Obwohl der Patient einen älteren Bruder hatte, hoffte er, schließlich die Nachfolge des Vaters in der Leitung des Unternehmens anzutreten. Doch bis zu seinem fünfunddreißigsten Lebensjahr hatte er sich niemals konsequent einer Aufgabe gewidmet. Verschiedentlich hatte er für kurze Zeit in den Direktionsbüros des väterlichen Werkes gearbeitet, aber er wurde bald durch das irritiert, was er für das schlechte Management seines Vaters hielt, und geriet entweder in heftige Auseinandersetzungen mit dem Vater oder vernachlässigte seine Pflichten und gab sich alkoholischen Exzessen hin oder faulenzte ausgiebig in Kalifornien oder Florida. Er kam wegen heftiger Kopfschmerzen ins Sanatorium, die nach Ansicht der Ärzte emotionalen Ursprungs waren und mit seiner ungeheuren Wut auf den Vater zusammenhingen – einer Wut, die zwar gelegentlich nicht ganz unberechtigt war, diesem indolenten Sohn jedoch kaum zustand.

Es war leicht zu erkennen, daß seiner Indolenz ebenso wie seinen Kopfschmerzen eine gegen den Vater gerichtete emotionale Reaktion, gemischt aus Furcht und Haß, zugrunde lag. Doch es war interessant zu beobachten, wie sich diese Einstellung während seines Sanatoriumaufenthalts auswirkte. Obwohl er sehr darauf bedacht war, gesund zu werden, und ernsthaft und kooperativ an jeder Behandlung mitarbeitete, die unmittelbar vom Arzt überwacht wurde – einschließlich zum Beispiel seiner psychoanalytischen Gespräche –, hielt er alles andere, was im Sanatorium vor sich ging, für unwichtig. Immer wieder versicherte er, gesund werden und nach Hause zurückkehren zu wollen. Während der vielen Monate seiner Behandlung kam es nur selten vor, daß er einen Finger rührte, um etwas Konstruktives zu tun, selbst wenn die Ärzte ihn um seiner Gesundheit willen dazu drängten. Er lief fünf oder zehn Meilen am Tag, um sich Bewegung zu machen, aber er hob keine Schaufel Erde auf, fertigte nicht eine einzige Marionette an. Gelegentlich spielte er Tennis, aber er dachte niemals daran, den Tennisplatz zu walzen. Er spielte Bridge, bis er Kopfschmerzen bekam, stellte aber weder einen Bridgetisch auf, noch veranstaltete er ein Bridge-Turnier, um den anderen Gästen eine Freude zu machen. Obwohl seine Bildung in vieler Hinsicht ergänzungsbedürftig war, weigerte er sich, irgendwelche Kurse zu besuchen. In den ersten zehn Monaten seines Aufenthalts verbrachte er insgesamt nur vier Stunden in den verschiedenen Werkstätten.

Gegen Ende seiner Behandlung, als die durch seine Hemmungen aufgestauten Energien sich zu entladen begannen, nahm er in zunehmendem Maße Anteil an den Dingen, denen er so lange aus dem Wege gegangen war. Es ist ein oft beobachtetes Paradox, daß der Patient, sobald er tatsächlich anfängt, die Möglichkeiten der psychiatrischen Behandlung in vollem Umfang zu nutzen, sich dem Punkt nähert, wo er auf sie verzichten und nach Hause zurückkehren kann.

Ausnahmefälle veranschaulichen ein Phänomen oft lebendiger als typischere Routinefälle. Wahrscheinlich leiden drei Viertel der Patienten, die zum Psychiater kommen, unter einer Beeinträchtigung ihrer Arbeitsfreude oder Arbeitsfähigkeit. Bei vielen ist das die Hauptbeschwerde. Im Fall einer Frau, die ich Scoville Mayer

nennen will, war es praktisch die einzige Klage. Lassen Sie mich
aus ihrem ersten Brief zitieren:

»Ich bin von Beruf und Neigung Schriftstellerin. Zwölf Jahre
lang bin ich dem glücklich und äußerst befriedigt nachgegangen.
Ich habe ein Dutzend Romane und mehrere hundert Kurzgeschichten geschrieben und veröffentlicht. Jetzt befinde ich mich in
der schmerzlichen Lage, daß ich nicht mehr schreiben kann, obwohl ich für diese Tätigkeit nie so gut ausgerüstet noch so begierig
war, sie auszuüben.

Was mein Hausarzt in Wirklichkeit davon hält, kann ich nicht
herausbekommen, doch er riet mir zu reisen. Ein gut Teil meines
Erwachsenenlebens habe ich eben damit zugebracht, und es macht
mir viel Freude, so daß es sich nicht um ein unangenehmes Rezept
handelt. Doch ich habe es ausgiebig versucht und kann immer
noch nicht schreiben. Trotzdem erzeugt mein Geist dieselbe Ener-
giemenge, die in vergangenen Jahren in eine ungeheure Wortpro-
duktion einfloß – der Unterschied ist, daß sie jetzt irgendwie innen
bleibt, und ich leide unter dem, was ich nur als eine zuzeiten ganz
unerträgliche Spannung bezeichnen kann.«

In ihrem Brief beschreibt sie dann einige der verschiedenen Be-
handlungsformen, denen sie unterworfen wurde. Eine gründliche
Untersuchung von Frau Mayer zeigte, daß sie einen sehr hohen
Blutdruck, doch keine weiteren körperlichen Symptome aufwies.
Soviel ihr bekannt war, hatte sie keine Ängste oder andere »psy-
chische« Symptome, mit Ausnahme der Spannung, die sie be-
schrieben hatte, und der Depression wegen ihrer Unfähigkeit, ihr
Talent zu nutzen.

Um ein klares Bild davon zu geben, wie sie sich in jener Zeit
fühlte, zitiere ich, wie sie es nachfolgend beschrieb:

»Ich besaß einen klaren, unmittelbar auffassenden Denkappa-
rat. Ich konnte eine Situation sofort überblicken, sie mit einem
Blick beurteilen, genau erkennen, was zu tun war, und mich daran-
machen, es zu tun. Ich konnte mehrere Dinge zu gleicher Zeit tun.
Damit will ich sagen, daß ich Organisationsfähigkeit besaß. Ich
konnte vorausdenken, die Dinge als Ganzes erfassen, sie in meinem
Geist ordnen und in Bewegung setzen. Ich hatte jene armen un-
tüchtigen Leute recht von oben herab angesehen, die niemals mehr
als eine Sache auf einmal erledigen konnten.

Als ein Mittel, meine Selbstüberhebung zu besiegen, war die Erfahrung, die ich machte, von unübertrefflichem Wert. Meine Unfähigkeit, eine Aufgabe zu erfüllen, war horrend. Ich konnte nicht ohne große Mühe eine Decke über die Couch breiten. Ich konnte kein einfaches Mittagessen zubereiten, wenn ich nicht sehr früh damit anfing und mich gewaltig anstrengte. Das schlichte Vorhaben, an ein Hemd einen Knopf anzunähen, wuchs für mich zu kolossaler Größe. Und so sah es dann aus: Ich arbeitete verzweifelt anderthalb Stunden, um eine Nadel einzufädeln, einen kleinen Knopf aufzuheben, ihn gegen ein Stück Stoff zu halten, die Nadel einzustechen, sie durchzuziehen und den Vorgang dann zu wiederholen.

Ich weinte aus schierer Verzweiflung und Wut, weil ich eine so simple Sache nicht fertigbrachte. Und am Ende des Tages – und lange vorher – war ich völlig erschöpft und hoffnungslos.«

Statt die Kindheit dieser Frau im einzelnen zu beschreiben, will ich berichten, was sich während ihrer Kontakte mit mir zutrug. Zunächst war sie genauso hilflos, wie sie es selbst beschreibt. Sie war freundlich und kooperativ, aber völlig außerstande, mir irgendeine vernünftige Erklärung für ihre Willenslähmung zu geben. Nach einigen Tagen, in denen sie mir ihr Leben in großen Zügen geschildert hatte, erzählte sie mir, daß sie von einem Namen verfolgt wurde, der ihr nichts sagte, der aber immer wiederkehrte. Es war der Name Horatio. Sie hatte an »Horatio auf der Brücke« (eigentlich »Horatius«) gedacht, an Horatio Alger, der soviel schrieb, an »her ratio« (ihre Vernunft), was sich möglicherweise darauf bezog, daß sie nicht soviel zu leisten vermochte wie ihr Bruder, der ebenfalls kreativ tätig war. Plötzlich äußerte sie eine seltsame Abneigung zu reden und fragte, ob sie Bleistift und Papier haben könne. Ich gab ihr beides, und sie begann sonderbare Linien, Figuren und Kritzeleien zu zeichnen, ohne viel darauf zu achten, was sie tat. Unvermittelt fing sie an, einige kurze Sätze in einer großen kindlichen Schrift zu schreiben, die mit ihrer natürlichen Handschrift keinerlei Ähnlichkeit hatte. Nachdem sie eine Seite vollgeschrieben hatte und im Begriff war zu gehen, bat ich sie, das Geschriebene vorzulesen. Sie tat es sichtlich verwirrt, da sie weder einen Sinn erkennen noch die Handschrift identifizieren konnte.

Als sie das nächste Mal erschien, diskutierten wir das seltsame Phänomen ihres automatischen Schreibens am Vortag. Sie sagte, es sei ein neues Erlebnis für sie, wenngleich sie darüber gelesen hatte; sie war recht froh, daß sie überhaupt etwas hatte schreiben können, und meinte, sie würde es sehr gern noch einmal versuchen.

Ich habe viele hundert Manuskriptseiten, die sie in den nächsten Wochen in dieser eigentümlichen Weise in meinem Sprechzimmer schrieb und aus denen ich nur zwei oder drei Passagen zitieren möchte. Sie sollen dazu dienen, in einigermaßen fragmentarischer Weise den Charakter ihrer Arbeitshemmungen zu veranschaulichen. Am dritten Tag – einiges vorangegangene, recht vage Material übergehe ich hier – schilderte sie eine sehr schwere Krankheit mit hohem Fieber und Verwirrtheitszuständen, welche sie offenbar als Kind durchgemacht hatte.

»Und diese Straßenbahnen fuhren durch mein Gehirn. Alle siebeneinhalb Minuten konnte ich sie kommen hören, konnte sie kommen fühlen, kommen, kommen, kommen, auf mich zurasen, auf mich zudröhnen – in der Kurve aufkreischend rasten sie geradewegs in mein Gehirn. Ich wollte schreien, vielleicht hab ich's getan. Ich wünschte, ich könnte schreien. Ich habe im Geiste oft geschrien, aber niemals laut, als Dr. Blank damals die Vorhänge zurückzog. Oh, warum hat er das getan? Das Licht tat meinen Augen so weh, und er stand da und sah, wie ich bewußtlos auf dem Bett lag. Ich bewußtlos? O nein, ich wußte alles, ich hörte sie, ich sah sie, ich sah ihn, und ich mochte seinen weißen Kittel nicht. Dann langte er hinüber und zog den Vorhang auf. Das schreckliche weiße Sonnenlicht kam herein. Es war wie Messer, die in meine Augen stachen. Es war qualvoll. Ich schrie und schrie und schrie, aber niemand hörte mich. Es war alles innen, innen, innen. Halten Sie mich nicht auf. Lassen Sie mich schreiben, bitte, lassen Sie mich schreiben. Ich werde nicht lange genug leben, um alles zu schreiben, was ich schreiben will, aber bitte, bitte, lassen Sie mich schreiben. Lassen Sie mich nicht sprechen. Lassen Sie mich einfach schreiben. Lassen Sie mich sagen, was in meinem Kopf vorgeht. Lassen Sie es mich schreiben. Lassen Sie es mich schreiben. Da ist etwas, das bedeutet etwas. Da ist Schaum. Lassen Sie es mich schreiben, sehen, was darunter ist. Etwas ist darunter. Sagen

Sie mir nichts. Lassen Sie es mich finden, finden, ich will die Dinge selbst finden. Nur dann bin ich zufrieden. Ich wäre gern ein Forscher geworden. Wenn ich ein Mann wäre, wäre ich es vielleicht. Denn ich liebe Geheimnisse, ich mache gern Knoten auf, ich kann das sehr gut. O Gott, ich werde niemals alles schreiben können, was ich will, aber ich kenne das Geheimnis, wie man Knoten aufmacht. Alles muß locker gehalten werden. Halten Sie die Schnur locker. Passen Sie auf, daß sie sich nicht verwickelt, dann ist es leichter . . .«

Frau Mayer kam jeden Tag und entwirrte die Knoten, indem sie sich des automatischen Schreibens bediente, statt wie die meisten Patienten zu reden. Als grundlegend wichtiges Material schälte sich heraus, daß sie als Kind von beiden Eltern sehr verächtlich behandelt worden war. Sie wandte sich dann dem Schreiben und der Vortragskunst zu, um sich auszudrücken, doch die Eltern ignorierten ihre Leistungen. Sie erklärten ihr, daß sie nicht gut genug sei und sich lieber einfacheren, häuslichen Dingen widmen sollte. Ihr Kummer und ihre Wut hatten offenbar ein hohes Maß erreicht, und sie phantasierte, daß sie ihre Mutter tötete, der sie mit größerer Feindseligkeit gegenüberstand als dem Vater. In diesem Zusammenhang ist es interessant, daß viele der Kurzgeschichten, die ihr später finanziellen Erfolg beschert hatten, einem ziemlich genau festgelegten Muster folgten: Eine »böse« Frau, die eine gute Frau zu sein scheint, wird zuletzt als jener Bösewicht entlarvt, der das Opfer getötet hat oder selbst zum Opfer wurde. Die Deutung scheint auf der Hand zu liegen. Frau Mayer begann allmählich zu erkennen, daß ihre so erfolgreiche Schriftstellerei nicht nur eine Rechtfertigung ihrer selbst war, sondern bis zu einem gewissen Grade auch Trotz wegen der Geringschätzung und Ablehnung seitens ihrer Eltern und eine Methode, sie zu »töten«. Aber vielleicht ist die Form, wie dies tatsächlich in ihrem Material aufzuscheinen begann, überzeugender.

Eines Tages, eine oder zwei Wochen nach der ersten Sitzung, schrieb Frau Mayer eine Zeitlang und kritzelte dann etwa fünfzehn Minuten ziellos vor sich hin. Das Material bestand aus einer Reihe von Kästchen, welche Sätze wie die folgenden enthielten:

Liebe Mord Mord Liebe

Liebe Mord Mord Mord Mord

Liebe sollte nicht ertötet werden

Danach schrieb sie mit einer ausgeprägteren Handschrift als zuvor den nachstehenden sehr bedeutsamen Abschnitt, in dem sie die gemischten Gefühle gegenüber ihrer Mutter beschreibt:

»Ich wollte immer, daß sie mich liebte, aber sie tat es niemals. Sie schätzte andere immer höher ein als mich. Ich gefiel ihr nie wirklich, weil ich kein lockiges Haar hatte. Sie hielt von anderen mehr als von mir. Sie hielt mehr von meiner Kusine Mabel als von mir. Sie hielt mehr von meiner Schwester als von mir. Ich kann Menschen nicht länger gern haben, wenn sie mich nicht gern haben. Meine Mutter hatte mich nicht gern. Sie hielt niemals etwas von dem, was ich tat. Sie glaubte nicht einmal, daß ich krank war. Es machte ihr nichts aus, daß ich krank war. Sie kümmerte sich nicht darum, daß ich litt, sie machte sich nichts daraus, sie machte sich niemals etwas daraus, sie machte sich niemals etwas aus mir. Und ich liebte sie so sehr, ich fand sie wundervoll, ich fand sie so schön. Sie erschien mir immer so schön, aber sie hat mich niemals wirklich geliebt. Hätte sie es getan, dann hätte sie mich nicht weggestoßen, wenn ich ihr einen Gutenachtkuß geben wollte. Wenn sie mich geliebt hätte, hätte sie das nicht getan. Sie hätte an mich geglaubt. Sie hätte sich Sorgen gemacht, wenn ich krank war und litt. Aber sie sorgte sich nicht. Sie meinte, ich verdiente krank zu sein, weil ich so vieles falsch gemacht hatte. Alles, was ich je getan hatte, war falsch, und meine Krankheit und mein Leiden waren die Strafe dafür, daß ich alles falsch gemacht hatte. Sie war nicht traurig. Sie war nicht besorgt. Sie war froh. Sie war froh, daß ich so litt. Sie lachte über mein Leiden. Ich wußte, daß sie lachte, obwohl ich sie nicht wirklich lachen sah, aber ich wußte, sie lachte. Ich lag im Bett und litt so sehr, und sie war froh und lachte über mich. Und ich begann sie zu hassen, weil ich sie so sehr liebte und sie sich niemals etwas aus mir machte. Ich haßte sie und wollte sie töten. Ich hätte sie umgebracht, wenn ich gekonnt hätte, weil sie sich niemals etwas aus mir machte.«

Ich bedaure, daß Diskretion mich hindert, weitere Einzelheiten dieser sehr interessanten und dramatischen Illustration einer Arbeitshemmung mitzuteilen; ich kann nur sagen, daß sich die Patientin, nachdem sie dieses Material über sich selbst niedergeschrieben hatte (und vieles andere, hier nicht zitierte) – *wovon sie sich an nichts bewußt erinnerte, bevor sie es niederschrieb –*, ungeheuer erleichtert fühlte; ihr Blutdruck sank; sie interessierte sich zunehmend weniger für eine weitere Behandlung, beschloß, nach Hause zurückzukehren und ihre Arbeit wiederaufzunehmen, und sie tat es ohne weitere Umstände. Ein Jahr danach schickte sie mir ein Exemplar eines Buches, das sie gerade veröffentlicht hatte.

Was zeigt uns dieser Fall? Vielleicht mehrere Dinge: die ungewöhnliche Verwendung des automatischen Schreibens in der Therapie, die Linderung sowohl physischer als auch psychischer Leiden durch einen Erinnerungsprozeß unter gebieterischem Druck, die Nachwirkungen bestimmter infantiler Traumata. Er wird jedoch hier vorgestellt, um zu veranschaulichen, wie das Aufgebot aggressiver Energie für die Arbeit seinen Sinn verlieren kann, so daß die aggressiven Energien direkt und zerstörerisch durchzubrechen drohen; das erfordert dann den Einsatz sofortiger Abwehrmaßnahmen – in letzter Minute errichtete kostspielige Schutzschranken vor der Explosion. Wir sehen in diesen Abwehrmaßnahmen Krankheitssymptome; die bedenklichere »Krankheit« ist die Unfähigkeit zu arbeiten, zu sublimieren, und die wahre, tieferliegende Krankheit ist das unbeherrschbare Übermaß an Feindseligkeit.

Frauen haben besondere Schwierigkeiten in bezug auf die Arbeit. In unserem Gesellschaftssystem werden sie für Müßiggang weniger getadelt als Männer, und Frauen sind, unbekümmerter als Männer, häufig darauf bedacht, von der Notwendigkeit zu arbeiten befreit zu werden. Frauen sehen berufliche Arbeit nicht unbedingt als Erfüllung an, und allen ihren sichtbaren Aktivitäten soll durch irgendeinen mystischen Vorgang die Aggressivität entzogen sein. Wohlhabende Mittelklassefrauen werden oft davon abgehalten, ihre Hausarbeit selbst zu erledigen, obgleich manchen von ihnen durchaus bewußt ist, daß Hausarbeit Feindseligkeit zu neutralisieren vermag. Frauen fehlt oft sowohl ein festgelegtes Ziel als auch organisiertes kooperatives, schwesterliches Verhalten.

Die ständigen Diskussionen, ob verheiratete Frauen außerhalb des Hauses arbeiten sollten und ob sie, wenn sie es tun, den Männern die Arbeit wegnehmen, werden sicherlich nach dem Krieg einen ganz anderen Charakter annehmen, aber die durch diese Diskussionen ausgelöste Erregung zeigt die tiefe Verwirrung in bezug auf die Funktion der Frau und die ihr entsprechende Arbeitssphäre. In diesem Bereich wurde wissenschaftlichen Prinzipien zugunsten verschiedener ökonomischer und sozialer Theorien eine untergeordnete Rolle zugeteilt – Theorien, die im Gefolge internationaler Ereignisse und veränderter Sitten und Vorurteile kommen und gehen.

4

Ein weiterer Hinweis auf unser mangelhaftes wissenschaftliches Denken, was die Funktion der Arbeit angeht, ist unsere ungeheure Unwissenheit hinsichtlich des Problems der Berufswahl bzw. dessen Vernachlässigung. Hier wird eine der wichtigsten Entscheidungen getroffen, die das Leben von Menschen in festgelegte, obschon ungleiche Bahnen lenkt. Es ist neben der Wahl des Ehepartners vielleicht die wichtigste und weitreichendste Entscheidung, die das Individuum fällt. (Ein Wohnort ist wichtig, ebenso der Lebensstandard und die Wahl der Freunde, aber diese Dinge hängen oft unmittelbar mit dem gewählten Partner und Beruf zusammen.) Dennoch ist das Thema der Berufswahl wissenschaftlich allzu wenig erforscht worden und beschäftigt bestenfalls eine Handvoll Spezialisten. Sowohl in der Literatur als auch in der Psychologie scheint man stillschweigend anzunehmen, daß der Beruf mehr oder weniger vom Zufall und von den Lebensumständen vorherbestimmt sei oder, um es etwas hochtrabender auszudrücken, von der wirtschaftlichen Lage und der sozialen Stellung. Man erbt einen Familienanteil an einem Geschäftsunternehmen oder einem Beruf, oder aber man erwirbt ihn durch Inspiration, oder es ergibt sich eine günstige Gelegenheit, die man wahrnimmt. Einige Jahre hindurch hat uns das große Problem der Arbeitslosigkeit daran erinnert, daß viele Menschen gar keine Wahl haben, sondern nur die Möglichkeit (manchmal nicht einmal diese), eine Gelegenheit zu finden, Muskelkraft gegen Nahrung einzutauschen.

Es ist vielleicht nicht vollkommen müßig, die Berufswahl eben jener Personengruppe zu untersuchen, die scheinbar keine Wahl hat. Wir könnten daraus etwas lernen, ebenso wie wir etwas über den Charakter der erotischen Hemmungen gelernt haben, indem wir jene große Gruppe unglücklicher Menschen studieren, die keinen Partner finden konnten und sich mit der Ehelosigkeit abgefunden haben. Doch wir stehen hier vor vielen Schwierigkeiten. Einmal sind die Arbeitslosen größtenteils psychologisch für uns nicht erreichbar. Sie sind zu sehr davon überzeugt, Opfer des Schicksals zu sein, um an einer Untersuchung über die inneren Gründe ihrer Arbeitslosigkeit oder ihrer mißlichen ökonomischen Lage mitzuarbeiten, selbst wenn man ihnen Gelegenheit dazu gäbe.

Es ist eigenartig, wie wenig Unterstützung Psychiatrie und Psychologie jenen löblichen Bemühungen einiger Spezialisten im Blick auf Fragen der Berufsausbildung zuteil werden ließen[6]. Wenn man Gelegenheit hat zu beobachten, wie ein Jugendlicher, der im Begriff ist, die Oberschule zu verlassen, um die Wahl eines College und vor allem um seinen Studiengang in diesem College ringt, kann man jenen nur dankbar sein, die sich die Mühe gemacht haben, ihm einen Überblick über die vielfältigen Aktivitäten im Leben zu verschaffen, an denen er bald in der einen oder anderen Eigenschaft wird teilnehmen müssen. Es scheint, als läge auf dem Gegenstand ein Tabu, das es uns so verhaßt macht, ihn als notwendigen Bestandteil der Ausbildung zu akzeptieren. Nicht nur wir, sondern auch die Erzieher sind daran schuld. Eine Übersicht über Bildungs- und berufliche Möglichkeiten wird einem Schüler selten geboten, ehe es zu spät ist, praktischen Nutzen daraus zu ziehen. Erst vor wenigen Jahren führten Colleges Orientierungskurse ein, und diese dienten größtenteils nur dazu, den Studenten über Wissensgebiete zu informieren, aber nicht über praktische Aktivitäten. In den wenigsten Oberschulen des Landes gibt es beratende Kurse, und in keiner, soviel ich weiß, ist die Teilnahme an einem solchen Kurs Pflicht. Selbst dort, wo er angeboten wird, scheint er in einer Weise abgehalten zu werden, daß er nur für einen kleinen Prozentsatz der Studenten von Nutzen ist. Natürlich kann man in keinem berufsberatenden Kurs in der Oberschule oder selbst auf dem College die *unbewußten* Gründe für eine Berufswahl im allgemeinen oder im besonderen zu erforschen hoffen. Wie sollte man außerdem, so sagte mir ein kluger Lehrer, von den weltabgeschiedenen, in Sicherheit lebenden Lehrern an solchen Einrichtungen erwarten, daß sie auch nur über die bekannten realen Gegebenheiten von irdischen Berufen und Beschäftigungen informieren?

Der Wunsch, den Eltern zu gefallen, ihren Idealen oder ihren Ambitionen gerecht zu werden, ist oft eine starke bewußte Determinante bei der Wahl einer Tätigkeit fürs Leben. Doch wir wissen, daß hinter den bewußten und daher oberflächlicheren Determinanten unbewußte Motive stehen, die auf jede Entscheidung einen starken Einfluß ausüben. Im Fall der Berufswahl muß man diesen zweifellos die unbewußten Reaktionen des Sohnes auf die Einstellung des Vaters hinzurechnen. Wo die bewußte Identifizierung mit dem Vater bei der Wahl des väterlichen Berufes positiv erscheint, wird es im Unbewußten negative Valenzen geben und umgekehrt. Mit anderen Worten, ein Sohn mag den Beruf des Vaters oder einen, der dem Wunsch des Vaters entspricht, angeblich wählen, weil es dem Vater schmeichelt und ihm gefällt; doch unbewußt wird ein solcher Sohn oft sehr stark durch den verdrängten Impuls motiviert, mit dem Vater zu konkurrieren, ihn zu überflügeln oder an seine Stelle zu treten. Auf ähnliche Weise wird mancher Sohn, der den Vater durch eine scheinbar aggressive Zurückweisung der elterlichen Hoffnungen enttäuscht, unbewußt durch die Liebe zum Vater oder die Furcht, mit ihm in Konkurrenz zu treten, abgeschreckt.

In etwas anderer Weise beeinflußt die unbewußte Einstellung gegenüber der Mutter – vor allem einer Mutter, die in bezug auf den für ihren Sohn wünschenswerten Beruf eine bestimmte Vorstellung hat – ebenfalls die Berufswahl der Kinder.

Jede Berufswahl sollte deshalb zunächst unter drei Gesichtspunkten betrachtet werden: 1. Haben die Eltern irgendeine Vorliebe zu erkennen gegeben? 2. Steht der Sohn/die Tochter der besonderen Vorliebe der Eltern positiv oder negativ gegenüber? 3. Wenn die Vorliebe des Vaters nicht dem eigenen Beruf gilt, neigt der Sohn dann eher zum väterlichen Beruf oder zu dem Beruf, den der Vater bevorzugt, oder steht er beiden ablehnend gegenüber?

Bei dieser Abschweifung zugunsten der Motive, welche die Berufswahl bestimmen, haben wir unsere ursprüngliche These scheinbar aus dem Blick verloren – nämlich, daß eine Funktion der

Arbeit in der Sublimierung der aggressiven Impulse bestehe. Die unbewußten Befriedigungen, die als wichtig für die Wahl irgendeines Berufes bezeichnet wurden, repräsentieren nicht die aggressive oder sonstige in den Beruf investierte Energie, sondern vielmehr die inneren Kriterien, von denen die Richtung bestimmt wird, in welche die Energie sich wendet. Wenn eine feindliche Macht eine Stadt angreift, werden die Bürger zu den Waffen eilen, um sie zu verteidigen. Man könnte dann sagen, daß die Aggressionstriebe der Bürger durch das Bedürfnis nach Sicherheit von außen stimuliert wurden, ihre Stadt zu verteidigen. Doch eine ähnlich kriegerische Abwehr könnte auch durch mehr oder weniger grundlose Ängste vor dem möglichen Eintreten einer solchen äußeren Bedrohung stimuliert werden. Dies wäre eine aggressive Reaktion auf einen inneren Reiz. Ähnlich ist es zu verstehen, wenn ich sage, daß das Bedürfnis nach einem Gefühl größerer Sicherheit eines der Motive ist, das die Wahl eines bestimmten Berufs erzwingt. Ich meine, daß dies eine Möglichkeit ist, wie aggressive Energie stimuliert wird und daß sie das Ziel anzeigt, auf das sich die Energie in verfeinerter und verhüllter Weise richtet.

Es wird noch lange dauern, bevor wir zu einer umfassenden Analyse der unbewußten Motive gelangen, die mit all den verschiedenen speziellen Formen menschlicher Arbeit verbunden sind, doch was ich umrissen habe, genügt, um die Möglichkeiten zu veranschaulichen, die auf dem ursprünglichen Postulat beruhen, nämlich daß der Zerstörungstrieb durch die sublimierenden Wirkungen des Liebestriebs modifiziert und in konstruktive Arbeit umgewandelt werden kann. Wenn der Arzt Medikamente und Spritzen verabreicht, benutzt er eine verfeinerte Art von Aggression, die von ihrem ursprünglichen, unbewußten Ziel verschoben und gegen einen tatsächlichen Feind gerichtet wird. Und so wie der Arzt die Krankheit und ihre Erreger bekämpft, so bekämpft der Lehrer die Unwissenheit, der Jurist das Verbrechen, der Volkswirtschaftler die Armut, der Geistliche das Laster. Auch der kreative Künstler darf hier nicht fehlen, der Häßlichkeit, Monotonie und Langeweile bekämpft, welche ebenfalls Feinde der Menschheit sind. Durch all diese Aktivitäten und indem er seine aggressiven Energien nutzt, um andere Menschen zu befreien, befreit der Schaffende sich selbst.

5

Die Arbeit zivilisierter Menschen ist so spezialisiert, daß es schwierig sein mag zu erkennen, wie eine bestimmte Aufgabe der hier aufgestellten Formel entspricht. Da der Mensch dazu neigt, sich immer mehr auf seinen Verstand und immer weniger auf seine Muskeln zu verlassen, verändert sich der Charakter der Arbeit vom Physischen zum Geistigen, und geistige Arbeit scheint weniger Durchschlagskraft zu besitzen, wenn es darum geht, uns durch die Auflockerung unserer Aggressionen selbst zu befreien. Ich kann es nicht besser ausdrücken, als es ein Leitartikler der *New York Herald Tribune* getan hat:

»Eins der vielen alten ausdrucksvollen englischen Wörter, das seit langem aus dem gewöhnlichen Wortschatz verschwunden ist, ist ›swink‹ [sich abplacken]. Es bedeutet, daß man schwere Muskelarbeit verrichtet. Chaucer benutzte das Wort häufig und wußte offenbar, daß der Geist durch die Tat nicht unbedingt niedergedrückt wird. (...)

Die Studenten der Yale-Universität, die bald ihre erste Erfahrung mit dem Abplacken machen werden, wenn sie anfangen, Gräben auszuheben, Bäume zu fällen, Buschwerk abzuhauen und sich bei ähnlichen Arbeiten als Teil ihres kriegsbedingten Körpertrainings abzumühen, müssen nicht bemitleidet werden. Der Mensch ist noch immer ein Lebewesen, das durch seine Muskeln und seine Motorik bestimmt wird. Die gewohnheitsmäßige Verleugnung dieser Tatsache durch eine sitzende Lebensweise erzeugt auf lange Sicht und in den meisten Fällen Krankheit oder zumindest Unbehagen.

Sicherlich gibt es mancherlei Ersatz für das aktive, die Muskeln fordernde Leben früherer einfacherer Zeiten. (...) Die Erholung von Körper und Seele durch sportliche Betätigung ist an die Stelle von Plackerei und Mensuren getreten – alles zum Nutzen von Anpassung und Veränderung, wenn auch mitunter etwas übertrieben. Aber es gibt noch immer Befriedigungen durch produktive harte Arbeit, welche diejenigen nicht kennen, die ihre Muskeln nur in Spielen geübt haben.«

Ob durch »Abplacken« oder sanftere Methoden – die Arbeit der Welt muß getan werden; sie ist »notwendig«. Doch diese Notwendigkeit entstammt zwei Bereichen: dem ökonomischen und dem psychologischen. Die ökonomische Notwendigkeit macht aus der Arbeit ein Mittel zum Zweck, das wegen seiner Produkte von Bedeutung ist; die psychologische Notwendigkeit macht sie zu einem Zweck an sich, der wegen dem, was getan wird, von Bedeutung ist. Ohne Widerwillen zu arbeiten, ist »die einzige Möglichkeit, das Leben erträglich zu machen«[7], weil Arbeit Aggressionen absorbiert und sie in nützliche Formen gießt und damit sogar in ihrer schlichtesten, unauffälligsten Gestalt dazu beiträgt, »die Welt zu schmükken und zu verschönern«[8].

Arbeit ist demnach unter allen Umständen notwendig, und Arbeit tut uns gut. Aber macht sie uns Vergnügen? Ist sie, wie Marcus Manilius behauptete, »ein Vergnügen an sich«? Um diese Frage kreisen Probleme von weltweiter Bedeutung – Probleme der Arbeitsgesetzgebung, der Arbeitsorganisation, der Berufswahl, der allgemeinen Politik, der persönlichen Anpassung. Es ist schön und gut, wenn Tertullian sagt: »Wo unsere Arbeit ist, soll unsere Freude sein«, wenn Carlyle fragt: »Was nützen Gesundheit oder Leben, wenn wir nicht damit arbeiten? . . . Gesegnet ist, wer seine Arbeit gefunden hat; einen anderen Segen soll er nicht erflehen«, wenn Emerson feststellt: »Wenn ich mit einem Spaten in meinen Garten gehe und ein Beet umgrabe, fühle ich mich so heiter und gesund, daß ich feststelle, wie sehr ich mich die ganze Zeit selbst betrogen habe, indem ich andere für mich tun ließ, was ich mit meinen eigenen Händen hätte tun sollen.« Es bleibt eine Tatsache, daß Tertullian, Carlyle und Emerson nicht gezwungen waren, im Garten mit dem Spaten zu arbeiten, Gräben auszuheben, Steine aufzusammeln oder Furchen zu ziehen; sie taten diese Dinge, solange sie ihnen Spaß machten und unter keinem äußeren Zwang; sie hörten damit auf, wenn sie müde wurden; sie waren niemand Rechenschaft über das Geleistete oder über ihre Zeit schuldig. In der Theorie läßt sich leicht behaupten, daß Arbeit zu unseren Vergnügungen gehöre; die menschliche Erfahrung verneint dies ebensooft, wie sie es bestätigt. Wer überschwenglich die Freude an der Arbeit preist, ist wahrscheinlich nicht gezwungen, viel zu arbeiten.

Es gibt keinen Beweis, daß Arbeit als solche ein Vergnügen sei.

Die Frage lautet vielmehr: Unter welchen Umständen ist sie ein Vergnügen? Diese Umstände schließen bestimmte äußere und bestimmte innere Bedingungen ein. *Äußerlich* muß ein Minimum an Zwang vorhanden sein; die Möglichkeit, sich in der Gruppe der Kollegen wohl zu fühlen; die Arbeitsleistung darf nicht mit starkem Unbehagen oder Ermüdung verbunden sein; es müssen angemessene Ruhe- und Erholungspausen vorgesehen sein; man muß auf das Produkt stolz und überzeugt sein, daß die Arbeit nützlich ist und anerkannt wird. *Innerlich* muß man relativ frei von Schuldgefühlen im Zusammenhang mit lustvollen Aktivitäten sein sowie von neurotischen Zwängen zu arbeiten oder nicht zu arbeiten. Letztere werden aus der Kindheit mitgeschleppt, wenn nämlich Arbeit eine Methode der Auseinandersetzung mit der Realität ist, die das Kind nicht erwählt, sondern von seinen Eltern übernommen hat. Solange sein Denken in erster Linie vom Lustprinzip bestimmt wird, sieht das Kind keine Notwendigkeit zu arbeiten, außer wenn es von den Eltern dazu gezwungen wird. Wurde es mit genügend Sanftmut und Geduld in die Realität eingeführt, dann wird es jene Mittel schätzen, die es befähigen, produktiv damit umzugehen. Allerdings ist die Technik, ein Kind arbeiten zu lehren, etwas, worüber wir sehr wenig wissen. Wir wissen nur, daß die meisten Kinder so plump unterwiesen werden, daß sie offenbar besser gelernt haben, nicht zu arbeiten, statt zu arbeiten. Es sollten nicht Methoden gelehrt werden, sondern Einstellungen.

7 Spiel

1

Neben der Arbeit ist das Spiel die verbreitetste Methode, mit unseren Aggressionen gefahrlos umzugehen. Eine der ältesten Spieltheorien besagt, daß Spiel eine Methode sei, »Dampf abzulassen«. Schiller nannte es einen zwecklosen Aufwand an überschüssiger Energie. Selbst William James, der so klug war, die Arbeit als moralisches Äquivalent des Krieges zu bezeichnen, erkannte nicht, daß auch das Spiel ein moralisches Äquivalent des Krieges ist, und sprach wie Schiller vom Aufwand an Energie, als sei der Mensch so etwas wie eine unter Dampf stehende Lokomotive. Wenn dies zuträfe, wäre das Auf- und Abspringen in der Mitte eines Raumes ebenso sinnvoll wie jede Art von Spiel.

Das Merkwürdige ist, daß so viele Menschen das Spiel stillschweigend als etwas »Zweckloses« und damit Unnötiges akzeptieren – einen Luxus, den sich vornehmlich Kinder und wohlhabende Erwachsene leisten können. Es ist noch gar nicht so lange her, daß er selbst Kindern verweigert wurde. Harry Emerson Fosdick zitiert aus den Regeln einer amerikanischen Schule aus dem Jahre 1784 folgendes: »Wir verbieten strengstens, zu spielen. (. . .) Die Schüler sollen im Sommer wie im Winter um fünf Uhr morgens aufstehen. (. . .) Die Schüler sollen sich mit nichts beschäftigen, was die Welt *Spiel* nennt. Diese Regel ist striktestens zu befolgen, denn wer spielt, wenn er jung ist, wird auch spielen, wenn er alt ist.«[1]

Die allgemeine Einstellung hat sich seither in gewissem Umfang geändert, doch daß das Spiel tatsächlich eine sinnvolle Funktion hat, wird von den meisten Menschen noch immer nicht uneingeschränkt anerkannt. Zum Beweis dessen braucht man nur die Reaktionen des Publikums auf die Information zu beobachten, daß es den Gefangenen in einigen Zuchthäusern erlaubt sei zu spielen; man kann auf einen allgemeinen Aufschrei gefaßt sein, daß diese Gefangenen »verhätschelt« würden. Wer in diesen Protest nicht einstimmt, wird oft nur durch humane und mitfühlende Motive

176

davon abgehalten, nicht aber durch irgendwelche wissenschaftliche Überzeugungen, daß es für diese Gefangenen wichtig ist zu spielen, wenn ihr Leben einen neuen Sinn bekommen und die Gesellschaft in Zukunft vor ihnen geschützt sein soll.

John Eisele Davis hingegen, der sein Arbeitsleben dem Spiel als einem Heilmittel bei der Behandlung von psychisch Kranken gewidmet hat, erklärt, daß es »das Gefühl der Selbstachtung und des persönlichen Wertes steigert, zur Neuanpassung auf einer höheren Realitätsebene führt, eine Grundlage für Fähigkeiten schafft, auf der konstruktivere psychische Anpassungen erfolgen können, dazu beiträgt, krankhafte subjektive Hervorbringungen durch heilsame objektive Tätigkeiten zu ersetzen ...«[2] Er zitiert Harry A. Carr, der gesagt hat: »Spiel ist für Wachstum und Entwicklung ein besseres Stimulans als Arbeit, weil es den Forderungen der Natur in natürlicher und angemessener Weise entspricht.«

Gewiß, auch Wissenschaftler haben ihre Stimme erhoben, um die Theorie, daß Spiel eine Notwendigkeit sei, zu unterstützen! Vor über zweihundert Jahren erklärte Lord Kames, ein schottischer Philosoph, daß »der Mensch das Spiel braucht, um sich nach der Arbeit zu erholen«.[3] Professor Lazarus von der Berliner Universität[4] vertrat die Ansicht, das Spiel sei erholsamer als völlige Untätigkeit und diene dazu, dem Ermüdeten seine Kräfte zurückzugeben. Dies erscheint heute banal, ist aber natürlich das genaue Gegenteil jener Theorie von der überschüssigen Energie, wie sie Schiller, Spencer, James und andere vertraten, die weit verbreitet war und es immer noch ist. Einige Wissenschaftler sind so weit gegangen zu erklären, daß das Spiel für die Entwicklung einer höheren Intelligenz unerläßlich sei.[5]

Die engste Annäherung an eine psychoanalytische Spieltheorie wurde zuerst von Aristoteles verkündet, seither allerdings von den meisten Autoren vernachlässigt. Er sagte, daß im Spiel die Emotionen »von einem großen Teil der widerwärtigen und gefährlichen Eigenschaften gereinigt werden, die ihnen anhaften«.*

Freuds Theorie besagte, daß diese »Reinigung« der Emotionen

---

* Der deutsche Philosoph und Psychologe Karl Groos griff darauf zurück, als er seine beiden berühmten Werke *Die Spiele der Tiere* (1896) und *Die Spiele der Menschen* (1899) schrieb und erklärte, daß Spielen ein Trieb sei.

stattfindet, wenn eine unerfreuliche oder gefürchtete Verhaltens-
weise geprobt oder in einer Form und Situation neu inszeniert
wird, denen die gefährlichen Elemente fehlen. Auf diese Weise
lernen wir die Situation meistern und rächen uns an der äußeren
Realität für ihre Drohungen gegen uns.[6]

Es scheint wünschenswert, eine Definition des Spiels zu versuchen – keine Definition, wie sie im Wörterbuch steht, sondern eine,
welche die psychologischen Prinzipien in Betracht zieht. Wir könnten es als lustvolle Tätigkeit definieren, bei der das Mittel wichtiger
ist als der vorgebliche Zweck. Das unterscheidet es eindeutig von
der Arbeit und steht mit unserer Hypothese im Einklang, daß das
Spiel, wie die Arbeit, ein Zweck an sich sei, eine Gelegenheit,
aggressive Energie nicht nur in schmerzlosen, sondern tatsächlich
in lustvollen Formen abzuführen – Energie, die andernfalls auf
Kosten der psychischen Gesundheit unterdrückt oder sich in ab-
träglicher Weise äußern würde. Im Spiel werden die unerfüllbaren
aggressiven und erotischen Wünsche der Spieler in angemessener
Form pantomimisch, symbolisch und gestisch ausagiert. Ich sage
unerfüllbar, obgleich manche spielerischen Phantasien später tatsächlich verwirklicht werden, beispielsweise das Spiel des kleinen
Mädchens mit seiner Puppe.

Das Spiel unterscheidet sich von der Arbeit in vier Punkten:
1. Beim Spiel ist das Mittel wichtiger als der Zweck, soweit es sich
um die verkündeten und bewußten Absichten des Spielenden handelt; 2. die Freude an der Tätigkeit ist regelmäßiger bewußt; 3. die
Aktivität wird bewußt von den Einschränkungen der Realität frei-
gehalten; 4. die aggressiven Motive sind offenkundiger. Ich möchte
jeden dieser Punkte erörtern.*

1. Daß spielerische Aktivität keinen bedeutsamen endgültigen
Zweck hat, unterscheidet sie nachdrücklich von Arbeit. Ein Mann

---

* Ich sage nicht, daß es sich hier um die einzigen Punkte handelt, hin-
sichtlich derer sich das Spiel von der Arbeit unterscheidet, sie erscheinen
mir jedoch als die vier wichtigsten. Die Literatur enthält viele weitere
Differenzierungen. Vgl. z. B. H. A. Carr, »The Survival Values of Play«,
Untersuchungen des Department of Psychology and Education der Uni-
versität von Colorado, Boulder, Colorado, 1902, sowie S. A. Britt und
S. Q. Janus, »Toward a Social Psychology of Human Play«, *Journal of
Social Psychiatry*, 13 (1944), S. 351–384.

pflügt einen Acker mit der bewußten Absicht, Getreide anzupflanzen, das ihm Brot liefert, von dem er sich ernährt; Golf spielt er nicht mit der Absicht, einen Ball von einem Punkt zum anderen zu befördern, sondern weil es ihm Befriedigung bereitet, die eigentümliche, schwierige Methode, wie er das erreicht, zu meistern und vorzuführen. Nach unserer Theorie ist dieser Unterschied eher scheinbar als real, weil wir bereits davon ausgegangen sind, daß die Arbeit tatsächlich eine psychologische Funktion hat, die von ihrem Endprodukt unabhängig ist. Bei manchen Formen des Spiels sind bedeutende Zwecke erkennbar – beispielsweise beim Sammeln von Briefmarken oder Kunstschätzen. Dennoch wird diese Unterscheidung im wesentlichen von allen stillschweigend, aber klar anerkannt. Das geschieht, wenn wir das Wort »Spiel« tadelnd verwenden; wenn wir zum Beispiel sagen, jemand mache die Arbeit zum Spiel oder das Spiel zur Arbeit, dann meinen wir, daß er die Frage Mittel gegen Zweck falsch gewichtet. Das führt uns zum nächsten Punkt.

2. Es wird allgemein angenommen, daß man das Spiel mehr genießt als die Arbeit. Das ist nicht immer oder unbedingt wahr. Viele Menschen scheinen die Arbeit mehr zu genießen als das Spiel, aber sie werden als Neurotiker, Exzentriker oder Genies betrachtet. Ich habe alle drei gesehen; mein Eindruck ist jedoch, daß sie die Arbeit in den meisten Fällen gerade deshalb so sehr genießen, weil sie das Spiel nicht genießen können. Andererseits sind manche Menschen so normal, um es einmal so zu nennen – so ganz frei von dem Bedürfnis, sich von der Realität zurückzuziehen und sich zeitweiligen Verdrängungen zu unterwerfen –, daß sie in der Arbeit tatsächlich eine fast vollkommene Befriedigung finden und relativ wenig spielen müssen.

3. Für den Durchschnittsmenschen trifft es hingegen sicherlich zu, daß Spiel lustvoller empfunden wird als Arbeit, und die Frage, weshalb das so ist, ist nicht schwer zu beantworten. Zunächst versetzt uns das Spiel in die Lage, zu jenen lustvollen Augenblicken der Kindheit zurückzukehren, als wir einfach tun durften, was wir wollten. In dieser Zeit ist man frei von der Herrschaft, den Einschränkungen, der Aufsicht und den Befehlen der Eltern oder ihrer Repräsentanten im Erwachsenenleben (obwohl man natürlich – selbst beim Spiel – die Spielregeln beachten muß). Man muß

nicht die feinen Kleider der guten Gesellschaft anhaben. Außerdem braucht man sich beim Spiel nicht zu verstellen. Man braucht keine Freundlichkeit zur Schau zu tragen, die man nicht empfindet, und keine Reife und Würde zu bewahren, die mühsame Selbstbeherrschung erfordern. Man braucht sich weder um die Uhrzeit noch um Verkehrsampeln zu kümmern. Wenn man ein Stück Holz in die Hand nehmen, es als König mit großer Macht bezeichnen und auf einem Schachbrett hin- und herbewegen will, so kann man das tun, und man wird andere finden, die dieselbe Annahme zugrundelegen. Wenn man ein etwas größeres Stück Holz nehmen und es so zurechtschnitzen will, daß es einem Flugzeug ähnelt, und sich dann einbildet, ein Konstrukteur zu sein, kann man auch das tun. Wenn man ein noch größeres Stück Holz nehmen und es dazu benutzen will, mit aller Kraft auf einen ganz unschuldigen Ball einzuschlagen, so kann man dies in dem Bewußtsein tun, daß man von einigen Spielkameraden mehr Beifall erhalten wird, je heftiger man auf den Ball einschlägt, während andere, die gegen einen spielen, einen fürchten werden. Man braucht kein Blatt vor den Mund zu nehmen und nicht zu heucheln.

Außerdem bietet das Spiel die Gelegenheit zu vielen Miniatursiegen als Entschädigung für die Wunden, die uns von den Mühen und Sorgen des Alltags geschlagen werden. Diesen Trost hat das Ich vieler Menschen bitter nötig. Gewiß gibt es bei Wettspielen auch Niederlagen, aber das Spiel hat den Vorzug, daß ein Sieg ein Sieg ist, eine Niederlage aber keine Niederlage – denn schließlich war alles »nur Spiel«. Die Tatsache, daß Männer, die im Berufsleben nur mäßig erfolgreich sind, ausgezeichnete Golfspieler werden, wird im allgemeinen als Beispiel dafür angeführt, daß der Spieltrieb den geschäftlichen Erfolg untergrabe. Mitunter mag es aber eher ein Beweis für die Linderung sein, die dem sensiblen Ich, das durch die geschäftlichen Niederlagen verwundet wurde, durch die Siege im Spiel zuteil wird.

Dieses Element der Realitätsverleugnung läßt sich bei jeder Form von Spiel beobachten. Viele Spiele sind zeitlos, und die Zeit ist der größte Tyrann von allen Realitäten. Schon das Wort »Spiel« hat die Bedeutung von etwas Scheinhaftem bekommen, einer vorübergehenden Annahme um des Spielens willen – eines Symbols.

Im Spiel können wir auf magische Vorstellungen zurückgreifen, nach denen sich das Menschenherz ewig sehnt. Menschen und Gegenstände erlangen wunderbare Macht und Stärke. Man kann sie verschwinden und wiedererscheinen lassen oder verwandeln. Durch ein Antippen mit der Hand, das Aussprechen eines einzigen Wortes oder das Berühren eines vorher errichteten »Mals« werden Zustände grundlegend verändert. Mit Hilfe der Magie können alle Märchenträume im Spiel verwirklicht werden: Riesen werden getötet, Schätze entdeckt, Königreiche erworben, Entfernungen besiegt, Drachen vernichtet. Die Gesetze der prosaischen Alltagswelt werden durch eine völlig neue Ordnung ersetzt.*

Es wird kaum jemandem einfallen zu fragen, weshalb wir es so nötig haben, zeitweilig unsere strikte Loyalität gegenüber der Realität aufzugeben und in Magie und Spiegelfechterei zurückzufallen. Das Leben ist hart, die Realität ist streng, die Zivilisation hat den bereits vorhandenen schwierigen Lebens- und Liebesproblemen weitere große Belastungen hinzugefügt. Aus diesem Grunde können wir annehmen, daß es desto notwendiger werden wird, jenen vorübergehenden Rückzug aus der Realität, den wir Spiel nennen, anzutreten, je komplizierter die Zivilisation die Maschinerie des Lebens werden läßt.

4. Der größte Wert des unrealistischen Charakters des Spiels liegt darin, daß er Gelegenheit bietet, unterdrückte Aggressionen loszuwerden. Das Spiel versetzt uns in die Lage, Aggressionen ohne reale Konsequenzen zum Ausdruck zu bringen: Wir können Menschen verletzen, ohne sie wirklich zu töten. »Es ist ja alles nur Spiel.« Wir sagen, daß wir es nicht wirklich meinen, aber das ist nicht ganz richtig. Wir meinen es wohl, aber wir wissen, daß es keine gefährlichen Konsequenzen hat, unser Opfer weiß es auch, kann es deshalb tolerieren und uns (gewöhnlich) verzeihen. Wenn das Opfer allerdings sehr einfühlsam und sensibel ist, wird es mehr wissen, als ihm guttut, und wir nennen

---

* Die magischen Vorstellungen im Denken der Naturvölker sind von James G. Frazer in seinem unvergleichlichen Werk *The Golden Bough* (dt. *Der goldene Zweig*) ausführlich behandelt worden sowie in der Psychologie des modernen Menschen von zahlreichen Psychoanalytikern (siehe Freud, *Totem und Tabu*; Dodd, Mead und Co. und Reik, *Ritual*).

es einen »Spielverderber«. Vielleicht ist es aber nur ein zu guter Psychologe wie Bajazzo und Hamlet.

Diese Funktion des Spiels als Ausdruck schlecht verhehlter aggressiver Impulse möchte ich hervorheben. Wir wollen einige der typischen organisierten Spiele normaler Kinder analysieren. Es genügt, sie beim Namen zu nennen. Zu den beliebtesten Spielen gehören solche, bei denen eine Gruppe von Spielern von einer anderen verfolgt und gefangengenommen wird, etwa »Räuber und Gendarm«. Bei ihnen und anderen Spielen ähnlicher Art ist das Ausagieren aggressiver Impulse offensichtlich. Etwas weniger offensichtlich ist es bei Versteckspielen, wo es darum geht, jemanden aufzuspüren. Bei Mannschaftsspielen wie Fußball und Baseball ist das aggressive Element deutlich genug, obwohl bei letzterem in verfeinerter Form, da körperliche Gewalt hier von anderen Menschen auf einen Ball verschoben wird, den man schlagen, auffangen, werfen kann usw. Der Baseball erwirbt magische Eigenschaften, nachdem er geschlagen wurde, so daß der Spieler, statt einen anderen Spieler mit ihm zu treffen, ihn nur mit ihm zu berühren braucht, wodurch der andere »out« (tot) ist.

Wie wir alle wissen, durchbrechen die Aggressionen und Feindseligkeiten, die das Spiel absorbieren soll, oft die Verdrängung, gelangen ins Bewußtsein und verursachen Streit. Das gilt nicht nur für das Spiel der Kinder, sondern ebenso für das Spiel Erwachsener, und nicht nur für sportliche Spiele, von denen hier die Rede war, sondern auch für die eher symbolischen Wettbewerbe, wie etwa Brettspiele.* Die beim Kartenspiel häufig aufflammenden Animositäten sind zu bekannt, um eines Kommentars zu bedürfen, doch selbst bei einem völlig zivilisierten und freundschaftlichen Spiel gibt es viele subtile Hinweise darauf, daß es sich eigentlich um eine getarnte Schlacht handelt. Dies wurde mir einmal sehr eindrucksvoll durch die Krankengeschichte einer Frau bewußt, die ich behandelte. Sie war eine hervorragende Bridgespielerin und spielte sehr oft. Bei einer bestimmten Gelegenheit, als sie aus ver-

---

* Das Boxen wird ebenso als Sportart angesehen wie der Stierkampf, die Gladiatorenkämpfe und das Jagen. Dies würde meiner Definition des Spiels aber nur insoweit entsprechen, als sie nicht tatsächlich destruktiv sind.

schiedenen Gründen unter schweren Angstzuständen litt, nahm sie an einem Bridgespiel im Hause ihrer Mutter teil und begann es mit ihrer gewohnten Intensität. Im Laufe eines Doppelspiels hatte sie Treffkarten ausgespielt und gewonnen. Unmittelbar danach bekam sie heftige Kopfschmerzen und mußte zu Bett gehen; am nächsten Tag zeigten sich unverkennbare Anzeichen einer Depression, die sich zunehmend verschlimmerte. Während sie ihre Treffkarten ausgespielt hatte, war ihr der Gedanke durch den Kopf gegangen, daß sie »mit Keulen gewann«*; daraus wurde rasch die Vorstellung, daß sie ihre Gegner mit Keulen bearbeitete und sie, indem sie gewann, tatsächlich zu Tode prügelte. Weil dieser Gedanke so absurd war, suchte sie ihn zu verscheuchen, und das Ergebnis dieses Konflikts waren die Kopfschmerzen und die Depression. Nun wäre es unsinnig, aus diesem Vorfall allzu viele Schlüsse zu ziehen, denn man könnte durchaus vermuten, daß die Frau nachträglich zu dieser Deutung gelangte oder zumindest, daß sie nur die Probleme einer bereits vorhandenen psychischen Störung zum Ausdruck brachte. Ich würde dies nicht bestreiten, wenn die Untersuchung nicht gezeigt hätte, daß sie eine außerordentlich begierige Bridgespielerin war, die jedes Spiel sehr ernst nahm; sie spielte geschickt, rasch und humorlos und war jedesmal enttäuscht, wenn sie nicht gewann. Ihr aggressives Bridgespiel stand im Gegensatz zu ihrem generell zurückhaltenden, angemessenen Benehmen und lieferte ihren Freundinnen einigen Gesprächsstoff. Bridge war eindeutig ihre Kampfmethode, die einzige, die sie benutzte, und eine, bei welcher die aggressiven Impulse am Ende die Sublimierungsverschleierungen durchbrachen. Eine ihrer Gegnerinnen an jenem Tag war eine Frau, die aus verschiedenen Gründen die Mutter der Patientin repräsentierte, und im Zusammenhang mit ihrer Mutter hatte sie stets die schwersten Konflikte erlebt.

Beim Poker wird natürlich nicht versucht, das aggressive Element zu verschleiern. Poker ist ein Kampfspiel – ein Spiel, bei dem jeder den anderen zu übertrumpfen sucht, und das tut er mit fairen Mitteln oder auch mit faulen, solange er sich an die Spielregeln

---

* »Treff« heißt im Englischen *club*, was auch Keule bedeutet. Anm. d. Übers.

hält. Er kann in bezug auf seine Position bluffen oder lügen, denn Ziel des Spiels ist es, die Mitspieler entweder glauben zu machen, daß er stärker ist, oder es zu beweisen.

Schach ist ein Spiel mit stärkerem symbolischen Charakter, aber die Aggressionen treten deshalb noch offener zutage. Es begann vermutlich als Kriegsspiel*, d. h. als Darstellung einer Schlacht *en miniature* zwischen den Streitkräften zweier Königreiche. Nebenbei bemerkt war es die Lieblingsbeschäftigung einiger großer militärischer Führer der Welt, zum Beispiel von Wilhelm dem Eroberer und von Napoleon. Wie Ernest Jones[7] in einer sehr kompetenten psychologischen Untersuchung des Schachspiels dargestellt hat, ist klar, daß Schachspieler nicht nur vom Motiv der bewußten Kampfeslust geleitet werden, die alle Wettspiele charakterisiert, sondern auch vom »grimmigeren des Vatermords«, da das Endziel des Spiels die Gefangennahme (Immobilisierung) des Königs ist. Das Schachspiel ist wegen seiner kriegerischen Bedeutung oft von Königen, Bischöfen und anderen verboten worden, und als Jan Hus in Gefangenschaft war, beklagte er, Schach gespielt und damit heftigen Leidenschaften nachgegeben zu haben.

Hier ist nicht der Ort, die Feinheiten der Psychologie des Schachs zu erörtern, doch besteht allgemeine Übereinstimmung, daß es sich um einen hochsublimierten Kampf handelt, bei dem sich die für die einzelnen Persönlichkeiten charakteristischen aggressiven Muster anhand ihrer Spielweise klar unterscheiden lassen. Wie jeder Schachspieler weiß, gibt es starke Angreifer, starke Verteidiger, herausfordernde Spieler, vorsichtige Spieler, Spieler, die aus der Hinterhand angreifen, den sogenannten klassischen oder romantischen Stil usw. Manche Spieler bedienen sich besonders geschickt der Königin, andere bevorzugen vor allem die Bauern (die Unterdrückten) usw.

---

* Eine interessante Geschichte besagt, das Schachspiel sei in Indien von Buddhisten erfunden worden, die glaubten, daß der Krieg und das Hinmetzeln seiner Mitmenschen, aus welchem Grund auch immer dies geschehe, ein Verbrechen sei, und das Schachspiel als eine Art Kriegsersatz entwickelten. Nach einer burmesischen Sage wurde Schach von einer Königin Burmas erfunden, die ihren Gemahl sehr liebte und hoffte, ihn durch diese Zerstreuung vom Krieg fernzuhalten (S. T. J. G. Scott, zitiert von Ernest Jones).

184

Hier seien einige Einwendungen vorweggenommen, die dem Leser in den Sinn kommen mögen, wenn diese Theorie auf bestimmte Formen nachahmenden Spiels angewendet wird; ich nenne beispielsweise das nahezu universale Interesse kleiner Mädchen für Puppen. »Das«, so werden die Leser sagen, »kann doch sicherlich nicht aggressiv sein; es ist die kindliche Form des mütterlichen Instinkts; es ist unverhüllte Liebe.« Frauen, die so sprechen, stellen sich ihre Kindheit in der Erinnerung allzu freundlich und weitaus verzerrter vor, als sie ahnen, oder sie beobachten mit gütigem, aber nicht allzu scharfem Blick das Verhalten ihrer Töchter. Was sie sagen, ist teilweise wahr: Das kleine Mädchen behandelt seine Puppe wirklich, als wäre sie ein Kind, doch es wendet ihr nicht nur Liebe zu, sondern auch – wenn es nicht übermäßig gehemmt ist – Haß. Es behandelt sie, wie es selbst behandelt wurde, und rächt sich damit an der Mutter. Oder es behandelt die Puppe so, wie es selbst gern von der Mutter behandelt worden wäre – wiederum eine Form von Rache an der Mutter. Manchmal behandelt es die Puppe so, wie es seine Brüder und Schwestern behandeln möchte, und das ist wahrscheinlich noch aggressiver.

Doch das Spiel mit Puppen stellt in einem noch bedeutsameren Sinne eine Aggression gegen die Eltern dar. Die bloße Tatsache, daß das kleine Mädchen überhaupt mit Puppen spielt – was die Mutter für einen so liebreizenden, natürlichen Nachahmungsvorgang hält –, ist im Unbewußten des Kindes eine Aggression gegen die Mutter. Es ist insofern eine Aggression, als damit ausgedrückt wird: »*Ich* sollte eigentlich die Kinder haben, nicht du.« Es ist dieselbe Art von Aggression in spielerischer Form, die man sofort erkennt, wenn der Sohn den Hut des Vaters aufsetzt, als ob der Kronprinz spielerisch die Königskrone auf das eigene Haupt drücke. Kleine Mädchen tun nichts lieber, als die Kleider der Mutter anzuziehen, und oft tun sie es heimlich – dem liegt dasselbe unbewußte Motiv zugrunde. Sie wollen damit sagen: »Mutter, du wirst nicht mehr gebraucht. Ich bin jetzt eine große Dame und sollte die langen Kleider und die Babys haben – auf dich kann ich verzichten.« Wenn wir nicht aus Erfahrung wüßten, daß Kinder unbewußt – und manchmal bewußt – wünschen, ihre Eltern würden auf Nimmerwiedersehen verschwinden – kurz gesagt: sterben –, könnte man dies als ein sehr unerfreuliches phantastisches Theoretisieren auffassen.* Es ist weitaus bequemer, solche kindlichen Spiele in der üblichen oberflächlichen Weise zu betrachten, doch wenn man wirklich verstehen will, was Spiel bedeutet, kann man sich nicht einfach mit dem zufriedengeben, was erfreulich ist.

Dasselbe gilt für kleine Jungen. Sie spielen gern mit Bauklötzen, bauen Türme oder Häuser damit, und sie sind von Spielzeug-Eisenbahnen oder -Autos fasziniert. Wenn man genau hinschaut, wie sie mit diesen Bauklötzen umgehen, was sie mit den Autos und Zügen machen, erkennt man bald, daß an ihnen oft die heftigsten, destruktivsten Phantasien ausagiert werden. Solche Spielformen sind von Melanie Klein[8] in London und von Erikson[9] in den Vereinigten Staaten sorgfältig untersucht worden. Letzterer hat gezeigt, daß selbst College-Studenten, wenn man ihnen Spielsachen gibt – Spielzeug-Autos, -Häuser, -Möbel und ähnliches – und sie auffordert, dramatische Szenen für eine etwaige Verwendung in Filmen zu erfinden, diese Spielsachen in einer Weise arrangieren, daß ihre destruktiven Neigungen sehr leicht zu erkennen sind. Das typische Thema der meisten von zweiundzwanzig Harvard-Studenten war ein Unfall, dem ein kleines Mädchen zum Opfer fiel. Dreizehn stellten einen Autounfall in den Mittelpunkt der Szene oder ein Arrangement, das einen Unfall verhinderte. Erikson[10] hat an anderer Stelle gezeigt, daß das Spiel der Sioux-Indianer in ähnlicher Weise auf Konfliktsituationen im Leben des Kindes beruht, wobei als Symbole nicht die wirklichen Teilnehmer, sondern Totemtiere, vor allem Büffel und Steppenwölfe, verwendet werden.

Ein anderes geläufiges Beispiel kindlichen Spiels, das an der Oberfläche durchaus nicht aggressiv erscheint, ist das »Doktorspiel«, das von Simmel[11] und anderen Psychoanalytikern untersucht worden ist. Ein Kind spielt die Rolle des Patienten, ein anderes die der Krankenschwester, ein weiteres die des Arztes. Angehörige und andere können dazukommen und das Spiel komplizieren, aber in der Regel beschränkt es sich auf drei Teilnehmer. Der Patient ist natürlich krank; der Arzt kommt, um ihn zu untersu-

---

* In seinem Roman *A High Wind in Jamaica* (dt. *Ein Sturmwind auf Jamaica*) schildert Richard Hughes die Aggressivität und Grausamkeit kindlicher Spiele sehr anschaulich. Das Buch wurde getadelt, weil es keine »gefühlvollen Illusionen« zuließ.

chen und zu behandeln. Seine Pflegeleistungen können sich auf die unschuldigsten, oberflächlichsten Bereiche beschränken, sie können aber auch bis zu genitalen Untersuchungen fortschreiten. Im letzteren Fall machen die Eltern, wenn sie davon erfahren, meist ein großes Aufsehen, ohne den Schaden zu erkennen, der durch eine solche Reaktion auf die Bekundung sexueller Neugier angerichtet wird. Der tiefere Sinn des Doktorspiels ist die erotische Phantasie, Opfer eines mächtigen Mannes zu sein, der Zugang zu allen Teilen des Körpers hat, und die gleichzeitig agierte feindselige Phantasie, die sich gegen die elterlichen Verbote richtet.

Man könnte bei der Analyse dieser und anderer Spielformen noch sehr viel weiter gehen, doch eine solche Analyse gehört in eine fachliche Abhandlung. Ich habe das unangenehme Gefühl, daß das, was ich gesagt habe, für jene nicht sehr überzeugend klingt, die mit den tieferen Schichten der Psychologie des Kindes und auch mit unbewußten, verdrängten Neigungen nicht vertraut sind. Das Spiel ist eine Methode, diese Aggressionen in gesellschaftlich annehmbaren Formen auszuleben. Man ist wahrscheinlich irritiert, wenn man die aggressiven Elemente entdeckt, die im Spiel durch Erotisierung verschleiert werden. Man sollte lieber froh sein zu erfahren, daß es der Erotisierung möglich ist, die Aggressionen so vollständig und erfolgreich zu handhaben.

2

Ich habe nicht versucht, das Spiel in Mannschaftsspiele, Wettspiele, Nachahmungsspiele und ähnliches zu unterteilen, weil ich es vorziehe, das Hauptgewicht auf die fundamentalen Prinzipien zu legen, die dem Spiel in all seinen Erscheinungsformen zugrunde liegen. Auf eine wichtige Differenzierung muß jedoch hingewiesen werden: auf die Unterscheidung zwischen Spielen, an denen man aktiv teilnimmt, und Spielen, die man passiv betrachtet. Zahllosen Amerikanern bedeutet es das größte Vergnügen, sich passiv mit aktiven Spielern zu identifizieren, sei es bei einem Baseball- oder Fußballspiel, einem Ringkampf oder in einem Film.

Turel[12] behauptet, daß große Massendemonstrationen, ein Merkmal moderner Diktaturen, die Passivität der Menschen symbolisieren, ihre Bereitschaft zur Übernahme der weiblichen Rolle. Er verweist auf die Olympischen Spiele der Antike und die römischen Gladiatorenkämpfe als Vorläufer. Die Masse der Zuschauer ist passiv, sinnlich erregt, tut aber nichts. Nur mit Wetten bei Pferderennen und ähnlichen Sportarten nimmt der Zuschauer ein Risiko auf sich oder hat Anteil an der Gefahr des »Spiels«.

Es scheint eine gewisse moralistische Auffassung zu herrschen, daß Liebhabereien und Erholung uns besser anstehen, wenn wir dafür »arbeiten« (d. h. Energie einsetzen und Schmerzen, Gefahren oder Ermüdung auf uns nehmen). Das mag teilweise auf die Einschränkung durch das Gewissen zurückzuführen sein, daß Vergnügen verdient werden müsse; es mag aber auch die intuitive Erkenntnis der wertvollen Funktion des Spiels als Möglichkeit, aufgestaute Aggressionen in harmloser Weise zu entladen, dahinterstehen. Menschen, die nicht spielen, sind potentiell gefährlich. Sportarten mit Zuschauern sind von politischen Diktatoren als Mittel benutzt worden, große Menschenmassen zu vereinen und sie für ein gemeinsames Ziel zu entflammen. Es muß jedoch zur Verteidigung der Zuschauerrolle gesagt werden, daß viele Menschen fast gänzlich von aktiver Teilnahme irgendwelcher Art ausgeschlossen sind, weil sie sich zu schwach oder unterlegen fühlen oder Vergeltung fürchten. Solche Gefühle werden im allgemeinen durch das drastische Verbot aller aggressiven Regungen in der frühen Kindheit eingeimpft und sind deshalb im späteren Leben nur schwer oder überhaupt nicht zu überwinden. Die passive Beteiligung ist das *einzige* Ventil, das sich solche Menschen zugestehen können, und aus diesem Grunde für sie desto notwendiger. Sie würden gern tanzen oder einen Schläger schwingen, doch fühlen sie sich dazu nicht imstande und werden statt dessen »Ballettomanen« oder »Fans«. Manchmal nehmen diese gehemmten Menschen tatsächlich an Spielen teil, doch können sie dabei keinen Erfolg haben. Bei jedem Kampfsport verlieren sie fast unausweichlich, obwohl ihnen völlig unbewußt ist, daß sie nur deshalb geschlagen werden, weil sie den Liebesverlust fürchten, der mit ihrem Sieg über einen Gegner verbunden wäre. Da der Wunsch, aktive Ziele durch passive Mittel zu erreichen, als die typisch weibliche Rolle im Leben betrachtet wird, kann man vom Zuschauer sagen, daß er vorübergehend in eine weibliche Rolle schlüpft.

Aber das Spiel hat die Funktion, den von der Realität zurückgewiesenen Regungen ein Ventil zu verschaffen, und zu diesen gehört der Wunsch, ohne Anstrengung ernährt, befriedigt und unterhalten zu werden. Während der Arbeitszeit würde dies als unehrenhaft angesehen werden, in der Freizeit ist es jedoch gesellschaftlich zulässig. Dieser passiven Teilnahme am Spiel fehlen einige der physischen Befriedigungen des aktiven Spiels, doch sind die emotionalen Befriedigungen infolge der großen Macht, die dem Mechanismus der Identifizierung innewohnt, ähnlich. Dies tritt am deutlichsten beim Schauspiel in Erscheinung. Das passive Vergnügen an der Beobachtung anderer, die ein Stück aufführen, gehört erfahrungsgemäß zu den befriedigendsten Unterhaltungen – wahrscheinlich weil das Drama jene von aggressiven Regungen ausgelösten Konflikte so offen darstellt.

Hugo Münsterberg, der sich als erster Psychologe enthusiastisch über den Wert des Kinos für die psychische Gesundheit der Menschen geäußert hat, betrachtete die Stummheit der Leinwand als einen ihrer größten Vorzüge, weil dann, wie er sagte, jeder innerhalb gewisser Grenzen den Personen jene Worte in den Mund legen kann, die er selbst gern sprechen würde. Zeit und Erfahrung haben gezeigt, daß der Identifizierungswert des Kinos nicht von der Stummheit der Leinwand bestimmt wird, da dieser Wert dem Tonfilm ebenso eigen ist wie dem Drama auf der Bühne.

Wenn die Beteiligung am Drama zum Beruf wird, ist sie natürlich kein Spiel mehr, sondern Arbeit. Hingegen ist die Betätigung als Amateurschauspieler für manche Menschen ganz besonders befriedigend. Ein Psychiater[13] war davon auf Grund seiner Studien an Wiener Amateurbühnen so beeindruckt, daß er, als er in die Vereinigten Staaten kam, ein psychiatrisches Krankenhaus gründete, dessen wichtigste Therapiemethode darin bestand, dramatische Stücke zu schreiben und zu spielen. Es steht außer Frage, daß es für manche Patienten sehr wohltuend ist, wenn sie Gelegenheit haben, ihre Aggressionen und Konflikte in einer Form zu inszenieren, die klar und deutlich als »Spiel« bezeichnet wird, und sie dadurch ermutigt werden, ihnen bewußt in rationalerer und weniger beeinträchtigender Weise entgegenzutreten. Die Verwendung des Dramas und anderer Spielformen ist von mehreren meiner Kollegen untersucht worden, und ich möchte gern einige ihrer

Ergebnisse zusammenfassen. Ich glaube, das am besten tun zu können, indem ich aus einer detaillierten Beschreibung der Verwendung eines bestimmten Stücks zitiere.

»Das Stück *Man Submerged* handelt von einem Mann, der glaubt, daß Frauen im Alltagsleben die leichtere Rolle spielen. Er bietet an, zuhause zu bleiben und den Haushalt zu führen, während seine Frau einkaufen geht. Im weiteren Verlauf des Stückes wird er ständig von Vertretern, geschwätzigen Nachbarinnen, einer Freundin, die Geld borgen will, und sogar von seinem Sohn bei der Hausarbeit gestört. So lernt der Ehemann anhand komödiantischer, humorvoller Situationen seine Lektion – daß nämlich das Los der Frauen nicht immer so leicht ist, wie es den Anschein hat.

Die Hauptrolle spielte ein junger Mann, dessen Krankheit als neurotische Depression, verbunden mit einer Neigung zum Alkoholismus, diagnostiziert worden war. Seine Beteiligung am Spiel schien seine psychotherapeutische Behandlung so gut zu ergänzen, daß er Einsicht in einen seiner Hauptkonflikte zu erlangen vermochte. Beim Lesen des Stückes erkannte er sofort, daß sich die Geschichte um ein für ihn schmerzliches Thema drehte: um passive feminine Wünsche. Er sah, daß es sich bei seinem Konflikt um ein Problem vieler Männer handelte. Als er die Rolle annahm, meinte er, daß ihm vielleicht durch das Spielen neue Erkenntnisse zuteil würden, die sich für das Verständnis seiner Persönlichkeit als nützlich erweisen könnten. Es bereitete ihm offensichtlich große Befriedigung, seine Passivität offen und in humoristischer Weise darzustellen, und zwar innerhalb der sicheren Grenzen eines Spiels. Er lernte seine Rolle sofort auswendig, nahm gewissenhaft an den Proben teil, traf sich mit anderen zu besonderen Übungsstunden – kurz, er verzichtete auf viele Aktivitäten, um mit den anderen zu probieren. Er bestand darauf, daß alle Requisiten in der richtigen Reihenfolge zur Hand waren. Er beharrte auch darauf, daß er für seine Rolle eine Rüschenschürze bekam statt eines Geschirrtuchs, wie vorgeschlagen worden war. Durch seine Mitwirkung in dem Theaterstück konnte der junge Mann eine weibliche Rolle in einer gesellschaftlich akzeptablen Weise übernehmen.

Bei der Rolle der Freundin, die Geld borgen will, handelte es sich um eine aggressive, sich in alles einmischende, aufdringliche Frau. Nach langem Zureden übernahm eine etwa fünfundvierzigjährige Patientin die Rolle. Sie besaß schauspielerisches Talent und wollte in Wirklichkeit sehr gern spielen, wollte aber auch überredet werden. Anfangs stand sie der Rolle und den anderen Mitwirkenden kritisch gegenüber, doch mit der Zeit wuchs ihr Interesse, und sie legte viel eigenen Ausdruck in das Spiel. Sie leistete auf der Bühne Hervorragendes, hatte kein Lampenfieber und brachte ihren Text so genau und humorvoll, daß sie mehr Applaus erhielt als alle anderen. Als sie ihren Psychoanalytiker nach der Aufführung traf, sagte sie: ›Ich fühlte mich zu Hause.‹ Nach dieser Eröffnung konnte der Analytiker sie darauf hinweisen, daß durch die Rolle ihr tief verdrängter Wunsch befriedigt wurde, dieselbe Art von Aggressionen auszuleben, die sie auf der Bühne darstellte. Die Frau reagierte verärgert und behauptete, nur zu spielen; sie habe Nachbarinnen zu Hause in derselben Weise reden hören, und der ganze Spaß sei ihr nun durch die Bemerkung des Arztes verdorben worden. In Wirklichkeit war sie wütend, weil sie den Charakter ihrer Aggressionen erkannt hatte. Durch weitere Gespräche mit ihrem Arzt gelangte sie zu der Einsicht, daß ihre Depressionen durch ihre aggressiven Wünsche ausgelöst wurden.

Eine Frau von etwa fünfundzwanzig Jahren übernahm die Rolle einer Vertreterin. Sie war in einem fast katatonen Stupor ins Krankenhaus eingeliefert worden, seit etwa sechs oder acht Monaten in der Anstalt und auf dem Wege einer allmählichen, ständigen Besserung, als ihr diese kleine Rolle angeboten wurde. Sie nahm ihren Text entgegen, ohne sich nötigen zu lassen, und hatte keine Schwierigkeiten, ihn zu lernen. Auf den Proben brauchte sie ständige Ermutigungen, weil sie sich vor einer feindseligen Realität fürchtete, was bei ihrer Krankheit eine Rolle gespielt hatte. Zwei oder drei Tage vor der Aufführung wurde sie sichtlich depressiv und schien alles Selbstvertrauen verloren zu haben. Am Abend der Kostümprobe erhielt sie einen großen Hut, der ihr Gesicht teilweise verdeckte; danach wirkte sie zuversichtlicher. Als es schließlich zur Aufführung kam, brachte sie ihren Text gut und zeigte wenig oder gar keine Angst. Durch diesen Erfolg in der Realität erlangte sie ein gesteigertes Selbstvertrauen.

Die obigen Erläuterungen und Beispiele zeigen, daß das Theaterspiel in einer psychiatrischen Anstalt für die Therapie von großem Wert sein kann. Die harmlose Komödie verschaffte den Patienten, die mitspielten, und denen, die zuschauten, ein Ventil für ihre unbewußten Bedürfnisse. Einige Patienten vermochten ihre Probleme besser zu beurteilen und waren dadurch in der Lage, zu ihrer Heilung selbst beizutragen. Für andere Patienten, die nur als Zuschauer teilnahmen, war es von Nutzen, sich sowohl mit den Figuren des Stücks als auch mit den Schauspielern, ihren Mitpatienten, die diesen Beitrag zum geselligen Leben des Krankenhauses geleistet hatten, zu identifizieren.«

Ich habe diese Beschreibung so ausführlich zitiert, weil es viel leichter ist, die therapeutische Nutzung des Spiels anhand des Psychodramas darzustellen als anhand der vielen Formen der Beschäftigungstherapie, welche im modernen, psychoanalytisch orientierten Krankenhaus angewendet werden. Alle oben angeführten Formen des Spiels wurden entsprechend den Bedürfnissen des Patienten ausgewählt. Die Behandlung beruht auf der Theorie, daß diese Patienten von ihren selbstzerstörerischen Impulsen übermannt werden, und daß diese Impulse selbstzerstörerisch sind, statt sich aggressiv nach außen zu wenden, weil die in Betracht gezogene Besetzung der Aggression in der Außenwelt zu gefährlich war. Man könnte sagen, daß Menschen psychisch erkranken, wenn all ihre Sublimierungen versagen, wenn sie nicht mehr arbeiten oder spielen können. Folglich müssen sie gelehrt werden, wieder zu arbeiten und zu spielen, und es ist oft leichter, sie spielen statt arbeiten zu lehren. Dieses Prinzip psychiatrischer Behandlung wird immer mehr als grundlegend anerkannt.

Schließlich kommen wir zu den verfeinertsten und am meisten stilisierten Formen des Spiels: Tanz, Kunst und Musik. Diese Modalitäten haben sowohl aktive als auch passive Aspekte. Man kann sie genießen, indem man sie ausführt oder indem man sie anschaut oder anhört. Es liegt auf der Hand, daß es sich bei ihnen in dem

Sinne um Spiel handelt, als sie den Menschen erlauben, unbefriedigte triebhafte Dränge auszuleben, ohne daß sie durch Realitätserwägungen behindert oder eingeschränkt werden. Die puritanische Ablehnung des Tanzes, weil er einen kaum verschleierten sexuellen Hintergrund habe, beruhte auf einer intuitiv richtigen Deutung und war ganz logisch, wenn man in der Sexualität ein Übel erblickt statt den Ausdruck unserer natürlichsten Regungen. In ähnlicher Weise bereiten auch Musik und Kunst ein tiefes erotisches Vergnügen, das psychologisch wahrscheinlich mit Befriedigungen zusammenhängt, die der Geschlechtslust im engeren Sinne vorausgehen. Dem Kind werden Befriedigungen durch Hören und Sehen wie auch durch Fühlen zuteil, und Musik und Kunst sind der Gipfelpunkt lustvollen Hörens und Sehens.

Nebenbei bemerkt sollten wir vielleicht die Lust erwähnen, die von der weichen, schnellen Bewegung im Raum herrührt, etwa beim Schlittschuhlaufen, Skifahren, Rodeln, Fliegen und sogar beim Autofahren. Ich möchte hier keine erschöpfende Analyse anstellen, doch ich vermute, daß manches davon, etwa das Schlittschuhlaufen, Elemente erotischer Lust mit sportlicher Befriedigung verbindet, die auf der Freude an Aktivität und dem Gefühl beruht, die Schwerkraft, den Luftwiderstand usw. zu besiegen. Natürlich gehören dazu auch Elemente wie das Ungewöhnliche und der Rhythmus. Einige Psychoanalytiker haben hervorgehoben, daß diese Vergnügungen mit denen verwandt sind, die dem kleinen Kind zuteil werden, wenn es von seinen Eltern getragen oder in einer Weise bewegt wird, welche seine eigenen schwachen Fortbewegungskräfte weit übersteigt.

Was die Vorstellung angeht, daß Sublimierungen das Schicksal bestimmter, weitgehend umgewandelter aggressiver Impulse sind, müssen wir zugeben, daß das aggressive Element in der Kunst und den gerade genannten Sportarten im allgemeinen schwer zu erkennen ist, da die erotischen (kreativen) Elemente vorherrschen. Deshalb habe ich postuliert, daß die Künste die höchste Form des Spiels darstellen.

3

Bisher haben wir die Wechselbeziehung zwischen Arbeit und Spiel etwas vage definiert. Ich bezweifle, daß man das willkürlich allein auf einer psychologischen Grundlage tun kann; zu viele ökonomische, soziologische und physiologische Faktoren sind beteiligt. Doch können die Sozialplaner den psychologischen Wert von Arbeit und Spiel nicht außer acht lassen. Beides sollte nicht vernachlässigt werden, kann nicht vernachlässigt werden, und doch geschieht das ständig. Wenn es zum Beispiel wirtschaftlich möglich wäre, von morgen an jedem Menschen in den Vereinigten Staaten die Hälfte seiner gegenwärtigen Arbeitsaufwendungen (oder vielmehr: seiner Arbeitsmöglichkeiten) abzunehmen, ohne sein Einkommen zu verringern, geriete die Nation in Gefahr. Es wäre für die große Mehrheit dieser Menschen absolut unmöglich, die plötzlich erlangte Freiheit in irgendeiner psychologisch befriedigenden Weise zu nutzen, beispielsweise durch Spiel. *Ein Teil* der solcherart freigesetzten Energie würde zweifellos dem Spiel zugewendet werden, doch das meiste davon würde sich in unmittelbarer Aggressivität oder in irgendeiner Form selbst-zerstörerischen Verhaltens äußern. Die Menschen würden anfangen zu raufen, zu trinken, sich selbst oder gegenseitig umzubringen.

Ich sage dies nicht ohne Grund; es beruht auf der Beobachtung, daß sich dies immer wieder bei Einzelnen und in Gruppen zugetragen hat, und es ist genau das, was wir uns theoretisch klarmachen sollten. Die meisten Menschen können nicht sinnvoll genug spielen, um so hohen Anforderungen, wenn sie plötzlich an sie herantreten, gerecht zu werden. Sie glauben, daß sie spielen möchten, sie glauben, daß sie mehr Freizeit haben möchten, *um* zu spielen, aber sie können nicht spielen, wenn ihnen die Freizeit zuteil wird. Das liegt nicht nur daran, daß ihre Zeit mit anderen Dingen ausgefüllt ist – beispielsweise mit Arbeit –, noch fehlt es ihnen an Geschicklichkeit und Technik. Es liegt vielmehr daran, daß das Interesse am Spiel gehemmt ist. Einer unserer Kollegen am Menninger-Sanatorium, der Leiter der Beschäftigungstherapie für Männer, hat eine sehr interessante Untersuchung durchgeführt. Er verglich die Liebhabereien, die bestimmte schlecht angepaßte Patienten in früherer Zeit spontan aufgegriffen hatten, mit denen einer Gruppe

194

angeblich Normaler oder zumindest einigermaßen Angepaßter. Es stellte sich heraus, daß die gut Angepaßten nahezu doppelt so viele Liebhabereien gepflegt hatten wie die schlecht Angepaßten.[14] Bei unserer Arbeit mit psychiatrischen Patienten beeindruckt es uns ständig, daß sie nicht ausreichend spielen können oder zumindest niemals fähig gewesen sind, sich in ihrer Freizeit ausgleichend zu betätigen.

Einige von denen, die für immer mehr Freizeit für jeden eintreten, erkennen die mit nutzlos vergeudeter Muße verknüpfte Gefahr. Sie weisen darauf hin, daß unsere öffentlichen Sport- und Spielplätze, Schwimmbäder, Grünanlagen und Nationalparks, unsere Musikerziehungsprogramme an den Oberschulen und zahlreiche andere Einrichtungen im amerikanischen Leben in dieser Hinsicht ermutigende Entwicklungen darstellen. Ich möchte dem begeistert zustimmen, glaube aber nicht, daß wir auch nur annähernd genug davon haben. Alles, was ich über das Spiel als nützliches Mittel zum Auffangen von Aggressionen gesagt habe, sollte uns veranlassen zu üben, wie man spielt – wie man auf viele verschiedene Arten und unter vielen verschiedenen Umständen spielen kann.

Andererseits sollte darauf hingewiesen werden, daß niemand lernen kann, dauernd zu spielen, weil niemand dauernd spielen *kann*, ohne daß es schädliche Auswirkungen für ihn hat. Ich habe von Berufs wegen eine ganze Reihe wohlhabender Playboys gesehen, die mit der Vorstellung aufgewachsen waren, Arbeit sei etwas, das von ökonomischen Grundsätzen bestimmt ist, und daß sie, da von ökonomischem Druck frei, ihre ganze Zeit damit zubringen könnten, spielen zu lernen und zu spielen. Ich habe niemals erlebt, daß das einem von ihnen gelang. Viele dieser Playboys verwandeln ihr Spiel tatsächlich in Arbeit. Die meisten von ihnen entwickeln Neurosen, Depressionen oder asoziale Neigungen. Was bei ihnen wie Spiel aussieht, ist in Wirklichkeit ein Ausarbeiten neurotischer Konflikte oder Strebungen, was sich darin zeigt, daß ihr Tun fast gar nicht mehr von Lust motiviert wird, wie es für echtes Spiel typisch ist. Das ist sehr deutlich sichtbar bei manchen Frauen, denen das Einkommen ihrer Männer ein Leben mit soviel Muße ermöglicht, daß sie nicht wissen, was sie damit anfangen sollen. Ihre Versuche zu »spielen« (z. B. Bridge) werden zu mühseligen

Tretmühlen zwanghafter Tätigkeit. Ein kleines Mädchen in einer progressiven Schule brachte dasselbe zum Ausdruck, als es fragte: »*Muß* ich heute tun, was ich möchte?«

Thorstein Veblen[15] traf die Unterscheidung, daß manche Spiele unter die Rubrik »offenkundige Zeitverschwendung« fielen, während andere eine verschleierte Erfüllung des Naturtriebs, ein Werk zu vollbringen, darstellten. Von ersteren glaubte er, sie seien von einem vertretbaren und hemmenden Schuldgefühl begleitet, während letztere, weil konstruktiv, nicht solcherart belastet seien. Ich meine, diese Unterscheidung ist zu rationalistisch und zu unpsychologisch; wir wissen aus Erfahrung, daß für manche Menschen alles Lustvolle von einem unbewußten Schuldgefühl begleitet ist, und durch dieses neurotische Schuldgefühl werden sie sogar noch stärker gehemmt als durch bewußte, rationale Überlegungen.

Man hat unsere puritanische Tradition als ein Abschreckungsmittel gegen unbefangenes Genießen von Spiel und Unterhaltung getadelt, doch dahinter steht ein viel machtvollerer Faktor: Das Spiel ist so stark vom Lustprinzip bestimmt, welches Kinder antreibt und das von der disziplinierten reifen Persönlichkeit nur mühsam kontrolliert wird, daß es mit Schuldgefühlen verbunden ist. Im Spiel kommt unser wahres Selbst natürlicher zum Ausdruck als bei der Arbeit; doch gerade aus diesem Grunde empfinden wir das spielerische Handeln als Bedrohung des zivilisierten Überbaus der Persönlichkeit. Es ist allzu verlockend, allzu unrealistisch. Und dieses Schuldgefühl ist zum größeren Teil auf die Stimme des Gewissens zurückzuführen – ein Echo der elterlichen Verbote, die auf die Gesellschaft, die Staatsform und die Wissenschaft verlagert werden. Wenn also jene, die in der Gesellschaft die Stellung von Elternfiguren einnehmen, das Spiel formal sanktionieren, verliert es einen Teil seines Schuldcharakters.

Es war daher sehr weise von den Ratgebern in Fragen der bürgerlichen Moral, den frühesten Ermahnungen, die sie an das amerikanische Volk richteten, den Rat hinzuzufügen, so hart zu arbeiten, wie wir nur können, an unseren Liebhabereien aber festzuhalten. Denn dieser Ratschlag ist im Lichte psychiatrischer Erfahrung sehr heilsam. Wenn es therapeutisch von Nutzen ist, das Spiel in die richtige Richtung zu lenken und zu ermutigen, kann es auch prophylaktisch von Nutzen sein. Wenn es für kranke Menschen gut ist, ist es für gesunde sogar besser. Wir alle sind anfällig für eine Störung unseres moralischen Empfindens, und eins der besten Heilmittel dagegen ist das Spiel.[16]

Allgemein scheint die Ansicht zu herrschen, das Spiel sei in Ordnung, wenn man es nicht zu ernst nehme. Ich glaube, die weitaus größere Gefahr liegt darin, daß man es nicht ernst genug nimmt. Wenn Menschen es nicht ernst genug nehmen, beruht dies vielleicht nicht so sehr auf einem Vorurteil wie auf Unwissenheit. Die Frage, was das Spiel für den einzelnen bedeutet, wurde noch nicht eindeutig beantwortet, ebensowenig wie die Frage, weshalb manche Menschen spielen lernen und andere nicht. Diese und viele andere Fragen in bezug auf die Psychologie des Spiels verdienen das Interesse der angesehensten Wissenschaftler.

Mit der vorstehenden Analyse der Funktion des Spiels im Menschenleben erhebe ich keinen Anspruch auf Vollständigkeit. Ich habe nur darauf hinweisen wollen, weshalb ich es für richtig halte, daß Arbeit und Spiel das sind, *wodurch die Menschen leben* – wie auch der Titel des Buches von Richard Cabot lautet. Ich habe zu zeigen versucht, weshalb sowohl Arbeit als auch Spiel notwendig sind – nicht nur vom ökonomischen und nicht nur vom sozialen Standpunkt aus, sondern erst recht unter psychologischen Gesichtspunkten. Ich habe zu zeigen versucht, weshalb die Arbeit für die Integrität des menschlichen Geistes notwendig ist und weshalb das Spiel uns tatsächlich neu erschafft. Arbeit und Spiel ermöglichen es uns, zu leben und zu lieben, weil sie die aggressive Energie absorbieren helfen, die uns andernfalls überwältigen würde.

Ursprünglich gab es, wie wir gesehen haben, keinen Unterschied zwischen Arbeit und Spiel, weil jeder tat, was er für nötig hielt. Heutzutage wird das, wir wir gern tun, und das, was wir zu tun für erforderlich halten, so weitgehend davon bestimmt, was die ökonomische Situation und die organisierte Gesellschaft uns zu tun erlauben, daß sich der Unterschied zunehmend verschärft. Vielleicht wird in der Welt von heute die beste Arbeit von denen geleistet, die zwischen Arbeit und Spiel kaum einen Unterschied machen – von Menschen, denen alle Arbeit zum Spiel wird. Im Hinduismus heißt der Kosmos *Lila* – »ein Spiel des Schöpfers, für den Arbeit und Spiel identisch sind«. Doch Menschen, die sich von konventionellen Einstellungen völlig unabhängig machen können, sind in der Tat selten, und wir können nicht erwarten, daß eine solche Haltung Allgemeingültigkeit erlangen wird. Wir können nur darauf hoffen, daß Arbeit und Spiel in einer Zeit mehr Würde und Achtung zuteil werden, in der sich menschliches Denken und Handeln nicht in erster Linie um Arbeit und Spiel noch um die Liebe zueinander – die Arbeit und Spiel ermöglichen würde – zu drehen scheinen, sondern um Kampf und Zerstörung.

8 Glaube

1

Der Glaube läßt sich nicht ohne weiteres in psychologischen Begriffen definieren. Man könnte ihn als eine Überzeugung bezeichnen, daß ein Wunsch erfüllt, ein Vertrauen gerechtfertigt werde, ohne daß sich in der Wirklichkeit ein hinreichender Beweis dafür finden läßt. Wir können an Dinge glauben, ohne »den Glauben« zu bemühen; wir glauben beispielsweise, daß die Erde rund ist, weil uns unsere Lehrer dies lehrten. Doch wir müssen daran nicht nur glauben, denn es werden uns viele greifbare Beweise dafür geboten. Der gute Lehrer ermutigt das Kind, sein Wissen zu überprüfen und es durch seine eigenen Sinne bestätigen zu lassen. Die Neugier, die zur Erforschung und Entdeckung der natürlichen Welt führt, wird nicht länger als Sünde, sondern als Tugend betrachtet. Sie ist der Ansporn der Wissenschaft.

Doch es gibt viele Bereiche des Menschenlebens, die wissenschaftlicher Überprüfung nicht zugänglich sind, so daß wir alle ständig den Glauben walten lassen müssen. Wir können nicht messen, wie aufrichtig unsere Freunde uns lieben, doch wir glauben daran. Freundschaft beruht auf einer Verbindung von bestätigtem und unbewiesenem Glauben. Insoweit sie sich auf die tatsächliche Prüfung des Freundes in vielen Situationen und auf unsere Beobachtungen der Art, wie er dabei reagiert, stützt, beruht der Glaube auf der Realitätsprüfung. Doch insoweit unser Vertrauen nicht durch Erfahrung bestätigt wird, handelt es sich um blinden Glauben, wie beispielsweise plötzliche starke Freundschaften und Liebe auf den ersten Blick zeigen. Betrachten wir Liebende aber genauer, so erkennen wir, wie schwach der Glaube ist, wie sehr die Liebenden zu Eifersucht und Mißverständnissen neigen und wie sie sich ständig gegenseitig prüfen, bis ein gleichbleibendes Vertrauen erreicht ist.

Der Glaube, der in Praktiken und Einstellungen zutage tritt, die wir Religion nennen, kann weder bewiesen noch widerlegt werden.

Von der Religion hat Freud[1] gesagt, daß unbegründete Hoffnung, das Verlangen nach Wunscherfüllung, ein allzu hervorstechender Faktor ihrer Motivation sei. Die Angehörigen der einen religiösen Glaubensrichtung können in anderen Glaubensrichtungen jederzeit Elemente erkennen, die so phantastisch, so unwahrscheinlich, so unvereinbar sind mit allem, was wir mühselig über die Realität der Welt erfahren haben, daß sie regelrecht wahnhaft erscheinen. Es sind Hoffnungen, die Bestandteile eines Glaubens geworden sind. Doch da es keine Möglichkeit gibt, über den Realitätsgehalt eines Glaubens objektiv zu befinden, kann er leicht ins Pathologische übergehen und zu einer Art Psychose werden. Freud[1] schrieb:

»Wenn es sich um Fragen der Religion handelt, machen sich die Menschen aller möglichen Unaufrichtigkeiten und intellektuellen Unarten schuldig. Philosophen überdehnen die Bedeutung von Worten, bis diese kaum etwas von ihrem ursprünglichen Sinn übrig behalten, sie heißen irgendeine verschwommene Abstraktion, die sie sich geschaffen haben, ›Gott‹, und sind nun auch Deisten, Gottesgläubige vor aller Welt, können sich selbst rühmen, einen höheren, reineren Gottesbegriff erkannt zu haben, obwohl ihr Gott nur mehr ein wesenloser Schatten ist und nicht mehr die machtvolle Persönlichkeit der religiösen Lehre. Kritiker beharren darauf, einen Menschen, der sich zum Gefühl der menschlichen Kleinheit und Ohnmacht vor dem Ganzen der Welt bekannt, für ›tief religiös‹ zu erklären, obwohl nicht dieses Gefühl das Wesen der Religiosität ausmacht, sondern erst der nächste Schritt, die Reaktion darauf, die gegen dies Gefühl eine Abhilfe sucht.«

Am Ende des letzten Satzes impliziert Freud, daß die Religion der Furcht entstammt, und er bezieht diese Furcht auf den realistischen Vergleich der Winzigkeit des Menschen mit der Unermeßlichkeit und Macht des Universums. Dabei vergaß er, wie ich meine, für einen Augenblick seine eigenen psychologischen Theorien und nahm eine konventionelle Deutung der Funktion der Religion für bare Münze, statt eine psychologische Interpretation vorzunehmen. Es weist alles darauf hin, daß die Ängste des Menschen nicht in erster Linie mit der Unermeßlichkeit des Universums zu tun haben, sondern mit der Bösartigkeit seiner eigenen aggressiven Triebe. Freuds Skepsis beruhte auf seiner mangelnden Überzeugung, daß die Religion die Leiden, die dem hilflosen Individuum von der Außenwelt zugefügt werden, in irgendeiner realen Weise lindern könne. Er ließ den Umstand außer acht, daß die Religion vermutlich als sehr reale Abwehr gegen die Bedrohung durch eine innere Gefahr dienen kann. In derselben Arbeit sagt er, »daß der Frommgläubige in hohem Grade gegen die Gefahr gewisser neurotischer Erkrankungen geschützt ist«, und er erklärt dies mit der Feststellung: » ... die Annahme der allgemeinen Neurose überhebt ihn der Aufgabe, eine persönliche Neurose auszubilden«.

Ich habe im vorliegenden Buch durchgehend die Position vertreten, daß das Problem des Lebens darin besteht, Aggressionen zu kontrollieren und zu steuern. Wenn die Religion uns dies tatsächlich ermöglicht, ist sie weder eine Illusion noch eine Neurose. Gewiß, wir müssen manche Dinge »glauben«, doch wie verschiedene Philosophen gezeigt haben – zum Beispiel Morris R. Cohen[2] –, fordert die Wissenschaft selbst von uns, an vieles zu glauben, auch an die Fähigkeit des Menschen, zur Erkenntnis der Wahrheit zu gelangen. Unser Problem ist nicht, den Gehalt eines religiösen Glaubens abzuwägen und über seinen illusorischen Charakter zu befinden. Die Frage lautet vielmehr: »Dient die Religion dem Leben, indem sie Liebe einflößt?«

Viele Menschen glauben, daß die Religion dies tue, daß sie die Menschen befähige, friedfertiger miteinander umzugehen, glücklicher und schöpferischer zu sein. Wenn dies zuträfe, hätte die Position jener religiösen Führer eine gewisse Berechtigung, welche die Religion zu einer Pflicht zu machen versuchen, obgleich sie sich damit selbst widersprechen, denn Glaube kann nicht von außen erzwungen werden. Tatsächlich glauben aber auch viele Menschen nicht daran, daß die Religion Aggressionen absorbiere, sondern, daß sie diese eher stimuliere und kultiviere – kurzum, daß sie mehr Schaden als Nutzen stifte. Während also ihre Verteidiger auf ihre Segnungen verweisen – die Schulen, die sie errichtet hat; die Bildung, die sie gefördert hat; die Krankenhäuser, die sie gegründet hat und noch unterhält; die Heiligen, die sie inspiriert hat, ihr Leben für ihren Glauben zu opfern; die Ideale, die sie hochgehalten hat; die Botschaft der Liebe, die sie (manchmal) gepredigt hat, usw. –, führen ihre Gegner eine gleich lange Liste schwerer Verfehlungen ins Feld: Inquisition, Pogrome, Ausbeutung der Unwissenden, Verherrlichung der Bigotten, Verfolgung von Abtrünnigen, Unterdrückung freien Denkens und freier Erziehung.

Sicherlich, die Kirche* ist nicht die Religion. Doch wenn die Religion so funktioniert, wie ihre Verfechter meinen, sollten die Institutionen, von denen ihre Lehren zum Grundsatz erhoben werden, nicht durch Eigenschaften charakterisiert sein, die ihrem eigentlichen Sinngehalt zuwiderlaufen.

Eine meiner psychoanalytischen Kolleginnen hat es folgendermaßen analysiert[3]:

»Seit undenklichen Zeiten gibt es eine Institution, die die Menschheit, grob gesagt, als Hilfsmittel zur Beherrschung von Haß und Aggression entwickelt hat – ich meine die Religion –, wie unzureichend ihre verschiedenen Formen diese Aufgabe auch erfüllt haben mögen. Das ›Verlangen nach dem Guten‹ hat ursprünglich (im Säuglingsalter) sowohl Gier und Aggression als auch Liebe und Zärtlichkeit in uns geweckt. In frühen Religionsformen war dieses Nebeneinander noch sichtbar; ›das Gute‹, Gott, wurde ebenso getötet und verspeist wie verehrt und angebetet. Schon vor der christlichen Epoche gab es verschiedene religiöse Bewegungen, die danach strebten, diese beiden Tendenzen zu trennen; das zu einer der großen Weltreligionen aufgestiegene Christentum war vorwiegend ein erhabener Versuch, die Liebe von aller Aggression und Gier zu trennen. Einerseits wurde die Nächstenliebe zu einem Ideal erhoben, andererseits die Realität vieler dem Seelenleben – der menschlichen Psychologie – zugehörigen Probleme geleugnet. Die sexuellen und aggressiven Triebregungen des Menschen wurden zwar nicht rundheraus bestritten, wohl aber verteufelt und verdammt oder mißachtet – eine Einstellung, die keine

---

* Viele Wissenschaftler rechtfertigen die Religion auf einer pragmatischen, aber im wesentlichen nicht-religiösen Basis. So hält beispielsweise der hervorragende Psychiater Adolf Meyer die Kirche für eine wichtige »Instanz der Erwachsenenbildung, die so liberal gehandhabt werden kann, wie Sie wollen« (persönliche Mitteilung).

Besonderheit des Christentums ist und von seinen besten Interpreten auch nicht geteilt wird. Es war und ist eine allgemein menschliche Neigung, das, was man in sich selbst fürchtet, zu verleugnen oder zu *verkennen*. Das Christentum hat jedoch diese Tendenz übernommen, hat sie in besonderer Weise repräsentiert und dadurch gefördert und erhalten.

Weil aber Aggression und Sexualität integrale Teile der menschlichen Natur sind, müssen sie, solange das Leben dauert, funktionieren, zum Guten wie zum Bösen. Versucht man, ihnen die Berechtigung abzusprechen und sie von der Beteiligung am Leben ein für allemal auszuschließen, müssen sie in Kanäle des Hasses und der Zerstörungslust fließen. In Form von Verfolgung, Habsucht, mönchischer Entsagung und Pharisäertum – den zwangsläufigen Begleiterscheinungen einer solchen Trennung – bahnen sie sich ihren Weg zurück in das religiöse Leben und machen den Menschen das Leben sauer. Darüber hinaus war – da das Christentum das Gute überwiegend auf eine altruistische Gefühls- und *Seelen*haltung beschränkte – die verleugnete Aggression gezwungen, sich ein *personenbezogenes* Ventil zu suchen, das heißt, in Bekehrungseifer, Meinungsterror und schließlich Menschenverfolgung auszuarten. Keine Möglichkeit hatte die Aggression, sich auf *sachbezogenen* Gebieten auszudrücken, wo sich große konstruktive Betätigungsfelder bieten: etwa in der intellektuellen Sphäre oder im Kampf gegen die Natur bei praktischen Forschungsvorhaben und Experimenten. Diese weltlichen Leistungsbereiche galten als wertlos und wurden vom Guten getrennt. Zwar hatte es schon vor der christlichen Epoche bedeutsame Ansätze in Richtung Sachwissen – etwa in der Physik, Astronomie, Mathematik, Physiologie usw. – gegeben, doch machte die christliche Gleichgültigkeit gegenüber der (belebten wie unbelebten) physikalischen Welt und ihren Wahrheiten dem ein Ende, und erst recht der Umstand, daß dem Menschen eine konstruktive Ausübung seiner Aggressionen verwehrt wurde.«

Es gibt offensichtlich eine enge Beziehung zwischen Religion und Psychiatrie, oder zumindest zwischen dem Geistlichen und dem Psychiater, und einen weiten Bereich, in dem sie sich in völliger Übereinstimmung befinden. Im wesentlichen versuchen beide dasselbe zu tun: Menschen zu größerem Wohlbefinden zu verhelfen und sie vom Übel zu erlösen. In vielen Einzelheiten gleicht sich ihre Arbeit. Beide sind darauf angewiesen, an die Intelligenz und durch sie an die Gefühle zu appellieren. Beide benutzen verbale Techniken und setzen die eigene Persönlichkeit ein, um zu Ergebnissen zu gelangen. Beide erkennen den kathartischen Wert der Beichte an. Die Psychoanalyse stimmt mit der Religion darin überein, daß ein Mensch so ist, wie er im tiefsten Innern fühlt und denkt, und daß Schuld aggressiven Wünschen fast genauso anhaftet wie aggressiven Handlungen. Sowohl für den Psychiater als auch für den Geistlichen ist die Liebe das Höchste auf der Welt, ob man es Gott nennt oder Trieb.

Der grundlegende Unterschied zwischen dem Geistlichen und dem Psychiater entspricht wahrscheinlich dem Unterschied zwischen dem heiligen Georg und Sir Galahad. Elmer Ernest Southard pflegte zu sagen, daß sich die guten Werke der Welt in die Zerstörung des Bösen und die Beförderung des Guten teilen und daß eine Art Mensch das eine und eine andere das andere tun müsse. Jene, welche die Ideale hochhalten und uns zu erleuchten suchen, sind wie die Ritter, die ihr Leben damit zubrachten, den Heiligen Gral zu suchen. Es hat demnach den Anschein, »als wären sie Drachentöter und Gralsjäger. Es gibt jene, die lieber der heilige Georg wären, und andere, die lieber Sir Galahad wären. (...) Wir sollten auch nicht wünschen, diese Jünger des Grals von ihrem Ziel abzulenken. (...) Doch das Böse ist leichter wahrzunehmen, als das Gute auch nur vorzustellen ist. (...) Wir sollten daher aus dieser tiefverwurzelten Neigung zur Zerstörung Nutzen ziehen und uns in erster Linie bemühen, definitive, konkrete und sichtbare Übel auszumerzen, statt das unbestimmte, abstrakte, kaum vorstellbare Gute zu schaffen. Sobald die naheliegende Aufgabe der Zerstörung des Bösen gelöst ist, wird die endgültige Aufgabe der Schaffung des Guten nicht auf sich warten lassen. Die Formel könnte lauten: ›Erringe den Gral, aber töte zuerst den Drachen.‹«[4]

Sicherlich sollten die Gralsjäger demnach nicht mit den Drachentötern oder die Sir Galahads nicht mit den heiligen Georgs streiten. Dennoch besteht ein gewisser beiderseitiger Argwohn.

Einige Psychiater begründen ihre Skepsis gegenüber der Religion damit, daß so viele ihrer Patienten von religiösen Vorstellungen verfolgt werden. William James hat diesen Trugschluß in seinem Buch *The Varieties of Religious Experience* (dt. *Die religiöse Erfahrung in ihrer Mannigfaltigkeit*) behandelt. Ein psychotischer Mensch nimmt die Wahrheit – zumindest eine *Teil*wahrheit – oft genauer und schärfer wahr als ein Gesunder oder auch er selbst in gesundem Zustand.*

Doch kehren wir zur Religion und Psychiatrie zurück. Es sollte erwähnt werden, daß einige Psychiater Verständnis für die Religion zu erlangen suchten, indem sie die Psychologie der Religionsstifter analysierten. Ich habe meine eigenen diesbezüglichen Beobachtungen im Kapitel »Religion« meines Buches *The Human Mind* mitgeteilt. Ich versuchte zu zeigen, daß Menschen, die es heftig danach drängt, andere religiös zu beeinflussen, oft durch das Bedürfnis angetrieben werden, sich sozusagen selbst zu überzeugen. Ein ähnliches Phänomen beobachtet man oft bei Kindern, nämlich daß sie anderen Kindern und sogar Erwachsenen mit großem Ernst Phantasien berichten und sich selbst davon zu überzeugen hoffen, indem sie die anderen überzeugen. Das Kind will glauben, daß es wahr sei. Ursprünglich glaubt es das nicht, doch wenn es ihm gelingt, andere zu überreden, es für wahr zu halten, kann es selbst auch daran glauben.

Wovon will sich der religiöse Mensch überzeugen, indem er andere überzeugt? Was ist aus der Sicht des Christentums »das Evangelium« wirklich? Ohne meine Schlußfolgerungen einem Theologen anbieten zu wollen, glaube ich, daß man es etwa wie folgt ausdrücken könnte: »Die Menschheit ist vom Untergang bedroht. Aber es gibt eine Rettung. Es gibt Einen, der mächtiger ist als wir und uns liebt. Er liebt uns, obgleich uns manche Erfahrungen glauben lassen könnten, daß Er uns nicht liebt. Er hat uns Beweise seiner Liebe gegeben (die guten Dinge des Lebens, das Beispiel

---

* Damit will ich natürlich nicht die verbreitete Vorstellung unterstützen, der psychiatrische Patient sei gesünder als sein Arzt. Ich meine, daß er häufig *manche Dinge* richtig sieht, allerdings in völlig falschem Verhältnis. Ein Mensch z. B., der im Leben gescheitert ist, erkennt dies manchmal erst, nachdem er geistig erkrankt ist, dann aber so lebhaft und mit solcher Verzweiflung, daß er die Möglichkeit einer Rettung nicht wahrzunehmen vermag.

Jesu). Er hat uns zu zeigen versucht, wie man leben muß, um dem Leben die größtmögliche Glückseligkeit abzugewinnen (die Lehren Jesu oder Buddhas oder der Propheten, das Sittengesetz, die Bibel). In Zeiten der Not kann er angerufen werden (Gebet), und Er wird mit uns sein bis ans Ende. ›Und der Tod wird nicht mehr sein‹, sondern wir werden mit Ihm leben.«

Die einzige Bedingung all dessen besteht darin, daß wir den vorgeschriebenen Regeln und Anordnungen zu folgen haben. Doch was sind das für Regeln und Anordnungen? Und ebenda liegt natürlich der Hase im Pfeffer. Nach der römisch-katholischen Lehre unterscheiden sie sich grundlegend von den Regeln und Anordnungen der Methodisten, der Christlichen Wissenschaft, des Buddhismus oder des Islam. Wenn man zynisch sein wollte, würde man sagen, daß das der »Joker« der ganzen Angelegenheit sei. Bis zu diesem Punkt ist das Programm untadelig. Doch wenn man genau weiß, was die Regeln und Anordnungen besagen, wird alles zur Absurdität.

In neuerer Zeit haben sich Theologen zunehmend bemüht, sich in bezug auf diesen sehr offenkundigen Konfliktpunkt zu verständigen. Rabbiner, protestantische Pfarrer und katholische Priester haben gemeinsam Wege zu finden versucht, um ihre theoretischen Differenzen auszugleichen. Sie versuchten eine »Einheitsfront« herzustellen, übersahen aber, daß, selbst wenn ihnen dies gelänge, Millionen Orientalen übrigblieben – ebenso religiös, ebenso intelligent, ebenso nach dem verlangend, was die Religion ihnen bieten kann –, die keinen überzeugenden Grund sehen, ihre Religion für eine abendländische einzutauschen.

Man könnte die einvernehmliche Position von Rabbinern, Pfarrern und Priestern wahrscheinlich darin sehen, daß der Mensch von seiner eigenen Aggressivität letzten Endes durch Glaube und Liebe erlöst werden könne. Doch mit Glaube meinen einige von ihnen den Glauben, daß der Mensch durch den Glauben gerettet werden könne – eine entmutigende Erklärung, weil Glaube nicht bewußt gewollt werden kann. Daß er durch die Liebe gerettet werden könne, ist hingegen eine greifbarere Aussicht. Dies steht so offensichtlich im Einklang mit der Theorie dieses Buches insgesamt, daß es nicht zu übersehen ist. Wenn die Religion in der Lage ist, die Menge der Liebe in der Welt zu steigern oder die Menge des

Hasses zu verringern, ist sie genau das Programm, welches – wie wir aus wissenschaftlichen Untersuchungen geschlossen haben – wahrscheinlich das Los der Menschheit zu bessern vermag. Wenn Religion in diesem Sinne gedeutet werden kann, sind ihre Ziele und die vieler Wissenschaftler haargenau dieselben. Auch die Wissenschaft sucht nach Wegen, die es dem Menschen ermöglichen, besser, produktiver, friedlicher, glücklicher zu leben.

2

Die Motive der Menschen zu untersuchen heißt nicht, ihre Leistungen zu schmälern; es kann aber dazu dienen, einen gemeinsamen Nenner für scheinbar verschiedene – oder gar entgegengesetzte – Berufe (oder Berufungen) zu finden. Da ich bereits darauf hingewiesen habe, daß manche religiösen Führer, die ich studiert habe, nicht wegen ihres Glaubens sind, was sie sind, sondern weil es ihnen an Glauben mangelt (was überkompensiert werden muß), will ich nun einige der nicht-rationalen Gründe anführen, weshalb Wissenschaftler Wissenschaftler werden, und zeigen, daß es sich dabei im wesentlichen um dieselben Gründe handelt, von denen auch die religiösen Eiferer motiviert werden.

Die primitiven Religionen schrieben Krankheit der Mißgunst der Götter zu. Als die Theologie scharfsinniger wurde, wurde die Lehre von der Sünde ausgearbeitet und Krankheit dann oft auf sie zurückgeführt. Die scharfe Diskussion, die Hiob und seine Freunde und später Jesus und seine Jünger* über dieses Thema führten, spiegelt die Denkrichtungen wider, welche zu Beginn unserer Zivilisation vorherrschten. Mit dem steigenden Ansehen empirischer Wissenschaften, das auf ihren praktischen Errungenschaften bei der Ausbeutung der Natur beruhte, hat die ursprüngliche Theorie, die Krankheit auf Sünde zurückführte, an Bedeutung verloren, so daß sie von zeitgenössischen religiösen Gruppierungen nur noch

---

* »Im Vorübergehen sah Jesus einen Mann, der von Geburt an blind war. Und seine Jünger fragten ihn: Meister, wer hat gesündigt, dieser oder seine Eltern, so daß er blind geboren ist? Jesus antwortete: Weder dieser noch seine Eltern . . .« (Joh. 9, 1–3).

die Sekten der Gesundbeter offen vertreten. Von der modernen Medizin könnte man sagen, sie verdanke ihr Entstehen der störrischen Entschlossenheit einiger Hiobs, jene allgemeine Hypothese, daß Krankheit mit Sünde zusammenhänge, zurückzuweisen.* Unerschrockene Denker lösten sich immer mehr aus ihrer Abhängigkeit von der theologischen Theorie und richteten ihre Blicke auf die beobachtbaren Ergebnisse der Wechselwirkung zwischen physikalischer Umwelt und biologischem Gewebe. Beobachten, messen, korrelieren, tabellieren und die gewonnenen Resultate erneut experimenteller Beobachtung unterwerfen – dies wurde zu einer Verfahrensweise, die man »wissenschaftlich« nannte. Ihr praktischer Nutzen begann sich nahezu unmittelbar zu bestätigen, so daß jene, die über die Wirkung von Gebeten enttäuscht waren, über die Wirkungen von Digitalis in Verzückung gerieten. Was Wissenschaft genannt wurde, errang so die Anhängerschaft vieler, die sich einstmals auf die Religion verlassen hatten. Denn es schien, daß diese neue Methode – die Wissenschaft – mit weit größerer Sicherheit Leiden zu erleichtern und den Tod hinauszuschieben ver-

---

* Die traditionelle Vorstellung, daß Geisteskrankheit auf Sünde, sündige Gedanken, Gefühle und Absichten zurückzuführen sei, herrschte jahrhundertelang, sogar bis ins rationalistische 18. und ins wissenschaftliche 19. Jahrhundert hinein. Heinroth und Reil, die großen Reformer der Psychiatrie, liefern dafür den Beweis. Heinroth (*Psychologie*, 1827) – trotz seiner vielen vernünftigen Ansichten über Irrenanstalten – und Johannes Christian Reil (*Rhapsodien über die Anwendung der psychologischen Curmethode auf Geisteszerrüttung*, Halle, 1803) – trotz seiner scharfsinnigen Intuition – glauben, daß ein geisteskranker Mann ein sündiger, schwacher Mann sei und daß seine psychische Gesundheit von seinen geistigen Werten abhänge. Wie Zilboorg ausführt (*A History of Medical Psychology*, Norton, 1941, S. 289), suchte Reil psychiatrische Weisheit bei Philosophen (Kayssler, Hoffbauer) und einem Evangelisten (Wagnitz). Die große liberale Bewegung, die bereits im 15. Jahrhundert begann, ist keineswegs abgeschlossen. Pietro Pomponazzi (G. S. Brett, *A History of Psychology*, Macmillan, 1921, Bd. 2, S. 159–163) sagte 1492 einmal zu seinen Studenten: »Die Vernunft kann nicht beweisen, daß die Seele unsterblich ist. Ist die Seele vom Körper zu trennen? Die Erfahrung beweist uns nie und nirgends diese getrennte Existenz. Was ist das Seelenleben ohne den Körper? Darauf gibt es keine Antwort.« Dies war eine der frühesten Bemühungen, die Psychologie von der religiösen Metaphysik zu trennen – es ist noch nicht ganz gelungen.

mochte als die Kommunion mit der Seele, die Beichte gegenüber einem Priester oder das Gebet zu einem unsichtbaren Gott. Es war nicht unmöglich, unter solchen Umständen sogar auf jenen letzten Trumpf der Religion zu verzichten: die Verheißung eines Lebens nach dem Tode als Entschädigung für die Kürze oder das Elend des Lebens vor dem Tode.

Auf diese Weise übernahm der Arzt eine der wichtigsten Funktionen des Geistlichen und überließ ihm die Gestaltung von Moral und Philosophie sowie die Neuordnung der religiösen Aufgaben. Indem er dies tat, wurde der Arzt teilweise von dem Wunsch bewegt, sich selbst zu retten: Sein persönliches Bedürfnis nach etwas Verläßlicherem, greifbarer Wirksamen, als die Religion es war, trieb ihn dazu, die Gesetze der »Wissenschaft« aufzuspüren.

Doch wovor wollte der Wissenschaftler sich (und andere) retten? Die Antwort liegt natürlich auf der Hand: vor Schmerz und Tod und folglich vor Krankheit. Doch was ist dieser »Tod«? Sicherlich nicht nur biologischer Stillstand, denn kein Mensch kann im tiefsten Innern ein Nichtsein begreifen oder sich vorstellen, daß es ihm widerfährt. Nicht einmal den Tod, wie ihn die frühen Christen (oder vor ihnen die alten Griechen, Römer oder Hindu-Theologen) dargestellt haben, als Übergang in eine neue Lebensform, können wir uns wirklich vor Augen halten. Solche Vorstellungen sind Produkte des Intellekts, und die Furcht vor dem Tode ist ein Gemütszustand – die Furcht vor einem unbestimmten Schrecklichen, die in die Sprache kindlichen Erlebens zurückübersetzt werden muß. Die Furcht vor dem Tode, vor der tiefsten Dunkelheit, dem Ende von allem, selbst die Hölle – all das hängt damit zusammen, daß das Kind erwartet, von Aggressionen überwältigt und (folglich) aller Liebe beraubt zu werden. Ohne Liebe zu sein bedeutet für das Kind Ablehnung und das Ende allen Lebens, aller Hoffnung. Die spätere Beobachtung, daß Menschen sich offenbar nicht mehr bewegen können, belebt den Schauder der Kindheit aufs neue, der durch das Geheimnisvolle und die Feierlichkeit der Haltung der Erwachsenen gegenüber dem »Tode« noch verstärkt wird. Außerdem erleidet jeder früher oder später Schmerzen, oft unbeeinflußbare Schmerzen, und auch davon möchte er befreit werden.

Als die Theologie lehrte, daß Schmerz, Krankheit und Tod mit der Sünde zusammenhingen (»Tod ist der Sünde Lohn«), war es logisch, prophylaktische Maßnahmen gegen die Sündhaftigkeit zu ergreifen. Einige Jahrhunderte hindurch spottete die medizinische Wissenschaft dieser Theorie und verband Schmerz, Krankheit und Tod mit äußeren Einwirkungen auf den Körper und idiopathischen physikochemischen Veränderungen. Doch heutzutage sind wir – nach einem langen Umweg – bis zu einem gewissen Grade zur Theorie der Sündhaftigkeit zurückgekehrt. Denn mit der Ablehnung dieses theologischen Grundsatzes hatte die moderne Wissenschaft auf die Ansicht zurückgegriffen, daß der Mensch die unglückliche Beute, das potentielle Opfer ausschließlich äußerer Kräfte sei, was sowohl der Anschauung des Primitiven als auch der des hilflosen Kindes entspricht. Begreift man Krankheit aber als der Sünde verwandt, so bekennt man sich zu der teilweisen Verantwortung des Individuums für sein Schicksal. Statt alle Gefahr der Außenwelt oder dem Teufel zuzuweisen, wird so das Vorhandensein einer inneren Gefahr anerkannt. In der frühen Kindheit des Menschen ebenso wie in der frühen Kindheit des Menschengeschlechts sind die von außen kommenden Gefahren tatsächlich viel stärker und mächtiger, und zwar in einem Maße, daß sie ein begründetes Gefühl ungeheurer Hilflosigkeit und Furcht hervorrufen. Solche Gefühle wären überwältigend, wenn es kein Gegenmittel gäbe. Die beschützende Kraft und die Liebe der Eltern sind ein solches Gegenmittel, und es ist wirksam, bis die Phantasien des Kindes über die elterliche Bedeutung und Allmacht enttäuscht werden. Die Ernüchterung tritt jedoch früher oder später ein. Ein Elternteil stirbt, entschwindet aus dem Blickfeld oder verrät auf andere Weise seine Verwundbarkeit. Dann muß das Vertrauen auf ein verläßlicheres Bollwerk übertragen werden. Entsprechend dem Grad der Intelligenz kann das der magische Zauber, ein geheiligtes Idol, eine begrifflich gestaltete Gottheit, ein kirchliches Ritual oder ein philosophisches System sein.

Von diesen empfiehlt sich nun für einige von uns am praktischsten und überzeugendsten jenes philosophische System, das wir Wissenschaft nennen. Viele begegnen der Wissenschaft mit demselben Glauben wie andere der Religion – demselben Glauben, den wir alle einmal den tröstenden Armen von Mutter und Vater entgegenbrachten; sie können sich ein Ungenügen der Wissenschaft ebensowenig vorstellen, wie sich der tiefreligiöse Mensch Mängel seines Gottes vorstellen kann. Heute mag man über Magie lachen oder ungestraft Zweifel an einem Höchsten Wesen äußern, aber es ist schlimmer als Ketzerei, die Wissenschaften mit Argwohn zu betrachten: Es ist pietätlos, blasphemisch. Doch noch vor kaum hundert Jahren durfte die Existenz Gottes nicht in Frage gestellt werden, obgleich die Magie bereits suspekt war, und nochmals hundert Jahre davor war der Einfluß der Magie allgemein anerkannt. Ich erinnere den Leser daran nicht, um unsere gegenwärtige Wissenschaftsreligion in Zweifel zu ziehen, sondern um darauf hinzuweisen, daß sie einen von mehreren Schritten der Entwicklung menschlichen Denkens auf der Suche nach einem Ersatz für die schützende Funktion der Eltern darstellt.*

Wenn es aber zutrifft, daß die Wissenschaft die Funktion der Bewahrung vor Angst so wirkungsvoll erfüllt, könnte die logische Frage lauten: »Warum versucht nicht jeder Mensch, ein Wissenschaftler zu werden?« Man sollte nicht übersehen, daß die große Masse der Menschen die Wissenschaft noch nicht in der von mir skizzierten Rolle akzeptiert hat. Die meisten Menschen – und dazu gehört auch eine große Zahl intelligenter Leute – vertrauen der Religion noch immer weit mehr als der Wissenschaft. Die leidende Mehrheit, die Ärzte aufsucht, tut dies nicht nur aus Überzeugung, sondern aus Gewohnheit, auf Grund von Empfehlungen, aus Verzweiflung und wegen zahlreicher anderer Motive. Verlassen sich die Bürger der Vereinigten Staaten derzeit auf das Gebet**, eine rechtschaffene Lebensführung und den Glauben an Gott – oder auf Panzer, Gewehre und Bomber? Dies würde dem zu widersprechen

---

* Siehe Smiley Blanton, *Faith is the Answer*, Abdingdon-Cokesbury, 1940. Ich bin Dr. Samuel W. Hartwell für die klinische Beobachtung zu Dank verpflichtet, daß sich bei vielen Kindern der Glaube an Gott als Hilfe im Kampf des Kindes um seine Emanzipation von den menschlichen Eltern entwickelt und der Agnostizismus deshalb die Emanzipation der Kinder erschwert.

** Das Thema »Gebet« verdient eine eingehendere psychologische Untersuchung, als ihm die Wissenschaftler bisher zuteil werden ließen. Dr. Samuel W. Hartwell ist der Meinung, daß das Gebet, wie es von Strenggläubigen praktiziert wird, eine vernünftige psychotherapeutische Maßnahme ist, weil es ihnen ermöglicht, bestimmte bewußte introspektive Überlegungen und halbbewußte Wünsche in einem intimen, gläubigen Rahmen zu verbalisieren, der in zwischenmenschlichen Beziehungen selten gegeben ist.

scheinen, was ich gerade gesagt habe, und nahelegen, daß die Masse der Menschen die Wissenschaft sehr wohl akzeptiert. Vielleicht sollte ich mich etwas genauer ausdrücken und sagen, daß sie die Wissenschaft akzeptieren, wo sie destruktiv verwendet wird, daß sie ihre konstruktive Anwendung aber weitaus widerwilliger hinnehmen.

Ein Teil des Mißtrauens des Publikums gegenüber der Wissenschaft ist auf Unwissenheit zurückzuführen, doch einiges davon ist berechtigt. Die medizinische Wissenschaft hat lange die Augen vor Tatsachen verschlossen, die ebenso empirisch nachweisbar, gesichert und real sind wie die Wirkung von Digitalis auf das Herz. Man erkannte diese Fakten nicht an – nicht etwa deshalb, weil sie nicht gesehen wurden, sondern zum Teil, weil sie nicht gemessen und statistisch erfaßt werden konnten, und zum Teil wegen uneingestandener Widerstände gegen eine Untersuchung, die sie tabu machen. Weil die Theorie, daß Sünde Krankheit verursache, gewisse Unwägbarkeiten enthält, wurde sie als völlig außerhalb des legitimen Wissenschaftsbereichs stehend abgelehnt, was ein schwerer Irrtum war. Es wäre wissenschaftlicher im gebräuchlichen Sinne des Wortes gewesen, den Begriff der Sünde zu überprüfen, um herauszufinden, welche Wahrheit sich hinter dieser vagen, aber machtvollen Idee verbarg. (Es ist nur gerecht hinzuzufügen, daß viele religiöse Fanatiker sich einer solchen Analyse widersetzten und sie als gottlos bezeichneten.)

Lange bevor die Wissenschaft die Einzelheiten der Malariaübertragung entdeckt hatte, wußten die »Unwissenschaftlichen«, daß sie mit schlechter Luft zusammenhing. Statt die These, nach der Malaria durch schlechte Luft verursacht wurde, weiterhin völlig zu ignorieren, versuchten einige nachdenkliche, etwas unorthodoxe Wissenschaftler schließlich zu entdecken, was an der Luft schlecht war und weshalb es schlecht genannt wurde. Und sie fanden es heraus. Sie fanden nicht alles heraus. Wir wissen zum Beispiel bis heute nicht, weshalb manche Menschen gegen Moskitos immun sind und selten von ihnen gestochen werden. Wenn man erklärte, daß bestimmte Tiere bestimmte andere Tiere durch die absichtliche Produktion gewisser Gerüche anziehen oder abstoßen können, würde es niemandem schwerfallen, das zu akzeptieren. Doch ein nachdenklicher Psychoanalytiker, der erklären würde, daß Menschen andere Tiere – zum Beispiel auch Moskitos – durch die Produktion gewisser Chemikalien im Schweiß, die der Kontrolle durch das Nervensystem nicht völlig entzogen sind, abstoßen oder anziehen können, würde wahrscheinlich lächerlich gemacht werden. Es ist deshalb zu früh, auch nur anzudeuten, daß manche Menschen die Ansteckung mit Malaria herbeilocken, während andere ihr widerstehen. Aber es könnte so sein.

Wir könnten diese Korrelation zwischen Sünde und Aggression unter theologischen Aspekten noch ein wenig weiterführen und sagen, daß Sünde als Lästerung des Heiligen Geistes, Leugnung der kirchlichen Autorität, Brechen der Zehn Gebote zu definieren sei; es ist nicht schwer, Lästerung, Ablehnung Gottes und der Kirche und die Übertretung der Zehn Gebote als Ausdruck der Auflehnung des Sohnes gegen die elterliche Autorität zu interpretieren. Psychologische Theorien besagen, daß die aggressiven Neigungen des Kindes, wie wir in den früheren Kapiteln dieses Buches gesehen haben, gegen die Autorität der Eltern gerichtet sind und den Wunsch einschließen, sich an ihre Stelle zu setzen. Doch sich an die Stelle der Eltern zu setzen und sie zu ersetzen, würde bedeuten, auf die Vorteile zu verzichten, die sich aus der Abhängigkeit von ihnen ergeben. Auf der Grundlage dieses Konflikts entsteht die Verdrängung.

Die Religion löst diesen Konflikt, indem sie eine Autorität errichtet, die zu groß ist, um zerstört, zu freundlich und wohltätig, um gehaßt zu werden. Die Menschen, welche die Religion natürlich und ergeben und ohne beunruhigende Zweifel akzeptieren können, sind solche, deren frühe Erfahrung dies plausibel erscheinen läßt. Im allgemeinen hat ein Mensch mit unerschütterlichem Glauben an einen Gott der Gerechtigkeit und Güte das Glück gehabt, einen liebenden und unbestechlichen Elternteil zu besitzen. Allerdings beobachtet man auch gelegentlich das entgegengesetzte Phänomen: einen Menschen, dessen Eltern so unbefriedigend waren, daß das Kind frühzeitig die Phantasie eines imaginären guten Elternteils herausbildete, den es in der Folge mit der historischen Gottesvorstellung identifiziert. Unglücklicherweise entsprechen viele Menschen, die der Religion anhängen, nicht diesem Muster. Sie werden von bösen Ahnungen heimgesucht, vom Gefühl der Sündhaftigkeit bedrängt, neigen zu Zwangsritualen und -zeremonien sowie zu starker Intoleranz. Darin zeigt sich ihre große Unsicherheit und Ambivalenz gegenüber Autoritäten. Wie wir bereits gesehen haben, sind alle Kinder ihren Eltern gegenüber ambivalent: Sie wünschen sich Geschenke, Zuneigung und Schutz bei einem Minimum an Gehorsam. Aus Angst verheimlichen sie die Animosität, die sie gegenüber den Eltern empfinden, oder sie versuchen sie zu provozieren und dann zu besänftigen. Diese Einstellungen kehren in religiösen Verhaltensmustern wieder.

Eins der automatisch funktionierenden Mittel, die der moderne Mensch seinem Seelenleben einverleibt hat, um seine Aggressivität, seine angeborene Sündhaftigkeit zu beherrschen, ist das »Gewissen«. Dieses Phänomen ist von der Religion stets viel besser verstanden worden als von der Wissenschaft. Hier ist einer der Punkte, wo die moderne medizinische Wissenschaft am unwissenschaftlichsten in Erscheinung tritt. Denn die Wirkungen der Befehle des Gewissens auf den Menschen sind ebenso evident wie die Wirkungen einer Gewehrkugel oder eines Giftes, wenn man diesen Wirkungen auch auf andere Weise auf die Spur kommen muß. Das Gewissen verbietet nicht nur bestimmte Befriedigungen – es droht auch und fordert sogar die Verhängung von Strafe. Wie weit ein Mensch in seinem rasenden Bemühen getrieben werden kann, den Forderungen eines unnachsichtigen Gewissens gerecht zu werden, habe ich in meinem Buch *Selbstzerstörung* analysiert und ausführlich dargestellt. Ich habe darauf hingewiesen, daß das Gewissen korrumpiert werden kann; daß es bereit ist, Bestechungen, Kompromisse, Ersatzleistungen und viele andere Formen automatischer Beschwichtigungen zu akzeptieren. Manchmal funktionieren diese, manchmal nicht. Wenn sie nicht funktionieren, sind akute Angst und schwere Fehlanpassungen die Folge.

»Es muß ja Ärgernis kommen, doch wehe dem, durch welchen Ärgernis kommt«, sagt die Bibel, und sie wird darin durch wissenschaftliche Beobachtung bestätigt. Doch welches »Weh« folgt? Reale Konsequenzen, ja, in gewissem Umfang – aber auch Folgen für das Gewissen, Gewissensqualen. Denn viele Kränkungen geschehen *nur in der Phantasie*, sind nur Kränkungs*wünsche*, Wünsche, weh zu tun. Als ein Teil des zweiten Kapitels dieses Buches in einer Zeitschrift erschien, zeigten Leserbriefe deutlich, wie schwer es dem Durchschnittsmenschen fällt zu glauben, daß solche Gefühle universal sind. Nichts könnte die Macht der Verdrängung beredsamer bezeugen als diese Tatsache. Viele Leser zogen es offenbar vor zu glauben, daß sich bei Kindern mit unverständigen Eltern *gelegentlich* eine relativ milde Enttäuschung und Kummer einstellt; es erschien ihnen unglaubhaft, daß es bei jedem Kind mehr als nur flüchtige Augenblicke gibt, in denen es nur deshalb nicht schnellstens seine Mutter, seinen Vater, seinen Bruder, seine Schwester oder die ganze Bande ins Jenseits befördert, weil es ihm anfangs an der erforderlichen Körperkraft fehlt und es später aus Gewissensangst davon zurückgehalten wird.

Gewiß, wäre man strikt rational veranlagt, so wäre keine Sühne für phantasierte Aggressionen nötig, und die einzige vernünftige Sühne für tatsächliche Aggressionen wäre die Wiedergutmachung. Aber solche Normalität, solche Objektivität ist für die unbewußte Psychologie von Individuen oder die Rituale von Institutionen nun einmal nicht charakteristisch. Und zu den Mitteln, welche die Menschen in westlichen Kulturen benutzen, gehören vor allem die der Sühne durch Opfer oder durch Leiden und Krankheit und das Bekenntnis der Schuld gegenüber einem äußeren Repräsentanten des Gewissens.

Aber es gibt noch ein anderes Mittel zur Besänftigung des Gewissens, das man oft bei Menschen beobachtet – weniger oft in modernen religiösen Ritualen, häufig jedoch in primitiven religiösen Praktiken. Es ist als Mechanismus des Ungeschehenmachens bekannt und kann insbesondere als unbewußte Motivation bei Menschen beobachtet werden, die zwanghaft andere zu retten versuchen.

Was der Arzt tatsächlich tut, wenn er einen Patienten behandelt, ist das *Ungeschehenmachen* bestimmter Prozesse, die zu dem geführt haben, was Krankheit genannt wird. Mit seiner Therapie verfolgt er nicht nur die objektiven Ziele der Heilkunst, soweit der Krankheitsprozeß ungeschehen gemacht werden kann, sondern er kann auch symbolisch Verletzungen des Patienten ungeschehen machen, für die dieser unbewußt eine gewisse Verantwortung übernimmt. Das ist verständlich, wenn wir in Betracht ziehen, daß die Kindheitsphantasien im Erwachsenenleben unbewußt wiederbelebt oder, falls sie schuldhafter Art sind, durch diesen Vorgang des Ungeschehenmachens gesühnt werden können. Rettungs-, Wiederherstellungs- oder Vervollkommungsphantasien sind uns durch die psychoanalytische Erforschung des Seelenlebens vieler Menschen wohlbekannt. Sie lassen sich im allgemeinen deutlich auf Schuldgefühle zurückführen, die in der Kindheit durch phantasierte Aggressionen gegen Liebesobjekte jener Zeit entstanden.

Immer wieder erleben wir das Aufflammen von bitterem Haß auf einen Bruder oder ein Elternteil, Phantasien, ihn zu verletzen oder zu töten, und dann das Untertauchen oder Verschwinden dieser Phantasien oder Gefühle, wobei an ihre Stelle Taten und Empfindungen größter Herzlichkeit gegenüber diesen oder Ersatzpersonen treten. Häufig sind diese Wiedergutmachungsakte offensichtlich übertrieben. Wir sehen eine ältere Schwester, die ihr Leben sinn- und zwecklos opfert, um einem jüngeren Bruder zu helfen, dem sie die abscheulichsten Kränkungen verzeiht; in der Kindheit war derselbe Bruder der Gegenstand ihrer größten Bitterkeit und Feindseligkeit. Er war der Liebling der Mutter, er verdrängte sie von ihrem Platz als Hauptperson, er war ein männliches Wesen und genoß Vorrechte, die ihr verwehrt wurden. Er machte ihr in der Kindheit das Leben zur Hölle. Doch Jahre später ist sie der Engel seines Erwachsenenlebens. Sie versucht alle Kränkungen ungeschehen zu machen, die sie ihm in der Kindheit hatte zufügen wollen. Daß ihr das nie gelingt, veranlaßt sie nur dazu, ihre Anstrengungen zu vergrößern. Solche Menschen werden krank, wenn das jetzt geliebte, aber einst gehaßte Geschwister krank wird; sie träumen davon, Gefangene, Ertrinkende oder Angegriffene zu retten. Immer wieder hört und sieht man, wie nach dem Prinzip verfahren wird: »Ich muß meine Schlechtigkeit ungeschehen machen (und damit sühnen).«

Die berufliche Tätigkeit von Ärzten, Geistlichen, Krankenschwestern, Sozialarbeitern und vielen anderen entspricht dieser Formel. Ärzte und Krankenschwestern konzentrieren sich gewissermaßen auf das Ungeschehenmachen (die Behebung) körperlicher Schäden; Geistliche und Lehrer auf die Behebung geistiger oder psychischer Schäden; Sozialarbeiter auf die Behebung sozialer Schäden. Diese Arbeitsteilung hat praktische Vorzüge, und es gibt zweifellos Gründe, weshalb ein bestimmter Mensch dazu neigt, lieber den einen als den anderen Schaden zu beheben; in Wahrheit ist es aber unmöglich, körperliches, seelischen und soziales Leiden voneinander zu trennen.

Vielleicht sollten wir auch zwischen dem neurotischen Verhalten jener Frau in dem gerade erwähnten Beispiel und der Sublimierung in der Berufsarbeit der Geistlichkeit, dem Pflegen, der Wissenschaft usw. unterscheiden. Die Crux bei dieser Unterscheidung liegt darin, in welchem Maße der tatsächlich angewandte Mechanismus die Selbstzerstörung verhütet. Die Schwester, die ihr Leben für den Bruder ruinierte, neigte offensichtlich zur Selbstzerstörung; der Mann hingegen, der, vom Schuldgefühl wegen seines Hasses auf Bruder oder Schwester in der Kindheit getrieben, Arzt wird und Tausenden von Ersatzschwestern und -brüdern seine Hilfe angedeihen läßt, findet eine Lösung, die nicht selbstzerstörerisch ist.

Wir haben von der Suche nach Sicherheit bei dem Bemühen gesprochen, das Rätsel der Zerstörung und Ersetzung der Autorität der Eltern und der weiterhin bestehenden Abhängigkeit von ihnen zu lösen, sowie vom Motiv der Linderung von Schuldgefühlen als bestimmenden Faktoren für die Vorliebe mancher Menschen, sich der Religion oder Wissenschaft als den ihnen gemäßen Lebensformen zuzuwenden. Wir kommen nun zu einem weiteren Motiv, das wiederum auf die Psychologie der Kindheit zurückzuführen ist: das Motiv der Neugier.

Das Motiv der Neugier läßt sich beim Wissenschaftler leichter erkennen als beim Geistlichen. Es ist von Bedeutung, daß die Medizin historisch und bei der Ausbildung mit der Anatomie beginnt. Für die meisten Medizinstudenten bleibt die Anatomie vier Jahre lang der Kern der medizinischen Ausbildung. Doch auch für jedes Kind steht die Anatomie für eine beträchtliche Spanne seines Lebens im Mittelpunkt der Dinge, die es erlernen muß. Es wird auf seine Arme und Beine, Ohren und Nase, Finger und Zehen aufmerksam gemacht, und sie werden benannt. Doch es gibt eine Sache, über die seine Eltern und Lehrer offenbar nur ungern mit ihm reden, vor allem, wenn es ein Junge ist. Alles andere zeigt man ihm, erklärt es ihm, ja, es darf es sogar untersuchen. Der Körper seiner Mutter bleibt für das Kind ein unerforschliches Rätsel.

Das Kind stellt selber Erkundungen an, gewöhnlich mit beträchtlichem Risiko, und nicht selten wird es dafür bestraft. Es erlangt gewisse erstaunliche und erschreckende Informationen über den unterschiedlichen Körperbau einiger seiner Spielkameraden, aber es bleibt noch immer im Zweifel hinsichtlich der Person, die es am meisten interessiert und immer am meisten interessiert hat, der Person, der es am nächsten steht und über die es am wenigsten weiß. All das wird noch schlimmer, viel schlimmer, wenn es – mit oder ohne irreführende Auskünfte seiner Eltern – entdeckt, daß es einst aus dem Körper seiner Mutter kam und andere Kinder aus dem Körper ihrer Mutter. Dies macht das bereits verwirrende Geheimnis noch unendlich viel komplizierter. Wie wir alle wissen, hat das Kind Phantasien, daß es aus ihrem Bauch, aus ihren Eingeweiden gekommen ist. Das faszinierende Dunkel um jene verborgenen äußeren Teile ihres Körpers wird nur von der unvorstellbaren Kompliziertheit ihres Innern übertroffen. Nicht alle Kinder bleiben in dieser Verwirrung befangen, und nicht alle werden Ärzte, doch für einige von ihnen bleibt die Neugier in bezug auf diese Mysterien die geheime Triebkraft ihres Lebens. Sie durchforschen ihre Schulbücher nach Informationen; sie suchen im Lexikon und in der Bibel; Bilder von Menschen faszinieren sie; insgeheim suchen sie immer dasselbe, und natürlich finden sie es im allgemeinen nicht.

Wenn diese Kinder älter werden, geben sie die Hoffnung auf, ihre Fragen beantwortet zu bekommen, nicht einmal durch das gedruckte Wort. Sie interessieren sich für Lieblingstiere, die sie heimlich genau untersuchen; sie schneiden tote Tiere auf; sie sezieren Frösche und Schildkröten, und sie schauen fasziniert zu, wenn die Köchin Hühner rupft. Sie nehmen Uhren auseinander, um zu sehen, was drinnen ist. Dann kommt eine Zeit, in der es angezeigt ist, kindliche Neugier und kindliche Interessen aufzugeben und damit anzufangen, reifere Interessen zu entwickeln. Die Interessen der Erwachsenen sind in Wirklichkeit genau dieselben wie die des Kindes, und sobald sich das nunmehr herangewachsene Kind an die neue Sprache gewöhnt hat, wendet es sich denselben Gegenständen zu. Wenn seine Hemmungen nicht zu stark sind, kann es seine Neugier nun durch direktere Untersuchungen befriedigen. Doch selbst diese sind nicht völlig zufriedenstellend. Es bleibt eine drängende, unersättliche Neugier bestehen, die wissen will, was *wirklich* im Innern ist. Die einzig sichere, unmittelbare Methode, dies herauszufinden, ist das Studium der Anatomie.

Man könnte auf dieser Grundlage Spekulationen darüber anstellen, ob jene, die tatsächlich Anatomie studieren und Ärzte werden, sich weniger von ihrem ursprünglichen Vorsatz abgewendet haben als jene, die ihre Neugier auf das Studium der Anatomie anderer Säugetiere oder gar auf die Struktur von Felsen oder chemischen Molekülen lenken. Man könnte noch weiter gehen und annehmen, daß etwas von derselben Neugier jenen nunmehr in hohem Maße symbolischen Erkundungen der Natur des Universums zugrunde liegt, wie sie für Philosophen und bis zu einem gewissen Grade für Theologen typisch sind. Für den Psychoanalytiker besteht eine überraschende Ähnlichkeit zwischen der Frage nach dem »Wesen Gottes« und dem Verlangen, etwas über den Charakter des mütterlichen Körpers in Erfahrung zu bringen. Wenn dies zu prosaisch erscheint, so nur wegen unserer künstlich zurechtgestutzten Wertbegriffe. Ich sehe keinen Grund, weshalb wir das Wesen Gottes für erhabener oder würdiger halten sollten als den menschlichen Körper und die Funktionen des Mutterleibs. Ich gehe noch weiter und sage, daß ich unter philosophischen Aspekten zweifle, ob es irgendeinen Unterschied gibt.

3

Um zu rekapitulieren: Wir haben die Vermutung geäußert, daß man sowohl beim Mann der Religion als auch beim Mann der Wissenschaft wahrscheinlich mit ziemlicher Regelmäßigkeit gewisse Determinanten finden wird, die mit ihrem Berufsideal, andere retten zu wollen, zusammenhängen. Dazu gehören als erstes der Wunsch, die Kindheitsängste durch den Glauben an die Unfehlbarkeit eines Gottes, einer Weltanschauung oder einer Technik (Wissenschaft) zu zerstreuen; zum zweiten die Suche nach einer Lösung des durch einen Konflikt mit einer Autorität auftretenden Problems; drittens das Bedürfnis nach Besänftigung des unbewußten Schuldgefühls, das der lange verdrängten Feindseligkeit gegenüber verschiedenen Familienmitgliedern in der Kindheit entstammt, durch den psychologischen Mechanismus des Ungeschehenmachens, und schließlich eine verbrämte Neugier in bezug auf den menschlichen Körper, insbesondere den Körper der Mutter, und das große Mysterium der Schöpfung.

Wir kehren nun endlich zu der am Anfang dieses Kapitels gestellten Frage zurück: Trägt die Religion zur Meisterung der Aggression und zur Förderung der Liebe bei? Die Antwort muß sicherlich lauten, daß sie dazu weitgehend in derselben Weise beiträgt wie die Wissenschaft. In der Tat ist die Religion in den vergangenen Jahren weit mehr zu eben diesem Zweck benutzt worden als die Wissenschaft. Schließlich muß man sagen, daß es Wissenschaft als solche erst seit einigen hundert Jahren gibt.

Ob die Wissenschaft eine bessere Methode ist als die Religion, mag als eine rein akademische Frage erscheinen. Der Wissenschaftler muß glauben, daß es so sei, und der Mann der Religion muß das Gegenteil glauben. Der Mediziner und der Geistliche bemühen sich um dasselbe: anderen Menschenleben zu helfen und sie vor Gefahren zu bewahren, die bis zu einem gewissen Grade tatsächlich vorhanden sind, zum größeren Teil aber Projektionen innerer Animositäten darstellen. Bei manchen Menschen wird die eine Methode wirksamer sein, bei manchen die andere. Als Wissenschaftler muß ich das Vorurteil des Wissenschaftlers eingestehen. Da die Wissenschaft in der Lage ist, sich das Vorhandensein universeller Gesetze zunutze zu machen, indem sie ihre Hypothesen erprobt und beweist, erscheint sie mir vertrauenswürdiger. Der Begriff des Übernatürlichen, auf den sich die Religion beruft, stört den Wissenschaftler, weil er eine fundamentale wissenschaftliche Prämisse verletzt. Man mag darüber streiten, wie man will, es liegt ein unauflösbarer Widerspruch in der Annahme, daß irgend jemand mehr über das Unbekannte wisse als ein anderer, sowie in der Annahme, daß es Ausnahmen von den Naturgesetzen geben könne. Gesetze lassen keine Ausnahmen zu. Um diese offenkundigen Widersprüche zu erklären, nimmt der Mann der Religion seine Zuflucht zu einer inneren Realität und einer subjektiven Erfahrung, die er nur in mystischer, symbolischer Sprache ausdrücken kann. Doch das ist nicht die Sprache der Wissenschaft, und deshalb neigt der Wissenschaftler dazu, sie abzulehnen. Er kann nicht sagen, ob religiöse Autoritäten sich das Übernatürliche als eine unerforschte Erweiterung der natürlichen Ordnung vorstellen (wie viele moderne religiöse Führer glauben) oder ob sie darin eine starke Gegenmacht erblicken, die den Naturgesetzen, wie sie der Wissenschaftler kennt, entgegenwirkt. Der Gläubige beruft sich auf eine Autorität, eine Macht, deren Existenz als solche – soweit es sich um sichtbare Beweise handelt – mit dem Glauben ihrer Anhänger steht und fällt. Eben dieser Glaube wird als Beweis für die Existenz Gottes angeführt, doch für den Wissenschaftler ist er nur ein Beweis für das Bedürfnis des Menschen, sich auf eine äußere Macht zu verlassen, die stärker ist als er. Insofern sich in diesem Glauben das Vertrauen auf die Integrität, die Intelligenz und den Idealismus einer menschlichen Führerpersönlichkeit ausdrückt, muß er nach wissenschaftlichen psychologischen Gesetzen analysiert werden. Dieselbe Bereitschaft, Autorität und Hilfe eines überlegenen Wesens zu akzeptieren und ihm höhere Tugenden und Fähigkeiten zuzuschreiben, als es tatsächlich besitzt, ist charakteristisch für die Situation, die sich oft zwischen Patient und Arzt und zwischen anderen Individuen in Paaren und Gruppen entwickelt. Psychoanalytiker nennen es Übertragung. Es handelt sich eher um Liebe als um Glauben – nicht um Liebe zu Gott, wie es oft heißt, sondern Liebe zu einem Menschen, der einen Elternteil repräsentiert. Dennoch wissen wir, daß religiöse Gruppierungen, welche dieses Phänomen als ihre hauptsächliche Kraftquelle betrachten und etwas zu formulieren versuchen, das man als intellektuelle Theologie bezeichnen könnte, bald Einfluß und Begeisterungsfähigkeit einbüßen. Es hat den Anschein, als sei das Übernatürliche ein Wesenselement der Religion. Und dieses Element ist für die meisten Wissenschaftler Anathema, weil sie es nicht vom Aberglauben unterscheiden können.

Doch selbst Wissenschaftler hängen privat mancherlei Aberglauben an; deshalb ist es für ihre Auseinandersetzung mit der Religion von größerer praktischer Bedeutung, daß die Religion oft die negativen Seiten des menschlichen Verhaltens so stark betont: Sie ermutigt zu Passivität, Ergebenheit, Erduldung von Elend, Verzicht auf Freude, Festhalten an veralteten Methoden, zu Unterwürfigkeit gegenüber Autoritäten, die es nicht verdienen. Es kann nicht geleugnet werden, daß große religiöse Führer oft intuitiv die Wahrheit erkannt und verkündet haben, lange bevor die Wissenschaft sie beweisen konnte. Dennoch bleibt die Tatsache bestehen, daß viele weniger bedeutende religiöse Führer, die dieselbe Autorität beanspruchen, der Versuchung nicht widerstehen können, die Gutgläubigkeit und Sehnsucht der Unwissenden auszunutzen. Die egoistische Befriedigung persönlicher Ziele wird mit der intuitiven Erfassung der Wahrheit verwechselt. Der Wille Gottes wird nicht nur beschworen, um zu verkünden, daß die Menschen einander lieben sollen, sondern auch, um zu verkünden, daß sie einander hassen und töten sollen.

Im Namen Gottes mordeten die Sarazenen in Asien und wurden ermordet, und im Namen Gottes wurden Tausende wehrloser Bürger in Spanien auf Befehl Thomas de Torquemadas gefoltert und hingerichtet. Und im Namen Gottes schrieb Luther, rechtschaffen empört über den Bauernaufstand im Jahre 1525:

> »Denn ein Fürst und Herr muß hier denken, wie er Gottes Amtmann und seines Zorns Diener ist (Römer 13, 4), dem das Schwert über solche Buben befohlen. (...) Denn wo er kann und straft nicht, es sei durch Töten oder Blutvergießen, so ist er schuldig an allem Totschlag und Übel, den solche Buben begehen, als er da mutwilliglich durch Vernachlässigung seines göttlichen Befehls zuläßt, solchen Buben ihre Bosheit zu üben, so er es wohl wehren kann und schuldig ist. Darum ist hie nicht zu schlafen. Es gilt auch nicht hie Geduld oder Barmherzigkeit; es ist des Schwertes und Zorns Zeit hie und nicht der Gnaden Zeit. (...) Steche, schlage, würge, wer da kann. Bleibst du darüber tot, wohl dir!«[5]

Mit andern Worten, die Religion kann genau wie eine Diktatur handeln und hat es getan, weil beide demselben Prinzip huldigen: daß es nicht nötig ist, Dinge zu beweisen, man muß sie nur verkünden und eine übernatürliche Macht oder ein ersehntes Geschick als höchste Autorität anrufen.

Mit solchen Mutmaßungen kann sich die Wissenschaft nicht behaupten. Die Wissenschaft fordert, daß *nur das,* was demonstriert und mit einem Minimum an Vorurteilen des Beobachters wiederholt überprüft wurde, als Wahrheit und Wirklichkeit akzeptiert werden darf. Für den Wissenschaftler ist das Festhalten an der Wahrheit die höchste Tugend, in einer Diktatur ist es ein Verbrechen.

All das verringert die Charakterstärke jener Gralsucher um kein Jota, die sich aufgerufen fühlen, ihren Mitmenschen Ideale vorzuleben oder ihnen mit Freundlichkeit, Mitgefühl und Zuneigung zu dienen. Es wirft auch nicht den geringsten Schatten auf die geistige Gesundheit jener, die an ihrem religiösen Glauben festhalten.

Wenn die Religion einem Menschen Verehrung und Liebe zum Universum und seinen Geschöpfen bedeutet, den Wunsch, ihr durch wissenschaftlich erhärtete Lebensregeln und die Anerkennung der höheren Weisheit erleuchteter Führer als Leitlinie des Lebens das Beste für die Menschen abzugewinnen – wenn das mit Religion gemeint ist, könnte ich sie in der Praxis nicht von der Wissenschaft unterscheiden, noch könnte ich ihr eine gleich hohe Achtung versagen.

In den letzten Jahren haben zahlreiche Autoren[6] versucht, die Unterschiede zwischen Psychiatrie und Religion auszugleichen. Unter Bezugnahme auf Freuds Erklärung, daß die Religion ein Symptom der fortbestehenden Infantilität des Menschengeschlechts und religiöser Glaube eine Illusion sei, welche die ältesten, stärksten und beharrlichsten Wünsche der Menschheit erfüllt, räumt Vlastos[7] ein, daß es eine Form von Religion gibt, die den Menschen in seiner Infantilität bestätigt, »ihn aus der natürlichen Welt hinaus (...) in eine übernatürliche Welt entrückt, die ihm die Erfüllung seiner liebsten Wünsche verspricht, ihn vor Frustration bewahrt, ihn wieder in den Mittelpunkt des Alls versetzt und ihn von der Verpflichtung befreit, sich selbst und die Welt zu verändern«. Es ist die Religion der Magie, und die Magie ist der Prüfung durch die Vernunft nicht unterworfen. Diese Religion ist das Opium des Volkes.

Aber es gebe noch eine andere Form von Religion, behauptet Vlastos, in der sich der Mensch »vollständig, allein und uneingeschränkt einer höheren Macht, Ordnung und Güte überantwortet«, und er finde sie in »jener Realität, die sein eigenes Leben und jedes Leben schafft, erhält und überdauert«. Mit dieser Realität ins reine zu kommen, zu erkennen, daß wir eins mit ihr sind, ihre Bedeutung zu entdecken – das ist die Religion eines reifen Glaubens.

»Von dieser Warte aus«, fährt Vlastos fort, »können wir auf Freuds Anklage gegen die Religion unserer Zeit zurückkommen und dort nicht einen Feind, sondern einen unerwarteten Verbündeten finden. Freud hat uns die Mittel an die Hand gegeben, den Glauben an eine hohe Religion für gültig zu erklären. Die Wurzel der Infantilität ist das egozentrische Streben nach Allmacht; seine Früchte sind Täuschung, Furcht, Unverantwortlichkeit. Was als Religion gegolten hat, war oft ein mühsam entwickeltes Mittel, Infantilität zu bewahren und auszunutzen. Insoweit hatte Freud recht. Aber es gibt eine andere Religion, die nicht Flucht ist, sondern Entschlossenheit, sich der Realität ohne Furcht und Selbsttäuschung zu stellen, ihr höchstes Gut zu entdecken und sich ihm demütig und vertrauensvoll hinzugeben. Sein Leben für das hinzugeben, was man als höchsten Wert erkannt hat, nicht nur für sich selbst, sondern für alle Menschen, ist das Größte, was der Mensch erleben kann. Es kann ihm helfen, dem Tod und dem Unheil unerschrocken ins Auge zu sehen. In ihm ist das Geheimnis des ewigen Lebens beschlossen.«

9 Hoffnung

1

Es ist merkwürdig, daß aus dem Dreigestirn Glaube, Hoffnung und Liebe so wenig zur Verteidigung der Hoffnung gesagt worden ist. Im Gegenteil, es besteht eine Neigung, die Hoffnung als eine menschliche Schwäche herabzuwürdigen, ein Narkotikum, um die Sinne der Menschen gegenüber den Nöten des Lebens und der Unausweichlichkeit des Todes abzustumpfen. Daß die Hoffnung im Herzen des Menschen nie erlischt, wird gewöhnlich in mitleidigem Ton gesagt: Die Hoffnung ist eine »süße Schmeichlerin« (Glover), »Fortunas betrügerisches Glücksspiel« (Cowley); »die Elenden haben keine andere Medizin als die Hoffnung« (Shakespeare); »die Hoffnung ist der schmeichlerische Verräter des Geistes, weil sie ihn unter dem Deckmantel der Freundschaft seiner Entscheidungsfähigkeit beraubt« (Philip Sidney); »die Hoffnung ist das schlimmste aller Übel, denn sie verlängert die Qualen des Menschen« (Nietzsche).

Diese Neigung zur Unterschätzung der Hoffnung mag zum Teil auf ein wohlbekanntes Mittel, uns Enttäuschungen zu ersparen, zurückzuführen sein: auf die Weigerung, an günstige Gelegenheiten zu glauben. In extremer Form ist dies ein neurotisches Symptom, dem man häufig bei Menschen mit ausgeprägten Hemmungen begegnet. Wenn dieser neurotische Pessimismus mit einer überragenden Intelligenz einhergeht, kann er so brillant rationalisiert werden, bis man schließlich fast überzeugt ist, nicht einem Neurotiker, sondern einem Weisen zu lauschen. Schopenhauer ist ein hervorragendes Beispiel, doch es hat viele kleinere Schopenhauers gegeben. Fällt die Rationalisierung plumper aus, dann werden solche Menschen lediglich als Zyniker, Schwarzseher, Meckerer oder Misanthropen betrachtet. Neurotischer Optimismus, die heitere Unbekümmertheit des »fröhlichen Idioten«, ist viel leichter zu diagnostizieren und kann entsprechend herabgewürdigt werden.

»Dennoch zeigt die Tiefenanalyse«, wie Ernest Jones es ausgedrückt hat, »ständig, daß selbst der philosophische Pessimismus in bezug auf das Leben eng verknüpft ist mit inneren Hemmungen der Genußfähigkeit und der Selbstzufriedenheit, die, betrachtet man ihren Ursprung und ihr Schicksal nach der Analyse, nur als Artefakte in der Entwicklung des Individuums angesehen werden können. Und wir stellen ferner fest, daß eine Beeinträchtigung der natürlichen Lebensfreude (. . .) häufiger auf solche inneren Hemmungen zurückzuführen ist als auf ein durch äußere Ursachen hervorgerufenes noch so schweres und nachhaltiges Unglück.«[1]

So überzeugend die Logik des Pessimisten auch ist, und obgleich seine düsteren Prophezeiungen durch ein unseliges Weltgeschehen oder auch Ereignisse im persönlichen Leben gerechtfertigt erscheinen, läßt eine eingehende Erforschung seiner Persönlichkeit doch in aller Regel erkennen, daß sein Pessimismus eine Pose ist und er, wie jeder Mensch, im Grunde seines Herzens von Hoffnung geleitet wird.

In Wissenschaftskreisen bemüht man sich entschieden, die Hoffnung aus dem begrifflichen Denken zu verbannen – erstens, weil es eine materialistische und fanatisch empirische Wissenschaft allgemein verschmäht, psychologische Begriffe anzuerkennen, und zweitens, weil sie fürchtet, ihr objektives Urteil durch Wunschdenken zu korrumpieren. Doch alle Wissenschaft gründet sich auf Hoffnung, und zwar in einem Maße, daß die Wissenschaft für viele zum Religionsersatz geworden ist. Es ist wahr: Hoffen und Wünschen müssen bei Experimenten soweit wie möglich ausgeschlossen werden, doch Brown[2], McLean[3] und andere Wissenschaftler und Methodologen haben gezeigt, daß bei den meisten produktiven wissenschaftlichen Arbeiten bewußte oder unbewußte Hypothesen den bewiesenen Fakten vorausgehen, und daß neue Ideen, die Wahrnehmung neuer Zusammenhänge dem Unbewußten entspringen. Der Mensch muß hoffen, auch wenn er Wissenschaftler ist; dieser kann nur exakter hoffen. »Alles, was in der Welt geschieht, geschieht durch Hoffnung«, sagte Luther. Er meinte auch, kein Bauer würde ein Weizenkorn in die Erde legen, wenn er nicht hoffte, es würde keimen und aufgehen; kein Junggeselle würde heiraten, wenn er nicht hoffte, Kinder zu haben; kein Kaufmann würde an die Arbeit gehen, wenn er nicht auf einen Gewinn hoffte.

Die Hoffnung beruht auf einem bewußten, realisierbaren Wunsch, und der Wunsch ist zur Grundlage der Psychologie geworden, so wie der Energiebegriff die Grundlage der Physik ist. Lange Zeit hindurch war die Psychologie eine statische, deskriptive Wissenschaft, deren Grundmaßstab der Sinneseindruck war; irgend etwas wurde empfunden, wahrgenommen und darauf reagiert. Niemand machte sich die Mühe zu erklären, wie es zu dieser Reihenfolge kam. Die deskriptive Psychologie wurde allmählich durch eine dynamische Psychologie ersetzt, deren primäres Interesse der Bewegung, dem Motiv und der Absicht galt. Den Grundmaßstab dieser Motivation nannte Freud »den Wunsch«; Holt[4], Lewin[5] und andere haben gezeigt, daß es sich bei ihm um dasselbe handelt wie bei zahlreichen anderen Fachausdrücken in der Psychologie, und daß er mit physikalischen Vorstellungen wie etwa der Anziehung durch die Schwerkraft übereinstimmt. Es ist ein Handlungsablauf, für dessen Durchführung ein Mechanismus in der Persönlichkeit vorgesehen ist, gleichgültig ob er tatsächlich in Aktion tritt oder nicht. »In einem Organismus, der im Begriff ist, offen einen Handlungsablauf in bezug auf seine Umgebung in Gang zu setzen, ist der innere Mechanismus für diese Leistung mehr oder weniger vollständig im vorhinein vorhanden.«[6]

Es ist nicht nur eine Redewendung, wenn man sagt, daß die Vögel, die im Frühling nach Norden fliegen, im Herbst wieder nach Süden zu fliegen *hoffen*, oder daß sie, südwärts fliegend, hoffen, ihr Winterquartier zu erreichen. Welcher Unterschied besteht zwischen der Hoffnung des brütenden Vogels, seine Jungen ausschlüpfen zu sehen, und der Hoffnung der Menschenmutter, ein gesundes Kind zu gebären? Nicht nur von einer Jahreszeit zur andern, sondern fast von einer Stunde zur andern hält uns die Hoffnung mit der Verheißung besserer Tage und der Notwendigkeit, auf sie hinzuarbeiten, aufrecht. Das ist nicht nur eine geistige Qualität oder eine großartige Illusion der Natur – es ist ein auf Erfahrung beruhender psychobiologischer Lebensfaktor.

Der Leser mag aus dem Vorstehenden schließen, daß ich kaum einen Unterschied zwischen Hoffnung und Instinkt mache. Es ist zur Zeit Mode, das Wort »Instinkt« zu vermeiden und es durch beliebig viele im wesentlichen gleichbedeutende Bezeichnungen zu ersetzen. Dadurch wird nichts gewonnen außer einer illusorischen Vorstellung von Fortschritt und Modernität. Die Hoffnung ist nach meinem Dafürhalten das Bewußtsein von Kräften, die wir in uns tragen, wie immer man sie nennen mag. Wenn wir das Bedürfnis nach etwas empfinden, werden wir alle Anstrengungen machen, es zu erreichen. Daher sind es die machtvollen Hoffnungen, die uns zu Menschen machen.

Die modernen Psychologen stimmen also jetzt mit Salomon darin überein, daß ein Mensch so ist, wie er im tiefsten Herzen denkt. So etwas wie »eitle Hoffnung« gibt es nicht; die von uns gehegten Gedanken und Hoffnungen und Wünsche tragen bereits die Handlungsanweisung in sich, durch die sie verwirklicht würden, selbst wenn das ganze Projekt schließlich aufgegeben wird, weil seine Durchführung zu schwierig oder zu gefährlich erscheint. Wenn man sagt, Vorfreude sei die größte Freude, erkennt man an, daß das Erleben eines Menschen, der sich für ein Ereignis bereitmacht, oft so lebhaft und anregend ist, daß die tatsächliche Verwirklichung zur Nebensache wird. Dem praktischen, vernünftigen Menschen fällt es ein wenig schwer zu begreifen, daß Hoffen, Wünschen, Beabsichtigen, Versuchen und Tun im wesentlichen identisch sind, denn für ihn bedeutet es einen großen Unterschied, ob eine Sache ausgeführt oder aber nur geplant oder erhofft wird. Gewiß, einen äußeren Unterschied gibt es, und es gibt auch einen inneren Unterschied. Doch innerlich, psychologisch unter dem Gesichtspunkt des *Motivs*, besteht kein Unterschied. Der Unterschied liegt im *Schicksal* des Impulses, darin, wieweit er mit der Realität in Einklang gebracht, durch innerliche Ängste gehemmt, durch sonstige Motive unterstützt wird, usw. – doch die Triebkraft ist dieselbe.

Es ist interessant zu sehen, wie intuitiv und psychologisch das Gesetz in dieser Hinsicht ist, während es in anderer Beziehung so plump und unpsychologisch ist. Das Gesetz erkennt an, daß die Tötungsabsicht schwerer wiegt als die Tötungshandlung, indem es einen fehlgeschlagenen Mordversuch härter bestraft als die fahrlässige Tötung. Das Gesetz bestraft eher die Absicht als die Handlung. (Natürlich zieht das Gesetz nur *bewußte* Motive in Betracht.) Freud übersah keineswegs, daß viele Wünsche nicht in die Tat umgesetzt werden. Es war sein großer Beitrag zur psychologischen Wissenschaft, gezeigt zu haben, daß Träume eben das sind, was unsere Sprache impliziert, nämlich unsere unausgesprochenen, unverwirklichten Wünsche (Hoffnungen), und ferner, daß die spezifische Bedeutung der Traumsprache aufgedeckt und benutzt werden kann, um das Verhalten und die Symptome eines Patienten zu verstehen. Unsere Träume und unsere Hoffnungen pflegen sich sehr wohl zu verwirklichen! Freud unterteilte die bewußte Formulierung von Hoffen und Wünschen in das, was im Einklang mit dem »Realitätsprinzip« getan wird, und das, was nur auf der Grundlage des »Lust-Schmerz-Prinzips« getan wird. Genauer gesagt: Alle Hoffnungen entstehen im Menschen; nur einige von ihnen können in der äußeren Realität verwirklicht werden. Folglich hat jeder Mensch zwei Welten, um seine Hoffnungen zum Ausdruck zu bringen: eine Welt der inneren und eine der äußeren Realität. Das Erwachsenwerden besteht darin, diese beiden Welten weitgehend, wenngleich niemals vollständig, miteinander zu verschmelzen. Longfellow hat mit Recht gesagt, daß die Gedanken der Jungen ferne, ferne Gedanken sind; sie sind von den harten Tatsachen des Lebens, wie wir Erwachsene sie kennen, weit entfernt. Für den kleinen Jungen gibt es Riesen und Menschenfresser, Hexen und Zuckerberge und Weihnachtsmänner.Wenn er erwachsen wird, gibt er diese Phantasien nicht auf, doch er modifiziert sie: Da gibt es Schurken in der Geschäftswelt (oder in Washington), böse Frauen wie seine Schwiegermutter, Extradividenden und Ölvorkommen, die ihn über Nacht reich machen. Erwachsene, die das in der Kindheit vorherrschende Wunschdenken nicht aufgeben können, die auch weiterhin in einer eigenen Welt leben, welche von der realen Welt abgespalten ist, werden Schizophrene genannt. Die Wahnideen der Schizophrenen sind ebenso wie die Tagträume der Kinder Hoffnungen und Wünsche. Sie sind keine »falschen« Hoffnungen und Wünsche. Zugegeben, sie entsprechen nicht der Welt, wie *wir* sie kennen, und deshalb sind sie in *unseren* Augen falsch; doch in den Augen des Schizophrenen sind sie wahr und bestimmen sein Verhalten, seine Freuden, sein wirkliches Leben. Der Pessimist besitzt – anders als der Schizophrene, doch wie alle neurotischen Persönlichkeiten – eine innere und eine äußere reale Welt, doch er kann sie nicht in einer Weise miteinander in Einklang bringen, die ihm eine normale Befriedigung verschafft.

Die Hoffnungen, welche wir entwickeln, sind deshalb ein Maßstab für unsere Reife. Durch die Verschmelzung von innerer und äußerer Realität und damit das In-Einklang-Bringen von Hoffnung und Verwirklichung wird das Kind immer praktischer, das heißt, es beginnt die Realität zu prüfen und findet heraus, welche Hoffnungen verwirklicht werden können und welche Einschränkungen die Außenwelt ihm auferlegt. Es entdeckt physikalische Gesetze, ökonomische Gesetze, soziale und biologische Gesetze, und zu seinen Entdeckungen gehören all die Beweise, daß wir nach einer Weile aufhören werden, Hoffnungen und Freuden zu haben – kurz gesagt, daß wir sterben. Was ihn selbst betrifft, glaubt der Mensch dies nie ganz, aber er ist einsichtig genug, Maßnahmen gegen dieses Schicksal zu treffen.

Ferner entdeckt er, daß das, was geschehen ist, nun einmal geschehen und nicht zu ändern ist, daß er sein Leben nicht noch einmal leben kann und deshalb viele Hoffnungen begraben muß.

Er kann sich gegen diese beiden vernichtenden Schläge gegen seine Hoffnungen in seinen beiden Welten wappnen: In der Welt der inneren Realität bewahrt er den Glauben an seine Unsterblichkeit, und in der äußeren, praktischen Welt nimmt er sein Unsterblichwerden in Gestalt seiner Nachkommenschaft vorweg. Dies ist der Grund, weshalb wir sagen, daß Kinder die Hoffnung der Welt und das Himmlische Reich verkörpern.

2

»Ach, war das ein schlechter Tag«, sagte der Taxifahrer, als er mich die Lexington Avenue hinauffuhr. »Ich bezweifle, daß ich heute mehr als fünf Dollar verdient haben werde – und das ist brutto, müssen Sie wissen. Der Regen kommt uns nicht so sehr zugute, wie Sie vielleicht glauben. Wissen Sie, die Leute haben nun mal ihren Verdienst. Versteh'n Sie, was ich meine? Das Wetter ist schlecht, also bleiben sie daheim. Sie rechnen; ich kann's ihnen nicht verdenken. Meine Frau und ich, wir müssen auch rechnen. Wie sollten wir sonst rumkommen? Mein Gott, wir haben Kinder,

und Sie können sagen, was Sie wollen, Kinder sind teuer. Das sag'
ich Ihnen.

Ich habe einen Jungen in der Oberschule. Da muß er anständig
angezogen sein, nicht wahr? Kinder beobachten sich gegenseitig.
Aber soll ich mäkeln? Er ist der Beste in seiner Klasse, lauter
Einsen im letzten Zeugnis. Er soll mal *kein* Taxifahrer werden! Ich
hab' auch eine Tochter – sie ist erst zehn, aber sie macht sich, ist
ein liebes Kind. Und dann noch einen kleinen Burschen, zwei
Jahre alt. Ganz allerliebst! Ich wünschte, ich hätte mehr. Aber sie
kosten Geld – das ist kein Witz.

Aber das ist in Ordnung, ich kann mich nicht beklagen. Ich hab'
nun mal die Kinder, nicht? Ich hab' sie, und wofür soll man sonst
leben? Das frag' ich Sie.

Nehmen Sie mich, zum Beispiel. Was für ein Leben führ' ich
denn? Die ganze Nacht auf der Straße und den halben Tag schlafen. Die Kinder kommen aus der Schule, wenn ich gehe. Die Kleine bohrt mir mit dem Daumen ins Auge, um mich aufzuwecken.
Ihre Mutter findet das niedlich. Na, jedenfalls bringt's mich auf die
Beine. Ich sehe sie alle gerade eine Minute lang, esse mein Frühstück, oder wie Sie das nennen wollen, und schon bin ich wieder
weg.

Aber ich nehme an, es ist egal, was für eine Arbeit man hat,
solange man ein bißchen was verdient, die Kinder voranbringen
und die Frau zufriedenstellen kann. Das glaub' ich jedenfalls.
Wenn Sie Ihre Kinder lieben, haben Sie was, wofür Sie leben und
arbeiten können. Die Kerle da, die keine Kinder haben – also ich
weiß nicht, wofür die sich abstrampeln. Ich tät's nicht, es würd'
sich nicht lohnen. Kinder sind die einzige wirkliche Hoffnung, die
wir haben.«

Er schwieg ein paar Minuten, während er um eine schwierige
Ecke steuerte, und ich betrachtete durch die Wagenfenster die vor-
beihastenden Scharen von Menschen. Ich fragte mich, was die
meisten von ihnen wohl zu der Weltanschauung meines Fahrers
sagen würden. Nehmen wir einmal an, dachte ich mir, sein näch-
ster Kunde ist ein Kaufmann. Wie würde ein Kaufmann auf die
Theorie reagieren, Kinder seien der Sinn des Lebens? Diese Menschen, die da auf der Straße an mir vorbeihetzten – würde ein
Kaufmann sie als Eltern und Kinder oder vielleicht nur als poten-

tielle Kunden sehen, je mehr von ihnen, desto besser? Für einen Unternehmer wären alle diese Menschen vermutlich potentielle Beschäftigte und eine Garantie gegen Arbeitskräftemangel. Wäre er ein Angestellter, möglicherweise einer in unsicherer Position, dann wären sie lediglich Konkurrenten. Wäre er ein Politiker, würden sie für ihn wahrscheinlich Wählerstimmen repräsentieren. In den Augen der Arbeitslosen, die müßig und hoffnungslos auf Parkbänken saßen, mußte die Menge jene beneidenswerten Glücklichen darstellen, die die beschränkten Möglichkeiten, Arbeit und natürliche Ressourcen in einen Lebensunterhalt umzuwandeln, für sich in Anspruch nahmen.

Der Taxifahrer unterbrach meine Träumereien. »Was gibt's denn auch sonst noch?« fragte er. »Ehrlich. Wozu lebt man, wenn man keine Kinder hat? Sie fragen ja nicht um Erlaubnis, geboren zu werden. Wir bringen sie auf die Welt, wir müssen uns um sie kümmern. Hat sich nicht auch jemand um uns gekümmert? Wissen Sie, was ich meine?«

Es tat mir ein bißchen leid, daß die Lebensweisheit meines Fahrers jetzt einen Anklang von Pflichtbewußtsein bekam, aber ich mußte nun aussteigen. Während ich in meine Praxis hinaufging, wiederholte ich im Geist seine Worte.

Auf meinem Schreibtisch lag die Morgenpost. Ich öffnete den Brief eines Kollegen:

»Ich würde es begrüßen, wenn Sie sich ein sechzehnjähriges Mädchen anschauen könnten, die Tochter recht bekannter Leute in dieser Gemeinde. Ich kenne sie seit vielen Jahren. Die Mutter war ein sehr verhätscheltes Baby in einer Familie mit vielen Kindern. Sie machte eine gute Partie; ihr Mann ist erfolgreich, doch hinsichtlich der Familie sehr passiv. Als die Mutter entdeckte, daß sie das Kind erwartete, von dem jetzt die Rede ist, war sie sehr verzweifelt und kam zu mir mit dem Wunsch nach einer Abtreibung. Als ich mich weigerte, sie darin zu unterstützen, reagierte sie mit einem heftigen Temperamentsausbruch, den sie Wochen hindurch gegenüber ihrem Mann und anderen wiederholte. Sie drohte mit Selbstmord und bereitete ihrem Mann und anderen viele unerquickliche Stunden. Natürlich erinnere ich mich nicht

232

mehr sehr genau an die Einzelheiten, da es ja etwa siebzehn Jahre her ist.

Ich erwähne dies, weil es in so scharfem Gegensatz zu dem späteren Verhalten der Mutter steht. Wie mir schien, stellte sie eine übertriebene Mutterliebe zur Schau. Sie weigerte sich, das Baby zu entwöhnen, bis es weit über sechzehn Monate alt war. Von seiner frühen Kindheit bis in die Grundschulzeit hinein machte sie sich ständig Gedanken um das Kind.

Als Mary [das Kind] in die Oberschule kam, wurde sie zunehmend sonderbarer. Anfangs war sie nur ungesellig und exzentrisch, doch vor einiger Zeit hat sie angefangen, plötzlich aus dem Klassenzimmer zu rennen, zu Passanten auf der Straße seltsame Bemerkungen zu machen und auf merkwürdige Weise zu lachen. Ich wurde um einen Hausbesuch gebeten und sah sofort, daß sie in ein Krankenhaus gehörte; deshalb schreibe ich Ihnen.

Mir erscheint es ziemlich klar, daß die Mutter gegenüber dem Kind eine starke Feindseligkeit hegte, die es trotz der Versuche der Mutter, sie zu vertuschen, offenbar gefühlt hat. Möglicherweise werden wir es bald mit zwei Patientinnen zu tun haben.«

Ich erinnerte mich an den Taxifahrer, der glaubte, die Menschen hätten nur für ihre Kinder dazusein, und der sich mehr Kinder wünschte, obgleich er sie sich nicht leisten konnte. Ich dachte an diese Mutter, die gezwungen (!) war, ein Kind zu bekommen, das sie später haßte und falsch behandelte. Ich fragte mich, wie ihre eigene Kindheit beschaffen war, welche Frustrationen sie erlitten hatte, welch seltsame Verzerrung ihrer Lebensanschauung zu der Tragödie in ihrer Familie geführt hatte, die in einem so starken Gegensatz zum glücklichen Familienleben des Taxifahrers stand.

Während mir diese Fragen durch den Kopf gingen und ich mir überlegte, was ich meinem Kollegen auf seinen Brief antworten sollte, wurde ich durch meine erste Behandlungsstunde unterbrochen; es handelte sich um eine Patientin, die ich zum erstenmal sah. Sie war eine offensichtlich gutsituierte verheiratete Frau und kam zu mir, weil sie wegen einer Liebesgeschichte, in die sie verstrickt war, unter schweren Depressionen mit Selbstmordgedanken litt. Diese Liebesgeschichte war, wie sie sagte, das einzige, was ihrem Leben einen Sinn gab, das einzige, was sie wünschte, das einzige, was sie glücklich machen würde, und doch schien alles unmöglich. Ich fragte sie, ob sie Kinder habe. Ja, sie hatte ein Kind, ein Mädchen von acht Jahren. Sie hielt es aber nicht für gut, viel Zeit mit der Tochter zu verbringen, da sie zu verschieden seien. Sie könne mit dem kleinen Mädchen nicht »fertigwerden«; das Kindermädchen könne es viel besser. Mutter und Tochter verbrachten daher täglich nur einige Minuten miteinander, bevor das Kind (allein) zu Abend aß.

Einige Stunden später unterhielt ich mich mit einer Frau, die am anderen Ende der Einkommensskala zu Hause war. Auch sie hatte am Rande des Selbstmords gestanden und war von der Polizei wegen des Versuchs in Gewahrsam genommen worden. Sie hatte festgestellt, daß sie – zum zehnten Mal – schwanger war. Ihr Mann war arbeitslos, von ihren neun Kindern waren sieben am Leben, das Gesamteinkommen der Familie in den vergangenen drei Monaten hatte unter hundert Dollar gelegen. Das einzige, was diese beiden Frauen außer ihrem psychiatrischen Berater gemeinsam hatten, war der Wunsch, kein Kind zu bekommen.

Ich dachte wieder an den Taxifahrer. Welche starken Argumente sprachen hier gegen die Theorie, daß wir für unsere Kinder leben und daß unsere Kinder unser Leben hoffnungsvoll machen!

Was ist darauf zu antworten? Sind Kinder ein Segen oder ein Fluch? Ist es wahr, daß dies von den jeweiligen Eltern abhängt, und, wenn ja, welche Kriterien bestimmen darüber? Wenn unsere Welt besser werden soll, dann sicherlich durch den Einfluß, den wir auf die nächste Generation ausüben, das heißt auf die Kinder. Aber wollen wir diese Kinder? Macht es einen Unterschied, ob wir sie wollen oder nicht wollen?

Solche Fragen zu stellen oder den Versuch zu machen, sie zu beantworten, ist etwas sehr Ungewöhnliches, ja – in den Augen mancher – gar blasphemisch. Kinder zu haben, ist »einfach natürlich«, und viele glauben, wir sollten nicht mit dem Verstand an das herangehen, was Naturgesetz oder Gottes Wille ist. Mir scheint indessen, daß wir, wenn wir nicht völlig pessimistisch sein wollen, wenn wir die Hoffnung haben, daß unsere Kinder es bessermachen werden als wir und deren Kinder es bessermachen werden als unsere Kinder, gezwungen sind, über die Umstände nachzudenken, unter denen Kinder auf die Welt kommen.

Betrachten wir die riesigen Menschenmassen in China oder in den New Yorker Slums, in den Gefängnissen jedes Bundesstaates der USA und fragen wir uns, wie viele von ihnen das gewollte und ersehnte Produkt der Liebe ihrer Eltern waren. Wie viele dieser sich abmühenden Glieder der Gesellschaft waren die Kinder von Eltern, die sie gewollt und erhofft und erwartet und freudig willkommen geheißen hatten? Wie viele von ihnen waren Kinder von Eltern, die sie nur zufällig zeugten, die ihre Empfängnis nicht wollten und ihre Ankunft fürchteten, die sie – bewußt oder unbewußt – haßten, weil sie die eigene Existenz bedrohten, den Mündern einer bereits verzweifelten, elenden Familie die Nahrung entzogen? Wie wirkte sich das auf das Gefühlsleben des Kindes aus? Welche psychologischen Konsequenzen hat es für das Kind, ungewollt und unwillkommen zu sein – von den Eltern als Strafe für eine begangene Sünde angesehen zu werden?

Wir müssen zugeben, daß mitunter sogar das ungeplante, ungewollte, unerwartete Kind genügend Liebe in den Eltern zu erwecken vermag, so daß sie ihre anfängliche Feindseligkeit ihm gegenüber besiegen. Das wollen wir später genauer erörtern. Doch häufig sind die Eltern unfähig, ihre feindseligen Gefühle vollständig zu unterdrücken oder zu verdrängen. Sie mögen sich selbst und anderen etwas vormachen, aber das Kind können sie nicht täuschen. Das Kind fühlt, daß es nicht erwünscht ist, und die Freude am Leben und seinen Verheißungen wird durch diese Erkenntnis von Anfang an zunichte gemacht, wie dumpf und wortlos sie auch sein mag.

Weitaus bedeutsamer als die dramatischen Fälle, in denen die Feindseligkeit einer Mutter das Leben eines unerwünschten Kindes ruiniert, sind die allgemeineren Auswirkungen verdrängten mütterlichen Hasses. Wo *ein* Kind darauf mit akuter psychischer Erkrankung reagiert, reagieren Dutzende von Kindern in subtilerer Weise, indem sie Barrieren des Selbstschutzes gegen die innere Wahrnehmung des Gefühls, unerwünscht zu sein, errichten. Das kann sich in einer entschlossenen Kampagne oder in einem aufreizenden Programm zeigen, Aufmerksamkeit durch aggressives Verhalten oder gar durch kriminelle Handlungen zu wecken. Noch ernsthafter kann es als ständige Furcht vor anderen oder als bitteres Vorurteil gegen Individuen oder Gruppen durch einen tiefsitzenden, leicht zu entfachenden Haß auf sie in Erscheinung treten. Die Wut des verarmten Weißen in den Südstaaten auf den Schwarzen, der irgendeines Pflichtversäumnisses verdächtigt wird, läßt sich auf den Haß zurückführen, den er im Innern fühlt, weil er selbst, wie der Schwarze, unerwünscht war. Dasselbe trifft vielleicht im Falle der Deutschen und Juden und in vielen anderen Situationen zu, die Gelegenheit bieten, Haß zum Ausdruck zu bringen, indem das Gefühl, zurückgewiesen zu werden, verleugnet wird. Die Bedeutung dieses Umstands für die Kriegspsychologie ist meines Erachtens noch größer als die des ökonomischen Faktors, der sich aus der ansteigenden Bevölkerungszahl ergibt. Deshalb sage ich, daß vom rein wissenschaftlichen Standpunkt aus *Familienplanung ein wesentliches Element jedes Programms ist, das psychische Gesundheit sowie Frieden und Glück für die Menschheit zum Ziel hat.* Das ungewollte Kind wird zum unerwünschten Mitbürger, zum willigen Kanonenfutter für Kriege aus Haß und Vorurteil.

Mit Familienplanung meine ich, daß Elternschaft freudig auf sich genommen wird, daß man sich auf die damit verbundenen Anstrengungen und Opfer angemessen vorbereitet, indem man ausreichende Mittel und Ausstattungen bereitstellt, um dem Kind einen vernünftigen Start ins Dasein zu ermöglichen, ohne andere der tatsächlichen Lebensnotwendigkeiten zu berauben. Sie bedeutet auch ausreichende psychische Reife und Verständnis auf seiten der Eltern, um die Abhängigkeit des Kindes viele Jahre hindurch zu ertragen. Natürlich erfüllt es jeden denkenden Menschen mit gewissen Befürchtungen, wenn er im Begriff ist, Mutter oder Vater zu werden, doch diese unterscheiden sich ganz erheblich von der akuten Ablehnung, mit der heutzutage – oft durchaus berechtigt – vielfach gegen Kinder argumentiert wird. Ich habe ausführlich über die Pflicht der Mutter gesprochen, bei ihren Kindern jene Liebe zu pflegen, die zu einer neuen Ordnung führen soll, doch wir können sie nicht mit dieser Verantwortung belasten, wenn die ihr auferlegte physische, finanzielle und psychische Bürde ihre Kräfte weit übersteigt. Die Kinder der Zukunft »gehören« nicht nur ihren Eltern: Sie gehen uns alle an; sie sind *buchstäblich* die Hoffnung der Welt.

Die Psychologie als Wissenschaft stimmt mit der römisch-katholischen Kirche insofern völlig überein, daß es für das höchste Wohlergehen der Eltern absolut notwendig ist, Kinder zu zeugen und sie zu lieben. Doch nicht alle Eltern sind in der Lage, dieses höchste Wohlergehen zu erlangen oder eine so verantwortungsvolle, so schwierige und (wie mein Taxifahrer sagte) so teure Verpflichtung auf sich zu nehmen. Es wäre absurd, wollte man versuchen, Menschen diese Verpflichtung angesichts realer Hindernisse aufzuzwingen – äußerste Armut, schweres körperliches Leiden, bewußte Abneigung gegen Elternschaft.

Volkswirtschaftler mögen hinsichtlich der Frage, wieviel Menschen in unserer Welt unter optimalen sozialen Bedingungen überleben könnten, verschiedener Ansicht sein, doch sie stimmen sicherlich alle darin überein, daß unter den gegenwärtigen Umständen nahezu jedes Land der Welt mehr Menschen zu haben scheint, als Raum für sie vorhanden ist, und daß die große Mehrheit der Bevölkerung ein Leben am Rande oder unterhalb des Existenzminimums führt. Im zwanzigsten Jahrhundert nach Christus leben die meisten Menschen in ständigem Elend und viele von ihnen deshalb, weil sie hungern müssen.

Warum werden in einer solchen Welt, wo weder die Eltern noch sonst jemand ihre Geburt wollen, weiterhin Kinder geboren? Wer will, daß sie geboren werden, nur damit sie langsam verhungern oder dazu benutzt werden, sich gegenseitig umzubringen oder ein jammervolles Dasein voll Elend und Verzweiflung zu führen? Ist es die Gesellschaft? Braucht die Gesellschaft sie wirklich? Ist es die Regierung? Will jede Regierung mehr Soldaten, mehr Konsumenten oder mehr Steuerzahler – selbst um den Preis, daß das Individuum leidet, frustriert wird, verzweifelt? Sollen wir die Natur dafür verantwortlich machen, die blinden Kräfte des Triebs, die beim Menschen nicht regulierte Brunstzeit oder die zufälligen Folgen des legalisierten Beieinanderseins eines unseligen Paars, dessen dumpfe Intelligenz oft kaum ausreicht, die Gegenwart oder gar die Zukunft zu erfassen?

Diese Fragen werden selten gestellt, selten beantwortet. Daß alles »Gottes Wille« sei, klingt wie eine fromme Ausflucht. Wenn es Gottes Wille ist, daß sich Menschen wie Ratten und Läuse vermehren, bis einige von ihnen verhungern, dann müßte es auch Gottes

Wille sein, daß sich Ratten und Läuse uneingeschränkt vermehren. Wenn es um die nationale Verteidigung ginge, müßten *alle* Nationen gleichermaßen das Recht haben, um die Wette zu zeugen, damit die erzeugten Produkte im Kampf erschossen, in die Luft gesprengt oder ertränkt werden. Doch wer *will* nun wirklich mehr Menschen auf der Erde, ohne sich um die Beschaffenheit oder das Glück dieser Menschen zu kümmern? Kluge Kaufleute wollen sie nicht, Wohlfahrtsinstitutionen wollen sie nicht, selbst die *Associated Farmers of Southern California* schienen nicht mehr so großen Wert auf sie zu legen, nachdem die Folgen ihrer Appelle um Arbeitskräfte in Steinbecks *Früchte des Zorns** dramatisch geschildert worden waren.

Dieser blinde Drang nach Bevölkerungszuwachs erklärt sich teilweise historisch. Als Amerika noch ein unerforschtes Kolonialreich war, und selbst später, als der Westen noch Pionierland war, war es sinnvoll, einen Zuwachs der lokalen Bevölkerung anzustreben: Es gab mehr Arbeit als Arbeiter, die sie leisten konnten. Es wurde Mode, nach jemandem zu schreien, der kommen und helfen (und nebenbei den Lohn für die Hilfe ernten) sollte. Daß dieser Appell oft mit einer erschreckenden Mißachtung der Wahrheit und der Konsequenzen für jene, die der Aufforderung folgten, einherging, findet in Mari Sandoz' Lebensbeschreibung ihres Vaters, *Old Jules*, und in der Autobiographie meiner Mutter, *Days of My Life*, lebhaften Ausdruck. Ironisch und bitter hat Charles Dickens die Zustände in *Leben und Abenteuer Martin Chuzzlewits* geschildert. Doch jene Zeiten sind vergangen.

Man könnte denken, daß dieser Bevölkerungsfetischismus landwirtschaftlichen Idealen entstammte, wenn er sich auf Menschen auf dem Lande beschränkte. Auf dem Bauernhof, wo es viel Platz gab, ging es allen um so besser, je mehr Ferkel geworfen, je mehr Kälber geboren, je mehr Eier gelegt wurden. Dies alles konnte in Geld umgewandelt werden und das Leben der Menschen erleich-

---

* Das Drängen auf einen Zuwachs der örtlichen Bevölkerung ist nicht auf Kalifornien beschränkt. Handelskammern, bestimmte evangelische Zeitungen und Grundstücksmakler im ganzen Land haben es sich zur Aufgabe gemacht. Einige wenige Städte erlangen so Größe *und* Kultur, doch die Vorstellung, daß diese beiden Errungenschaften in irgendeiner Weise einander bedingen, ist ein Trugschluß, der auf dem heimlichen Ehrgeiz beruht, ein zweites New York zu werden.

tern, die dieses Wachstum förderten. Je mehr von allem da war, desto besser. Ursprünglich galt das auch für Kinder; wie das übrige lebende Inventar waren sie Geld wert, und so entsprach es vernünftigem wirtschaftlichen Denken, für große Familien einzutreten. Doch all das ist nicht mehr der Fall. Heutzutage stellen auf dem Bauernhof selbst die Kinder einen Kostenfaktor dar und nicht unbedingt einen ökonomischen Vorteil. Statistiken zeigen, daß nur etwa ein Drittel der auf dem Bauernhof geborenen Kinder benötigt werden, um den Bedarf an landwirtschaftlichen Arbeitskräften zu decken.

»Die Menschheit ist wie ein Wald, dessen Bäume zu eng gesetzt wurden«, schrieb George Drysdale in England im Jahre 1854[7], und er fuhr fort:

»In der Tat leiden alle mehr oder weniger, aber die Robusteren kämpfen sich nach oben und zerstören damit ihre schwächeren Nachbarn.(. . .) Dieses Zeitalter und alle vergangenen Zeitalter in alten Ländern waren solche gegenseitiger Zerstörung. Wir verzehren die Nahrung unserer Mitmenschen, wir atmen ihre Luft, wir erfreuen uns ihrer Liebe, wir saugen ihr Lebensblut aus.(. . .) Es ist leicht, die Leiden der anderen mit christlicher Fassung zu tragen. Ja, zwar mögen wir, die zuschauen, uns mit dem schrecklichen Zustand der Mehrzahl unserer Mitmenschen abfinden, zwar können wir ihn durch eitles Prahlen über den Fortschritt der Zivilisation zu verschleiern suchen, doch die Armen selbst können sich nicht mit der Armut abfinden; ihr menschliches Fleisch und Blut kann mit dem unerträglichen Elend nicht fertigwerden, und für sie alle ist das großmäulige Geschwätz vom Fortschritt der Menschheit nichts als Täuschung und Lüge.

Das Leben unserer arbeitenden Klassen ist schlimmer als das der meisten Lasttiere. Zehn oder zwölf Stunden am Tag schuften sie unermüdlich bei einer mühsamen, eintönigen und in vielen Fällen lebensgefährlichen Tätigkeit ohne Hoffnung auf Vorwärtskommen oder auf persönliche Beteiligung am Erfolg der Arbeit, die sie verrichten. Am Abend sind ihre geschundenen Knochen zu müde, um die wenigen Mußestunden zu genießen, und der Morgen bringt ihnen nichts anderes als einen ebenso trübseligen Tag voll nicht enden wollender Plackerei. Selbst der siebte Tag, ihr einziger freier Tag, bringt ihnen in diesem Lande wenig Fröhlichkeit, wenig Erholung: eine feierliche Predigt und zwei Stunden, in denen sie stillzusitzen gezwungen sind, das ist alles, was ihnen geboten wird. Die Geistlichkeit und andere, die sich entrüsten, daß ein armer Arbeiter an seinem einzigen freien Tag nicht zur Kirche geht, sollten einmal versuchen, sechs Monate lang ein Leben wie er zu führen, und dann feststellen, wieviel Lust sie haben, zur Kirche zu gehen, wenn ihre Glieder vom unaufhörlichen Schuften geschwächt sind, ihre Lebenskraft zu weichen beginnt und ihre Herzen durch ein Leben voll ständiger Plackerei und Sorge verbittert sind.

So müssen die Armen weiterschuften, solange es ihre Kräfte erlauben. Schließlich versagt irgendein Organ: der Magen, die Augen oder das Gehirn, und der unglückliche Leidende verliert seine Arbeit, wird hinausgeworfen und ins Hospital geschickt, während seine Frau und seine Familie an den Rand des Hungertodes getrieben werden. Oft ergibt sich der Mann aus Verzweiflung über seine hoffnungslose Lage dem Trunk und damit dem Ruin. Zu anderen Zeiten beschließen die arbeitenden Klassen in rasender Wut über ihre infernalischen Lebensumstände, daß sie entweder höhere Löhne erhalten oder zugrunde gehen müssen. Daraus resultieren die katastrophalen Streiks und die schrecklichen sozialen Umwälzungen, welche die Gesellschaft in neuerer Zeit so oft erschüttert haben. Doch sie sind vergeblich; sie stellen nur das blinde Bemühen des Menschen dar, etwas zu tun oder zu sterben, das fruchtlose Aufbäumen eines Menschen in einem Alptraum. Der Berg des Elends wälzt sich nur mit stärkerem Druck unveränderlich zurück auf ihre Brust und zwingt sie, durch ohnmächtige Kämpfe erschöpft, es still für eine weitere Zeitspanne zu ertragen.«

Wenn es auch große Veränderungen der Arbeitsbedingungen gegeben hat, seit Drysdale sein ausgezeichnetes, obgleich etwas emotionales Buch schrieb, trifft doch vieles von dem, was er sagt, heute genauso zu wie 1854. Haben wir das Recht, zu erwarten, daß man Kinder, die in solche Verhältnisse hineingeboren werden, *lehren* kann, ihre Mitmenschen zu lieben statt zu hassen?

Ich will nicht etwa vorschlagen, daß nur jenen Glücklichen, die sich Kinder leisten können, erlaubt sein soll, sie zu haben, oder daß das Vorrecht der Elternschaft den Armen verwehrt werden sollte. Ich sage lediglich, daß es unlogisch und selbstmörderisch ist, Menschen zu zeugen, die zu einer hoffnungslosen Existenz verurteilt sind. Es ist unfair ihnen gegenüber und gefährlich für die übrige Welt. Wenn wir um die Ursprünge von Haß, Gier, Unterdrückung, Verbrechen und Krieg so besorgt wären, wie wir sein sollten, würden wir beim ungeborenen Kind anfangen. Wir würden ihm Eltern geben, welche willens und fähig sind, es auszutragen und aufzuziehen, und wir würden darauf achten, daß ihnen die Unterstützung der Gesellschaft zuteil wird, die notwendig ist, um die Aufgabe zu erfüllen. Und wir würden die Unwilligen nicht durch direkte oder indirekte Mittel zwingen, Kinder zu bekommen. Daß Menschen elend sein sollen, damit Armeen verstärkt werden oder Kirchen höhere Mitgliederzahlen aufweisen können, läßt sich mit keiner vorstellbaren sittlichen Ordnung vereinbaren.

Viele Menschen, die der Auffassung zustimmen würden, daß Kinder nicht in eine Familie hineingeboren werden sollten, wo es nicht genug zu essen gibt, würden nicht zugeben, daß eine Abneigung gegen Elternschaft aus psychologischen Gründen ein ebenso berechtigter Grund ist, keine Kinder zu haben. Eine Frau, die Haustiere einem eigenen Kind vorzieht, wird häufig wegen ihrer Kinderlosigkeit mit Verachtung gestraft. Ich denke daran, wenn mein Weg in den Fahrstuhl von einem der fünfzig oder sechzig Hunde blockiert wird, die das Hotel bewohnen, in dem ich absteige, wenn ich in New York bin. Hundeleinen schlängeln sich um meine Beine, während die Besitzer der Tiere Babysprache sprechen, was nicht mir gilt, aber den Eindruck erwecken soll, daß ich den Fahrstuhl mit einem Liebling, einem geliebten, unschuldigen Geschöpf teile, dem ich spontan dasselbe überspannte Gefühl entgegenbringen soll, welches meine menschlichen Mitreisenden erfüllt.

Ich kann verstehen, daß jemanden, der diese fehlgeleitete menschliche Zuneigung beobachtet und sie mit den Realitäten menschlichen Lebens vergleicht – mit den Bedürfnissen der kleinen unerwünschten, verwahrlosten Kinder, die sich auf der Straße herumtreiben, mit dem Hunger nach menschlicher Zuwendung, den er überall um sich herum wahrnimmt –, ein heftiges Gefühl gerechter Empörung ergreift, ja, daß er sogar meint, solche Frauen sollten zur Mutterschaft gezwungen werden, um im Leben zu etwas nütze zu sein. Doch das wäre eine in absurder Weise fehlgeleitete Logik. Frauen, die zur Kinderaufzucht fähig sind, es aber vorziehen, ihre Zuneigung Hunden, Katzen und Vögeln zuzuwenden, und die es beim Gedanken an eine Schwangerschaft schaudert, lassen eine unreife psychosexuelle Entwicklung erkennen – ein Beweis dafür, daß sie zur Mutterschaft ungeeignet sind. Ein Playboy, der lieber mit einem riesigen Schäferhund herumläuft als mit einem Sohn, würde niemals ein guter Vater werden, auch wenn ihm noch so viele Schwängerungen gelängen.

Wenn wir die »drohnenhafte« Frau verdammen, die keine Kinder bekommt, obwohl sie es könnte, sollten wir als Mitglieder der Gesellschaft daran denken, daß wir an diesem Zustand nicht unschuldig sind. Das beunruhigende Gefühl, daß zu viele Menschen auf der Welt seien, schwelt überall. In den Mietshäusern der Stadt werden Haustiere von Hausbesitzern und anderen Mietern weit eher geduldet als Kinder. Viele Freunde mit Kindern haben mir von ihrer entmutigenden und ergebnislosen Suche nach Unterkünften berichtet, wo Kinder »erlaubt« sind. Es ist schlimm genug, einen Hund in einer Stadtwohnung einzupferchen, und man würde zögern, ein Kind derselben unnatürlichen Situation auszusetzen, selbst wenn es gestattet wäre. Es gibt heutzutage nicht genügend Raum für Kinder; nicht genügend sichere, offene Spielplätze, zuwenig Zeit für die Pflege der familiären Beziehungen. Kinder brauchen das Gefühl, notwendige und wertvolle Mitglieder der Gemeinschaft zu sein. Statt dessen hören sie, wieviel es kostet, sie zu unterhalten, daß die Kosten für ihr Sommerlager oder ihre Erziehung den Eltern schlaflose Nächte bereiten, daß durch ihre Anwesenheit Wohnungen, Schulen, Parks, Straßen und Städte überfordert und überfüllt seien.

Ich glaube, daß infolge dieser Situation das Kind in der modernen Zivilisation als unnütz empfunden wird. Das Kind erkennt dies und wächst in dem Gefühl auf, ein fremdes Wesen, hier nur geduldet zu sein, kein Recht zu haben, aufzubegehren oder zu protestieren, bevor es erwachsen und unabhängig ist. Man darf die Eltern nicht dafür tadeln, daß sie die Einstellungen einer weitgehend auf Konkurrenz ausgerichteten Gesellschaft spiegeln, die allen Neuankömmlingen und potentiellen Rivalen feindselig gegenübersteht, seien sie Flüchtlinge aus anderen Ländern oder Kinder aus einer anderen Welt.

Es ist nur gerecht einzuräumen, daß man in der psychischen Entwicklung von Kindern, die zum Zeitpunkt ihrer Empfängnis durchaus unerwünscht waren, nicht immer Spuren davon entdeckt. Gegner einer Geburtenkontrolle aus religiösen Gründen führen hier zwei Punkte an. Erstens sagen sie, daß, wenn die Eltern in dem Glauben erzogen wurden, es sei unrecht und gegen den Willen Gottes, eine Schwangerschaft abzulehnen, die Mutter keine bewußte Feindseligkeit entwickeln werde und diese dem Kind also erspart bliebe. Zweitens behaupten sie, daß selbst Eltern, die während der Schwangerschaft ihren Widerwillen gegen das Kind nicht überwinden konnten, ihn vollständig vergäßen, sobald das Kind geboren oder etwas größer sei – es würde also niemals negative Auswirkungen spüren.

Was den ersten Punkt angeht, gebe ich zu, daß man Menschen glauben machen kann, es sei Sünde, ein Kind nicht zu bekommen, selbst wenn sie und ihre Kinder durch ein weiteres Kind in größere Not und Sorge gerieten. Doch die Verdrängung oder Unterdrückung bewußter Ressentiments bedeutet nicht, daß sie nicht mehr da wären. Erzwungene Verhaltensweisen, mit dem frommen Hinweis auf den Willen Gottes begründet, werden stets mit inneren Konflikten und wirklichem Leid bezahlt.

Der zweite Einwand – Eltern würden häufig ihre anfängliche Ablehnung der Schwangerschaft überwinden und erkennen, daß sie ein Kind *wollen*, und es liebenlernen – ist meines Erachtens ein gewichtigeres Argument. Das Zeugen und Aufziehen eines Kindes oder (wenn möglich) vieler Kinder hat für die psychische Gesundheit der Eltern überragende Bedeutung. Der von der Zivilisation in beträchtlichem Maße erzwungene Verzicht auf diese Befriedigung ist zur Bedrohung ihres eigenen Fortbestands geworden.

»Aber wenn Sie das zugeben«, fahren die Gegner fort, »werden Sie auch zugeben, daß manche Paare, für die es gut wäre, Kinder zu haben, die Vorstellung ablehnen oder ihre Verwirklichung hinausschieben und damit selbstzerstörerisch sich selber und der Welt das versagen, was sie ohne die Existenz von Verhütungsmöglichkeiten täten. Es gibt unzählige Menschen, die sagen: ›Ja, wir wollen ein Baby, wir wollen Kinder, aber nicht jetzt. Wir sind noch nicht soweit; es ist noch nicht der richtige Augenblick.‹ Und bei einigen kommt der richtige Augenblick niemals; sie werden niemals Eltern, und das ist nicht gut für sie und nicht für die Welt. Wer soll entscheiden, wann die Geburt eines Kindes mehr Schaden als Nutzen stiften würde?«

Ich glaube, daß es auf diese Frage eine sehr klare und direkte Antwort gibt: Die Eltern selber können, müssen und werden bestimmen, welche Lösung für sie die beste ist. Es ist wohlbekannt, daß viele intelligente Menschen, einschließlich vieler Katholiken, Verhütungsmethoden kennen und anwenden, und dies hat nicht zu einer Zunahme kinderloser Familien geführt, wie sorgfältig erstellte Statistiken erweisen, die jedermann zugänglich sind. Man sagt, daß in Schweden die allgemeine Aufklärung zu einer Geburten*steigerung* geführt hat. Der Wunsch nach einem Kind, der jede Frau so stark beherrscht, verhindert, daß sie sich durch trügerische Argumente davon abschrecken läßt, dieser Befriedigung teilhaftig zu werden, wenn sie vernünftigerweise möglich ist – und ich meine nicht nur wirtschaftliche und physische Möglichkeiten, sondern auch psychologische. Die Entscheidung mag unbewußt getroffen werden, doch getroffen wird sie, und sie kann ohne weiteres jenen überlassen werden, deren Hauptsorge in den folgenden Jahren das Kind sein wird. Wird die Entscheidung nicht getroffen, so kann man sicher sein, daß die Widerstände stark genug waren, um als dringende Gefahrensignale zu wirken, die nicht übersehen werden konnten. In Wahrheit geschieht oft das Gegenteil: Der Wunsch, ein Kind zu haben, ist so stark, daß Eltern ihre emotionalen Kräfte überschätzen, so daß das »gewollte« Kind in der Folge zum ungewollten werden kann.

3

Bisher haben wir von Kindern als der Hoffnung der Welt gesprochen, in der Annahme, daß die Eltern sie nur zu erzeugen, zu lieben und zu fördern brauchten, damit diese Hoffnung verwirklicht wird. Wir haben jenen praktischen Aspekt der Liebe vernachlässigt, den wir Erziehung nennen.

Erziehung ist ein Wort voll Optimismus, so durchdrungen vom Geist der Hoffnung, daß es schwerfällt, objektiv darüber zu reden. Tausende von Büchern sind über Erziehung geschrieben worden und hunderttausende, wie zu erziehen sei. Durch ihre Erziehung sollen unsere Kinder uns und unsere Welt erlösen – die Fesseln abwerfen, die wir ihnen auferlegt haben, unsere Fehler vermeiden und korrigieren, die Natur des Universums erforschen, Übel bekämpfen und das Gute fördern. Durch Erziehung hoffen wir die Kinder zu guten Bürgern zu machen und sogar eine Demokratie zu schaffen, und schließlich erwarten wir auch noch, daß sie durch Erziehung lernen, die nächste Generation zu erziehen.

Für viele Menschen ist die Erziehung fast eine Religion. Besonders in den Vereinigten Staaten herrscht der Glaube, daß Schulung gut sei für alle, gut in nahezu jeder Form und so gut, daß sie nicht übertrieben werden könne. Man mag Methoden, Umfang, führende Persönlichkeiten oder Lehrpersonal kritisieren, doch die Regel, daß eine formale Ausbildung etwas Gutes und für ein zivilisiertes Leben Wesentliches sei, wird nicht in Frage gestellt. Ausnahmen von dieser allgemeingültigen Theorie – etwa jene der geruhsamen, freundlichen Amish-Leute* in Pennsylvanien – werden mit einer Mischung von Ungläubigkeit und Geringschätzung betrachtet.

Was ist Erziehung bzw. Bildung? Nach einem neueren, maßgebenden Bericht[8] besteht sie in der »Nutzung des Wissens, der Werkzeuge, der Fertigkeiten und der Einrichtungen, die von der Menschheit nach und nach angesammelt und geschaffen wurden; im Erlernen der Zusammenarbeit mit anderen; darin, das eigene Selbst zu erkennen und das Beste daraus zu machen, und in der Bildung von Idealen und Gewohnheiten.(. . .) Wir leben in einer sich ständig erweiternden Welt; das menschliche Wissen vergrößert sich ständig, die menschlichen Einrichtungen werden zunehmend komplizierter. Außerdem herrscht eine unendliche Vielfalt, was das Wesen, die Fähigkeiten und den Charakter des einzelnen

---

* Anhänger der von Jacob Amman im 17. Jahrhundert gegründeten Mennoniten-Sekte. Anm. d. Übers.

Menschen betrifft. Sicherlich, Bildung kann nicht standardisiert werden oder statisch sein; sie muß mit jedem Fortschritt der Zivilisation wachsen, und sie muß zugleich jenen entsprechen, die erzogen werden sollen.«

Aber riskieren wir es einmal – *warum* ist Bildung »eine gute Sache«? Das ist auch früher schon gefragt worden und hat zu einer außerordentlichen Vielzahl von Antworten geführt. Aristoteles' Antwort lautete, daß Erziehung gut sei, weil sie das Glück fördert, indem sie die Tugend fördert. Doch seither war niemand (mit Ausnahme von James Mill) so unumwunden hedonistisch. »Die Erziehung befähigt uns zu einem wirksameren Dienst in der Kirche und im Staat«, sagte Luther. »Sie befähigt den Menschen zur Herrschaft über die Dinge«, sagte Bacon. »Sie trägt zur Entwicklung eines besseren Staates bei«, sagte Kant. »Sie befähigt uns, ein frommes Leben zu führen«, sagte Fröbel; »menschliche Bedürfnisse am vollkommensten zu befriedigen«, schrieben Thorndike und Gates; »tiefere Erkenntnisse zu gewinnen«, sagte Gentile; »gesellschaftliche Effizienz zu verwirklichen«, sagte Dewey. Man könnte diese Liste beliebig verlängern.

In die Zukunft schauende Erzieher waren stets bemüht, eine umfassende Definition für Erziehung zu finden. Was soll durch Erziehung erreicht werden? Welche Veränderungen menschlichen Verhaltens bewirken die Schulen oder sollten sie bewirken? Welches sind die wirklichen Ziele der Erziehung? Darauf hat es viele Antworten gegeben. Mir gefallen jene, die William G. Carr und seine Mitarbeiter in *The Purpose of Education in American Democracy*[9] genannt haben. 1. *Selbstverwirklichung*: Sie umfaßt Wißbegier, Sprachgewandtheit, Belesenheit, Fähigkeit zu überlegtem Handeln, Wissen und dementsprechendes Verhalten im Gesundheitsbereich sowie die Pflege erholsamer, ästhetischer und geistiger Betätigung. 2. *Menschliche Beziehungen*: Dazu gehören Achtung der Menschlichkeit, Pflege von Freundschaften, soziales Verhalten, Höflichkeit, die Liebe zu Haus und Heim bzw. die Fähigkeit, ein Heim zu gründen. 3. *Ökonomische Effizienz*: Dazu gehören richtige Berufswahl, berufliches Können, Anpassung und Wertschätzung, die Fähigkeit zu vernünftiger finanzieller Planung im privaten Bereich, kritisches Verbraucherurteil und Verbraucherschutz. 4. *Staatsbürgerliche Verantwortung*: Dazu gehören Sensibilität für soziale Ungerechtigkeit, korrigierendes soziales Handeln, kritisches Urteil in bezug auf Propaganda, ferner Toleranz, Interesse am Erhaltenswerten, Weltbürgertum, Achtung der Gesetze, politisches Bewußtsein und unerschütterliches Festhalten an demokratischen Idealen.

Ich lege diese kompetente, moderne Analyse der Funktionen von Erziehung, wie sie von den offiziellen Vertretern der amerikanischen Lehrerschaft unterschrieben wurde, vor, um zu zeigen, daß einige führende Erzieher – mag die amerikanische Öffentlichkeit noch so blind und gedankenlos in bezug auf den wahren Zweck ihrer Schulen sein – sich darüber produktive Gedanken gemacht haben. Trotzdem bleibt als Tatsache bestehen: Das gegenwärtige Erziehungssystem beruht weitgehend auf der Annahme, daß die Geistestätigkeit das grundlegende Erziehungsmaterial sei – nicht das Verhalten, nicht die emotionale Entwicklung, nicht einmal die geistige Entwicklung, sondern die Schulung des Intellekts. Man nimmt an, daß die geistige Entwicklung dann folgen werde. Wissen wird nach der Vorstellung zugeteilt, dieses würde pflichtschuldig wie Milch aus einer Schüssel von den hungrigen Hündchen aufgeleckt, über denen eine rastlose Pflegemutter wacht, die hauptsächlich dafür zu sorgen hat, daß die richtige Menge Milch und die richtigen Beifügungen festerer Nahrung im richtigen Augenblick verabfolgt werden. Diese Pflegemutter hat eine normale Schule besucht und weiß daher, daß die Addition vor der Subtraktion gelehrt werden sollte, daß man schreiben lernen muß, bevor man sich mit Geographie befassen kann, daß der Unterricht von 30 auf 40 Minuten verlängert werden kann, wenn das Kind älter wird, und daß die Berichte am Freitag um 15 Uhr 50 bei der Schulleitung sein müssen. Mit dieser Art technischer Ausbildung versehen, gilt die Lehrerschaft als hinreichend ausgestattet, um den Brei zu verabreichen, der den Geist nährt, welcher dann bis zu dem Punkt gedeiht, wo all die schönen Dinge, die Aristoteles, Plato, Comenius, Herbart, Huxley, Spencer, Dewey und andere sich unter Erziehung vorgestellt haben, unvermeidlich hervorsprießen und so die Hoffnungen der Welt bewahrt werden.

Ich möchte nicht unziemlich ironisch werden, sondern nur betonen, daß zwischen der pädagogischen Erziehungstheorie und der psychologischen Auffassung von Erziehung eine ungewöhnliche Kluft besteht, die von vielen Erziehern gesehen wird, und daß ihre mangelnde Überbrückung auf das anhaltende Ignorieren der Beiträge der Psychologie zum Verständnis des Lernprozesses zurückzuführen ist. Vor zwölf Jahren schrieb ich in meinem Buch *The Human Mind*, daß so, wie es Ärzten eigentümlich ist, ihre eigene Medizin nicht zu nehmen, es Erziehern eigentümlich zu sein scheint, nicht lernen zu wollen. Das ist vielleicht ein bißchen kraß formuliert, aber ich glaube noch immer, daß es stimmt.

Diese Kritik richtet sich nicht gegen einzelne Lehrer, sondern gegen die bei Behörden, welche mit Erziehung befaßt sind, vorherrschende Einstellung. Ich gebe zu, daß es auch viele Ausnahmen gibt; ich kenne den aus traditioneller Erziehung herrührenden Rückstand; ich weiß, daß viele jüngere Lehrer neuen Ideen aufgeschlossener gegenüberstehen. Ich kenne die Ziele und Methoden »progressiver« Erziehung, deren Verfechter sich selbst für psychologischer gesinnt halten. Doch trotz all dieser Zugeständnisse halte ich daran fest, daß die Psychologie im großen und ganzen in der Erziehung ebenso vernachlässigt wird wie in der Medizin. Ich könnte noch weiter gehen und sagen, daß die Psychologie absichtlich ausgeschlossen wird. Jahr um Jahr habe ich an einem Institut einen Ferienkurs abgehalten, um Lehrern eine gewisse Vorstellung von den emotionalen Problemen der Kindheit zu vermitteln, und jedes Jahr steht am letzten Tag die Begeisterung der kleinen Gruppe von Lehrern, die an dem Kurs teilgenommen haben, in scharfem Gegensatz zu den Schwierigkeiten des Instituts, genügend Teilnehmer zu gewinnen, und zu den Schwierigkeiten der einzelnen Lehrer, den Widerstand ihrer Schulräte und Schulleiter gegen die Teilnahme zu überwinden. Ich beobachte einen regelrechten Krieg zwischen der ernsten, gewissenhaften Lehrerin, deren tägliche Erfahrung mit Kindern sie über die Bedeutung des kindlichen Gefühlslebens aufklärt, und dem psychologisch blinden und technisch ignoranten Schulrat, der das Schulsystem behandelt, als wäre es eine Fabrik, und sich hauptsächlich darum bemüht, vor dem Steuerzahler gut dazustehen. Jahr um Jahr habe ich beobachtet, welche Bitterkeit dieser Konflikt bei Lehrern auslöst – eine Bitterkeit, die sich, wie ich weiß, den Kindern mitteilen muß. Ich empfehle jedem Lehrer, der politische oder wirtschaftliche Ambitionen hat, ernstlich, dieses Buch beiseite zu legen, alles zu vergessen, was er durch Erfahrung oder Studium über Herz und Geist des Kindes gelernt hat, dem örtlichen Rotary Club beizutreten, dort mit breitem Grinsen über »unsere Kleinen« zu plauschen und sich salbungsvoll über das Problem der Besteuerung ländlicher Schulen auszulassen. Das wird die tonangebenden Steuerzahler tief beeindrucken, und sie werden ihn als großen Erzieher betrachten.

Ich betrachte es als nutzlos, für Schulräte oder Schulleiter als Klasse zu schreiben. Natürlich gibt es viele Ausnahmen, aber die meisten werden sich erst dann ändern, wenn die öffentliche Meinung sie dazu zwingt. Wie ich sie kennengelernt habe, sind sie an den psychologischen Problemen des Kindes nicht interessiert. Die durchschnittliche Lehrerin hingegen ist es, und für sie und für das allgemeine Publikum sind meine Ausführungen gedacht.

Es klingt banal, daß die Entwicklung des Gefühlslebens ebenso wichtig ist wie die Entwicklung des geistigen Lebens, aber es ist wahr. Tatsächlich beruht die Entwicklung der Intelligenz auf der Befriedigung bestimmter Gefühlsbedürfnisse, und solange Lehrer und Administratoren sich beharrlich weigern, die Funktion des Schulsystems bei der Befriedigung, Frustrierung oder Verzerrung dieser Bedürfnisse anzuerkennen, solange wird das Schulsystem eine schwerfällige, unwirksame, enttäuschende Einrichtung bleiben, trotz aller Zeit und allen Geldes, die wir weiterhin daran verschwenden, und trotz der großen Hoffnungen, die wir alle immer noch auf das Schulsystem setzen.

Ob die Schule Gefühlsbedürfnisse anerkennt oder nicht, sie betreibt unvermeidlich eine Art emotionaler Erziehung. Mein Streit mit dem »Erziehungssystem« beruht nicht so sehr darauf, daß sie emotionale Faktoren *vernachlässigt*, sondern darauf, daß sie leugnet, es mit Emotionen zu tun zu haben, und versäumt, von den Lehrern irgendeine Vorbereitung auf diesen wichtigsten Zweig des Lernens zu fordern. Disziplin pflegte in der Lehrerausbildung eine wichtige Rolle zu spielen und war Gegenstand vieler Diskussionen, wobei davon ausgegangen wurde, daß die Gefühle des Kindes in Schach zu halten seien, damit sein Intellekt ungestört funktionieren könne. Diese Vorstellung, wenngleich bei Eltern noch immer sehr verbreitet, ist bei Erziehern weniger beliebt. Doch fast genauso irrig ist die Theorie, daß die Gefühle des Kindes, wenn es an intellektuellen Vorhaben interessiert, davon gefangengenommen und aktiv daran beteiligt ist, automatisch in der Schwebe gehalten oder vielmehr von der Geistestätigkeit absorbiert werden. Beide Theorien scheinen zu funktionieren, aber sie machen sich nicht zunutze, was wir heute über Gefühle wissen, und sehen in ihnen eher eine Beeinträchtigung des Lernens als eine kooperative Kraft. Ich habe beobachtet, daß selbst die modernsten Erzieher oft lieber glauben, das Vorhandensein von Gefühlen im Klassenzimmer könne ignoriert werden, wenn der Lehrer sehr tüchtig ist.

Wenn ich sage, Erziehung bedeute, dem Kind gewisse Informationen und Techniken zu vermitteln, übersehe ich nicht, daß es verschiedene *Methoden*, dieses Material anzubieten, gibt: Es gibt die Methode des »Hineinstopfens«, die das Kind als leeres Gefäß betrachtet, das zu füllen ist; es gibt die »unterhaltende und amüsante« Methode, die das Kind veranlassen soll, die Schule und damit den Lehrstoff zu lieben; es gibt die Methode, die das Kind mit Materialien versorgt und ihm Experimentierfreiheit einräumt, so daß es die Notwendigkeit erkennt, ein Faktenwissen zu erwerben, und die ihm – unter einiger Anleitung des Lehrers – erlaubt, diese Fakten auszuwählen. Es ist zugegebenermaßen erforderlich, daß gewisse Fakten Kindern in gewissen stereotypen Formen dargestellt werden, und es wäre empfehlenswert, darauf hinzuweisen, weshalb es erforderlich ist. Das über einige hundert Generationen von Menschen angesammelte Wissen ist mittlerweile zu groß, als daß es von irgendeinem Individuum innerhalb seiner Lebenszeit experimentell erworben werden könnte. Formale Schulbildung besteht in der Weitergabe dessen, was wir für fundamentale Techniken halten – ein Vorgang, der angeblich nur einige Jahre benötigt –, und dann in der fortlaufenden Übung der Anwendung dieser Techniken, wobei die Einzelheiten der verschiedenen Wissensgebiete flüchtig gestreift werden. Das Kind lernt beispielsweise lesen und darf dann von Geographie so viel lesend zur Kenntnis nehmen, daß es ein Land wie Argentinien gibt. Es lernt addieren und subtrahieren und soll dann ausrechnen, wieviel mehr Menschen in Argentinien als in Peru leben. Es wäre dem Kind aber offensichtlich unmöglich, *alles* über Argentinien zu lernen, ohne zu vernachlässigen, was es über Rußland, Australien und die Vereinigten Staaten zu lernen gibt. Mittlerweile muß es auch etwas darüber erfahren, wie die Menschen in Argentinien und in Dayton,

Ohio, ihren Lebensunterhalt verdienen, weil es eines Tages ebenfalls seinen Lebensunterhalt verdienen muß.

Es ist demnach eine Aufgabe von Erziehung, die Elemente dieses Wissens zu verdichten und dem Kind zu vermitteln oder es ihm zur Verfügung zu stellen, damit es eine Grundlage hat, die es mit seinen Kameraden teilt, sowie eine abgekürzte Methode, um herauszufinden, welche Gebiete es selbst intensiver erforschen und sich nutzbar machen will.

Nun ist aber diese erste Funktion formaler Instruktion mit einer zweiten verknüpft, und zwar der, den Schüler zu lehren, wie er das erworbene Wissen nutzen und gegensätzliche oder abweichende Deutungen usw. beurteilen kann. Dieser Teil der Erziehung hat viele nachdenkliche Schüler beschäftigt – mit äußerst vielfältigen Ergebnissen. Alle stimmen darin überein, daß diese Ergebnisse nicht ermutigend waren. Psychoanalytiker nennen das Realitätsprüfung, Erzieher kritisches Urteilsvermögen.

Es ist, um William G. Carr[10] zu zitieren, »eine erworbene Fähigkeit, die aus zahllosen Gelegenheiten erwächst, unter Anleitung eines erfahrenen Lehrers eine Wahl zu treffen und Schlußfolgerungen zu ziehen. Mit andern Worten, kritisches Urteilsvermögen wird ebenso entwickelt wie die Fähigkeit, Schach zu spielen, Bücher zu lesen oder geometrische Probleme zu lösen – das heißt, durch lange, fortgesetzte Übung unter den kritischen Augen einer Person, welche qualifiziert ist, die getroffenen Entscheidungen zu bewerten. Das Kind muß den Wert des Beweises erkennen lernen. Es muß Hochachtung vor Fakten erwerben, muß wünschen, sie zu entdecken, und muß lernen, wo sie am wahrscheinlichsten zu finden sind. Es gibt Quellen von Fakten, Aufbewahrungsorte von Wissen, die sich über Jahre hinweg bewährt haben. Der Schüler muß lernen, wo sie sind und wie man sie benutzt, und er muß sich angewöhnen, auf sie zurückzugreifen, wenn er Probleme lösen soll. Er muß lernen, sein Urteil aufzuschieben, Motive in Betracht zu ziehen, Beweise zu beurteilen und zu klassifizieren, sie auf der einen oder der anderen Seite seiner Problemstellung einzuordnen und sie zu benutzen, wenn er Schlüsse zieht. Dies ist nicht das Ergebnis eines besonderen Studiengangs oder eines bestimmten Teils des Bildungsweges – es ist das Resultat einer jeden Lernphase und charakterisiert jeden Denkschritt.«

Wenn wir uns darin einig sind, daß Erziehung Wissen und Methoden für ein leichteres, glücklicheres, reicheres oder sozial besser angepaßtes Leben liefern soll – auf welches bestimmte Ziel sollte dieses Leben und damit diese Ausbildung ausgerichtet sein? Die Antwort wird natürlich von der eigenen Lebensanschauung abhängen. Wenn, wie im Falle von Sparta oder Deutschland, das Lebensziel im Kriegführen bestehen soll, würde die Antwort auf die Frage nach dem Zweck von Erziehung weitgehend von diesem Prinzip bestimmt werden. Wenn hingegen das Leben als etwas Religiöses betrachtet wird (»Der wichtigste Daseinszweck des Menschen ist es, Gott zu verherrlichen«), dann wären die von katholischen Schulen praktizierten Erziehungsmethoden völlig gerechtfertigt. Wenn es das Ziel ist, sich im gegenwärtigen Wirtschaftssystem zu behaupten, dann sollten die Techniken der wirtschaftlichen Kriegführung an die Stelle militärischer Techniken treten, wie sie unter Lykurg verwandt wurden. Zur Zeit scheinen wir nicht zu wissen, ob die Zeit, in der wir leben, unter der Herrschaft religiöser oder ökonomischer oder militärischer Kriegführung steht. Es ist daher kein Wunder, daß unsere Zielsetzungen etwas wirr sind.

Doch ob wir es nun gern gestehen oder nicht, das gegenwärtige Erziehungssystem scheint den Zweck zu verfolgen, die Jugend auf irgendeine Art von Kriegführung vorzubereiten, und psychologisch betrachtet ist das vernünftig. Aber Krieg gegen was? Und was für eine Art von Kriegführung?

Ich bin nicht der Meinung, daß Erziehung nicht die Aufgabe habe, Kinder zu lehren, das Leben zu genießen und zu lernen, wie man miteinander auskommt. Ich möchte nur betonen, daß man, um miteinander auskommen zu können, gewisse Aggressionen überwinden muß, die triebbedingt sind, und daß die Leugnung dieser Aggressionen der Leugnung des Konkurrenzelements im Geschäftsleben gleichkommt. Vor ein paar Jahren wurde dem Wahlspruch gehuldigt: »Am meisten profitiert, wer am besten bedient.« Menschen, die in der Geschäftswelt als Halsabschneider bekannt waren, besuchten Versammlungen und stimmten Lieder an, wonach keiner mehr darauf aus war, Geld zu verdienen, sondern jeder nur noch Dienstleistungen erbringen wollte – was implizierte, daß sämtliche Mitglieder ihren Laden sofort hätten dichtmachen können, wäre es nicht darum gegangen, daß sie der Gemeinschaft den edlen Dienst leisten wollten, Kohle zum höchsten Preis, den sie bekommen konnten, zu verkaufen oder die Leute dazu zu bringen, sich mit zweitklassigem Rindfleisch zufriedenzugeben, weil die erste Qualität nach Chicago verschoben wurde. Wäre Dienstleistung tatsächlich ihr Hauptmotiv gewesen, dann, so glaube ich, hätten sie nicht die Geschmacklosigkeit besessen, davon zu singen. Was sie veranlaßte, sich zusammenzufinden und uneigennützige Opfer zu preisen, war die Notwendigkeit, ihre wirkliche, aggressive Konkurrenzgesinnung zu verleugnen.

Aber es ist noch immer modern, im Bereich der Erziehung von Dienstleistung zu sprechen und dabei psychologische Realitäten völlig zu vernachlässigen. Wenn ein Kind zur Schule geht und alles glaubt, was ihm über die Schönheit, den Frieden und die Güte in der Welt erzählt wird, entdeckt es, sobald es heranwächst, daß es betrogen worden ist. Je ernster es seine Lehrer genommen hat, desto katastrophaler wird es enttäuscht und in der realen Welt ernüchtert werden. Glücklicherweise hat es – was wirklich Motive betrifft – bei außerschulischen Aktivitäten, auf dem Spielplatz und zu Hause früh entdeckt, daß die Erziehung ziemlich verschieden ist von dem Leben, das es kennt. Wenn es ein urteilsfähiges Kind ist, hat es vielleicht sogar erkannt, daß auf seine Lehrer in manchen Punkten Verlaß ist (mathematische Gleichungen, chemische Formeln, usw.), daß sie aber große Heuchler sind, wenn es um andere Lebensbereiche geht. Um diese Lektion zu lernen, mußte es aber bereits eine Enttäuschung hinnehmen, die es veranlaßt hat, vieles aufzugeben, was der Mühe hätte wert sein können.

Weil das Erziehungssystem vor dem Gefühlsleben der Menschen die Augen verschließt, bleiben seine Ziele, Absichten und Methoden wirr und unscharf, und es gelingt ihm nur, das Bild der Welt zu verfälschen und die Kinder in die Irre zu führen. Die Welt *ist* voll Liebreiz und Glanz, aber sie ist *auch* voll Dunkelheit und Bitternis. In der menschlichen Persönlichkeit leben liebevolle, konstruktive Neigungen, aber auch destruktive, und es hat keinen Zweck, in bezug auf diese Dinge den Kopf in den Sand zu stecken.

Dem Psychiater erscheint es wissenschaftlicher, wahrhaftiger und realistischer, sich mit diesem kriegerischen Element auseinanderzusetzen. Wenn wir Kinder in einem Klassenzimmer beobachten, erkennen wir, daß diese Kinder üben müssen, miteinander zu leben, miteinander zu arbeiten, einander zu lieben. Doch zugleich erkennen wir, daß sie gelehrt werden müssen, einander zu lieben, weil eine triebhafte Neigung besteht, einander zu hassen, die besiegt werden muß, indem man die entgegengesetzte Neigung fördert. Wenn man ehrlich ist, muß man zugeben, daß diese Kinder, wenn sie heranwachsen, einen großen Teil ihrer Energien daran wenden werden, einander auszustechen, zu übertrumpfen, zu übervorteilen usw. – ganz zu schweigen von den Energien, die für Streit, Zurechtweisung, Beleidigung, Besänftigung und Aus-dem-Wege-Gehen vergeudet werden. Wenn die Klasse klein genug ist, müßte man diese Feststellung natürlich dahingehend modifizieren, daß die Kinder schließlich nicht mehr miteinander konkurrieren, sondern mit den Kindern einer anderen Klasse, die vielleicht fünf oder hundert oder dreitausend Meilen entfernt ist. Wir wissen, sie werden sich anstrengen, andere Leute davon zu überzeugen, daß *ihre* Zigarettenmarke, *ihre* Anschauungen, *ihre* Art von Religion besser sind als jene, denen der Mann anhängt, der einst als kleiner Junge in der anderen Bankreihe saß. Diejenigen von ihnen, die genug Geld haben – oder deren Eltern genug Geld haben –, werden sich so energisch wie möglich bemühen, all die Techniken zu erlernen, die ihnen helfen, den Lebenskampf am erfolgreichsten zu bestehen – nicht den Kampf gegen die Natur, nicht den Kampf gegen Intoleranz, nicht den Kampf gegen den Haß, sondern den Kampf gegeneinander. Sie werden Jahre in den besten Ausbildungsstätten, den besten Akademien, den besten juristischen und medizinischen Fakultäten, den besten Handels- und Ingenieursschulen zubringen. Das erfordert Verstand, aber auch Geld, und wenn der Vater seine Konkurrenten erfolgreich aus dem Feld geschlagen und dadurch einen finanziellen Rückhalt gewonnen hat, versetzt dies den Sohn in die Lage, den Hebel mit etwas mehr Nachdruck anzusetzen, um sich auf Kosten seiner Mitmenschen über sie zu erheben.

Der Leser könnte an dieser Stelle mit Recht fragen: »Und was soll der Lehrer nun Ihrer Meinung nach tun? Erwarten Sie, daß er die menschliche Natur verändert? Wie kann er – wie kann die Erziehung – das Wirtschaftssystem, das Gewinnstreben oder den Aggressionstrieb beeinflussen? Sollte die Schule versuchen, das

Kind auf das Leben vorzubereiten, indem sie es lehrt, wie schlecht die Welt ist? Genügt es nicht, wenn sie ihm geistige Maßstäbe vermittelt und es mit Tatsachen und Wissen ausstattet, die es für das spätere Leben in einer Konkurrenzgesellschaft wappnen?«

Nein, ich erwarte nicht, daß der Lehrer die menschliche Natur verändert, aber ich erwarte, daß er mehr über die menschliche Natur weiß als bisher und das, was er weiß, in Betracht zieht, nicht nur bei dem, was er lehrt, sondern auch dabei, wie er es lehrt. Nur auf diese Weise wird es dem Kind gelingen, sich den gegenwärtigen Systemen anzupassen oder aber zu ihrer Verbesserung beizutragen. Einstellungen sind wichtiger als Fakten, und die Einstellung des durchschnittlichen Lehrers ist von Heuchelei (die ihm aufgezwungen wird) und Ignoranz (vor der ihn Lehrerseminare kaum bewahren) gekennzeichnet. Über die Einstellungen werde ich sogleich mehr sagen; von der Heuchelei habe ich bereits gesprochen; die Ignoranz tritt durch nichts klarer zutage als durch den Umstand, daß wir so wenig über den Grundcharakter des Lernprozesses wissen.

Professor Lashley von der Harvard-Universität schrieb kürzlich: »Es ist zu bezweifeln, daß wir mehr über den Mechanismus des Lernens wissen als Descartes, der annahm, die Poren der Nerven würden sich öffnen, wenn lebendige Kräfte sie durchfluten.«[11] Und Professor Daniel A. Prescott schrieb: »Es ist erstaunlich, daß sich Schulmeister so selten fragen: Haben Kinder irgendeinen Grund, den Stoff zu lernen, den wir ihnen anbieten? Gibt es irgendeinen triftigen Grund, den wir ihnen für das Erlernen dieses Stoffes nennen können?«[12]

Es hat zahlreiche Untersuchungen darüber gegeben, wie Lob, Tadel, Belohnung, Strafen oder Ignorieren auf das Lernen wirken. Ganz allgemein ist experimentell nachgewiesen worden, daß durch Lob und Belohnung mehr erreicht wird als durch Tadel und Strafe; ignoriert man, was der Schüler tut, so bewirkt dies am allerwenigsten. Darin liegt ein Hinweis auf etwas, das wir später eingehender untersuchen wollen: den Einfluß des persönlichen Interesses des Lehrers. Zahlreiche Physiologen und Psychologen haben Experimente über die Lernmotive von Tieren durchgeführt. Simmons fand, daß Ratten am wirksamsten zum Lernen motiviert wurden, wenn sie (durch den Geruch) entdeckten, daß ihnen eine sexuelle

Befriedigung bevorstand; das nächststärkere Motiv war die Fütterung nebst Rückkehr in den angestammten Käfig; das nächststärkere Motiv des Weibchens war das Auffinden ihres Wurfs am Ende des Labyrinths; das letzte die Fütterung allein. Simmons[13] stellte auch fest, daß die Bereitstellung eines stärkeren Anreizes zu einer beträchtlichen Zunahme der Lerngeschwindigkeit führte. Soweit mir bekannt ist, gehören weder sexuelle Stimulierung noch Nahrung, noch der Wunsch nach Mutterschaft zu dem Vokabular, den Methoden und Anschauungen von Erziehern. Ihnen zufolge ist der Wunsch zu lernen einfach »ein natürlicher Vorgang«, der jedem Kind mit klarem Verstand angeboren ist. Eine dümmere Portion unrealistischen Denkens und mangelnder wissenschaftlicher Neugier kann man sich kaum vorstellen.

Die genannten Experimente sind interessant, doch sie genügen nicht, um uns umfassende Schlußfolgerungen nach der induktiven Methode zu ermöglichen. Auf sie gestützt, könnten wir aber eine deduktive Theorie anbieten, die mit klinischer Erfahrung und psychiatrischer Theorie in Einklang steht. Sie würde besagen, daß das Motiv des Kindes zu lernen auf bestimmten Triebbedürfnissen (allerdings bestimmt *nicht* auf einem hypothetischen Bedürfnis nach Wissen) beruht. Wir wissen bereits, um welche Bedürfnisse es sich dabei handelt – oder zumindest weiß der Leser, um welche es sich nach Meinung des Autors handelt. Es ist das Bedürfnis, mit anderen Menschen in liebevolle Verbindung zu treten, und das Bedürfnis, aggressive Neigungen in gesellschaftlich anerkannter Weise zum Ausdruck zu bringen.

Wenn das Kind zur Schule kommt, wird es noch weitgehend vom infantilen Denken oder vom Denken nach dem Lustprinzip beherrscht. Es besitzt jedoch bereits eine gewisse Erfahrung, daß es diese Denkweise mit Hilfe der Realitätsprüfung modifizieren muß. Es argwöhnt bereits, daß es keinen Weihnachtsmann gibt, keine Feen, auch nicht Aladins Wunderlampe und kein »Und wenn sie nicht gestorben sind, leben sie heute noch«. Ich sage, es *argwöhnt* dies, aber es weiß es noch nicht »bestimmt«. Es hofft noch ein wenig, an der Denkweise festhalten zu können, die seine frühe Kindheit beherrscht hat; folglich vermischt sich dieses Verlangen nach Verwirklichung von Phantasien mit dem Drang, die Realität anhand von Erfahrung zu prüfen.

Durch diese Erfahrung wird es ständig bedrängt, und es wird von ihm erwartet, auf immer mehr Phantasievorstellungen zugunsten hinausgeschobener Befriedigungen zu verzichten, die von der angeblichen Macht vermehrten Wissens in Aussicht gestellt werden. Mit andern Worten, es lernt, daß einige der Freuden, die es zu erlangen hoffte, ihm niemals zuteil werden können. Es entdeckt aber auch, daß es andere Freuden auf der Welt gibt, die zwar nicht so befriedigend sind wie jene seiner ersten Kindheit, aber immerhin einiges für sich haben. Es lernt, daß es die Wandtafel abwischen darf und vielleicht sogar Präsident der Vereinigten Staaten werden kann. Im tiefsten Herzensgrund wäre es zwar immer noch lieber das Lieblingskind an der Mutterbrust, doch da sich das nicht länger als praktikabel erweist und andere Freuden als wünschenswert in Aussicht gestellt werden, ist es zu einigen der erforderlichen Anstrengungen bereit – so wie die Ratten im Labyrinth, wenn nötig, die mühsamen Tricks zur Überwindung der Schranken in der Hoffnung auf Nahrung oder sexuelle Befriedigung lernen, die sie auf Grund ihrer früheren Erfahrung, manchmal von ihrem Geruchssinn unterstützt, glauben erwarten zu können.

Doch dies ist nur *ein* Aspekt der Lernmotivation. Es ist im großen und ganzen ein etwas rationalisierter Aspekt und sicherlich nicht die stärkste Motivation. Denn aus welchem Grund sollte irgend jemand den Sperling in der Hand für die Taube auf dem Dach eintauschen? Warum sollte irgend jemand auf das Denken nach dem Lustprinzip zugunsten des Denkens nach dem Realitätsprinzip verzichten?

Man könnte erwidern, daß das Kind es tut, weil es muß, doch dies wäre ein großer Denkfehler. Das Kind muß diese Dinge nicht tun. Keine gesetzliche Macht, keine elterliche oder andere Gewalt kann es dazu zwingen. Und in der Tat lernen nicht wenige Kinder, allem Druck zum Trotz, *niemals* sehr gut. Niemand kann einen anderen zwingen, lernen zu wollen.

Weshalb lernen wir dann? Warum sind Kinder bereit, auf kindgemäße Befriedigungen zu verzichten und sich in den Kampf um emotionale und intellektuelle Reife zu stürzen? In erster Linie aus einem Grund: Weil sie die Liebe, die sie brauchen, zu verlieren fürchten, wenn sie nicht lernen, und sich diese zu erhalten glauben, wenn sie zu Verzichten bereit sind, derer es bedarf, um Stücke der

Realität zu akzeptieren. Mit andern Worten, Kinder lernen hauptsächlich, um dem Lehrer und den Eltern zu gefallen, die er repräsentiert. Das besondere Lernmuster wird natürlich lange bevor sie jemals einen Lehrer sehen erworben, doch es wird von den späteren Lehrern verstärkt, entwickelt, verzerrt oder verdorben – je nach der Persönlichkeit dieser Lehrer.

Ich habe gesagt, daß dies das primäre Motiv sei, doch sollten auch einige wichtige sekundäre Motive erwähnt werden. Ich nenne sie sekundär, weil sie nicht so machtvoll sind wie das primäre und weil sie indirekte Abkömmlinge des direkteren Triebmotivs sind – des Wunsches, Liebe zum Ausdruck zu bringen und zu gewinnen. Eines dieser Motive ist die Hoffnung des Kindes, Antworten auf Fragen zu erhalten, zu denen es durch seine große Neugier in bezug auf ungenügend verstandene physische Phänomene gedrängt wird. Diese Fragen betreffen vornehmlich den eigenen Körper und seine Empfindungen und im weiteren Verlauf den Körper seiner Eltern, Brüder und Schwestern. Sie umfassen die großen Geheimnisse des Geschlechts, die Frage, wo die Kinder herkommen, wie und warum. Das Kind hofft immer, irgendwann und irgendwo über diese mit einem Tabu belegten Gegenstände genauer informiert zu werden. Ein weiteres sekundäres Motiv ist der Wunsch, mehr Macht oder Autorität durch Techniken zu erlangen, die der gemeinsame Besitz der ihm Überlegenen zu sein scheinen. Und schließlich wird es zweifellos zu dem Versuch angeregt, seine wachsenden Kräfte zur Meisterung neuer Situationen zu gebrauchen; ein solcher Impuls macht sich, in verringertem Maße, bei Erwachsenen bemerkbar, denen Puzzlespiele Spaß machen. Dieses Ausschauen nach neuen Erfahrungen und die Freude und Befriedigung, die sich einstellen, wenn etwas bewältigt wurde, sind ein wertvolles und leicht zu verletzendes Motiv, das durch entsprechende Lehrmethoden sehr gefördert oder aber zum Erlöschen gebracht werden kann.

Hier kommen wir auf die Frage nach der Einstellung von Lehrern zurück. Ich möchte veranschaulichen, was ich meine, indem ich die imaginären Gedanken zweier Lehrerinnen beschreibe.

Die erste Lehrerin tritt morgens etwa mit folgender Einstellung vor ihre Klasse: »Hier sitzen zwanzig Schüler, der Nachwuchs von zwanzig Steuerzahlern, die mich angestellt haben, damit ich diesen

Kindern erzähle, daß 6 × 6 = 36 ist. Das könnten sie mit der Zeit selbst herausfinden, aber sie werden niemals zu langen Teilungsaufgaben oder zur Zinsrechnung gelangen, wenn ich nicht hinter ihnen her bin und dafür sorge, daß sie das sofort als erwiesene Tatsache ansehen und für immer im Gedächtnis behalten. Sie mögen nicht erkennen, warum 6 × 6 = 36 ist, und ich weiß das selber nicht; sie verstehen vielleicht nicht, weshalb sie das lernen müssen, und ich kann ihnen auch nicht erklären, weshalb das vernünftig ist, und so sage ich ihnen ganz einfach, daß sie es lernen *müssen*. Sie haben nichts weiter zu tun; sie werden nicht den Mut haben, mir Trotz zu bieten und sich zu weigern, es zu glauben; ich bin größer als sie, und ich bin die Lehrerin, und deshalb kann ich ihnen befehlen, es zu sagen, und wenn sie es oft genug wiederholt haben, wird es meistens haften bleiben. Später werden sie mir dankbar sein. Währenddessen werden mich die Eltern vielleicht als gute Lehrerin ansehen und sich nicht beim Schulleiter über mich beschweren.«

Natürlich ist dieselbe Lehrerin vielleicht außerdem gereizt, weil sie die dritte Klasse unterrichten muß, während sie lieber die achte unterrichten würde; der Lärm, den manche Kinder machen, geht ihr auf die Nerven; sie brütet über die Vorhaltungen nach, die sie gestern vom Schulleiter zu hören bekam; sie ist besorgt, weil es unmöglich ist, einer so großen Klasse gerecht zu werden, wie sie ihr zugeteilt wurde, und so weiter. Diese Dinge ignoriere ich jedoch für den Augenblick, weil ich mich auf die Einstellung zum Lehren konzentrieren möchte.

Die zweite Lehrerin tritt vielleicht mit folgender Einstellung vor ihre Klasse: »Diese Kinder lieben mich. Sie glauben, ich wüßte eine Menge mehr, als ich wirklich weiß. Ich erzähle ihnen, daß 6 × 6 dasselbe ist wie 3 × 10 und 1 × 6; daß man sich darauf geeinigt hat, dazu ›36‹ zu sagen, und zwar deshalb, um Zeit zu sparen. Ich werde ihnen zeigen, daß sie das jedesmal selbst ausrechnen könnten, wenn sie wollten, und ich werde es einmal für sie tun, um ihnen zu zeigen, wie sie Zeit sparen, wenn sie es sich einprägen können, statt es jedesmal neu auszurechnen. Ich werde ihnen zeigen, wieviel Spaß das Multiplizieren macht, und ich kann ihnen zeigen, wieso die 6 eine der Zahlen ist, die immer wieder auftauchen, wenn sie mit sich selbst multipliziert werden. Ich werde ihnen zeigen, wie das Zahlwort zu seiner jetzigen Form kam. Ich werde ihnen zeigen, wieviel leichter es ist, mit einer arabischen 6 zu multiplizieren statt mit einer römischen VI. Ich werde ihnen zeigen, daß die 6 eine Persönlichkeit hat, die sich von der Persönlichkeit der 7 oder der 3 unterscheidet. Mir ist klar, daß die Persönlichkeit von 6, 7 oder 3 und allen anderen Zahlen, von denen ich ihnen erzähle, meine eigene Persönlichkeit spiegelt. Und weil sie mich lieben und mir so gern gefallen möchten, werden sie sich für meine Zahlen interessieren und für alles, wovon ich ihnen berichte, und sie werden gar nicht *versuchen* müssen, etwas zu behalten. Sie werden sich automatisch erinnern, so wie sie sich an mich erinnern. Wenn ihnen dann später jemand erzählt, 6 × 6 sei 40 oder daß man Geld ausgeben und es trotzdem behalten kann, wird sie das nicht beeindrucken oder irreführen. Sie werden sich nicht erinnern, daß ihnen Fräulein Jones das Einmaleins beigebracht hat, sondern daß es ein Fräulein Jones gab, die sie kannte und liebte und die auch die Welt kannte und liebte – und ihnen die Sechsen in der Welt zeigte und das, was die Sechsen miteinander machen.«

Manche werden behaupten, es handle sich beim Lehren nur um einen Unterschied in bezug auf die Geschicklichkeit oder die Intuition. Darüber würde ich nicht streiten, weil intuitive Geschicklichkeit beim Lehren mit dem intuitiven Erkennen des kindlichen Bedürfnisses nach Liebe zusammenhängt, und ich bin sicher, daß manche Lehrer darüber verfügen – ihrer Ausbildung und den Hemmnissen zum Trotz, die ein unterdrückendes Systemen ihnen in den Weg legt.

Man könnte auch einwenden, daß dieses Beispiel nichts über Aggressionen aussagt. Das sollte es auch nicht. Ich erwarte nicht, daß irgendein Lehrer sagt: »Ihr müßt aufpassen, Kinder. Die Leute werden versuchen, euch zu betrügen; sie werden euch erzählen, daß 6 × 6 = 40 ist. Gegen solche Betrüger müßt ihr kämpfen. Wir lernen multiplizieren, damit andere uns nicht übers Ohr hauen.« Kinder wissen das, ohne daß man es ihnen erzählt. Kindern muß nicht beigebracht werden, daß sie oder andere aggressiv sind; man braucht ihnen auch nicht beizubringen, wie man diese Aggressionen los wird. Der Multiplikationsvorgang als solcher erfordert, wie jeder Rechenvorgang, den Einsatz einer gewissen Menge aggressiver Energie, die in eine konstruktive Form gegossen wird. Durch den wohltuenden Einfluß einer Lehrerin, deren Gerechtigkeit, Freundlichkeit und Zuneigung zu den Kindern nicht durch Verwirrung oder Ressentiment gegenüber ihrer Rolle getrübt sind, wird dem Kind nicht nur ein Vorbild, sondern eine Methode geboten, Aggressionen zu meistern oder nutzbringend einzusetzen.

Ich glaube, daß durch eine solche Konzeption der Lehrplan ohne weiteres auf die beiden sublimierenden Ventile ausgerichtet werden könnte, von denen die Rede war: Arbeit und Spiel. Das würde ein für allemal solche akademischen Fragen verstummen lassen wie die, ob alle Schüler Latein lernen sollten oder nicht. Wenn es einer in Aussicht genommenen Tätigkeit zugute kommt oder einem Spiel, an dem man Freude hat, dann ist es notwendig; trifft dies nicht zu, dann ist es schlimmer als überflüssig; ist es aber Arbeit statt Vorbereitung auf Arbeit, dann ist es schädlich, weil die Arbeit in der Schulzeit ihrem Wesen nach Lernen und nicht Tun ist. Erziehung ist selbst eine Art von Arbeit, die auf eine ernstere Arbeit und auch auf das Spiel vorbereitet.*

---

* Diese Vorstellung von Erziehung ist in konventionellerer Form von Professor Prescott in einem epochemachenden Bericht für das *Committee on Relations of the Emotions to the Educative Processes to the American Council of Education* dargestellt worden. In diesem Buch wird sorgfältig untersucht, welche Rolle die Erziehung für die Beeinflussung der Entwicklung der Emotionen spielt. Ohne auf Fragen einzugehen, die mit der Vermittlung von Fakten zusammenhängen, erklärt das Komitee die Rolle der Erziehung folgendermaßen: »a) Beim einzelnen Kind jene Muster emotionalen Verhaltens aufzuspüren, die aus dem akzeptierten Rahmen fallen, und für eine Neuausrichtung zu sorgen.
b) Allen Kindern Erfahrungen zugänglich zu machen, die zur progressiven Entwicklung von Mustern emotionalen Verhaltens anregen, welche unter dem Aspekt der Grundbedürfnisse des Individuums und des kulturellen Umfelds, in dem diese Bedürfnisse befriedigt werden müssen, als wohldurchdacht anerkannt sind.
c) Den Kindern ästhetische Erfahrungen und Übung in ästhetischem Ausdruck zu ermöglichen, um Muster zu entwickeln, die sie befähigen, ihre Moral aufrechtzuerhalten, Spannungen zu mindern, sich selbst mit einer kulturellen Gruppe zu identifizieren und sie generell für Schönheit empfänglich zu machen.
d) Kindern Erfahrungen zu vermitteln, welche ihnen die Möglichkeit zur Entwicklung eines ›reifen‹ Wertgefühls sowie von Loyalitäten zu geben, die so eng mit Vorstellungen von echten Werten verknüpft sind, daß man sie zu recht als affektive Loyalitäten bezeichnen kann.

Dieses Erziehungskonzept würde nicht sämtliche derzeitigen Schwierigkeiten aus der Welt schaffen. Es würde nicht die Handhabung unflexibler Stundenpläne ändern, nicht das Problem, mit einer großen Zahl von Kindern ohne Reglementierung ordentlich umzugehen, Disziplinarmaßnahmen nicht abschaffen, die es geben würde, auch wenn die Situation noch so ideal wäre, die Überlastung von Lehrern nicht beseitigen, die Probleme des Schuleschwänzens, des geistig zurückgebliebenen Kindes oder kindlicher Neurosen nicht lösen.

Es würde aber sicherlich viele andere Schwierigkeiten beheben, die mir wichtiger erscheinen. Die Frustration der spontanen Neugier kleiner Kinder halte ich für einen der entmutigendsten Aspekte der gegenwärtigen Methode. Zwanzig Jahre lang habe ich jeden Winter an einem College mehrere Klassen unterrichtet, und jedes Jahr erlebe ich dieselbe schockierende Enttäuschung, wenn ich der Passivität, der Gleichgültigkeit, der mangelnden Neugier, der kritiklosen Einstellung der Studenten begegne – dem Ergebnis einer »Erziehungsmethode«, die ihre wahre Funktion ignoriert hat.* Kürzlich sah ich das Krankenblatt eines Patienten, aus dem her-

---

e) Kindern genügend Gelegenheit zu geben, ein Verhalten *aktiv zu praktizieren*, das aus diesen Wertvorstellungen erwächst, damit sie daraus eine Methode oder eine Gewohnheit ableiten können, mehr oder weniger kontinuierlich ihre Loyalitäten im Lichte der Erfahrung zu überprüfen.«
Bei näherem Hinsehen wird sich herausstellen, daß dies sorgfältig formulierte Beschreibungen dessen sind, was ich in allgemeinerer Form oben zu sagen versuchte. Aufrechterhaltung der Moral, Linderung von Spannungen, Identifizierung mit der kulturellen Gruppe, Sensibilisierung für Schönheit, Entwicklung eines Sinns für Loyalität – was bedeutet dies anderes, als Kindern die Mittel an die Hand zu geben, um selbstzerstörerische Neigungen zu mildern oder, anders ausgedrückt, aggressive Tendenzen durch Sublimierung von nicht wünschenswerten Zielen abzulenken?
* »Ein Erwachsener, der gerade die Lektüre eines spannenden Buches beendet hat, möge sich einmal vorstellen, wie es sich auf sein Interesse ausgewirkt hätte, wenn er es in Raten von fünf oder zehn Seiten täglich in einem Zeitraum von ein oder zwei Monaten hätte lesen und dabei zwischendurch die Handlung, den sprachlichen Aufbau, die Wortwahl und ähnliches analysieren müssen. Wir behaupten nicht, daß für die Art von Arbeit kein Platz sei, aber sicherlich gibt es auch einen Platz für den spontaneren Genuß von Literatur, Musik, Kunst und Diskussion« (Prescott, S. 237).

vorging, daß er im Alter von drei Jahren aus dem einzigen, nicht näher ausgeführten Grund in eine psychiatrische Klinik eingewiesen worden war, weil seine Eltern wegen seiner »Neugier« irritiert waren.

Auf die besonderen psychiatrischen Erziehungsmethoden gegenüber dem gestörten Kind einzugehen, übersteigt den Rahmen dieses Kapitels. Einen sie betreffenden Punkt möchte ich allerdings hervorheben: Die außerordentlichen Anstrengungen, die nötig sind, um die Persönlichkeit des schwierigen, des gehemmten, des aggressiven, des neurotischen Kindes zu verstehen und in die richtigen Bahnen zu lenken, bestärken uns in der Gewißheit hinsichtlich einer Psychologie des Lernens. Aus dem Leiden dieser Kinder ist das Wissen erwachsen, das die Erziehung und das Glück der Gesunden voranbringen wird.

Die größte Schwierigkeit, welche die erfolgreiche Anwendung des psychiatrischen Erziehungskonzepts behindert, ist das Personalproblem. In letzter Zeit ist wiederholt darauf hingewiesen worden, daß ein beträchtlicher Prozentsatz von Lehrern entweder psychisch krank ist oder unter schweren emotionalen Fehlanpassungen leidet. Wie kann ein solcher Lehrer Liebe wecken oder geben? Andere wieder besitzen so wenig Lebenserfahrung, daß sie die Realität nicht angemessen erfassen und weder zu Einsicht noch zu echter Zuneigung in der Lage sind. Wenn sie überhaupt einen Einfluß auf ihre Schüler haben, fördern sie häufig Vorurteile, Aberglauben, emotionalisierte Verhaltensweisen und – was am schlimmsten ist – Ängste und Zurückziehung. Das triste, farblose, leere Leben vieler Lehrer, dem es an ästhetischer Sensibilität oder kulturellem Hintergrund fehlt, hat nicht nur zur Folge, daß schlummernde Fähigkeiten der Schüler nicht geweckt werden, es entmutigt auch jene, solche Fähigkeiten zu entfalten, die sie spontan zeigen. Bei manchen Lehrern tritt die gestörte Emotionalität in Gestalt von Launenhaftigkeit, Verdrießlichkeit, Sarkasmus, übertriebener Tadelsucht, Herumkommandieren und dominierendem Verhalten in Erscheinung. An viele Lehrer erinnern sich die Kinder am besten wegen der haßerfüllten Atmosphäre, die in ihren Klassenzimmern herrschte.

Wieder andere Lehrer leiden unter ausgeprägten neurotischen Konflikten – Minderwertigkeitsgefühlen, rassischen Vorurteilen,

Hypochondrie, Depression, dem Gefühl, benachteiligt zu sein. Dies macht sie zu Quellen psychischer Ansteckung und veranlaßt sie, die Lehrsituation dazu zu benutzen, sich Erleichterung zu verschaffen. Die Einwirkung solcher Lehrer auf Kinder ist unberechenbar.* Und doch werden all diese Dinge als unerheblich erachtet, wenn einzig die intellektuelle Qualifikation des Lehrers für wichtig gehalten wird. Nur wenn man die These akzeptiert, daß der Lernprozeß davon bestimmt wird, ob der Lehrer Liebe zu wecken vermag, tritt die Bedeutung der normalen Persönlichkeit in vollem Umfang in Erscheinung. Man könnte fast sagen, daß ein Lehrer – gerade wegen seiner Lehrerrolle – nicht nur ein normaler, sondern geradezu ein übernormaler Mensch sein muß. Er muß große Mengen Liebe geben können, ungeachtet der anfänglichen Einstellungen oder der unmittelbaren persönlichen Reaktionen der Kinder. *Daß die Schüler ihn wiederlieben werden, ist sekundär; wenn es primär wird, ist seine Brauchbarkeit als Lehrer beeinträchtigt.* Aus diesem Grunde müssen wir den Kategorien ungeeigneter Lehrer drei hinzufügen:

1. Der Lehrer, dessen persönliches Bedürfnis nach Liebe so groß oder in so hohem Maße unbefriedigt ist, daß er sie unmittelbar von den Kindern erwartet. Diese Einstellung bewirkt eher Liebessituationen als Sublimierungen; denn der Lehrer muß sich ständig so verhalten, als sagte er: »Ich liebe dich; ich will es dir durch meine wahrhaftige Einstellung zeigen, durch die Geduld, Ehrlichkeit und Lebendigkeit, mit denen ich dir die Informationen zukommen lasse, die du erhalten sollst. Daß du meine Liebe erwiderst, werde ich daran erkennen, in welchem Umfang du mein Lehren akzeptierst.« Die Kunst des Lehrens besteht darin, Liebe in dieser sublimierten Form statt durch unmittelbare Bekundung zu wecken.

2. Lehrer, die einen bewußten oder unbewußten Groll hegen gegen Kinder im allgemeinen, gegen bestimmte Kinder, gegen ihre Vorgesetzten oder wegen der Notwendigkeit, überhaupt einen Lebensunterhalt zu verdienen. Indem solche Lehrer ihre Feindseligkeit auf die Kinder übertragen, verzögern sie nicht nur deren Er-

---

* Einige Sätze in den vorstehenden Abschnitten sind Prescott, S. 265 f., entnommen.

werb von Wissen, sondern erzeugen darüber hinaus in ihnen eine auf Vergeltung sinnende Feindseligkeit, die sich dann wiederum gegen andere Menschen richtet.

3. Der Lehrer, dessen neurotische Schuldgefühle so dominieren, daß das Lehren ihm eine Art von Buße bedeutet, eine Lossprechung von Schuld. Durch diese Form des Lehrens wird bei dem Kind eine zwanghafte Einstellung gegenüber dem Lehrstoff ausgelöst, oder es wendet sich ganz davon ab.

Zusammenfassend können wir über das Personalproblem in der Erziehung sagen: *Es ist wichtiger, was für ein Mensch der Lehrer ist, als was er lehrt.* Was die Frage angeht, wie der ideale Lehrer beschaffen sein sollte, können wir – negativ – sagen, daß er bei Kindern nicht Haß, Entmutigung oder Angst wecken sollte, und – positiv –, daß er über eine emotionale Reife verfügen muß, die ihm ermöglicht, Liebe zu geben, ohne unmittelbare Gegenliebe zu erwarten, doch tiefe Befriedigung darüber zu empfinden und seinen Lohn darin zu sehen, daß seine Sublimierungsmuster reproduziert werden.

Dies könnte uns zu der Überlegung veranlassen, welche emotionalen Muster dazu führen, den Lehrerberuf zu wählen. Im Kapitel über Arbeit und ihre Sublimierung habe ich die Vermutung geäußert, daß wahrscheinlich jede professionelle Tätigkeit als Sublimierung von Aggressionen anzusehen ist, wie sie einer bestimmten Charakterstruktur entspricht. Es ist der Zusammenbruch dieser Sublimierungen, der den bereits erwähnten unerwünschten neurotischen Lehrer hervorbringt. Welche emotionalen Bedürfnisse des Lehrers, so könnten wir fragen, werden durch das Lehren befriedigt? Welcher eigentümliche Einfluß auf die Aggressionen verwandelt diese in den Wunsch zu lehren?

Professor Symonds vom Teachers College (Columbia) untersuchte dieses Problem in einem anregenden Artikel,[14] wobei er Motive wie das Verdienen des Lebensunterhalts oder die Fortführung einer Familientradition als zu unspezifisch verwarf. Eine Untersuchung der Lebensläufe von fünfzig Lehrerinnen schien ihm Motive zu enthüllen, die mit meinen eigenen, weniger systematischen Beobachtungen bei klinischen Fällen übereinstimmen. Ein stark vorherrschendes Thema ist die Identifizierung mit Kindern in dem Bemühen, eine unbefriedigende Kindheit noch einmal zu erleben, um Anerkennung und Zuneigung der Älteren zu erlangen.

Sehr häufig ist auch das Verlangen, Autorität und Herrschaft aus-zuüben, um Minderwertigkeitsgefühle zu besiegen. Oft entdeckt man eine Neigung zu Mechanismen der Selbstbestrafung und Süh-ne, etwa Askese, Selbstverleugnung, soziales Märtyrertum, Selbst-aufopferung, leidende Geduld, Selbstmitleid und projiziertes Selbstmitleid. Symonds stellt die Frage, ob man Frauen als Lehre-rinnen auswählen sollte, die mit der Wahl dieses Berufes offensicht-lich solche unbewußten Bedürfnisse befriedigen, oder ob man sich für Kandidaten entscheiden sollte, die ihre unbewußten Bedürfnis-se weniger zwanghaft durch pädagogische Arbeit abzureagieren scheinen. Er gelangt zu dem überzeugenden Schluß, daß solche jungen Frauen Lehrerinnen werden sollten, die genau diese Be-dürfnisse haben, und die Eignung zur Lehrerin erst dann in Frage steht, wenn diese Bedürfnisse zu heftig und extrem sind, um durch den Beruf befriedigt zu werden. Im letzteren Fall werden ihre Ag-gressionen durch Frustrationen wiederbelebt statt sublimiert, und die Kinder werden zu Opfern.

Natürlich führt dies zu der Frage, inwieweit Lehrer ein solches Niveau erreichen oder aufrechterhalten können und wie lange ein Mensch auf diese Weise unterrichten kann, ohne seelischer Er-schöpfung (und körperlicher Ermattung) anheimzufallen. Man fragt sich, ob das Leben, das die Durchschnittsgemeinde ihren Lehrern erlaubt, genügend Gelegenheiten für Erholung, ästheti-sche Entwicklung, kulturelle Anregung und emotionale Befriedi-gung bietet. Ich habe Verwaltungsbeamte im Erziehungsbereich oft gefragt, weshalb sie keine besseren Lehrer haben, und sie haben jedesmal geantwortet, daß die Entlohnung zu gering und die sozia-len Einschränkungen zu groß seien. Die Allgemeinheit hat den Eindruck, daß Lehrer gut bezahlt werden, und sie *werden* gut be-zahlt, wenn man das Unterrichten als eine unwichtige Schreib-tischarbeit ansieht, die jeder verrichten kann, der gewissen Anfor-derungen des Lehrplans entspricht. Sogar beim gegenwärtigen Zu-stand gehören Lehrer oft zu den intelligentesten und gebildetsten Mitgliedern der Gesellschaft und tun oft mehr für ihre Gemeinde – gemessen an ihrer Zahl und ihren Mitteln – als viele andere. Tatsa-che ist jedoch, daß die Kinderfeindlichkeit, auf die ich in den An-fangskapiteln dieses Buches hingewiesen habe, nirgends krasser in Erscheinung tritt als bei dem niedrigen Status, auf den unsere finanzielle Knausrigkeit den Lehrerberuf verweist. Ich habe oft gesagt, daß Lehrer und Polizisten am höchsten bezahlt und am sorgfältigsten ausgewählt werden müßten, da sie die größte Verantwortung zu tragen haben. Und dabei hat – ich hoffe, diese Hinzufügung ist eigentlich unnötig – von beiden der Lehrer die größere Verantwortung, insbesondere der Erzieher im Kindergarten und in den ersten Schulklassen, der heutzutage am schlechtesten bezahlt wird. Wenn wir unser Erziehungssystem ernst nähmen, unsere Maßstäbe für Lehrer im Sinne der Persönlichkeitsstruktur höherschraubten, von ihnen ein grundlegendes Verständnis für die kindliche Psychologie forderten und ihnen ein angemessenes Monatsgehalt zahlten, hätten wir vielleicht weniger Geld, um Straßen zu pflastern, staatliche Universitäten zu erhalten und staatliche Krankenhäuser zu bauen, aber wir hätten einen anderen Typ von Lehrer für die kritischen Jahre der Ausbildung des Kindes, und die Resultate unserer Arbeit würden innerhalb einer Generation zu spüren sein.

Dennoch müssen wir zu dem Schluß kommen, daß Erziehung selbst beim gegenwärtigen unvollkommenen Zustand eindeutig dem Zweck dient, die aggressiven Neigungen zu mildern und nutzbar zu machen. Dies geschieht, indem man dem Individuum neue Werkzeuge, neue Methoden, neue Richtlinien an die Hand gibt und neue Gelegenheiten bietet, sein Leben und damit seine Liebe und seinen Haß zu meistern. Die Unterdrückung und Verdrängung unzulässiger primitiver Impulse wird durch Disziplin, Vorbilder, Aufklärung und Zuneigung erleichtert. Indem sie die soziale Verantwortung jedes Individuums unterstreicht, kann Erziehung die äußeren Lebensbedingungen verbessern, ihre Struktur in Richtung auf größere Möglichkeiten und weniger Frustration verändern, wodurch sich wiederum die Anlässe für Aggressionen vermindern. Schließlich stellt sie einen Berufsstand dar, bei dem aggressive und erotische Energien bestimmter älterer Menschen dadurch sublimiert werden, daß sie in den Dienst der persönlichen Bedürfnisse Jüngerer treten, eine Art begrenzter Pflege-Elternschaft übernommen wird.

Wenn man die Funktion der Erziehung in dem Sinne begreift, daß man lernt, mit seinen Trieben zu leben, das heißt, klug zu lieben und zu hassen, so unterscheidet sich diese Ansicht auch in mancher Hinsicht von der der »Neuen Erziehung«. In einem kürzlich erschienenen Buch von John Dewey und anderen[15] werden die Ergebnisse der Schulreform in den vergangenen fünfzehn Jahren überprüft; leider besagt die übereinstimmende Meinung, daß diese Ergebnisse nicht so bedeutend sind, wie wir gehofft hatten. Die »Neue Erziehung« wollte Kinder für eine Welt im Wandel erziehen, und das einzig Beständige an der Erziehung sollte die Entwicklung der Fähigkeit zur Veränderung sein. Ich glaube allerdings, die Verfechter dieses Programms haben inzwischen erkannt, daß man Kinder kaum dazu erziehen kann, sich rasch und mit Gewinn den Veränderungen in einer sich wandelnden Welt anzupassen, wenn diese Veränderungen ständig zum Schlechteren führen. Ich wäre geneigt, in eine andere, positivere Richtung zu zielen. Bei mir würde die Erziehung in der Wiege und damit anfangen, daß das Kind aggressiv, destruktiv und grausam sein darf, während die Älteren ihm mehr Liebe, Interesse und Aufmerksamkeit zuwenden. Denn in der Kindheit müssen die Kinder schlimm und die Eltern (und Lehrer) gut sein, und nicht umgekehrt.

Bei dieser Abschweifung über das Thema Erziehung habe ich nicht vergessen – und ich hoffe, der Leser auch nicht –, daß unser eigentliches Thema die Hoffnung ist. Wenn Kinder die Hoffnung der Welt sind, ist ihre Erziehung von höchster Bedeutung und rechtfertigt den Platz, den wir ihrer Erörterung eingeräumt haben. Doch Hoffnung drückt sich auch auf andere Weise aus, und als Arzt denke ich am häufigsten an die Hoffnung, die der Existenz und Funktion meines Berufes zugrunde liegt. Die bloße Tatsache, daß wir glauben, einen Zustand bessern, eine Krankheit heilen zu können, bezeugt ein Vertrauen, welches aus der Hoffnung geboren ist. Gewiß, unsere Hoffnung hat sich oft erfüllt, doch eine Behandlung setzt voraus, daß eine Veränderung erzielt, ein Opfer aus seiner mißlichen Lage befreit und vor den Folgen seiner eigenen Fehler oder der Fehler anderer, die ihm nun Schmerzen bereiten, bewahrt werden kann, und diese Erwartung einer zu erreichenden Veränderung entspringt der Hoffnung. Wie ich an anderer Stelle[16] gesagt habe, nähert sich der Arzt seiner Aufgabe mit optimistischer Zuversicht, die er mit zahllosen Wissenschaftlern teilt. Denn obwohl sie täglich durch die Ergebnisse und die Entdeckungen ihres eigenen Forschungsgebiets daran erinnert werden, daß unser ganzes Menschenwerk und -wissen in der Unendlichkeit des Universums wenig ausrichtet, mühen sie sich weiter standhaft und hoffnungsvoll, dem Tod entgegenzutreten.

Die medizinische Behandlung im üblichen Sinne legt das Hauptgewicht auf physikalische und chemische Veränderungen, während die Psychiatrie das Hauptgewicht auf psychologische Veränderungen legt. Das aber, wodurch Psychiatrie diese Veränderungen zustande bringt, ist im wesentlichen schlichtweg Erziehung. Mitunter erklären wir, daß es sich eher um eine Erziehung der Gefühle als des Intellekts handle; manchmal sprechen wir von einer Umerziehung, um anzudeuten, daß der Patient manche Dinge verlernen muß, bevor er neue Dinge lernen kann. Freud hat gesagt, die Stimme der Vernunft sei leise, aber beharrlich; es sei daher zu erwarten, daß sie die Triebe besser beherrschen lernt, wenn ihr genügend Zeit, Ermutigung und Unterstützung zuteil werden.

Die Kräfte in unserem Innern anzuerkennen, ist der erste Schritt zu ihrer Beherrschung, und unsere Intelligenz sollte eher dazu verwendet werden, Schaden zu verhindern oder wiedergutzumachen, statt immer genialere Mittel der Vergeltung und Zerstörung zu ersinnen. Auf den leidenden Menschen angewendet, ist dies das Prinzip der Therapie; auf die Weltprobleme angewendet, ist es eine der Vernunft entsprechende Erziehungsphilosophie. Grundlage einer solchen Haltung ist die Hoffnung.

10 Liebe

1

Liebe kann frustriert, sie kann aber auch ermutigt werden, und in diesem Schlußkapitel wollen wir über Mittel und Wege nachdenken, wie dies geschehen kann. Mehr zu versuchen, wäre vergeblich, denn »Macht und Wirkung der Liebe in epischer Breite zu beschreiben, hieße eine Kerze in die Sonne stellen«[1].

Wenn der Wissenschaftler über Liebe zu reden beginnt, bewegt er sich zwischen Scylla und Charybdis. Hält er starr an der konventionellen Sprache und den Formeln der Wissenschaft fest, dann wird sein Bemühen ebenso unfruchtbar und vergeblich bleiben, wie es lange Zeit für die Anwendung wissenschaftlicher Begriffe auf das menschliche Zusammenleben charakteristisch war. Verzichtet er hingegen auf seine wissenschaftlichen Methoden, um sich stärker auf eine intuitive Wahrheitsfindung zu verlassen, dann riskiert er, gefühlvoll und »poetisch« zu werden. Gefühl und Poesie stehen nicht unbedingt im Gegensatz zur Wahrheit, doch ein Wissenschaftler, der poetische Wendungen benutzt, muß damit rechnen, als Wissenschaftler abqualifiziert zu werden.

Dieses Dilemma läßt den Irrtum aufkommen, daß die Liebe etwas sei, worüber wir keine wissenschaftlichen Erkenntnisse besitzen. Jeder, mit Ausnahme des Wissenschaftlers, weiß angeblich etwas über die Liebe. Die Liebeskrankheit ist eine Krankheit, deretwegen die Menschen keinen Arzt aufsuchen oder für die er ihnen – wenn sie ihn aufsuchen – wenig Linderung verschaffen kann, obwohl wir von »Verliebtsein« sprechen, als wäre eine starke bewußte Zuneigung etwas Anormales, ein Absturz in einen vorübergehenden pathologischen Zustand.

Als aber Freud die Entwicklung des Geschlechtslebens des Menschen systematisch und wissenschaftlich zu erforschen begann, stellte er das Thema Liebe insgesamt auf eine Grundlage, die es nicht mehr erlaubte, sie ausschließlich ins Reich der Poesie, des Romans oder der Philosophie zu verweisen. Darin unterstützt wurde er durch Veröffentlichungen wie etwa die von Havelock Ellis und Krafft-Ebing über einige pathologische Verzerrungen der Liebe – Untersuchungen, die die normale Entwicklung der Liebe erhellten. Was Freud wirklich zeigte, war, daß man der Liebe nicht »verfällt«: Man *wächst* in die Liebe *hinein,* und die Liebe wächst in uns, und das beginnt nicht in der Adoleszenz oder im Erwachsenenalter, sondern in der frühen Kindheit. Das Kind läßt bereits in den ersten Tagen seines Daseins erkennen, daß es ein Liebesleben hat. Mit allen Organen seines Körpers gibt es sich lustvoll verschiedenen Liebesobjekten hin und reagiert damit auf die Befriedigungen, die sie ihm anbieten und bereiten. Mutter, Vater, später die Geschwister, noch später Spielkameraden und Lehrer und schließlich die erwachsenen Gefährten werden der Reihe nach zu Brennpunkten der Liebe des Menschen. Konflikte und Rivalitäten entstehen. Gewisse Lösungsmuster werden gefunden, die auf seinen frühesten Erfahrungen beruhen und natürlich Mutter und Vater einschließen. Wir haben bereits einige der Komplikationen erörtert, die durch die Einwirkung des Hasses ins Spiel kommen.

All dies ist wohlbekannt, und ich erwähne es hier lediglich noch einmal, um meine Feststellung zu untermauern, daß es auch wissenschaftliche Erkenntnisse über die Liebe gibt, obwohl wenige sie besitzen oder Gebrauch davon machen. Die Vorstellung, einen Wissenschaftler um Rat in Liebesproblemen zu fragen, würde der großen Mehrheit der Amerikaner noch heute nicht in den Sinn kommen. Die »Libidotheorie« gehört seit nahezu fünfzig Jahren zum gesicherten Wissensbestand. Sie wurde der Wissenschaft erstmals durch Freuds berühmte *Drei Abhandlungen zur Sexualtheorie* bekannt. In der psychoanalytischen und psychiatrischen Literatur ist sie vielfach behandelt worden. In ihrer ursprünglichen Form verfolgte die Libidotheorie die Naturgeschichte, die Entwicklung des Liebestriebs, wie sie ihn beobachtete und deutete, bevor der Aggressionstrieb entdeckt wurde. Folgerichtig wurde die Libidotheorie durch eine »Todestheorie« ergänzt, ebenso wie die Physik entdeckte, daß die Elektronentheorie in ihrer ursprünglichen Form die Postulierung von Neutronen und Protonen erforderte, um erstere zu ergänzen. Aber manche Autoren in der psychiatrischen Literatur reden weiterhin so, als hätten Freud und andere die antiquierte Libidotheorie niemals modifiziert.*

So wurde aus der Theorie der Liebe die Theorie von Wechselwirkung und Fusion« erotischer und zerstörerischer Triebe – das durchgehende Thema des vorliegenden Buches. Das Ich muß Kompromisse machen zwischen dem, was unsere Triebe fordern, und dem, was unsere Intelligenz und unser Sinn für die gesellschaftliche Realität erlauben. Der Mensch der Frühzeit konnte töten, was er wollte, und seinen Liebestrieb ohne Rücksicht auf irgendwelche Einschränkungen befriedigen. Der moderne Mensch darf beides nicht tun.

Es ist der Begriff der Fusion oder Verschmelzung, der betont werden muß. Liebe vermag, wie wir gesehen haben, Regungen des Hasses zu modifizieren, so daß sie gesellschaftlich akzeptiert und nutzbar gemacht werden können. Doch andererseits muß auch der

---

* Man nehme beispielsweise jenes Krankheitsbild, das als Paranoia bezeichnet wird. Es handelt sich dabei um einen definitiv abnormen Gemütszustand, bei dem das Individuum glaubt, von anderen verfolgt zu werden. Nach der alten Libidotheorie fühlte sich der Mensch, welcher sich verfolgt glaubte, in Wirklichkeit zum angeblichen Verfolger homosexuell hingezogen und wehrte sich hiergegen durch einen Wahn, der eine solche Verführung vereitelte. Wer dies als Laie liest, kann sich vielleicht keine Vorstellung machen, wie tiefgreifend diese Deutung das Denken der medizinischen Wissenschaft beeinflußte: Sie wurde von Psychiatern nahezu überall in der Welt akzeptiert – trotz offensichtlicher logischer Fehlschlüsse. Diese Fehlschlüsse wurden jedoch durch die spätere Anerkennung destruktiver Tendenzen und haßerfüllter Regungen richtiggestellt. Der Mensch, der sich verfolgt fühlt, wehrt sich offensichtlich nicht so sehr gegen seine Liebe zu jemandem, sondern gegen seinen Haß auf jemanden, den der Verfolger repräsentiert. Er verteidigt sich, indem er sagt: »Nicht ich hasse ihn, sondern er haßt mich.« Daß dies mit einer homosexuellen Anziehung vermischt sein kann, ist zweifellos wahr. Doch daß die Paranoia in erster Linie von erotischer Anziehung bestimmt werde, ist eine Mißdeutung des Charakters der Liebe an sich. Die ursprüngliche Interpretation paranoider Symptome findet sich in Freuds Arbeit *Psychoanalytische Bemerkungen über einen autobiographisch beschriebenen Fall von Paranoia (Dementia paranoides)* (1911). Bezüglich einer Revision der Theorie im Lichte der späteren Veränderungen der Freudschen Triebtheorie siehe R. P. Knight »The Relationship of Latent Homosexuality to the Mechanism of Paranoid Delusions« (Bulletin of the Menninger Clinic, 4, 1940, S. 149–159).

Liebestrieb modifiziert und verändert werden. Freud[2] sagt, »daß alle Triebregungen, die wir studieren können, aus solchen Mischungen oder Legierungen der beiden Triebarten bestehen. Natürlich in den verschiedenartigsten Mischungsverhältnissen«. Etwas wie reine Liebe (oder reinen Haß) gibt es demnach nicht.

Der Lebenstrieb äußert sich daher als Liebe, und zwar als Liebe in drei Erscheinungsformen. Als erstes geht sie in der teilweisen oder vollständigen Neutralisierung des Zerstörungstriebs auf – mit anderen Worten, sie wird sublimiert. Zweitens kommt sie dadurch zum Ausdruck, daß sie sich in diffuser Weise auch auf nichtsexuelle Objekte erstreckt oder auf Objekte, die nicht im gewöhnlichen Sinne des Wortes als sexuell gelten. Ich spreche hier von der Liebe, die wir der Natur, unbelebten Objekten, Haustieren, Bekannten und der Gesellschaft in ihrer Gesamtheit entgegenbringen. Die dafür benötigte Energie entstammt dem Liebestrieb, doch das auserwählte Objekt und die ihm entgegengebrachten Gefühle werden nicht bewußt als der Sexualität zugehörig wahrgenommen. Schließlich wird Liebe unmittelbar Objekten zugewendet, die in jedem Sinne des Wortes »sexuell« genannt werden müssen.

Da wir uns in den vorangegangenen Kapiteln damit beschäftigt haben, in welcher Weise die Liebe die erstgenannte Aufgabe – die der Verschmelzung mit Regungen des Hasses zum Zwecke der Sublimierung – erfüllt, wollen wir uns nunmehr die direkten Ausdrucksformen der Liebe und die Mittel vor Augen führen, durch welche sie möglicherweise gefördert werden können. Wenn wir von den abgemilderten Ausdrucksformen der Liebe sprechen, könnten wir mit jenen beginnen, die nicht dem Menschen, sondern unbelebten Objekten gelten. Man beobachtet häufig eine starke Hinwendung zu Autos, Uhren, Kleidung, Büchern und vielen anderen Dingen. Diese Objekte werden fast zu einem Teil des Selbst, jedoch äußerst gefühlsbetont gepriesen, angebetet und zärtlich umsorgt. Man könnte annehmen, daß einer solchen Zuneigung jedes bewußte sexuelle Element fehle, doch mitunter ist dies ganz offensichtlich nicht der Fall. Über Napoleons Soldaten, die ihre beschädigten Kanonen über die Alpen schleppten, schrieb Abbot:

»Es war nun der Ruhm dieser Männer, sich ihrer Kanonen anzunehmen. Sie liebten die unbarmherzigen Monster zärtlich. Sie hätschelten das glitzernde, polierte, todbringende Metall und gaben ihm Kosenamen. Das Herz des Menschen ist ein seltsames Rätsel. Selbst in der größten Erniedrigung braucht es etwas, das es lieben kann. Diese blutbefleckten Soldaten, vom Laster gezeichnet, liebkosten mitten im Schrecken der Schlacht die mörderischen Kriegsmaschinen . . . Die unnachgiebige Kanone war die Geliebte des harten Kanoniers. Er küßte sie mit seinen ungewaschenen Lippen . . . Zärtlich nannte er sie Marie, Emma, Lisette.«

Es ist nur ein Schritt von der Liebe zu unbelebten Objekten zur Liebe zu belebten, doch nicht-menschlichen Objekten, etwa Blumen, Bäumen, Vögeln und ganz besonders zu Haustieren.[3] Daß unbelebte und nicht-menschliche Objekte vermenschlicht und geliebt werden, ist ein vertrautes Phänomen der Kindheit. Puppen, Häschen, Hunde, Spielsachen aller Art nehmen menschliche Eigenschaften an und werden mitunter sogar mehr geliebt als Menschen. Eine Passage in der Autobiographie meiner Mutter[4] schildert das, wie ich meine, sehr lebendig:

> »Meine Gedanken drehten sich oft um jene lieblichen Hügel, die meinem Herzen teuer waren. Es fiel mir schwerer, diesen Hügeln Lebewohl zu sagen als irgendeinem meiner Freunde, und heute ist die Erinnerung an sie das Schönste, was mir von den Jahren in Pennsylvanien geblieben ist. Ich erinnere mich noch gut, wie ich am letzten Tag im alten Haus am Backofen vorbeiging und mich unter einen großen alten Apfelbaum setzte, von wo aus man die Hügel sehen konnte, und daß ich jedem laut auf Wiedersehen sagte. Dann weinte ich ein Weilchen vor mich hin und sagte: ›Gott soll euch alle segnen, denn ich liebe euch. Ich weiß, ich werde euch furchtbar vermissen. Es ist so schrecklich, daß ich euch verlassen muß, und vielleicht werde ich euch nie wiedersehen.‹ Es dauerte nur wenige Wochen, bis ich erfuhr, wie sehr ich sie wirklich vermißte, und immer wieder hatte ich Heimweh nach meinen Hügeln. Ich habe sie nie wiedergesehen.«

Welche Bedeutung solche Vermenschlichungen haben, wird in einem anderen Abschnitt des Buches meiner Mutter deutlich, der zweifellos in vielen Lesern Erinnerungen wecken wird:

»Auf der Wiese beim Haus stand ein großer Walnußbaum, der alljährlich Früchte trug. Ich kannte nicht viele Märchen, aber ich bevölkerte die Zweige des alten Baumes und den Platz unter ihnen mit den Gestalten aus all den Geschichten, die ich kannte. Ich nannte den Baum Goliath, und als mich mein Vater eines Abends fragte, weshalb ich das tat, sagte ich: ›Weil er uns die ganze Woche beschützt, wenn du fort bist.‹ Er meinte: ›Gott beschützt euch – nicht Goliath.‹ Ich antwortete darauf: ›Gott beobachtet Goliath, und wenn er nicht das Rechte tut, wird Gott sofort einen feurigen Pfeil aus Davids Bogen senden, den er im Himmel aufbewahrt hat, und Goliath töten.‹ Vater sagte: ›Das ist aber eine komische Geschichte, die sich da ein kleines Mädchen über einen Baum ausgedacht hat.‹ Aber ich glaubte daran.«

In welchem Maße solche Anhänglichkeiten an nicht-menschliche Liebesobjekte im Erwachsenenleben fortbestehen, wobei die Vermenschlichung verdrängt wird, würde wahrscheinlich jeden wundern, der nie darüber nachgedacht hat: Die liebevolle Behandlung, welche der Gärtner seinen Blumen angedeihen läßt, die Liebe zur »Mutter Erde«, die leidenschaftliche Anhänglichkeit an Hunde, Katzen, Kanarienvögel und sogar Möbelstücke, die Wertschätzung, die der Liebhaber seinen Sammlungen oder der kleine Junge seinem Messer entgegenbringt – sie alle bezeugen es. Als nützliche Formen von Liebe sollten sie gepflegt und gefördert werden. Das ist von manchen Fachleuten für ziviles Verhalten erkannt worden, die eindringlich empfahlen, in Kriegszeiten weiterhin seine Liebhabereien zu pflegen und sogar auszubauen, doch es ist ein Jammer, daß erst ein Krieg kommen muß, damit wir erkennen, welche Möglichkeiten wir haben, unser Liebesvermögen zu erweitern und Nutzen daraus zu ziehen.

Konzentriert sich Zuneigung auf nicht-menschliche Objekte, dann wird dies in der Fachliteratur mitunter als infantil, fetischstisch oder totemistisch bezeichnet. Sicherlich kann der psychologische Vorgang, durch den ein Teil an die Stelle des Ganzen gesetzt wird und nicht-menschliche Objekte Menschen, vor allem den Eltern, gleichgestellt und statt ihrer geliebt werden, extreme Formen annehmen. Sie können so viel Liebe absorbieren, und ihre relative

Bedeutung kann so übersteigert werden, daß die Fähigkeit, Menschen zu lieben, ernsthaft gefährdet wird. Man beobachtet das bei Geizigen sowie bei Menschen, die sehr freundlich zu Tieren sind, hingegen sehr unfreundlich zu ihren menschlichen Gefährten. Doch in den richtigen Proportionen ist die Liebe zu nicht-menschlichen Objekten keine Störung, sondern eine Form oder Spielart der Liebe. Ihrer bedürfen vor allem jene Menschen, deren menschliche Objekte sich – insbesondere in der Kindheit – als unbefriedigend oder unzureichend erwiesen haben. Bis zu einem gewissen Grade ist das stets der Fall, und deshalb wenden sich kleine Mädchen ihren Puppen und kleine Jungen ihren Eisenbahnen zu. Mitunter ist es aber extremer. Im Buch meiner Mutter, aus dem ich gerade zitiert habe, wird sehr deutlich, daß sie als kleines Mädchen das Gefühl hatte, die Eltern beschäftigten sich zu sehr mit den anderen Kindern, der Arbeit auf der Farm und dem Unterrichten in der Schule, so daß für sie nicht genügend übrigblieb – so wendete sie sich »Goliath« zu.

In diesem Zusammenhang müssen wir erwähnen, daß das totemistische Objekt häufig ambivalent behandelt wird; ich meine damit, daß dieser nicht-menschliche Elternersatz mit Haß *und* Liebe bedacht werden kann. Einer meiner Patienten, ein leidenschaftlicher und erfolgreicher Entenjäger, erkannte erst zu einem Zeitpunkt, als seine psychoanalytische Behandlung, die er aus einem ganz anderen Grunde begonnen hatte, weit fortgeschritten war, daß er als Kind seine Mutter als Ente betrachtet hatte. Wegen ihres eigentümlich watschelnden Ganges, verursacht durch eine Knochenerkrankung, hatte sein Onkel sie als »alte Ente« bezeichnet. Unbewußt hatte der Patient seine Mutter mit Enten gleichgesetzt, und zwar lange bevor er ein eifriger Ententöter wurde.

2

Wir wollen unsere Aufmerksamkeit nun von der ambivalent mit wenig oder viel Haß durchwirkten libidinösen Besetzung nicht-menschlicher Objekte jenen vielerlei Arten zuwenden, wie Menschen sich in angeblich nicht-sexueller Weise in Gruppen zusammenschließen. Dies hat man Geselligkeit genannt, die manche –

eher anschaulich als zutreffend – auf einen »Herdentrieb«[5] ähnlich dem zurückführten, der bestimmte Vogelarten und andere Tiere veranlaßt, sich zusammenzuscharen. Doch es besteht kein Grund, einen solchen besonderen Trieb zu postulieren. Menschen versammeln sich gelegentlich einfach deshalb, weil es ökonomischer ist und ihnen mehr Sicherheit oder Macht verleiht. Aber es gibt auch andere Zusammenkünfte, die täglich in Ortschaften, auf der Straße oder am häuslichen Herd stattfinden, deren Hauptantrieb die Zuneigung der Menschen zueinander ist. In der besonders in unserem Land weitverbreiteten Sitte der Gründung von Clubs, Gesellschaften, Vereinigungen u. ä. kann man eine spontane Neigung sehen, noch mehr Gelegenheiten zu schaffen, einander zu lieben und zu verstehen. Die Jesus zugeschriebenen Worte: »Wo zwei oder drei von euch versammelt sind in meinem Namen, da bin ich mitten unter ihnen«, werden von der Kirche gewöhnlich dahingehend gedeutet, daß sie sich auf die Umstände beziehen, unter denen der Gottesdienst als sinnvoll zu betrachten ist. Doch diese Worte haben eine viel tiefere Bedeutung. Wo zwei oder drei Menschen versammelt sind, muß es zu einem Austausch von Gefühlen und zu gegenseitiger affektiver Stimulierung kommen. Es ist ungewöhnlich, daß ein Mensch nicht bis zu einem gewissen Grade Versammlungen und Zusammenkünfte genießt, und sie tun uns allen gut.

Freud[6] schrieb den Zusammenhalt der Masse der gemeinsamen Hingabe an einen Führer zu – einer Hingabe, deren feindselige Elemente durch eine Art schweigender Übereinkunft in der Schwebe gehalten werden, daß er – der Führer – schließlich durch einen seiner Anhänger ersetzt werden wird, die solange alle Unstimmigkeiten aufschieben. Jeder Anhänger identifiziert sich so mit dem Führer und demnach bis zu einem gewissen Grade mit allen anderen Anhängern. Dem erfolgreichen Führer muß es gelingen, die ständig anwachsenden Aggressionen der Masse zur Entladung zu bringen, indem er sie auf diese oder jene *äußere* Gefahr oder ein entsprechendes Projekt lenkt. Eine solche Verstärkung und Konzentration von Emotionen ist wie eine Leidener Flasche: Sie hat ein enormes Potential und kann von psychopathischen Führern ausgenutzt werden, um großes Unheil anzurichten. Beispiele dafür bieten die Laufbahn Adolf Hitlers, die Lynchjustiz und andere Aufstände des Mobs und sogar manche »guten« Organisationen, die eine Zeitlang unter »schlechten« Führern zu leiden haben.

Doch ehrliche Führer, welche die Realität nicht verzerren, um »Feinde« zu produzieren, damit die innere Solidarität wächst, sind weit zahlreicher als unehrliche, psychopathische Führer – letztere fallen nur stärker ins Auge. In formellen und informellen Organisationen und Zusammenschlüssen wird Liebe investiert, die sich wechselseitig verstärkt und daher höchst wünschenswert ist.

Glücklicherweise kann sich nahezu jeder einer Organisation anschließen. Ich sagte »kann«; lassen Sie mich auch sagen »sollte«. Der Wert von Clubs, Frauenvereinen, literarischen Vereinigungen, medizinischen Gesellschaften, Gewerkschaften, selbst von politischen Organisationen und Veranstaltungen liegt nicht so sehr in den praktischen Dingen, die durch diese Organisationen erreicht werden, als vielmehr in dem Dienst, den sie leisten, indem sie ihre Mitglieder in einem freundlicheren Geist vereinen. Wie viele andere habe auch ich mich verschiedentlich über die etwas jugendliche Sentimentalität einiger dieser Organisationen lustig gemacht, aber ich glaube, daß ich damit unrecht hatte. Dem Außenstehenden mag es ein wenig lächerlich erscheinen, wenn eine Schar erwachsener Männer einen Teil ihrer Arbeitszeit mit dem gemeinsamen Singen von »For He's A Jolly Good Fellow« verbringen. Doch die Worte des Liedes und auch die Tatsache, daß es gesungen wird, haben eine tiefere Bedeutung, als es den Anschein hat.

Hayakawa[7] führt ein Beispiel an, das ich ein wenig ausmalen will. Es ist ein heißer, staubiger Tag, und Sie sind in großer Eile, um irgendeinen Bestimmungsort zu erreichen – da hören Sie das fatale Geräusch, mit dem Luft aus einem Autoreifen entweicht. Ärgerlich und frustriert fahren Sie Ihren Wagen an den Straßenrand, steigen aus, um den Reifen auszuwechseln, wobei Sie sich Hände und Kleider schmutzig machen und die Laune verlieren. In diesem Augenblick schlendert ein Farmer vorbei und stellt scheinbar beiläufig die Frage: »Haben Sie einen Platten?«

Nimmt man diese Frage wörtlich, dann muß man annehmen, daß der Farmer ein Narr oder blind ist. Doch ihre psychologische Bedeutung ist eine ganz andere; es ist eine ungeschickte, aber irgendwie konventionelle Art, etwa folgendes zu sagen: »Guten Tag, ich sehe, Sie haben Ärger. Ich bin zwar ein Fremder für Sie, aber ich könnte jetzt Ihr Freund werden, wenn ich sicher sein dürfte, daß meine Freundschaft erwünscht ist. Sind Sie ansprechbar? Sind Sie ein anständiger Kerl? Wäre es Ihnen recht, daß ich Ihnen helfe? Ich würde es gern tun, aber ich möchte nicht abblitzen. Meine Stimme klingt *so*. Wie klingt Ihre Stimme?«

Natürlich könnte man dies direkter und geschäftsmäßiger ausdrücken. Der Farmer könnte sagen: »Ich würde Ihnen gern helfen, Fremder.« Doch die Menschen sind zu schüchtern und mißtrauen einander zu sehr, um so direkt zu sein. Sie wollen die Stimme des anderen hören; sie brauchen die Versicherung, daß die anderen so sind wie sie selbst.

Herr Jones ist ein guter Rechtsanwalt, der wenig Veranlassung hat, den Bankdirektor, Herrn Brown, aufzusuchen, denn er hält ihn für einen sehr mürrischen Menschen, dem man besser aus dem Wege geht. Er hat keine Ahnung, daß Herr Brown gern »Sweet Adeline« singt. Herr Brown wiederum, der »Sweet Adeline« oft in der Badewanne übt, bevor er sich auf den Weg zu seiner sehr imposanten Bank begibt, denkt insgeheim, daß der Anwalt Jones ein sehr intelligenter, gerissener und blasierter Bursche sei, den es anwidern würde zu hören, daß der Bankdirektor in der Badewanne oder sonstwo singt. Wenn nun Herr White, Präsident des Kiwanis-Clubs, eine Strophe von »I Want A Girl Just Like The Girl That Married Dear Old Dad« singen läßt, dann erfahren Herr Brown und Herr Jones etwas weitaus Wichtigeres voneinander als einfach die Tatsache, daß ihnen dasselbe Lied vertraut ist.

Clubs und Organisationen gelingt es zwar nur unvollkommen, die Einsamkeit des einzelnen zu mildern, doch bieten sie Gelegenheit, sich in gesellschaftlichem Umgang zu üben, und wer ihnen beitritt, zeigt an, daß er für die übrigen Mitglieder dasein will. Organisationen schützen gewissermaßen vor der Angst, nicht dazuzugehören. In der Gruppe, dem Club, der Gesellschaft, der Organisation scheint allerdings die Gefahr zu bestehen, daß sie zur Statik neigen. Die Verheißung einer wachsenden freundschaftlichen Gesinnung bleibt oft unerfüllt. Ein genügend starkes Interesse oder ein einheitlicher Vorsatz, die Gruppe durch ein gemeinsames Ziel zusammenzuschmieden, sind selten vorhanden; innere Unstimmigkeiten, Mißtrauen, Eifersucht, unangebrachter Ehrgeiz und Neid sind stärker als die erotische Bindung. Aus Angst vor den eigenen feindseligen Gefühlen ziehen sich die Mitglieder in immer kleinere Einheiten oder Cliquen zurück, oder sie kompensieren ihre Hohlheit dadurch, daß sie die angebliche Vornehmheit und Exklusivität der Gruppe herausstreichen.

Natürlich ist die Gefahr in diesem Bereich desto größer, je homogener der Club ist. Die Neigung aller Gruppierungen, Mitglieder zu wählen, die einander in gewisser Weise ähneln, führt einerseits zu Rivalitäten und andererseits zu Abstumpfung. Dieser Gefahr kann durch die periodische Zufuhr frischen Blutes, die Aufnahme neuer Mitglieder vorgebeugt werden. Dies erfordert eine Neuordnung der bestehenden emotionalen Bindungen aller Mitglieder und bietet auch geistige Anregung. Wenn die Unterschiede und Ähnlichkeiten zwischen den neuen Mitgliedern gleich groß sind, wird der Club so weit gestärkt, daß er das Neue absorbieren und aufgeschlossener weiterbestehen kann.

Der Mensch, der sich mit vielen verschiedenartigen Gruppierungen identifizieren kann, hat die Chance, vielerorts Gefährten zu finden, und das ist oft die stärkste Motivation dessen, der ständig irgendwelchen Vereinigungen beitritt oder sie organisiert. Was wir als vielfältige Interessen an Sport und Spiel, an Liebhabereien oder am Lernen bei einem Menschen wahrnehmen, kann in Wahrheit der ungewöhnlich starke Wunsch sein, Menschen kennenzulernen und von ihnen geliebt zu werden, der dazu führt, eifrig zu lernen und zu tun, was andere tun, um in ihren Kreisen akzeptiert zu werden.

Ich bin mir bewußt, daß es manchen Lesern, die mit der wissenschaftlichen Psychologie nicht vertraut sind, schwerfallen wird zu glauben, daß die Gefühle der Anziehung, welche die Mitglieder von Gruppen oder Arzt und Patient verbinden, ihrem Wesen nach mit jenen identisch sind, die zwischen Liebenden oder Eheleuten bestehen. Sie werden sich auf die konventionelle Unterscheidung zwischen Gernhaben und Lieben berufen. Doch gibt es für diese Unterscheidung keine wissenschaftliche Begründung; Gernhaben und Lieben unterscheiden sich nur hinsichtlich ihrer Intensität. Wenn wir einmal große Menschengruppen beiseite lassen und für einen Augenblick an die innigen Beziehungen zwischen Freunden, sagen wir einmal: zwischen zwei Freunden denken, wird es weniger schwierig sein, die These zu akzeptieren. Ob zwischen Vater und Sohn oder Vater und Tochter oder dem Vater zweier Söhne – positive Anziehung und Gefühl sind im wesentlichen dieselben. Es ist wahr, daß sie verschiedenartig ausgedrückt werden, und das wollen wir nun eingehender erörtern.

Freunde zu haben und Freundschaften zu pflegen ist sicherlich von größerer Bedeutung, als im allgemeinen angenommen wird. Wenn Freunde nur dazu dienen, zu unserer Unterhaltung beizutragen und uns auf angenehme Art von der alltäglichen Routine abzulenken, ist die Beziehung zu ihnen von minimalem psychologischen Wert und kann kaum Freundschaft genannt werden. Der Mensch ohne Freunde hat sich bereits mit dem Schicksal der Selbst-Destruktivität abgefunden. Psychiater wissen aus klinischer Erfahrung, was die Dichter in ahnungsvollen Versen verkündet haben: Wer sich ständig in die Einsamkeit des eigenen Herzens zurückzieht, gibt seinen Anspruch an das Leben auf.

Doch selbst im besten Fall ist es für Menschen nicht leicht, wirklich zueinander zu finden; auch den besten Freunden fällt es schwer, sich so gut zu verstehen und miteinander zu fühlen, daß eine beständige, ruhige Zuneigung daraus erwächst. Das weckt jene unbestimmte Ahnung, die wir alle kennen, nämlich daß wir selbst von unserem besten Freund geschieden sind, ohne ihm unsere Zuneigung in vollem Maß gezeigt oder die Zuneigung, die er uns – wie wir hoffen – entgegenbringt, ganz erkannt zu haben.

Wenn man die schüchternen und konventionellen Annäherungsversuche von Menschen beobachtet, die forcierte Herzlichkeit; wenn man sieht, wie sie sich jovial und oft genug derb »auf die Schippe nehmen«; wenn manche erst ein paar Schnäpse trinken müssen, um »das Eis zu brechen« und dem anderen näherzukommen; wenn man wahrnimmt, wie rasch sich nach einer geselligen Runde Ermattung einstellt – dann muß man ganz einfach das ungeheure Verlangen nach Liebe, Anerkennung und Gemeinschaft aller Menschen erkennen wie auch die Schranken, die sie daran hindern, diese Gaben in vollem Umfang entgegenzunehmen. Ferenczi sagte: »Sie wollen einander lieben, aber sie wissen nicht wie.« Frustriert und voll Sehnsucht nach einem Wort, einer Berührung, einem Lächeln, einer gemeinsamen Erfahrung, die diesen allumfassenden Hunger stillen würden, versuchen viele Menschen fieberhaft, die Leere mit der Liebe Verwandtem zu füllen: Aktivität, Beliebtheit, philanthropischer Tätigkeit, Ansehen – es gibt Tausende von Möglichkeiten, Anerkennung an Stelle von Liebe zu erringen, doch keine davon schafft wirkliche Befriedigung.

Die Liebe wird weniger durch das Gefühl behindert, daß wir nicht geschätzt würden, als durch die von jedem mehr oder weniger verschwommen empfundene Angst, die anderen könnten hinter unsere Masken schauen – die Masken der Verdrängung, die uns von Konvention und Kultur aufgezwungen wurden. Das veranlaßt uns, Intimität zu scheuen, Freundschaften auf einer oberflächlichen Ebene zu unterhalten, andere Menschen zu unterschätzen und nicht erkennen zu wollen, damit sie uns nicht zu gut erkennen.

Beim ersten Kontakt zweier Menschen versucht daher jeder, den anderen mit einer ansehnlichen Außenseite, einer Mischung aus konventionellen und persönlichen Idealen, zu beeindrucken. Daraus ergibt sich jedoch unvermeidlich, daß Bedürfnisse zutage treten, die entweder kollidieren oder geteilt werden. Im zweiten Fall beginnt eine Freundschaft auf Grund angebotener und empfangener wechselseitiger Befriedigungen mit vielen Vorbehalten und Verheimlichungen im Hintergrund. Wenn sich die Freundschaft mit der Zeit »entwickelt«, wird immer mehr von diesem Hintergrundmaterial enthüllt, und die Freunde lernen sich gegenseitig besser kennen. Bevor in der Freundschaft oder Liebe eine vollständige Identifizierung eintreten kann, muß ein gewisses Maß an beiderseitigem Verstehen vorhanden sein, und um das zu erreichen, müssen wir einander ebenso wie uns selbst studieren. Es ist erstaunlich, wie viele Freunde und sogar Eheleute ihr Leben in völliger Unkenntnis des Wesens des anderen – von einigen mechanischen Äußerlichkeiten abgesehen – miteinander verbringen.

Liebe wird als Lust der Nähe erlebt, als Verlangen, den anderen genauer zu kennen, als Verlangen nach wechselseitiger Identifizierung und Verschmelzung. Dies zeigen wir durch unsere intensiven Bemühungen, verstanden zu werden, und durch das weniger gebieterische Verlangen, selber zu verstehen. Verstanden zu werden bedeutet natürlich, daß unser Freund, der alles von uns weiß und uns trotzdem liebt, einige unserer *schlimmsten* Regungen ebenso kennt wie unsere besten.

Wenn wechselseitiges Verständnis und Identifizierung etabliert sind, wird Freundschaft zu Liebe. Und wie wird sie gezeigt? »Die lieben nicht, welche ihre Liebe nicht zeigen.« In den allermeisten Fällen kommt unsere Liebe in nicht-körperlicher Form zum Ausdruck, etwa im Gedankenaustausch oder im gemeinsamen Genuß irgendeines Vergnügens. Eine dieser altehrwürdigen Formen ist das Ritual des gemeinsamen Essens (oder Trinkens). Daß ihm Nahrung gegeben wird, ist der erste Liebesbeweis, den das Kind versteht – es ist seine Einführung in die Liebe. Deshalb bleibt der symbolische Wert des Genährtwerdens das ganze Leben hindurch erhalten. Im Unbewußten ist Nahrung = Liebe. Es ist daher verständlich, daß die Tischgesellschaft oder das Essen im Club bei all ihrer Banalität Mittel zur Erhaltung der Freundschaft sind. Eine der ersten Regungen zweier Menschen, die sich zueinander hingezogen fühlen, ist der Wunsch, zusammen zu essen. Zwar werden solche Gelegenheiten im allgemeinen nur als Mittel zum Zweck betrachtet – etwa um sich zu unterhalten oder einen Flirt zu beginnen –, doch die symbolische Bedeutung des Essens * reicht tiefer als die bewußte Bedeutung der ausgetauschten Worte. Die christliche Religion erkennt dies durch ein Sakrament an, bei dem ein Akt des Essens tatsächlich als »Kommunion« bezeichnet wird.

Das Teilen der Nahrung als Ausdruck der Liebe, das auf die mütterliche Funktion des Nährens zurückgeht, führt unmittelbar zu einer verwandten Form, Liebe auszudrücken: dem Schenken. Das Kind hat wenig zu geben, um für die ihm gewährte Nahrung zu danken, aber das wenige versucht es zu geben. Wenn es älter wird, werden seine Gaben wertvoller; immer öfter opfert es etwas, das ihm teuer ist. Durch die Gabe wird Liebe ausgedrückt, denn sie ist ein Symbol des Gebers oder eines wichtigen Teils von ihm – es kann sogar sein Leben sein, und nichts liebt der Mensch mehr.

Die Gabe ist demnach mehr als eine Bestechung, ein Kaufpreis, der für die Liebe geboten wird. Wir rebellieren im Geist gegen den Gedanken, Liebe werde »gekauft«, »verdient« oder »zurückgezahlt«; dennoch ist es eine Tatsache, daß ein Austausch stattfindet

---

* Es trifft natürlich auch zu, daß das Essen eine unbewußte aggressive Bedeutung hat, die in jene primitiven Zeiten zurückreicht, als man seine Feinde verzehrte. Dem normalen Menschen ist diese Bedeutung tief verborgen, während die erotische Bedeutung dem Bewußtsein sehr nahe liegt.

und unvermeidlich ein gewisses Gleichgewicht hergestellt wird. Wir messen und wiegen Liebe tatsächlich, wenn auch nicht exakt. Wir sind am ungenauesten, wenn wir annehmen, daß die Waage stärker zugunsten des Empfängers als des Gebers ausschlägt. Daß Geben seliger ist als Nehmen, ist psychologisch richtig, weil Geben Liebe stimuliert, indem sie sie zum Ausdruck bringt.

Liebe kann auch dadurch gefördert werden, daß man miteinander redet. Es ist auf verschiedene Weise und von verschiedenen Autoren gesagt worden, daß uns die Sprache gegeben wurde, damit wir unsere Gedanken verbergen können. So benutzen wir sie zweifellos auch, und doch kommt Verständnis letztlich durch Worte, viele Worte, zustande – und durch mehr als Worte, denn Taten sprechen lauter. Vor allem Meinungsverschiedenheiten, Mißhelligkeiten und Unzufriedenheit sollten von Freunden – und Liebenden – ausdiskutiert werden. Wahre Liebe entfaltet sich deshalb niemals reibungslos, weil sie nur bestehen kann, wenn Ärger und Ressentiments, die unvermeidlich auftauchen, offen zum Ausdruck gebracht und besprochen werden und eine neue Anpassung vorgenommen wird. Ich rede nicht von Zank und Streit; beide Parteien müssen sich ehrlich um Objektivität bemühen und dürfen nicht einfach ihrem Temperament freien Lauf lassen. »Eine sanfte Entgegnung verscheucht den Zorn, doch kränkende Worte stacheln ihn an.« Ich habe es immer für bedeutungsvoll gehalten, daß es bei den Juden, die eine so ausgeprägte Neigung haben, Aggressionen durch Argumente und im Kampf mit Worten zum Ausdruck zu bringen, so wenige Scheidungen und so wenig körperliche Gewalt gibt. Ich stelle mir vor, daß die Scheidung bei Iren und Italienern selbst dann selten wäre, wenn die katholische Kirche sie nicht verbieten würde, weil es ihnen relativ leicht fällt, ihre Emotionen zu äußern. Der schweigsame, beherrschte, düstere Angelsachse nimmt oft an, die Vermeidung verbaler oder gar körperlicher Auseinandersetzungen zwischen Mann und Frau schaffe Glück und Frieden in der Ehe. Die Geschichte der europäischen Bäuerin, die weinte, weil ihr Mann sie einen Monat lang nicht geschlagen hatte, wirkt grotesk, enthält aber eine psychologische Wahrheit. Wenn eine Frau wählen muß, ob sie ignoriert oder geschlagen werden will, wird sie sich zweifellos für letzteres entscheiden. Das könnte als Empfehlung verstanden werden, seine Frau zu schlagen, aber das meine ich nun ganz gewiß nicht. Ich meine vielmehr, daß es besser ist, Feindseligkeiten, die nicht verdrängt oder beigelegt werden können, auszutragen, als sie in sich zu verschließen.

Frauen sind in der Regel eher bereit als Männer, Dinge zu besprechen. Sie stehen unter einem gewissen Zwang, alle Aspekte eines zwischenmenschlichen Problems zu diskutieren, wovor Männer oft zurückschrecken, manchmal mit Recht. Auf Fragen wie: »Warum hast du unseren Hochzeitstag vergessen?« oder »Weshalb hast du nicht mehr für mich übrig?« gibt es keine wirkliche Antwort. Die Gründe sind unbewußt, und der Mann erkennt das, selbst wenn er von Psychoanalyse nichts weiß; er weiß, daß alles, was er sagt, »falsch« ist. Doch seine Weigerung, überhaupt etwas zu sagen, ist für die Frau frustrierend. Wenn wir daraus praktische Schlüsse ziehen sollten, könnten wir sagen, daß über solche Probleme mehr geredet werden müßte, als es im allgemeinen der Fall ist, und weniger, als manche Frauen es wünschen.

Wichtiger als das Reden ist vielleicht das Zuhören. Ich halte das Zuhören für eins der wichtigsten und einflußreichsten Mittel im Umgang der Menschen miteinander. Der Hauptbestandteil der psychoanalytischen Methode ist das Zuhören – ein unvoreingenommenes, aber aufmerksames Zuhören. Viele hundert Seiten sind darüber in der Fachliteratur geschrieben worden, aber ich kenne nichts, was so beredt und zugleich so vernünftig wäre wie ein Artikel von Brenda Ueland, der nicht in der *Psychoanalytic Review*, nicht im *American Journal of Psychiatry*, nicht im *Journal of the American Medical Association* (wo er vielleicht hingehört hätte) veröffentlicht wurde, sondern in *The Ladies' Home Journal*! In der Ausgabe vom November 1941 schreibt Frau Ueland:

»Zuhören ist eine faszinierende, seltsame Sache, eine schöpferische Kraft. (. . .) Die Freunde, die uns zuhören, sind diejenigen, auf die wir zugehen, und wir möchten in ihrem Umkreis sitzen, als täte es uns so gut wie die ultravioletten Strahlen. (. . .) Wenn man uns zuhört, erschafft man uns; wir entfalten und erweitern uns. Ideen fangen wirklich an, in uns zu keimen, und treten ans Licht. (. . .) Es macht die Menschen glücklich und frei, wenn man ihnen zuhört. (. . .) Wenn wir Menschen zuhören, ist es wie ein Wechselstrom, der uns so auflädt, daß wir einander nie überdrüssig werden. Wir werden ständig neu erschaffen.

Nun gibt es aber hervorragende Persönlichkeiten, die nicht gut zuhören können. In ihrer Apparatur gibt es keinen Draht, welcher der Aufnahme dient. Sie sind unterhaltend, aber auch ermüdend. Das liegt nach meiner Ansicht daran, daß diese Redner, diese glänzenden Darsteller, indem sie uns nicht zu Worte kommen lassen, verhindern, daß wir unsere Gedanken äußern und uns entfalten. Und dieses Ausdrücken und Entfalten bringt den kleinen schöpferischen Brunnen in unserem Innern zum Sprudeln, läßt neue Gedanken und Lachen und Weisheit unvermittelt emporsteigen.

Ich habe all das vor etwa drei Jahren entdeckt, und es hat mein Leben wahrhaftig in revolutionärer Weise verändert. Wenn ich vordem auf eine Gesellschaft ging, dachte ich ängstlich: ›Gib dir Mühe. Sei lebhaft. Sage kluge Dinge. Rede. Gib dir keine Blöße.‹ Und wenn ich müde war, mußte ich eine Menge Kaffee trinken, um dem zu entsprechen. Doch bevor ich jetzt auf eine Gesellschaft gehe, nehme ich mir einfach vor, jedem aufmerksam zuzuhören, der mit mir spricht, *mich in seine Lage zu versetzen*, zu versuchen, ihn kennenzulernen, ohne ihn zu bedrängen, zu streiten oder das Thema zu wechseln. Meine Einstellung ist folgende: ›Erzähle mir mehr. Dieser Mensch zeigt mir seine Seele. Sie ist im Augenblick ein bißchen trocken und mager und voll zermürbendem Gerede, aber gleich wird er anfangen zu denken und nicht einfach automatisch reden. Er wird sein wahres Selbst zeigen, und dann wird er wunderbar lebendig sein.‹«

Ich habe Brenda Uelands Artikel zitiert, weil sie sich deutlicher und gefühlvoller ausdrückt, als ich es tun könnte. Die Technik des Zuhörens wurde jedoch nicht von den Psychoanalytikern erfunden. Sie haben sie nur weiterentwickelt. Wer sie beherrscht, weiß, daß die Macht des Zuhörens auf der Zuneigung beruht, die sie erkennen läßt und die daher rührt, daß man sich an die Stelle des anderen versetzt. Diese Fähigkeit zur Identifizierung ist nicht allen Menschen gegeben. Ich bekenne, daß ich nicht zu entscheiden vermag, ob Liebe durch Identifizierung bestimmt wird oder Identifizierung durch Liebe. Ich bin lediglich überzeugt, daß sie zusammengehören. Dem widerspricht nicht, was ich vorher gesagt habe, daß nämlich manche Identifizierungen in feindseliger Absicht erfolgen; ich spreche hier nicht von unbewußter Identifizierung als psychologischem Vorgang – ich spreche von bewußter Identifizierung, dem bewußten Versuch, sich vorzustellen oder zu erkennen, was der andere fühlt. Das ist eine Kunst, vielleicht die Grundlage der Kunst zu lieben. Auf jeden Fall kann die Liebe ohne sie kaum gedeihen.

Die Identifizierung führt zum Wunsch nach Verschmelzung. Diese Verschmelzung kann idealistisch, intellektuell oder sozial sein, sie kann auch physisch sein. Allgemein gesehen sind dies die Entwicklungsschritte der Liebe. In seinem *Symposion* legt Plato Aristophanes folgende legendäre Erklärung für dieses Streben nach Verschmelzung in den Mund:

»Die menschliche Natur war einmal ganz anders als heute. Ursprünglich gab es drei Geschlechter – drei und nicht wie heute zwei. Neben dem männlichen und dem weiblichen existierte ein drittes Geschlecht, das an den ersten beiden gleichen Anteil hatte. (...) An diesen Wesen war alles doppelt, das heißt, sie hatten vier Hände und vier Füße, zwei Gesichter, zwei Geschlechtsteile usw. Dann ließ sich Zeus dazu bewegen, diese Wesen entzweizuschneiden, so wie man Birnen zerschneidet, um sie zu dünsten. (...) Als die ganze Natur auf diese Weise geteilt war, erfaßte jeden Menschen das Verlangen nach seiner anderen Hälfte, und die beiden Hälften umarmten sich, ihre Körper umschlangen sich, *und sie begehrten, wieder zusammenzuwachsen.*«

Diese Verschmelzung zu erreichen, ist das Ziel des Liebesverlangens, und sie in jeder erdenklichen Weise zu fördern, ist das Rezept für ein glücklicheres Leben. Wir haben von der Funktion des gemeinsamen Essens, des Austauschs von Geschenken, des Miteinandersprechens und des Einanderzuhörens bei der Förderung dieser wechselseitigen Identifizierung geredet. Zwei eher praktische Mittel, diesem Prozeß zu dienen, sind Arbeit und Spiel.

Mit fortschreitender Zivilisation ist das gemeinsame Arbeiten von Eheleuten schwierig geworden. Vielmehr haben die zunehmende Arbeitsteilung und die Entstehung kooperativer Unternehmen, in denen viele Menschen an einem Projekt arbeiten, der Liebe andere Ventile geöffnet, besonders den Männern, was von den Frauen oft als Gefahr für die eheliche Liebe oder als Ablenkung von ihr empfunden wird. Es steht außer Frage, daß Menschen, die zusammen arbeiten, sich auch lieben lernen können. Aber es ist ein Irrtum anzunehmen, daß Liebe in einer begrenzten Menge vorhanden ist, die, wenn sie eine Richtung eingeschlagen und ein Objekt erwählt hat, sich dadurch an anderer Stelle verringert. Die Fähigkeit zu lieben steigert sich normalerweise mit den Möglichkeiten und Gelegenheiten zu ihrer Entwicklung. Der Mann, der seine Kollegen liebt und von ihnen wiedergeliebt wird, liebt gewöhnlich auch seine Frau und wird von ihr geliebt. Die wirkliche Gefahr der Arbeit an verschiedenen Plätzen liegt darin, daß sich verschiedene Interessen herausbilden und damit die Gelegenheit verlorengeht, Erfahrungen zu teilen, also die Gelegenheit zu weiterer Identifizierung.

Viele Eheleute finden, daß sie nutzbringend zusammenarbeiten können. Viele andere hingegen halten es für nötig, sich gegen eine allzu vollständige Identifizierung zur Wehr zu setzen, und diese machen aus ihrer Arbeit eine Art Insel der Getrenntheit, einen Bereich, der nur ihnen gehört. Das trifft vor allem auf Männer zu, die ihre männliche Unabhängigkeit durch weibliche Unterstützung gefährdet sehen, oder auf Frauen, die befürchten, daß ihre Persönlichkeit in den Ambitionen des Mannes untergeht. Und natürlich machen es reale Hindernisse – etwa Kinder oder eine verschiedenartige Berufsausbildung – den meisten Paaren unmöglich, dieselbe Tätigkeit auszuüben, selbst wenn sie es wünschen.

Dennoch: Je enger Menschen zusammenarbeiten, desto mehr Toleranz, Verständnis und Liebe pflegen sie füreinander aufzubringen, und kluge Eheleute werden Möglichkeiten finden, diesen Umstand zu nutzen, indem sie ihr Haus gemeinsam ausstatten, gemeinsam den Garten bearbeiten, ein Haushaltsbuch führen und sich in die Sorge um die Kinder teilen.

Zwar ist es für Eheleute schwieriger geworden, zusammen zu arbeiten, doch es ist leichter geworden, zusammen zu spielen. Ein Beispiel dafür ist die zunehmende sportliche Betätigung von Frauen, und das ist ein gutes Zeichen. Die große Zahl der Menschen, die zusammen schwimmen, zusammen wandern, zusammen Fußballspiele besuchen, spricht für die intuitive Erkenntnis, daß Liebe durch gemeinsame frohe und erholsame Erlebnisse erzeugt wird. All das zeigt, daß neben der unschädlichen Abfuhr von Aggressionen, wie sie im Kapitel über das Spiel beschrieben wird, auch die Liebe gefördert und verstärkt wird, wenn sie mit der Freude am Spiel verbunden ist. Je öfter Menschen zusammen spielen, desto mehr mögen sie sich. Familienausflüge und gemeinsame Urlaubsreisen tragen bestimmt mehr dazu bei, die Moral zu fördern und Scheidungen zu verhindern, als irgendein Sittlichkeitsverein.

3

Schließlich müssen wir noch auf die Funktion der körperlichen Vereinigung näher eingehen, durch welche die Liebe sich äußert und gepflegt wird. Doch so logisch und selbstverständlich es uns heute erscheinen mag – es ist eine Tatsache, daß bis vor relativ kurzer Zeit Liebe nicht ein als Aspekt des Geschlechtslebens angesehen wurde. Havelock Ellis[8] stellte fest, daß sich unsere Vorstellung von Liebe zwar schon bei einigen Naturvölkern findet, daß sie sich aber in der westlichen Zivilisation nur langsam entwickelte.

»Die griechischen Dichter, ausgenommen die spätesten, betrachteten die Liebe kaum als zur Ehe gehörig. Theognis verglich sie mit der Rinderzucht. Die Römer der Republik vertraten weitgehend dieselbe Ansicht. Griechen wie Römer sahen in der Fortpflanzung den einzigen erkennbaren Zweck der Ehe; alles andere war bloße Wollust, der man besser, wie sie meinten, außerhalb der Ehe frönte. Die Religion, die so viele antike und primitive Lebensauffassungen bewahrt, hat auch dieser Vorstellung ihren Segen gegeben, und das Christentum (. . .) ließ anfangs nur die Wahl zwischen dem Zölibat einerseits und der Ehe zum Zweck der Zeugung von Nachkommen andererseits.
    Doch schon von einem frühen Zeitpunkt der Menschheitsgeschichte an war dem Geschlechtsverkehr langsam

eine zweite Funktion zugewachsen, die zu einem der wichtigsten Zwecke der Ehe werden sollte. Man kann sagen, daß bei Tieren, und manchmal sogar beim Menschen, der Geschlechtstrieb, einmal geweckt, sozusagen nur einen kurzen, raschen Bogen durch das Gehirn schlägt, um sein Ziel zu erreichen. Doch mit der Entwicklung des Gehirns und seiner Fähigkeiten – nicht zuletzt gerade durch die Schwierigkeiten des Geschlechtslebens machtvoll vorangetrieben – muß der Drang nach geschlechtlicher Vereinigung immer längere, langsamere, schmerzlichere Wege einschlagen, bevor er an sein Endziel gelangt, und manchmal erreicht er es nie. Das bedeutet, daß es zu einer Verflechtung des Geschlechts mit den höchsten und subtilsten menschlichen Empfindungen und Betätigungen kommt, mit einem verfeinerten gesellschaftlichen Umgang, mit großen Abenteuern auf jedem Gebiet, mit der Kunst, mit der Religion. Der primitive tierische Instinkt, dessen einziger Zweck die Fortpflanzung ist, wird auf seinem Weg zu diesem Ziel zum anfeuernden Reiz für all jene psychischen Kräfte, die uns in der Zivilisation am teuersten sind. Diese Funktion ist demnach, wie wir sehen, ein Nebenprodukt. Aber wir wissen ja, daß selbst in unseren Fabriken das Nebenprodukt manchmal wertvoller ist als das Produkt.«

Es ist sicherlich kein Geheimnis, daß trotz allem, was von seiten der Wissenschaft gesagt und getan wurde, die allgemeine Einstellung zur Geschlechtslust noch immer weitgehend eine Mischung aus Obszönität und Scham ist. Diese Lust wird offiziell noch immer als etwas betrachtet, das zum ernsten Geschäft der Zeugung gehört, aber davon abgesehen sündig, tierisch und unaussprechlich ist. Wie könnte man sonst die Tatsache deuten, daß eine so schwere Störung wie das Ausbleiben geschlechtlicher Lust, wegen der Tausende von Ärzten täglich von einem Bruchteil der Gesamtzahl derer konsultiert werden, die darüber verzweifelt sind, in den medizinischen Standardwerken unserer Tage fast nicht erwähnt oder erörtert wird? Womit könnte man sonst erklären, daß im Theater, im Kino, in Nachtclubs, Zeitungen, populären Romanen – in der Tat bei allen offiziellen öffentlichen Darstellungen des modernen Lebens – obszöne Anspielungen, spöttische Bemerkungen und Andeutungen gemacht werden dürfen, jede offene, ehrliche und wahrheitsgemäße Darstellung normaler oder frustrierter sexueller Phänomene jedoch verboten ist? Womit sonst ließe sich erklären, daß – wie die mit den Fakten wohlvertrauten Ärzte, Anwälte und Richter feststellen – die überwiegende Mehrzahl der Scheidungen auf mangelnde sexuelle Befriedigung zurückzuführen ist, dies aber nur in zwei oder drei Bundesstaaten der USA als legaler Scheidungsgrund gilt und vor Gericht fast niemals erwähnt wird? Daß sexuelle Anreize und ein gesundes Geschlechtsleben für eine Universitätslaufbahn von Bedeutung sind, wird, soweit ich weiß, von keiner Institution dieses Landes anerkannt. Einige vorausschauende Individuen – Ärzte, Geistliche, Studentenberater und andere – verschließen vor dieser Tatsache nicht die Augen, arbeiten aber ohne öffentliche Unterstützung und ohne großes Verständnis oder Hilfe von wissenschaftlicher Seite.

Eine der besten Definitionen der Liebe, und eine sehr wissenschaftliche dazu, stammt von dem Dichter Shelley: »Jenes tiefe und komplizierte Gefühl, das wir Liebe nennen, ist der allumfassende Durst nach Vereinigung, nicht nur der Sinne, sondern unseres ganzen Wesens mit seinem Intellekt, seiner Vorstellungsgabe und seinen Empfindungen. (. . .) Der Geschlechtstrieb, der nur ein Teil, und häufig ein kleiner, dieses Verlangens ist, dient, da er offen nach außen zu Tage tritt, gewissermaßen auch der Äußerung des übrigen als gemeinsame Grundlage und anerkanntes, sichtbares Bindeglied.«

Man könnte logischerweise annehmen, die Unterdrückung der Aggressivität, welche die Zivilisation von uns fordert, führe eher zur Verstärkung des Liebeslebens als zu seiner Verleugnung. Doch es wird seit langem anerkannt, daß – wie Freud es in seiner Arbeit *Das Unbehagen in der Kultur* so anschaulich schildert – der Fortschritt der Zivilisation auf Kosten des Gefühlslebens des Menschen erreicht wurde. Freud ist nicht der einzige Beobachter, der den offensichtlichen Gegensatz von Zivilisation und Sexualität erkannte. Havelock Ellis, Karl Pearson (in *The Ethics of Free Thought*), Friedrich Engels und andere haben darauf hingewiesen, daß die Gesellschaft das Liebesleben des Menschen unter Kontrolle hält, weil die Sexualität mit der Zeugung verbunden ist und die Zeugung Kosten und zunehmende Konkurrenz verursacht.* Wenn man nur von ökonomischen Gesichtspunkten ausgeht, wie es viele Menschen tun, gelangt man leicht zu dem Schluß, daß sexuelle Zurückhaltung und darauffolgende Unterdrückung der Sexualität auf dieser Ebene entstanden. Betrachtet man hingegen die Geschichte der Religion und Theologie mit gleicher Aufmerksamkeit, dann kann man ebenso leicht glauben, daß die ökonomischen Erklärungen nur Einstellungen rationalisieren, denen in erster Linie Moralbegriffe zugrunde liegen. Es wird oft behauptet, die Einführung des Christentums habe dazu gedient, die asketische Unterdrückung der Sexualität zu verfestigen, als ob sie und nicht die zerstörerische Aggression die Quelle des menschlichen Elends wäre. »Es kann kein Zweifel bestehen, daß die frühen Kirchenväter das Geschlechtliche ganz ausmerzen wollten. Es sollte keinerlei Ausnahmen geben; selbst die Ehe wurde als unheilig betrachtet. (...) Es dauerte geraume Zeit, bis die Römische Kirche zu einem Kompromiß mit der Sünde gelangte und sie in den heiligen Stand der Ehe verwies.«[9]

Diese christliche Auffassung wird in Leo Tolstois Erzählung *Die Kreutzersonate* dramatisch veranschaulicht sowie in seinem weniger bekannten autobiographischen Fragment *Der Teufel*. Doch die Anklage sollte nicht ausschließlich gegen das Christentum erhoben werden; man kann sie mit gleichem Recht gegen viele religiöse und weltliche Institutionen richten. Sexuelle Tabus gibt es in allen primitiven Kulturen; sie haben ihren Ursprung in inneren Verdrängungsprozessen, die später äußeren Lehren und Geboten zugeschrieben werden. In der modernen wie in der primitiven Kultur

---

* So nimmt ein Priester in einem Artikel im *Atlantic Monthly* vom Oktober 1939 folgendermaßen Stellung: Diejenigen, deren wirtschaftliche Lage so beschaffen ist, daß sie kein weiteres Kind ernähren können, verdienen Mitgefühl, müssen aber edle Selbstbeschränkung üben. Alles andere würde bedeuten, daß »ihre ehelichen Beziehungen durch nackten Egoismus pervertiert werden« und »ihr Verhalten eine schwere Sünde darstellt«. Er zitiert Papst Pius XI. mit der Äußerung, arme Eheleute sollten »Vorsicht walten lassen, damit ihre unglückliche materielle Situation nicht zu einem weitaus unglücklicheren Versehen führt ... (Sie) sollten in der Ehe ihre unbefleckte Keuschheit wahren«. Mit anderen Worten: Wer kein Geld hat, soll keinen Geschlechtsverkehr haben.

entstehen die Einschränkungen des Liebeslebens bei den meisten Männern und Frauen aus inneren Beweggründen und werden nur formell und nominell zur Religion in Beziehung gesetzt. Das betrifft Menschen, die der Religion keinerlei Interesse entgegenbringen, ebenso wie solche, die es tun. Die primitiven Tabus sind in alle Religionen und gesellschaftlichen Regeln eingegangen. Daß wir das Christentum schärfer tadeln, liegt daran, daß Amerikaner und Europäer mit ihm besser vertraut und von ihm stärker beeinflußt sind. Gewiß, manche eifernden Frühchristen kastrierten sich selbst, aber das taten viele glühende römische und griechische Anbeter der Muttergöttin Kybele auch, ebenso wie nicht wenige neurotische und psychotische Fanatiker von heute.

Sexuelle Beschränkungen Institutionen anzulasten, heißt demnach, das Pferd am Schwanz aufzäumen. Es wäre absurd zu leugnen, daß es gesellschaftlichen Druck gibt, aber gesellschaftlicher Druck resultiert aus Kumulation und Organisation der Erfahrungen des einzelnen Kindes mit seinen Eltern.

Psychologische Gegebenheiten sind elementarer als wirtschaftliche oder religiöse; es gibt inhärente emotionale Bedürfnisse und Konflikte, die von ökonomischen und religiösen Faktoren zwar nicht gänzlich unabhängig sind, aber sicherlich nicht von ihnen bestimmt werden. Um zu erreichen, was wir für die größeren Befriedigungsmöglichkeiten der Zivilisation halten, haben wir die unmittelbare Befriedigung einiger unserer Triebbedürfnisse zunehmend hintangehalten. Dies hat dazu geführt, daß die von uns geschaffene Zivilisation fortlaufend größere Verzichtleistungen fordert, die wir schließlich kaum noch erbringen können. Es ist so, als ob ein mittelloses Ehepaar von einem Kredithai Geld borgt, um eine Waschmaschine zu kaufen, die der Frau manuelle Arbeit ersparen soll, und dann feststellt, daß beide zehnmal soviel manuelle Arbeit leisten müssen wie vorher, um die anfallenden Zinsen des Kredits für die »arbeitsparende« Maschine bezahlen zu können.

Mögen also die von ihnen in bezug auf die Ursache angebotenen Erklärungen voneinander abweichen, so stimmen Volkswirtschaftler, Soziologen, religiöse Eiferer und Psychologen doch darin überein, daß die Zivilisation die Sexualität bekriegt. Sie drücken es etwas unterschiedlich aus: Der Volkswirt betont die fallende Geburtenrate, der Soziologe beklagt die verringerte Bedeutung der

Häuslichkeit, und der Theologe verweist auf die gestiegene Unmoral, die hohe Scheidungsrate, eheliche Unzufriedenheit, Kinder- und Ehelosigkeit. Der Psychiater ist sowohl auf Grund seiner psychologischen als auch seiner medizinischen Erfahrung von der Häufigkeit offener sexueller Fehlanpassung und Frustration beeindruckt, und die leidenschaftliche Hingabe an Geschäfte, Konkurrenz, Produktion und Handel, die der Volkswirtschaftler wahrscheinlich befriedigt zur Kenntnis nimmt, erfüllt den Psychologen (Psychiater) mit Widerwillen. Der Mann der Religion erklärt, diese Dinge seien allzu weltlich und deuteten auf den Verlust eines wahren Lebenssinns hin; das Mittel sei wichtiger geworden als der Zweck. Dem würde der Psychiater zustimmen, doch würde er es etwas empirischer ausdrücken. Er würde sagen, daß Männer sich mehr für den Konkurrenzkampf interessieren als für ihre Frauen und Kinder, daß sie mehr Energie in Arbeit und Kampf investieren als in die Lösung der konstruktiven Probleme der Liebe.

Jenes Entsetzen, welches viele Eltern erfaßt, wenn sie erfahren, daß sich ihre Kinder für verschiedene Arten experimenteller Sexualspiele interessieren, spiegelt die ambivalente Einstellung der Erwachsenen gegenüber der Sexualität, vor allem der ihrer Kinder, wider. Freud hat darauf hingewiesen, daß Eltern tatsächlich auf ihre Kinder eifersüchtig sind, daß sie versuchen, sie so lange wie möglich von jedem theoretischen oder praktischen Wissen über die Sexualität fernzuhalten, und sie für frühreife Exkursionen in dieses verbotene Gebiet bestrafen. Eine interessante logische Konsequenz dieser Beobachtung: Die sexuelle Annäherung von Erwachsenen an Kinder löst heftigste gesellschaftliche Mißbilligung aus; Vorfälle dieser Art haben dem Mob nicht selten als Grund für gewalttätige Ausschreitungen gegen den Schuldigen gedient. Man geht natürlich von der Annahme aus, Kinder würden durch solche Erlebnisse in nicht wiedergutzumachender Weise geschädigt. Ohne ein derartiges kriminelles Verhalten im geringsten rechtfertigen oder entschuldigen zu wollen, möchte ich doch darauf hinweisen, daß im Lichte nüchterner wissenschaftlicher Überprüfung so verheerende Wirkungen im allgemeinen nicht eintreten (eine Tatsache, die, wie ich hoffe, manche verängstigten Eltern trösten wird). Zwei Psychiater (Lauretta Bender und Abram Blau) sind auf Grund einer sorgfältigen Nachuntersuchung solcher Fälle zu dem Schluß gekommen, daß Kinder, die verfrühten sexuellen Erfahrungen mit Erwachsenen ausgesetzt waren, häufig ein »ungewöhnlich liebreizendes, anziehendes Wesen zeigten«.[10]

Die Schlüsse, die man aus solchen Beobachtungen ziehen muß, brauchen nicht zu erschrecken; sie bestätigen nur unsere Behauptung, daß die Sexualität nicht jene üble, furchtbare Sache ist, als die sie im allgemeinen angesehen wird. Erfahrungen dieser Art sind für das Kind nur dann traumatisch, wenn sie mit tiefer Feindseligkeit einhergehen. Der hinterhältige, verzweifelte Charakter solcher Angriffe im Verein mit der Einstellung der Gesellschaft ihnen gegenüber stimulieren in unerträglicher Weise feindselige Regungen des Kindes, so daß es Sexualität als Brutalität empfindet. Wenn aber die Erfahrung das Kind tatsächlich erotisch stimuliert, hat es nach den Beobachtungen der obengenannten Autoren den Anschein, daß die sozialen Fähigkeiten und die psychische Gesundheit der sogenannten Opfer eher gefördert als gehemmt werden.

Natürlich erleben die meisten Kinder solche Vorfälle nicht, aber alle Kinder stoßen auf eine Verschwörung des Schweigens und der unterschwelligen Ablehnung in bezug auf die Sexualität, die im späteren Leben ihrer normalen Betätigung enge, oft unüberwindliche Grenzen ziehen. Viele Menschen halten es für unanständig und unmoralisch, der lustvollen Befriedigung durch den Geschlechtsverkehr irgendeine Wertschätzung einzuräumen. Sie sehen darin den flüchtigen, belanglosen Köder, den die Natur als Anreiz zur Erhaltung der Menschheit auslegt, ein anstößiges Vergnügen, dessen man sich eigentlich schämen muß, das aber ein Menschenpaar dazu bringt, seine Pflicht gegenüber der Welt zu tun. Jene, die sich ihm um seiner selbst willen hingeben, ohne sich ein Kind zu wünschen oder darauf zu hoffen, betrachten das Eintreten einer Schwangerschaft als Strafe. In meiner beruflichen Praxis sind mir oft Familien begegnet, welche die Geburt eines Kindes eindeutig als die unausweichliche Verurteilung durch die Natur wegen der »Sünden des Fleisches« betrachteten.

Ein weiteres Hindernis für die unmittelbare Befriedigung des Geschlechtstriebs ist die Unwissenheit hinsichtlich der Technik des Liebeswerbens, des Liebesspiels und des Geschlechtsverkehrs. Ninon de l'Enclos soll gesagt haben, daß es »weit mehr Genie braucht zu lieben als Armeen zu kommandieren«. Zu den Gründen für ein Scheitern aus Unwissenheit oder Ungeschicklichkeit gehören wahrscheinlich die wohlbekannten unbewußten Faktoren, doch diese Hindernisse können überwunden werden, wenn es wirklich bewußt gewünscht wird. Viele Ärzte helfen Patienten bei der Bewältigung ihrer sexuellen Probleme durch entsprechende Belehrung. Ärgerlich ist nur, daß die Tabuierung der Sexualität auch von Ärzten betrieben wird oder wurde, so daß es vielen von ihnen tatsächlich an Kenntnissen fehlt und viele andere davor zurückschrecken, das Thema zu behandeln. Vor mehr als dreißig Jahren begann ein mutiger Arzt (Robie), beeindruckt von der verblüffenden Unwissenheit vieler seiner Patienten hinsichtlich elementarer Grundsätze sexuellen Verhaltens, Fallgeschichten zu sammeln, wobei er sehr ernsthaft, wenngleich mitunter etwas naiv, festhielt, welche Erfahrungen eine beträchtliche Anzahl seiner Patienten in dieser Hinsicht gemacht hatte. Seine Bücher wurden privat veröffentlicht und natürlich sofort verboten, doch folgten ihnen andere, bis allmählich die Untersuchung des tatsächlichen Sexualverhaltens der Menschen des zwanzigsten Jahrhunderts als Gegenstand wissenschaftlicher Erforschung anerkannt wurde. Mittlerweile sind statistische Ergebnisse, ausführlichere und sorgfältigere Berichte, systematische Abhandlungen und Bücher mit praktischen Ratschlägen in ansehnlicher Zahl veröffentlicht worden, doch selbst heute herrscht hinsichtlich der tatsächlichen sexuellen Erfahrungen »normaler« zivilisierter Menschen eine enorme Unwissenheit. Mit Unterstützung des *National Research Council* versuchen gegenwärtig einige Psychologen, statistische Daten über dieses Gebiet in ziemlich großem Umfang zusammenzutragen. Obwohl bei solchen Erhebungen wahrscheinlich die von Unwissenheit herrührenden bewußten Störungen des Geschlechtslebens mit denen in einen Topf geworfen werden, die auf unbewußter Verdrängung beruhen, ist dies ein Schritt in die richtige Richtung.

Es hat sich also innerhalb der letzten zwei oder drei Jahrzehnte ein ungeheurer Wandel im Denken der Allgemeinheit vollzogen. Wir können uns alle noch an die Zeit erinnern, als die einzigen Bücher über das Geschlechtsleben entweder medizinische Abhandlungen über Perversionen waren oder feierliche Warnungen der Jugend vor den Gefahren der Masturbation enthielten. Beide

Arten von Büchern sind glücklicherweise in der Versenkung verschwunden. Doch selbst heute gibt es wenige Autoren, die mutig und ehrlich genug sind, unumwunden zu erklären: Das Masturbieren schadet dem Kind nicht im geringsten, und ein Kind, dessen Geschlechtsleben sich entwickelt, ohne eine Phase der Masturbation zu durchlaufen, ist die Ausnahme, man könnte sagen: ist ein anormales Kind. Der Kummer und die Angst, die viele Eltern selbst heute noch um dessentwillen empfinden, was sie für pathologische sexuelle Manifestationen ihrer Kinder halten, werden nur von dem Leiden übertroffen, welches diesen Kindern in der vorgeblichen Absicht zugefügt wird, sie davor zu bewahren, daß sie ihr Leben durch eine in Wahrheit völlig normale, völlig harmlose kindliche Aktivität ruinieren.

Wegen unserer sonderbar anormalen Einstellung zur Lust in zwischenmenschlichen Beziehungen erdulden wir soviel selbstauferlegte Unterdrückung. »Wir Menschen«, schreibt Rebecca West[11], »pflanzen selber in unser Herz ewig die Grausamkeit – die Überzeugung, daß wir, indem wir anderen weh tun, uns selbst und dem Leben in allgemeinen Gutes tun. Diese geistige Krebsgeschwulst zu zerstören, ist unser wirkliches Problem.« Die aggressiven Triebe, die Neigung, uns selbst und andere zu zerstören, nutzen rasch jede Gelegenheit, die Menschen elend zu machen. Es ist nicht nur ein philosophisches Desideratum, daß wir nach Lust streben – es ist eine psychologische Notwendigkeit, um das Leben zu gestalten und zu erhalten. Und wo können wir mehr Lust zu finden hoffen als in der Liebe?

Havelock Ellis[12] mahnte:

»Was wir brauchen, ist Leidenschaft, mehr und stärkere
Leidenschaft. Der Moralist, der die Leidenschaft ächtet, gehört
nicht in unsere Zeit; sein Platz ist bei den Toten. Denn wir
wissen, was in einer Welt geschieht, in der jene, welche die
Leidenschaft ächten, triumphiert haben. Wenn die Liebe
unterdrückt wird, tritt der Haß an ihre Stelle. Die zügellosesten
Liebesorgien sind unschuldig neben den Orgien des Hasses.
(. . .) Wir brauchen immer mehr Leidenschaft, wenn wir die
Werke des Hasses zunichte machen wollen, wenn wir die
Fröhlichkeit und den Glanz des Lebens erhöhen, die mensch-

lichen Leistungen steigern, die Sehnsucht des Menschen nach Ekstase vermehren wollen. Das, was Männern und Frauen Schönheit und Heiterkeit verleiht und sie über sich selbst hinauswachsen läßt – das brauchen wir jetzt.«

Mit seinem Roman *Good-bye, Mr. Chips* (dt. *Leb wohl, Mister Chips*) lieferte James Hilton 1934 ein hervorragendes psychologisches Lehrstück. Mr. Chips war schüchtern, unbeholfen, und seine Beziehungen zu seinen Lehrerkollegen und den Schülern ließen zu wünschen übrig. Dann lernte er eine Frau kennen, die ihn liebte und die er liebte und heiratete. Er wurde umgänglicher und freundlicher zu jedermann, so daß er schließlich der beliebteste Mensch in der Schule war und vielleicht der glücklichste. Danach konnten ihn selbst schrecklichste Enttäuschungen nicht aus dem Gleichgewicht bringen. Es klingt vielleicht romantisch, doch es wäre durchaus zutreffend zu sagen, daß dies die Wirkung der Liebe einer Frau war. Es wäre Prüderie, darüber hinwegzusehen, daß die Liebe dieser Frau Mr. Chips zum ersten Mal in seinem Leben zu einer normalen sexuellen Beziehung verhalf.

Mir ist bewußt, daß viele Leser dieser Zeilen dabei an ihre eigene frustrierte Sexualität denken werden oder an die lediger Frauen, Junggesellen oder Witwen ihrer Bekanntschaft. Sie werden zweifellos an das Gute denken, das diese Menschen tun, an ihre Selbstaufopferung und den noblen Charakter, den sie oft besitzen. Sie werden sie mit gewissen kleinlichen, unangenehmen und verbitterten Menschen unter ihren verheirateten Freunden vergleichen und bemerken: »Wie absurd und falsch ist doch diese ganze Theorie von der Notwendigkeit einer normalen Sexualität!« Bei aller Nachsicht solchen Kritikern gegenüber muß man doch skeptisch hinsichtlich ihrer Schlußfolgerungen sein, denn jeder Psychiater – oder auch fast jeder Hausarzt oder Pfarrer – könnte berichten, wie irreführend dieser Eindruck ist. Die Kleinlichkeit, der Egoismus oder das Unglücklichsein vieler Verheirateter rühren eben daher, daß sie oft – obwohl sie die Gelegenheit dazu hätten – kein normales Geschlechtsleben führen. Und was jene betrifft, die sich mit der Enthaltsamkeit abgefunden haben (mir mißfällt die fromme Heuchelei des Wortes »Keuschheit«), so wage ich zu behaupten: Nicht einmal ihre engsten Vertrauten, sondern nur sie selbst wissen, wie teuer sie dafür mit stillschweigendem Leid und nach außen unsichtbaren Benachteiligungen zahlen.

Einige werden einwenden: Selbst wenn man die Wichtigkeit eines normalen Geschlechtslebens anerkennt, stünde es nicht im Gegensatz zum öffentlichen Interesse, jene Einschränkungen zu beseitigen, die promiskuöses Verhalten verhindern sollen? Geraten wir nicht in Gefahr der sexuellen Zügellosigkeit, des Ansteigens nichtehelicher Geburten und der Ausbreitung von Geschlechtskrankheiten, wenn wir die Tabus, die so viele Jahrhunderte hindurch auf der Sexualität geruht haben, völlig aufheben? Beweist nicht die Erfahrung der Römer während des Niedergangs ihres Weltreichs, daß sexuelle Freiheit das Glück des Menschengeschlechts nicht fördert? Und hat die Sowjetunion nicht feststellen müssen, daß die Lockerung der Scheidungsgesetze zu einer unhaltbaren Situation führte, die durch revidierte Gesetze behoben werden mußte?

Das sind gewichtige Fragen, aber sie beruhen zum Teil auf einem Mißverstehen dessen, was ich gemeint habe. Ich habe nirgends die Ansicht vertreten, daß es wünschenswert oder durchführbar sei, dem Geschlechtstrieb völlig freien Lauf zu lassen. Sexuelle Freiheit ist *nicht* Promiskuität, wie ich bereits bei der Behandlung von Phänomenen wie dem Typ des Don Juan klargemacht habe. Was die alten Römer angeht, so glaube ich, daß wir zuwenig über das wirkliche Leben des durchschnittlichen römischen Bürgers wissen, um irgendwelche grundlegenden Schlußfolgerungen zu ziehen, denn das Leben der reichen Aristokraten ist nicht identisch mit dem Leben, das die Bevölkerung eines Landes führt. Und in der Sowjetunion gibt es noch zu viele widerstreitende Elemente, um gültige Schlüsse ziehen zu können. Denn obgleich Marx wie Lenin gegen Lasterhaftigkeit und sogenannte Freiheit nicht weniger wetterten als gegen den Puritanismus, schwang das Pendel unter dem Ansturm der Revolution von einem Extrem zum anderen und schwingt jetzt vielleicht wieder zurück.

Ausschweifung und Promiskuität sind nicht mit »Liebe« gleichzusetzen, wenngleich sie sich in mancher Hinsicht der körperlichen Techniken der Liebe bedienen. Judas wendete das gleiche Mittel an, um Jesus zu verraten, das ein Liebhaber benutzt, um der Geliebten seine Liebe zu versichern, und das gleiche geschieht, wenn sich ein ehrfürchtiger Besucher dem Papst nähert und dieser ihm die Hand mit dem Ring entgegenstreckt. Und ebenso wie ein Kuß verschiedene Bedeutungen haben kann, können auch andere Formen körperlichen Kontakts verschiedene Implikationen haben.

Die Prostitution wird durch das Tabu der Sexualität ebenso gefördert und unterstützt wie durch das gesellschaftliche Ideal erzwungener Monogamie und die mangelnde Aufklärung von verheirateten und unverheirateten Frauen über Schwangerschaftsverhütung. Sie wird zu einer Methode, körperliche Lust ohne psychische Verpflichtung zu empfinden, und dies führt zu einem gespaltenen Gefühlsleben mit dem Resultat, daß die Zärtlichkeit dem einen Menschen zugewendet wird, während die physischen Elemente mit einem anderen geteilt werden. Das ist ebenso unlogisch und ungesund, wie wenn in anerkannten Restaurants lediglich Kohlehydrate serviert würden, während man sich Proteine und Fette heimlich und unerlaubt bei Gastwirten verschaffen müßte, die kein gesellschaftliches oder geschäftliches Ansehen genießen. Gelegentlich führt ein Mann diese Elemente wieder zusammen, indem er sich in die Prostituierte verliebt und sie heiratet, und zwar wegen und trotz ihres schlechten Rufes. Ich sage *wegen* in dem Sinne, weil Männer erleichtert sind, wenn sie die Prüderie, von der das Geschlechtliche so häufig umgeben ist, abwerfen und sich in der Gegenwart einer Frau wohl fühlen können, die ehrlich genug ist, aus ihren sexuellen Wünschen kein Hehl zu machen, selbst wenn es sicherlich nicht diese waren, durch welche sie zur Prostitution als Mittel zum Lebensunterhalt gezwungen wurde. Außerdem bevorzugen manche Männer aus unbewußten Gründen tatsächlich Frauen, die von anderen Männern begehrt und besessen wurden. Und ich sage *trotz* ihres Rufes, weil die Wahl einer Prostituierten gewöhnlich impliziert, daß es sich um eine sexuelle Beziehung ohne romantische Elemente handelt. Vom Bewußtsein wird das Liebesobjekt als entwürdigt betrachtet, doch die natürliche Neigung, zärtliche und physische Elemente in der sexuellen Intimität gleichzusetzen, überwindet häufig dieses gesellschaftliche Tabu.

Diese Aspekte der Prostitution sind seit Jahrhunderten von Dichtern und Dramatikern dargestellt worden. Sie sind Lesern wie Theaterbesuchern immer wieder unterbreitet worden, die zustimmend nicken, aber hinterher nicht das geringste Anzeichen einer Änderung ihrer vorgefaßten Meinungen erkennen lassen. Versuchen Sie, jemandem im Laufe einer Diskussion über das gesellschaftliche Leben vorzuschlagen, daß die Prostitution verbessert werden könnte, und beobachten Sie dann die feindseligen emotionalen Reaktionen, die wie Geiser hervorsprudeln!

Und das ist natürlich verständlich. Mehr und bessere Prostitution ist *keine* Lösung. Wenn eine ehrliche, intelligente Vorstellung von der Bedeutung des Geschlechtslebens an die Stelle der gegenwärtigen Heuchelei und Verdrängung träte, wenn klargestellt würde, wie wichtig der psychische Gehalt und die natürliche Bedeutung der Funktion der Liebe sind, wenn die Spaltung in zärtliche und physische Elemente der sexuellen Beziehungen aufgehoben würde (was geschähe, sobald der primäre Irrtum berichtigt wäre) – die Prostitution würde verschwinden wie Schnee in der Sonne.

Ich bin kein Träumer, der sich einbildet, daß seine Worte – oder, was das betrifft, irgend etwas, das tausend Psychiater oder zehntausend Philosophen sagen könnten – die gegenwärtigen Einstellungen der Gesellschaft zu revolutionieren oder auch nur erheblich zu ändern vermögen. Dennoch wissen wir, daß sie sich ändern, und das gibt uns einige Hoffnung für die Zukunft und den Mut, unsere Gedanken auszusprechen, so schwach ihre Wirkung auch zu sein scheint. Daß die Welt ihre Einstellungen ändert, ist nicht leicht zu erkennen. Es scheint unglaublich, daß vor weniger als sechzig Jahren ein Gedichtband jener höchst konventionellen, seichten viktorianischen Dichterin Ella Wheeler-Wilcox wütend als »unmoralisch« angegriffen wurde – eine Tatsache, die ebenso unglaublich ist wie der Umstand, daß der Mann, mit dem sich Ella Wheeler gerade verlobt hatte, sie beschwor, die weitere Herausgabe des Buches zu stoppen.[13]

Nicht nur hinsichtlich der Sexualität, sondern auch aller Menschenrechte haben sich gesellschaftliche Einstellungen weitgehend geändert. Trotz aller menschlichen Schwächen und Irrtümer gelingt es uns vielleicht am Ende doch, eine weniger künstliche, eine psychisch gesunde Kultur zu schaffen. Es ist nicht unmöglich, sich eine Zeit vorzustellen, in der Liebe – in all ihren Erscheinungsformen – sich ebenso natürlich und spontan ausdrücken kann, wie es Wut und Haß gegenwärtig können.

Ich vermag die äußeren Lebensumstände jener Zeit nicht vorherzusagen, doch hat niemand den Geist, in dem wir unser Leben

leben sollten, besser beschrieben als Rebecca West in ihrem Beitrag in *Living Philosophies*[14]:

»Ich glaube nicht an jene tröstlichen Lehren, die mich überzeugen wollen, daß alle meine Nöte Glück im Unglück seien. (. . .) Aber ich glaube an einen Prozeß, einen besonderen Prozeß, der Teil des gesamten Lebensablaufs ist, wenngleich er manchmal durch ihn außer Kraft gesetzt wird. Ich entdecke einen höchsten Wert in den Bemühungen von Menschen, mehr zu tun als nur zu existieren, gezielt Erfahrungen zu machen, sie zu analysieren und durch die Ergebnisse dieser Analyse zu weiteren Erfahrungen – und diesmal von lustvollerer Art – zu gelangen. Ich benutze das Wort ›lustvoll‹ im weitesten Sinne: um Erfahrungen zu beschreiben, die wir gutem Essen und Trinken, dem Sport, der körperlichen Liebe, der Ausübung eines geliebten Handwerks, einer Kunst oder Wissenschaft, einer glücklichen Ehe, der Sorge für Kinder, Alte und Kranke verdanken, die darüber froh sind, dem Einsatz für wertvolle Ideen oder Institutionen oder einfach angenehmen Empfindungen. *Trahit sua quemque voluptas.* Durch Erfahrungen und Erlebnisse dieser Art wird das Leben von Tag zu Tag erfreulicher. Das ist an sich schon von größter Bedeutung, und dieses Ziel zu verfolgen wäre allein schon lohnend, wenn kein anderer Nutzen damit verbunden wäre. Doch es dient auch dem Zweck, jede Menschenseele auf den Weg zu führen, auf dem sie dem Verständnis und der Meisterung des Lebens am nächsten kommt. Lust ist nichts Willkürliches; es ist das Signal der Gesellschaftsordnung, daß sie eine Funktion ausübt, die ihren Mitteln und Zielen angemessen ist. Ich halte es für einen Hauptgrund der gegenwärtigen Unsicherheit der Gesellschaft, daß sie zu schwächlich ist, die Lust offen als Wertmaßstab zu benutzen.

Doch wir benötigen in der Tat keine weiteren Argumente, um die Lust als Maßstab zu nehmen, wenn wir die einzige Alternative ins Auge fassen, vor der wir stehen. Wenn wir nicht für die Lust leben, werden wir bald feststellen, daß wir für den Schmerz leben. Wenn wir unsere Freuden und die Freuden anderer nicht als heilig betrachten, öffnen wir der häßlichsten

Eigenschaft des Menschengeschlechts Tür und Tor und lassen sie walten: die Grausamkeit, welche die Wurzel aller anderen Laster ist.«

Doch bevor es dazu kommt, werden wir mehr über uns selbst wissen. Wir werden erkannt haben, daß wir Böses in uns tragen, aggressive Neigungen, die nicht spontan zum Ausdruck kommen dürfen, weil man den Weg des geringsten Widerstandes geht. Wir werden unsere Lebensweise in dem Sinne verändert haben, daß dem Spiel mehr Recht eingeräumt wird, und unsere Arbeitsmethoden in dem Sinne, daß sie uns mehr Freude an der Arbeit gewährleisten. Die Erforschung des Kindes und der Gefahren für seine Entwicklung wird nicht mehr als nette kleine Liebhaberei einiger ernsthafter Missionare oder Pedanten gelten, sondern man wird ihr die gleiche Bedeutung zuerkennen wie der Verfolgung der Börsenkurse oder der Erfindung von Giftgasen.

Wir werden dem Schönen als einem Kriterium für Kreativität einen höheren Wert beigemessen haben. »Wenn wir erkennen, daß der Einfluß des Schöpferischen überwiegt, werden wir von etwas bewegt, das wir Schönheit nennen; wenn wir Zerstörung sehen, weichen wir vor dem Häßlichen zurück. Unser Bedürfnis nach Schönheit entspringt der Düsternis und dem Schmerz, die uns unsere zerstörerischen Neigungen gegenüber unseren guten, geliebten Objekten bereiten. Wir wollen in der Kunst den Beweis für den Triumph des Lebens über den Tod finden. Wir erkennen die Macht des Todes, wenn wir sagen, etwas sei häßlich.«[15] Zu jener Zeit werden wir den Mut gefunden haben, zu hassen, was häßlich ist.

Wir werden der Liebe jenen Vorrang eingeräumt haben, der ihr auf der Skala unserer Werte gebührt; wir werden nach ihr streben und sie als höchsten Wert und größten Segen proklamieren. Wir werden uns nicht schämen, im Namen der Liebe das Äußerste erlitten zu haben, in der klaren Erkenntnis, daß die Liebe die Medizin für die Krankheit der Welt ist – ein Heilmittel, oft verordnet, aber zu selten genommen. Wir werden unserem Glauben an Gott eine neue Richtung gegeben haben, so daß wir stärker an die Menschen glauben, und wir werden uns mit mehr Brüdern, mehr Schwestern, mehr Söhnen und Töchtern in einem umfassenderen

Familienbegriff identifiziert haben. »Denn Liebe ist die Sehnsucht nach der Ganzheit, und das Streben nach der Ganzheit wird Liebe genannt«, sagte Plato, lange bevor Christus lehrte, daß Gott die Liebe sei – was dasselbe bedeutet.

Dieses Ziel ist nicht unerreichbar – trotz der früheren Irrtümer und der gegenwärtigen Zustände. Denn wir haben den Mut, zu hoffen, und die Macht, zu lieben.

Quellenangaben

1. Kapitel

1 Sigmund Freud (1932): *Neue Folge der Vorlesungen zur Einführung in die Psychoanalyse.* G. W. 15, Frankfurt (Fischer) 1960 ff., S. 111.

Jede neue Äußerung Freuds stieß auf heftige Ablehnung, Skepsis oder Spott. Doch immer wieder beruhigte sich nach anfänglichen Stürmen die Reaktion auf seine wohldurchdachten Thesen, und seine Autorität festigte sich. Ich will hier nicht den Eindruck erwecken, daß jedes Postulat Freuds sich bestätigte, denn dies ist keineswegs der Fall. Freud änderte und revidierte viele seiner ursprünglichen Thesen und Schlußfolgerungen – manche davon mehr als einmal. Obwohl er den Mut besaß – einzig mit dem Wissen ausgestattet, das er bei der Erforschung der Menschenseele erworben hatte –, in unbekannte Bereiche vorzudringen, brachte er seine Ideen stets mit einer Bescheidenheit und Zurückhaltung zu Papier, die in schroffem Gegensatz zu dem beredten Positivismus einiger seiner Kritiker stand. Selbst zum gegenwärtigen Zeitpunkt wird seine Vorstellung vom Aggressionstrieb – jener selbstzerstörerischen Neigung, die er mit dem Tode verknüpfte, wie er den Geschlechtstrieb dem Leben zuwies – nicht allgemein anerkannt. Um der wissenschaftlichen Redlichkeit willen glaube ich einige Einwände vortragen zu müssen, die dagegen erhoben wurden, und erläutern zu sollen, weshalb ich diese Einwände für unberechtigt halte.

An erster Stelle steht ein Einwand, von dem man sagen könnte, daß er dem gesunden Menschenverstand entspreche. Er beruht auf folgender Beweisführung: Wenn ein Mensch kämpft, dann tut er es, weil er sich bedroht fühlt; sein Kampf dient demnach der Selbstverteidigung und wird von seinem Selbsterhaltungstrieb bestimmt. Dieses Argument ist das schwächste, obgleich es das plausibelste ist. Es ignoriert jenen Teil der Triebtheorie, der besagt, daß das Leben gemeistert wird, wenn es gelingt, die destruktive Energie in nützliche Kanäle des Selbstschutzes zu lenken, und eben dazu sind beispielsweise Neurotiker in so auffallender Weise außerstande.

Eine Variante dieses Einwands wird von einigen Soziologen, Anthropologen und anderen vorgebracht, deren psychologisches Wissen einigermaßen mangelhaft erscheint. Sie geben zu, daß Aggressivität oft üppig ins Kraut schießt und sogar selbstzerstörerisch ist, doch sie sehen in all dem ein Ergebnis der »Kultur«, in der das Individuum lebt. Sie stellen die unsinnige Behauptung auf, daß Aggression stets auf Frustration zurückzuführen sei. Jeder, dem man auf den Fuß getreten hat – was sicherlich nicht als Frustration anzusprechen ist –, weiß, wie unzureichend diese Formel ist. Sie ignoriert außerdem völlig die Frage, wo denn die aggressive Energie herkommt, die durch die Frustration geweckt wird – diese Frage versucht die Triebtheorie zu beantworten.

Der intelligenteste und rationalste Einwand kommt von den Psychologen, wenngleich er meines Erachtens nicht begründet ist. Psychologen haben das Wort Trieb (Instinkt) in einem recht engen Sinn benutzt, um bestimmte isolierte Verhaltensmuster zu beschreiben – etwa den Nestbau der Vögel –, die sie neuerdings ganz anders deuten oder erklären. Viele von ihnen geben bereitwillig zu, daß es fundamentale Triebe gibt, zu denen auch ein Drang nach Zerstörung im allgemeinen und nach Selbstzerstörung im besonderen gehören mag, doch sie behaupten (zutreffend), daß es unmöglich sei, dies experimentell nachzuweisen, und ziehen es vor, ihre Formulierungen durch Konzepte zu untermauern, die unter Laborbedingungen reproduzierbar sind. Sie wehren sich gegen das Wort Trieb und sind skeptisch hinsichtlich hypothetischer Konstruktionen, die auf teleologischen Deutungen beruhen, denn sie glauben, daß Triebe nicht als bewußt gelenkt zu verstehen seien, sondern am ehesten von ihren genetischen Vorläufern her und nicht als Vorsätze. (Vgl. Alden O. Weber und David Rapaport [1941]: Teleology and the Emotions, *Philosophy of Science*, *8*, S. 69–82, und die dort zitierten Hinweise.) Folgten wir diesen Kritikern, wäre es wahrscheinlich richtiger, wenn wir, statt von Liebe und Haß als von »Trieben« oder von Konstruktion und Destruktion zu sprechen, von der »Neigung, auf Reize konstruktiv oder destruktiv zu reagieren«, reden würden. Aber es hilft uns nicht viel weiter, *Trieb* durch Wörter wie *Tendenz, Neigung, Reaktionsfähigkeit* und ähnliche zu ersetzen; diese Begriffe sind ebenfalls unbestimmt und vieldeutig.

Schließlich gibt es noch einen philosophischen Einwand gegen die Triebtheorie, der im wesentlichen auf dem alten Gegensatz zwischen Monismus und Dualismus beruht. Die monistische Philosophie beharrte darauf, daß es eine Sache sei, Energie zu erklären, hingegen eine andere, sie von vornherein als destruktiv oder konstruktiv zu bezeichnen. Hitze und Kälte sind nicht zwei verschiedene Dinge, sie stellen lediglich das relative Vorhandensein oder Fehlen von Wärme dar; Ost und West sind nicht zwei verschiedene Richtungen, sondern nur verschiedene Richtungsaspekte auf derselben Linie. Ich kann diesen philosophischen Einwänden nicht entgegentreten; wir wissen aus Erfahrung, daß Anabolie und Katabolie anscheinend zwei verschiedene Prozesse sind, wenngleich miteinander verbunden, um das hervorzubringen, was wir Metabolismus nennen. Leben und Tod sind, soweit es der Mensch beurteilen kann, zwei verschiedene Dinge. Die Dialektik ist eine philosophische Methode, die das Problem der Dualität zu lösen versucht, indem sie darauf hinweist, daß das Eine aus der Interaktion von Zweien hervorgeht, weshalb einige dialektisch eingestellte Philosophen an unserer Theorie auch nichts auszusetzen haben. Doch dies geht über meinen Rahmen weit hinaus. (Eine didaktische Zusammenfassung der Geschichte und des gegenwärtigen Standes dieser Theorie findet sich bei Edward Bibring [1941]: The Development and Purpose of the Theory of the Instincts, *Int. J. Psa.*, *22*, S. 93–131.)

2. Kapitel

1 Margaret Gray Blanton (1917): The Behavior of the Human Infant During the First Thirty Days of Life, *Psychol. Rev., 24*, S. 456–483. Siehe auch Margarethe A. Ribble (1939): The Significance of Infantile Sucking for the Psychic Development of the Individual, *J. Nerv. Ment. Dis., 90*, S. 455–463; Phyllis Greenacre (1941): The Predisposition to Anxiety, *Psa. Quart., 10*, S. 66–94, und Wayne Dennis (1934): A Description and Classification of the Newborn Infant, *Psychol. Bull., 31*, S. 5–22. (Dennis und andere gehen davon aus, daß der Säugling erst Wut empfindet, nachdem er frustriert worden ist, doch Frustration ist fast vom Beginn des Lebens an unvermeidlich.)

2 Anna Freud und Dorothy T. Burlingham, Report on Hampstead Nurseries, herausgegeben im April 1942 vom British Foster Parents' Plan for War Children. New York Headquarters, 55 West, 42nd Street.

3 Lawrence K. Frank (1939): Cultural Coercion and Individual Distortion, *Psychiatry, 2*, S. 21 f.

4 G. F. Weinfeld (1941): Pediatric Approaches in Infancy, *Amer. J. Orthopsychiat.*

5 Erik H. Erikson (1939): Observations on Sioux Education, *J. Psychiat.*, 7, S. 101–156, S. 138.

6 George Devereux (1937): L'Envoûtement chez les indiens mohaves, *Journal de la Société des Américanistes de Paris, 2*, S. 405–412.

7 Havelock Ellis (1937): *On Life and Sex: Essays of Love and Virtue.* (Garden City Pub. Co.)

3. Kapitel

1 Virginia Woolf (1938): *Three Guineas.* New York (Harcourt Brace Jovanovich), S. 63 ff.

2 Lillian E. Smith und Paula Snelling (1941): Man Born of Woman, *North Georgia Rev., 6*, S. 6–14.

3 Hinsichtlich einer Analyse des Krieges unter dem Aspekt destruktiver Impulse des Individuums vgl. insbesondere: E. F. M. Durbin und John Bowlby (1939): *Personal Aggressiveness and War*, New York (Columbia University Press); Edward Glover (1940): *The Psychology of Fear and Courage*, Harmondsworth (Penguin Books) und (1933): *War, Sadism and Pacifism*, London (George Allen & Unwin).

4 Vgl. u. a.: Lewis M. Terman (1938): *Psychological Factors in Marital Happiness*; G. V. Hamilton und Kenneth MacGowan (1929): *What Is Wrong With Marriage?*; Laura Hutton (1935): *The Single Woman And Her Emotional Problems*; H. Van de Velde (1931): *Sex Hostility in Marriage.*

5 Ruth Mack Brunswick (1940): The Preoedipal Phase of the Libido Development, *Psa. Quart, 9*, S. 293–319.

6   *Op. cit.*, 1, 75.
7   Smith und Snelling, *op. cit.*

4. Kapitel

1   George W. Henry und Hugh M. Galbraith (1934): Constitutional Factors in Homosexuality, *Amer. J. Psychiat.*, *13*, S. 1249–1267.
2   John Rickman (1940): On the Nature of Ugliness and the Creative Impulse, *Int. J. Psa.*, *21*, S. 294–313, S. 309.
3   David Rapaport (1941): The Szondi Test, *Bull. Menninger Clinic*, *5*, S. 33–40.
4   Douglass W. Orr (1941): Pregnancy Following the Decision to Adopt, *Psychosom. Med.*, *3*, S. 441–446.
5   G. A. Studdert-Kennedy (1929): *The Warrior, the Woman and the Christ.* New York (Doubleday), S. 40.
6   Smith und Snelling, *op. cit.*
7   Sylvia M. Payne (1935): A Conception of Femininity, *Brit. J. Med. Psychol.*, *15*, S. 18–33.
8   Thomas Mann (1937): *Leiden und Größe Richard Wagners.* Gesammelte Werke, Bd. 9, Frankfurt (S. Fischer) 1974, S. 369.
9   J. F. Brown (1936): *Psychology and the Social Order.* New York (McGraw-Hill).

5. Kapitel

1   Bertrand Russell (1942): What I Believe, *The Nation*, März 1942, S. 414.
2   Eine Übersicht über die Entwicklung des Begriffs der Sublimierung mit Hinweisen auf über 100 technische Beiträge findet sich bei Harry B. Levey (1939): A Critique of the Theory of Sublimation, *Psychiat.*, *2*, S. 239–270.
3   William C. Menninger (1936): Psychoanalytic Principles Applied to the Treatment of Hospitalized Patients, *Bull. Menninger Clinic*, *1*, S. 35–43, und (1936): Psychiatric Hospital Therapy Designed to Meet Unconscious Needs, *Amer. J. Psychiat.*, *93*, S. 347–360.
4   Ein Hinweis von Freud, doch wurde das Thema von Franz Alexander (1930) in einem Aufsatz eingehender behandelt (*Psychoanalysis of the Total Personality*, Nerv. Ment. Dis. Pub. Co.). Er behandelte es ferner bei seiner Untersuchung von Straftätern, insbesondere zusammen mit Hugo Staub (1929) in dem Buch *Der Verbrecher und seine Richter*, Wien (Int. Psychoanalyt. Verlag), sowie später zusammen mit William Healy (1935) in *Roots of Crime*, New York (Knopf).

6. Kapitel

1 Ives Hendrick: Work and the Pleasure Principle; Vortrag auf dem 44. Treffen der American Psychoanalytic Association am 18. Mai 1942, und Siegfried Bernfeld (1929): *The Psychology of the Infant* (Brentano's).

2 Hinsichtlich der Erörterung von Faktoren, die die Arbeitsproduktivität verbessern oder beeinträchtigen, siehe A. C. Ivy (1942): The Physiology of Work, *J. Amer. Med. Assn.*, *118*, S. 569–573.

3 Thorstein Veblen (1934): The Instinct of Workmanship, in *Essays in Our Changing Order*, New York (Viking), S. 78–96, und (1918): *The Instinct of Workmanship*, New York (Viking).

4 Melanie Klein und Joan Riviere (1937): *Love, Hate and Reparation*. London (Hogarth). Dt.: *Seelische Urkonflikte*. München (Kindler) 1974, S. 64–66.

5 T. N. Whitehead (1938): *The Industrial Worker*, Cambridge, Mass. (Harvard), Bd. 1, S. 265 und Bd. 2, S. 1–81; F. J. Roethlisberger und W. J. Dickson (1940): *Management and the Worker*, Cambridge, Mass. (Harvard).

6 Vgl. u. a: Arthur J. Jones (1934): *Principles of Guidance*, New York (McGraw-Hill); D. G. Paterson (1938): *Student Guidance Techniques*, New York (McGraw-Hill); Harry W. Hepner (1939): *Finding Yourself in Your Work*, New York (Appleton-Century).

7 Voltaire in *Candide*.

8 Gabriele d'Annunzio, *Verfassung des Freistaats Fiume* vom 27. August 1920.

7. Kapitel

1 Harry Emerson Fosdick (1930): Living for the Fun of It, *American Magazine*, April 1930.

2 John Eisele Davis (1938): *Recreational Therapy, Play and Mental Health* (Barnes), S. 165.

3 Elmer D. Mitchell und Bernard S. Mason (1935): *The Theory of Play* (Barnes), S. 52.

4 Moritz Lazarus (1883): *Über die Reize des Spiels*. Berlin (F. Dümmler).

5 Mitchell und Mason, *op. cit.*

6 Sigmund Freud (1920): *Jenseits des Lustprinzips*. G. W. 13.

7 Ernest Jones (1931): The Problem of Paul Morphy; a Contribution to the Psycho-Analysis of Chess, *Int. J. Psa.*, *12*, S. 1–23; Karl Menninger (1942): Chess, *Bull. Menninger Clinic*, *6*, S. 80–83.

8 Melanie Klein (1932): *Psychoanalyse des Kindes*. Wien (Int. Psa. Verlag).

9 Erik H. Erikson (1938): Dramatic Productions Test, in Henry A. Murray: *Explorations in Personality*. Oxford (Oxford University Press), S. 552 ff.

10   Erick H. Erikson (1939): Observations on Sioux Education, *J. Psychol.*, *7*, S. 101–156.

11   Ernst Simmel (1926): Doktorspiel: Kranksein und Arztberuf. *Int. Zs. f. Psa.*, *12*, S. 528–539.

12   Adrien Turel (1939): *Bachofen – Freud, zur Emanzipation des Mannes vom Reich der Mutter*, 5. Kap. Bern (Hans Huber).

13   J. L. Moreno (1939): Psychodramatic Shock Therapy: a Sociometric Approach to the Problem of Mental Disorders, *Sociometry*, *2*, S. 1–29.

14   N. Reider, Davida Olinger und Jeanetta Lyle (1939): Amateur Dramatics as a Therapeutic Agent in the Psychiatric Hospital, *Bull. Menninger Clinic*, *3*, S. 20–26, und James W. Mower (1940): Comparative Study of Hobby Activities, *Bull. Menninger Clinic*, *4*, S. 82–87.

15   Thorstein Veblen (1918): *op. cit.*

16   Recreation for Morale: A Subjective Symposium, *Bull. Menninger Clinic*, *6* (1942), S. 65–102; ferner W. C. Menninger (1942): Psychological Aspects of Hobbies: A Contribution to Civilian Morale, *Amer. J. Psychiat.*, *99*, S. 122–129.

8. Kapitel

1   Sigmud Freud (1927): *Die Zukunft einer Illusion*. G. W. 14.

2   Morris R. Cohen (1931): *Reason and Nature*. New York (Harcourt Brace Jovanovich).

3   Melanie Klein und Joan Riviere, *op. cit.*

4   Elmer Ernest Southard (1919): *The Kingdom of Evils*. New York (Macmillan).

5   Martin Luther (1525): *Wider die mörderischen und räuberischen Rotten der Bauern*. Ausgewählte Werke, hrsg. v. H. H. Borcherdt u. G. Merz, 4. Bd. München (Chr. Kaiser) ³1957, S. 151–152.

6   Anton T. Boisen (1936): *The Exploration of the Inner World*. (Willett Clark & Co.); (1942): The Problem of Sin and Salvation in the Light of Psychopathology, *J. of Religion*, *22*, S. 288–301; (1942): Religion and Personality Adjustments, *Psychiatry*, *5*, S. 209–218; Carroll A. Wise (1942): *Religion in Illness and Health*, New York (Harper's).

7   Gregory Vlastos (1939): *Christian Faith and Democracy*. New York (Hazen Foundation Series, Assn. Press).

9. Kapitel

1   Ernest Jones (1932): The Concept of the Normal Mind, in *Our Neurotic Age*, hrsg. von Samuel Schmalhausen. New York (Farrar & Rinehart).

2   J. F. Brown (1936): *Psychology and the Social Order*. New York (McGraw-Hill).

3 Franklin C. McLean (1941): The Happy Accident, *Scientific Monthly*, *53*, S. 61–70.

4 E. B. Holt (1915): *The Freudian Wish.* New York (Holt, Rinehart and Winston).

5 Kurt Lewin (1935): *A Dynamic Theory of Personality.* New York (McGraw-Hill). Dt.: Dynamische Theorie der Persönlichkeit. Stuttgart (Klett-Cotta) 1984.

6 Holt, *op. cit.*

7 George Drysdale (1882): *Elements of Social Science.* London (Truelove), S. 332 f., 39. Dieses außerordentliche Buch, das ich im Antiquariat eines Buchhändlers fand, ist ein berühmtes Dokument. Von der ersten Ausgabe existiert offenbar kein einziges Exemplar mehr, doch wurden fünfunddreißig weitere Auflagen gedruckt, und das Buch wurde in mindestens zehn europäische Sprachen übersetzt.

8 *Education and American Life*, Report of Regents' Inquiry. New York (McGraw-Hill), 1938.

9 William G. Carr (1938): *The Purpose of Education in American Democracy*, Educ. Policies Comm. of the N. E. A.

10 William G. Carr, *op. cit.*, S. 35.

11 K. S. Lashley (1934): *Nervous Mechanisms in Learning*, Handbook of General Experimental Psychology. Worcester, Mass. (Clark University Press), S. 457.

12 Daniel A. Prescott (1938): *Emotion and the Educative Process*, American Council on Education, S. 160.

13 R. Simmons (1923): *The Relative Effectiveness of Certain Incentives in Animal Learning*, Comparative Psychology Monographs. Baltimore (Williams & Wilkins), S. 79.

14 Percival M. Symonds (1940): *Personality Adjustment of Women Teachers*, Vortrag bei der American Orthopsychiatric Association im Februar 1940 in Boston.

15 John Dewey (1940): *Education Today.* New York (Putnam).

16 Karl Menninger (1938): *Man Against Himself.* Dt.: Selbstzerstörung. Psychoanalyse des Selbstmords. Frankfurt/M. (Suhrkamp) 1974.

10. Kapitel

1 Robert Burton (1621): *The Anatomy of Melancholy.*

2 Sigmund Freud (1932): *Neue Folge der Vorlesungen zur Einführung in die Psychoanalyse.* G. W. 15, S. 111.

3 Es ist allgemein bekannt, daß viele Menschen Tiere lieben und die Fähigkeit besitzen, mit ihnen geschickt umzugehen. Auf welche Weise hier ein Austausch von Gefühlen stattfindet, weiß man nicht genau. Sicherlich kann Liebe durch Freundlichkeit und in anderer Form auf subtile Weise zum Ausdruck gebracht werden. Diese Formen sind schwer zu beschreiben, doch können selbst wilde Tiere sie wahrnehmen und darauf reagie-

ren. Dies belegen wissenschaftliche Arbeiten ebenso wie viele Legenden, etwa die von Androklus und dem Löwen. Am meisten hat mich jedoch Grace Wiley beeindruckt, die ursprünglich eine entsetzliche Angst vor Schlangen aller Art empfand, diese aber so gründlich überwand, daß sie den gefährlichsten, giftigsten und bekanntermaßen unberechenbaren Schlangen, einschließlich Mambas und Kobras, inzwischen mit Freundlichkeit begegnen, sie füttern und lenken kann. (Grace O. Wiley [1937]: Taming King Cobras, *Natural History Magazine, 39,* S. 60–63, und [1941]: With Fangs Withheld, *Nature Magazine, 34,* S. 429–432.)

4   Flo V. Menninger (1939): *Days of My Life.* (Richard R. Smith), S. 81 und 34.

5   W. Trotter (1916): *Instincts of the Herd in Peace and War.* London (Benn).

6   Sigmund Freud (1921): *Massenpsychologie und Ich-Analyse.* G. W. 13.

7   S. I. Hayakawa (1941): *Language in Action.* New York (Harcourt Brace Jovanovich).

8   Havelock Ellis, *op. cit.,* S. 64–66.

9   Francis H. Bartlett (1938): *Sigmund Freud.* London (Gollancz), S. 103.

10   Lauretta Bender und Abram Blau: The Reaction of Children to Sexual Relations with Adults, *Amer. J. Orthopsychiat.*

11   Rebecca West (1940): *Living Philosophies.* New York (Simon & Schuster).

12   Havelock Ellis, *op. cit.,* S. 61.

13   Katherine Woods in einer Besprechung des Buches *Period Piece: The Life and Times of Ella Wheeler Wilcox* von Jenny Ballou in der *New York Times* vom 4. Februar 1940.

14 Rebecca West, *op. cit.*

15   John Rickman (1930): The Nature of Ugliness and the Creative Impulse, *Int. J. Psa., 21,* S. 294–313.